国家の周縁

特権・ネットワーク・共生の比較社会史

田村愛理・川名隆史・内田日出海 編

刀水書房

まえがき

本書の目的は、近代国民国家によって構造的に周縁化されてきた人や地域の存在に焦点を合わせ、後者への新たなまなざしを通じて国家とその周縁の関係の問い直しをおこなうことにある。国家により周縁化された辺境、民族、文化、慣習・習俗などの研究へのアプローチの仕方として、従来はそれらの否定的な側面を強調する傾きがあった。しかし本書は、むしろ周縁に位置する地域や人には、逆に他国・他者と自国・同胞とをつなぐ相互浸透的で両属的な側面もあることに着目し、周縁的存在がもつポジティヴな側面を様ざまな地域の歴史や人びとの暮らしの中に捉え直そうとするものである。

本書の執筆者たちは、民族的マイノリティあるいは宗教的・社会的に抑圧された存在や移民、国境地帯などを研究対象として、地域研究や社会史、経済史などの分野から各自が独自にそれぞれ近代の国民国家を相対化する視点を築いてきた。しかし、社会科学の多くの研究分野において、国際問題や民族紛争、社会・経済問題などを扱う際には、未だに近代国民国家の枠組みにとらわれているのが現状である。世界システムの中で、地球上のすべての地域が多かれ少なかれヨーロッパ型の国家形成を迫られ、そのプロセスに乗り遅れた地域は周縁化され、国境は厳然と地域を分断する壁となった。他方、一国内においてはマイノリティやマージナルな存在が「周縁」として構造化され、固定化された。しかし、周縁や境界に生きる人びと・地域は必ずしも被抑圧者、被害者としてのみ存在してきたわけではない。彼らの存在のありようは、実際には複眼的な視点に立った分析を通じてのみ再生・再現されうる多面的な要素を内包しているのである。

しかしながら、従来のマイノリティ研究では、国内ないし国家間の異文化集団や地域は、紛争――あるいは「文明の衝突」――を引き起こす要因として、その否定的な側面が強調されることが多かった。また逆に、マイノリティ集団の側に立った研究では、ないがしろにされた歴史的境遇に対するシンパシーや、政治的名誉回復のイデオロギー性を帯びる傾きがあった。われわれは、もちろん政治的な場でのたたかいを意味のないこととして排除するものではないが、社会科学研究の一つとしての本書においては、各自の周縁に関わる研究対象を単なる内向きのマージナルな存在としては捉えない。また中心へのアンチテーゼとして、周縁の主体化を声高に主張しようとするものでもない。

われわれの研究は、まず各自の研究対象を近代国家という枠組の中での中心対周縁という二項対立から一度解放してみるという共通の認識から始まった。そして、過去一〇年以上にわたって継続してきた研究会において、各自の研究を相互に比較し学際的な討論を重ねるなかで、周縁のもつ多義的な要素の中に、ある意味で構造的・システマティックに発現するポジティヴな側面が含まれているという事実に気づいた。それは各マイノリティ＝周縁的集団が保持する「特権とネットワーク」という二つの概念に集約される。周縁の諸集団は、まさに社会システムの周縁に位置することで、しばしば様ざまな特権に基づいて特別な存在を保障された。また、境界をまたいで広がる独自の社会経済的あるいは文化的・宗教的なネットワークを駆使することで、「周縁でありながら」すなわち主流の社会システムからはじき出される存在でありながら、時には中央の意思決定を左右するような力をもち、また当該社会の諸集団間の共生構造を自ら作り上げることもあった。しかし事実はそこに留まらない。これら周縁の諸集団ないし地域は、「周縁でありながら」ではなく、むしろ「周縁であるからこそ」多元的諸要素の共生関係の鍵となる結び目としての役割をもちえたということが各研究事例から確認された。すなわち、当該社会の規範外にあるからこそ、周縁には異質なもの同士を連結するいわばインターフェイス的役割があることに気づいたのである。周縁のもつこのような相互浸透的性質は、周縁的存在それ自体の発展が常にその解体と再編を促すという矛盾する現象を生むが、それはまた一方で当該社会の変容と活性化の一因ともなっているのである。

周縁の比較研究は、まさに常識を覆す逆説的な思惟の展開をわれわれの眼前に提示した。執筆者たちにとってきわめてスリリングであったこのような認識の転換を、読者諸氏にもぜひ追体験していただきたいと願う次第である。

編者一同

解　題

第一部　周縁と特権

川名隆史

いつの時代でも国家という構造体の中には、支配・被支配の関係と並行するかたちで、「中心・周縁」の枠組みが存在する。異なる背景をもつ様ざまな地域や人びとが、国家や社会の周縁に配置されていた。一見すると周縁とは中央から一方的に支配されるようにみえるが、よく眺めると中心と周縁は様ざまな線で結ばれ、相互に依存し合う関係にあることがわかってくる。そしてその関係性を表すものの一つが特権である。特権というとまずは排他的に誰かが優遇される形式を思い浮かべるが、同時にそれは異質なものが存在し続けるための必須の法的形式を意味する場合もある。周縁は特権を得ることで中心との関係を築き上げ、中心は周縁を抱えることに利益を見出していた。社団的編成を特徴とする近世国家においては、それが顕著に観察されるのである。第一部の目的は、ヨーロッパおよび日本の近世世界における様ざまな周縁的存在が、どのような制度のもとに生きてきたのかを、特権を軸に考察し探ることにある。

川名論文は、近世東欧の典型的な複合国家であるジェチポスポリタを対象として、まずはポーランドとリトアニアの関係や国王と貴族身分の関係の中に「中心・周縁」の構造を見出して考察する。この国家にはまた、多彩な民族、宗派が共存していた。ここではとくに非キリスト教徒のユダヤ人とタタール人を例に、差別の対象ともなりうる異質な要素が、特権を得て自立的周縁としての立場を強化し、国家の中心とも密接に関係するありさまを描くとともに、その後の近代化の進展に伴って特権的周縁という構造自体が切り崩されてゆく過程を追う。

内田論文は、近世フランスのアルザスの地域経済史の中に、周縁と特権の絡み合いの実例を提示する。アルザスは当時のフランスの中で空間的にも制度的にも周縁的な存在であったが、併合条約の規程に従い、外国との自由通商の特権を有していた。たばこの栽培・加工・販売もその一つであったが、これに対する総括徴税請負団の攻撃（課税の法制化）をきっかけにたばこの密輸が頻発する。著者は、この密輸の実態の解明作業を通じて、特権をめぐる各経済主体の利害とその対立の構造（社団の重層性）を明らかにする。

大熊論文は、江戸時代に被差別民として周縁におかれた長吏身分の社会を考察する。東日本の長吏身分は、江戸町奉行の監督下で配下の長吏に対する裁判権をも行使した弾左衛門を頂点として広域的に組織化され、斃牛馬処理権、勧進権など様ざまな特権の下で自立した周縁身分を成していた。本章では、弾左衛門および長吏身分の特権に基づく存在形態を歴史的に分析し、それが支配者により上から強制されたというよりは、彼らが戦国時代から長期にわたって自らの職分、社会的役割を主張し守ってきたことの成果であったことが明らかにされる。

川崎論文は、弾左衛門との対比で、フランスのユダヤ人問題を扱う。すなわちアルザス地方の中心都市ストラスブールによる対ユダヤ人政策や、それに対する王権の介入について考察することで、一八世紀フランスにおける王権による地方統治の一側面を明らかにする。周縁者たるユダヤ人の市内居住を禁止していた市に対し、アルザス・ユダヤ人共同体の代表で軍事物資の供給商として王権とも密接な関係をもっていたセール・ベールが市内居住を要求したことで対立が起きた。一ユダヤ人の居住をめぐる一見ささいに見える争いの中に、旧来の特権を保持したい市と、王権を盾に新たな特権を得ようとする一ユダヤ人とのはげしい対立の構図が描かれる。

周縁に生きた人びと、あるいは周縁に位置づけられた地域は、往々にして中心からさげすまれ差別された存在として描かれ、理解されがちである。しかしながらユダヤ人にせよ長吏身分にせよ、法的に様ざまな規制を受けた被差別民ではあったが、その反面特権を与えられてほとんど自分たちが独占しえた活動領域を確保していた。差別されながら特権をもつという、一見パラドクスに思える現象が逆に調和を生み出していたのが近世世界だったとすれば、その調和を破壊しながら統合を進めたのが近代国家であった。第一部の諸論考は、様ざまな問題を孕むその過程を、それぞれの対象とする地域、時代の中で意欲的に検証しようと試みている。

第二部　ネットワークと周縁

内田　日出海

第二部の各論考は周縁の問題をネットワークとの絡みで論じている。普通は周縁的に把捉される社会経済的主体が、ここでは多かれ少なかれ連携・連帯しつつ、当該国家における中央・地方の制度上の様ざまな枠を越えて、あるいはその間隙を縫うように、ダイナミックに活動する様子が描かれる。

阿南論文は、江戸期の皮革の交易ネットワークの実態を局地性と国際性の両面から明らかにする。大坂渡辺村の皮商人は、それ自身被差別の周縁性のなかに生きていたけれども、身分的特権を有していた。「皮革市場における近世部落（「かわた」）の優位性」がこれである。著者は、この商人たちが、閉じられた被差別民の世界のイメージに収まりきれない、きわめて重要な経済的機能を果たしていた側面を実証している。彼らがその特権の下で、西日本の皮革集積地の商人として九州各藩・領の「かわた」身分との広域な交易ネットワークの構築により、長崎を窓口とする江戸時代前期の中国・オランダ貿易、後期対馬の朝鮮、薩摩の琉球貿易を始めとする対外貿易、およびおよそ九州全域にわたる諸藩で皮革交易を展開していた事実は、多くの読者の目を瞠らせるであろう。

尾崎論文は、フランス・スイス国境地域に位置し、アルプス山脈の西端に位置していたサヴォワ地方出身の移民の動きを、近世期を中心に追究している。この地方はフランスないしサルデーニャの王政ないし文化圏の中でも、また自然地理的な条件においても辺境に位置し、産業の乏しさから相対的過剰人口が慢性化して、中世来多くの移民を送り出していた。とくにフランス都市部においては「サヴォワ人」とは貧しく不安定な職業に就く人びととして認識ないし表象されていたが、実態ははるかに多様なものであった。なかでも商業移民たちは親族・同郷人のネットワークを巧みに利用して外地で生き延び、社会的上昇を果たす場合も少なからずあり、周縁性のステレオタイプのイメージにニュアンスが付されている。

近世の江戸とアムステルダムにおける行商と古着商の比較研究を試みた杉浦・小林論文は、流通ネットワークの全体を見据えつつ周縁性の実態を探り、ある意味で周縁性の捉えなおしを迫る内容をもっている。行商においてはその売り歩く空間の物理的な構成により、また古着商においては衣服流通の川上（新品の仕立て、既製品）中心の見方から、それぞれ自然に周縁性が刻印されてきた。だがこの論文により読者は、二つの業種に関して、江戸ではその周縁性が著しく小さく、江戸内外に及ぶ流通ネットワークの重要な環をなしていたこと、そしてアムステルダムでは行商については一部の商品について、古着商に関しても、現代よりもはるかに頻度が高かった衣服のリサイクルを背景に、トランスナショナルなネットワークが形成されていた事実を知らされるはずだ。二つの業種には周縁として片づけるにはあまりにも重要な社会経済的な機能があり、これらの活動の周縁性をむしろ揚棄しうる可能性が示唆されている。

このように近世の日本とヨーロッパという時空にもっぱら身をおいたこれら三つの論文は、それぞれモノ（特殊だが不可欠であった皮革という商品）、ヒト（言葉の壁をも越えていく移民）、組織（行商・街売・古着売といった小売レヴェルの業態）という一見次元を異にするように思われる対象にアプローチしている。だが著者たちは、これらの対象の中に、いずれも独自に築き上げられたネットワークにおいて社会的な還流ないし対流を繰り返しつつ、構造的「中心」あるいは社会経済的なエスタブリシュメントの裏で息づいていた周縁的存在の多かれ少なかれポジティヴな態様をあばき出しているのである。

第三部　共生の諸相――周縁を生きる

田村愛理

第三部は、国家体制の周縁に生きる人びとのありさまに焦点をあて、共生の諸相を描写した三つの論文で構成される。時代的には、近世日本から現代アメリカ合衆国、現代チュニジアに至り、対象も江戸期の被差別部落、アメリカ合衆国のムスリム（イスラーム教徒）移民、イスラーム圏チュニジアのユダヤ教徒と多岐にわたっている。

斎藤論文は、信州松本藩大町村の「長吏組頭」が、江戸時代中期から後期にかけて書き記した史料から、当時の被差別民が従事した役割や、暮らしぶりを探った。史料は、彼らが地域警備の役割を任され人びとの信任を得ていたこと、斃牛馬を処理する権利・権域（旦那場）をもち皮革の値段を管理していたことなど、またその暮らしぶりは一般の農民と比べて遜色はなく、生活を楽しみ寺社に寄付もする一方、困窮の際には地域社会に寄付（合力）を要求していたことなどもわかり、全般として地域社会の一員として根付いていたことを証明している。

泉論文は、現代アメリカでかつての黒人に替わる典型的マイノリティに客体化されようとしているムスリム移民が、アメリカという移民先で、どのように自らの存在を政治的に組織化しているのかを明らかにした。彼らは、アメリカの政治風土の中で自らの保守的イスラーム思考に修正を加えながら、政治的リベラリズムの実践に向けてはたらきかけていくという柔軟で能動的な姿勢を示している。こうした動きを受け入れて多文化共生社会を実現できるのか否かは、ホスト社会であるアメリカの政治文化の根本理念への問いかけとなっている。

田村論文は、チュニジアのユダヤ教徒がアラブ侵入以前の土着文化とイスラーム文化を混淆させながら、複合的なアイデンティティを形成してきたことに着目した。ユダヤ人の根源的アイデンティティとみなされてきたディアスポラ神話は、近代シオニズムにより再解釈され、イスラエル国家への統合を促すシンボルとなったが、それは、土着ユダヤ教徒がアラブ＝イスラーム世界の中で維持してきた複合文化的アイデンティティと拮抗し、ユダヤ教徒の生きる空間を狭めていくことにもなった。複数の地域・文化をまたぐ核をもつ彼らの自己統合的なハイブリッド・アイデンティティをどのように社会の中で容認・育成していくのかは、今後のわれわれの社会のありかたを探る試金石となろう。

時代的にも地理的にも多岐にわたるこれらの三論文の根底には明らかな共通性がみられる。それは、近世江戸期の被差別部落の人びともアメリカのムスリムもチュニジアのユダヤ教徒も、彼らを取り巻く環境に対して受け身一方ではなく、能動的にはたらきかけつつ日常を暮らす環境を確保してきたことである。彼らは、警備などで地域社会の役に立つ一方、困窮に際しては寄付を要請（合力）し、新しい移民先では自文化を柔軟に修正しながら、政治運動を組織し生きる基盤を保持し、時代環境の変遷の中でアイデンティティを保ちつつも積極的にネットワークを活用し、それらを自在に組み換えて生き抜いているのである。

従来のマイノリティ研究においては、支配民族に対する被支配民族の自己主張と復権、抑圧と抵抗の行動に焦点が合わされていることが多かった。たしかに抑圧された人びとの歴史の復権を通して国家体制を問い直すことは必要であるが、マイノリティ集団の独自性を主張するだけでは、異文化集団が共存しうる多元社会の実現という今日的課題には答えられない。第三部では、様ざまな差異を自らの暮らしの場としてきた人びと、そして今も暮らしの場としている人びとの具体的な生き方や心情を聞き取っていただきたい。それは、差別されて国家の周縁としてひっそりと生きているマイノリティという通常のイメージや思い込みを覆すものとなろう。

国家の周縁——特権・ネットワーク・共生の比較社会史　目次

〈装丁　的井　圭〉

国家の周縁——特権・ネットワーク・共生の比較社会史

第一部　周縁と特権

第一章　近世国家ジェチポスポリタにおける周縁の諸相

川名隆史

一　近世の複合国家ジェチポスポリタ

一八世紀後半の三度にわたる分割により、地図上から忽然と消えてしまったジェチポスポリタ Rzeczypospolita すなわちポーランド王国・リトアニア大公国の連合国家は、その内部に多彩な要素を抱え込んだ複合的国家であった。この国家は、政治的理念からするとポーランド王国とリトアニア大公国の平等な連合に基づいていたが、実質的には国家規模の差からリトアニア大公国にたいしてポーランド王国の側が優越的な地位にあったことは否定できない。ジェチポスポリタはまた多彩な言語、宗教環境のもとにありながらも、量的な面でポーランド語とカトリック信仰の優位は確かであり、それが政治権力のありかたにも反映していた。このように当然のことながら、この国家にも支配・被支配の構造と並行して中心・周縁の構造が存在する。しかしこの関係は決して中心から周縁への一方的な力の波及を意味しない。ジェチポスポリタの歴史を辿れば、中心と周縁の相互作用・共存志向の豊富な例を見出すことができ、それらがこの国家の複合的な性格を形作っていたのである。ナショナリズムの展開から、国民国家の形成へと収斂する近代ヨーロッパに関する一般的な歴史観には、かなり前より様ざまな側面から楔が打ち込まれ、再検討が進められている。近世の東欧に君臨した複合国家ジェチポスポリタもまたそのひとつの楔となり、その議論に豊富な素材を提供しうるものと考えられる。

内部の住民の国民的統合を伴いながら、単一の領域的主権国家へと発展してきた近代の国民国家形成は、中世的秩序の解体から絶対主義を経て、程度の差はあれ、ほぼ単線的な、またそれゆえ必然的なプロセスとして考えられてきた。第一次世界大戦の後に成立した、いわゆる民族自決権に立脚したヴェルサイユ体制こそ、その完成形態であり、それは東欧において特に顕著である。それはまた啓蒙主義の解放史観の開花とも言い換えられよう。国家の隅々にまで主権が均一に及び、内的な均質性を旨とする近代国民国家においては、理論的には地理的区分以外に周縁ないし辺境が存在する余地はない。そこではすべてが平等に、そして画一的に編成されており、内部に法的な区別ないし差別はあってはならないものである。たとえその残滓があったとしても、それは必ず消えていくものだと啓蒙主義は教えている。しかし実際には、そのような国家はどこにも存在しない。この理念と現実の乖離は、国民国家が原理的に持っている矛盾のひとつの現れである。画一化のなかに解消された（あるいは巧妙に隠蔽された）はずの周縁は、実は一定の意義を持ち続け、陰に陽に様ざまな場面で作用し続けている。例えば近代国民国家の純粋型ともいえるフランスにおいて、その多言語国家的性格が再び見直され、いくつかの地域でフランス語と地域言語のバイリンガル制度が導入されていることもその現れといえよう。

もちろんここではいたずらに周縁の意義を喧伝し、その復権を唱えようとする意図はない。しかしながら、もし近代国家形成過程で無視あるいは排除されてしまった周縁的存在が水面下で生き長らえ、その国家の心性を共に形成していたのだとすれば、その周縁がいつ、いかなる形で形成され、それが過去の国家の中でいかなる役割を果たしたかに関心が向けられるのは必然であろう。その意味では、中世末期から近代初期にかけての時代、すなわち近世のヨーロッパにおける政治秩序の中に複合的特性を持つ国家の意義を認めようとする方向、すなわち「複合国家composite state」あるいは最近見受けられる「礫岩国家 conglomerate state」というような名で表現された歴史観が示唆的であることは間違いない。

この複合国家論は、基本的に近世ヨーロッパにおける様ざまな地域ないしは国家の結合という意味で構想されている。この議論をまとめ上げたひとりでもあるエリオットが引用する言葉を用いると、そこには「近代初期の国家はほとんど、ひとりの王の下に複数の国が包含された複合国家であった」という観点が基礎にある(1)。そしてその国家は、それぞれが「同等に支配者である aeque principaliter」ような連合体であり、そこでは「組み込まれた諸王国が、独自の法、特権 fueros and privileges を保持する独立した総体と見なされ」ている(2)。この複合国家の概念を、北欧のカルマル同盟に依拠して「礫岩国家」という名で表現するひとりであるグスタフソンは、「それぞれの領域が王に対して独自の関係を築きながら結合している国家、王がそれぞれの支配領域に対して異なった対応をしている国家」と表現している(3)。そこでは各領域およびその地域エリートが、地域独自の特権、法体系を維持しながら王と独自の関係を築き上げており、課税や兵の動員などについては王は各地域と個別に協議しなければならなかった。グスタフソンによればこのような国家形態は、均質的な国民国家の勃興期にそれと並行して存在した様ざまな形態のひとつであったというばかりでなく、近世ヨーロッパのひとつの独自の国家形態でもあった(4)。彼はそれを、中世国家から均質な近代国家へとつながる過程におけるミッシング・リンクだと位置づけている(5)。この議論に、近世から現代へと連なる周縁的存在の問題を重ねるのは難しいことではない。中世的秩序の解体から国家が再編されて行く過程で、現象的には支配権力とそれに従属する地域という関係が生じた。しかしその従属は決して一方的な被支配でなく、従来の特権を保持し自治的な権力を行使しながら支配者と共存し、いわば自立的周縁を形成したものといえよう。しかも支配者の側も、周縁の側もそのような複合的な連合状態を、互いに有利であり好都合であると認識していたのである。中心と周縁の相互関係のあり方は国により様ざまであろうが、領域的な観点からのみならず、言語、宗教にかかわる人的な側面においても、上述の複合国家論において示される特性は近世ヨーロッパの随所に確認できる。

ジェチポスポリタすなわちポーランド王国・リトアニア大公国の連合国家は、近世ヨーロッパの複合国家のひとつの典型として上述の議論においてもしばしば言及されており(6)、また冒頭に述べたように並外れた内的な雑多性のゆえに、周縁的存在の様ざまな位相を例示している。本章では、この国家における様ざまな周縁的存在とりわけ宗教的、言語的マイノリティに目を向け、彼らの存在の型式、それを可能にした法体系などを明らかにすると同時に、それが一八世紀末のポーランド分割前夜に始まる近代化の過程で、どのように変容して行ったかを探ることにする。

二　多元的共生空間としてのジェチポスポリタ

ジェチポスポリタとは、レースプーブリカ rēs pūblica の訳語で文字通り国家ないし共和国を意味するが、これを公共財という意味で共有財産と訳すことも出来る。多民族が共生していた複合国家としての歴史的な実態から、ジェチポスポリタは英語文献では republic とともに commonwealth と訳されることが多く、これも同様に共有財産と見ることも出来る。多少強引な解釈と思われるかもしれないが、ジェチポスポリタを「中心・周縁」の相互関係のもとにある、多元的共生空間と捉えようとするならば、このような観点が適切な道しるべとなるのではなかろうか。

ジェチポスポリタすなわちポーランド王国とリトアニア大公国の連合国家は、一四世紀末に両国が同君連合の関係に入った時を端緒とする。その後何世代かにわたって同君連合が断続的に繰り返されたが、一五六九年のルブリンの合同 unia lubelska において、同一の国王（リトアニアでは大公）を戴き、両国合同の国会を持つ、単一不可分の連合国家となった。そしてその直後に、国王・大公を継承してきたヤギェウォ朝の男系が絶えたため、ジェチポスポリタは選挙王政に移行し、国王は以後、高位聖職者、高位官職者、貴族（シュラフタ）によって構成される国会によって選出されることとなった。国王選挙はその都度、その時の国際情勢や国内の諸勢力の思惑が交錯するなかでおこなわれたため、一八世紀に入ると国内の対立に乗じた外国勢力の介入によって内戦状態に陥ることもあった。国王選出の主体は貴族身分であり、選出された国王と貴族身分とは、必然的に双務契約的な関係で結ばれる。国王は戴冠にあたって、成文化された過去の貴族身分の特権を認証しなければならなかった。ヤギェウォ朝による世襲時代から徐々に強化されてきた貴族身分の特権は、選挙王政に移行して更に強化された。王政国家でありながら、ジェチポスポリタ（共和国）と呼ばれたゆえんはここにあり、そこにもこの国家の複合国家的性格が現れている。ジェチポスポリタとは、貴族身分の共有財産であると同時に、国王と貴族身分の共有財産でもあった。貴族身分が王権に対していわばつかず離れずの関係を維持しながら、ともに国家を運営するという構造は、同じ東欧のハンガリー王国にもその例を見ることができ、また前述の複合国家論を念頭におけば、むしろ近世ヨーロッパのどこにもみられた現象ともいえよう。なかでもジェチポスポリタは、王権との関係においては周縁に位置する貴族身分が、歴史的にしばしば「貴族共和政」とまでいわれるほどの勢力を築いたという点で特に際立っている。ここでこのジェチポスポリタが形成された過程を、ポーランド王国、リトアニア大公国それぞれについて領域の変遷も含めて見て行くことにしよう。するとそこには内部の政治的な権力関係のみならず、ジェチポスポリタが本来的に持つ多元的性格、中心・周縁の重層的関係性が浮かび上がってくるはずである。

一〇世紀後半にヴィエルコポルスカ公ミェシコにより周辺地域が統合され、ポーランド国家の礎が築かれた。同時にミェシコがラテン典礼のキリスト教に改宗したことにより、ポーランド国家は西方キリスト教世界の東方辺境に位置づけられることになる。この国家はその後、分裂状態に陥り、ミェシコの子孫、ピアスト家の諸公の統治する国家が分立した。一四世紀にいたってヴワディスワフ・ウォキェテクが国土を再統一し、一三二〇年に王位に就いた。神聖ローマ帝国やボヘミア、ハンガリーなどとの複雑な競合関係の中で再興されたポーランド王国は、次の王カジミェシ三世（大王）のもとで様ざまな改革を通じて強固な国家へと成長し、領土も大幅に拡大した。なかでも東方のルーシ方面へ進出したことは、その後の歴史に大きく影響することとなった。カジミェシは、この頃強大化して南方への進出をはかるリトアニアと争いながら、最終的にルーシ世界の西方に位置したガリツィア・ヴォウィン公国の大部分を併合するに到った。ルーシ世界は、一〇〜一一世紀のヴラジーミル大公による東方正教会のキリスト教受容により、正教徒の世界となっていた。カトリック世界の辺境となっていたポーランドは、この正教世界をあらたな周縁として取り込み、カトリック・正教徒の関係を中心・周縁の関係として持つことになったのである。また次節で言及するように、すでにポーランド国内に一定の地歩を築いていたユダヤ人が、領土拡大に伴って活動領域を広げ、新たな特権を得て商業活動を活発化させたのもこの時期のことであった。

ジェチポスポリタのもう一つの部分を成すリトアニアは、一三世紀の半ばにミンダウガスによって統一された。その後一四世紀前半のゲディミナスの時代に南東方向へ進出を果たし、南西ルーシ諸公国を支配下に治めて、キプチャク・ハーン国、モスクワ大公国に対峙する東方の大国となっていた。その一方で、ヨーロッパ最後の異教国ともいわれたリトアニアは、まさにヨーロッパの未開の辺境とされ、十字軍以降、騎士団による布教および軍事的征服の圧力にさらされていた。このためリトアニア人にとってキリスト教受容は、騎士団の攻勢の口実を奪う手段となりうるもので、すでに一三世紀のミンダウガスも一時的にラテン典礼で洗礼を受けたりもしていた。しかしその後南西ルーシ地域への進出を果たしたリトアニア人は、当地の東方正教と接触することとなり、多くのリトアニア人諸公が正教徒となっていた。一四世紀後半に次第に力をつけてきたモスクワ大公国との関係を構築し、またその宗主国であるキプチャク・ハーン国と対抗するためには、東方正教を受容して現地の基盤強化をはかることは合理的な選択であったともいえる。一四世紀のゲディミナスの時代に、リトアニアは西方のポーランド、東方のモスクワ大公国の双方と婚姻関係を築いて両面外交をおこなっていた。ゲディミナスの死後、息子たちおよび孫たちの間で大公位を巡る争いが激化するが、それも周囲の様ざまな勢力との関係を模索しながら展開した。折々の状況のなかで、カトリックと東方正教の双方から交互に洗礼を受けるといった事態も珍しくはなかった。このためリトアニア内部の争いは、リトアニア大公位をめぐる政治的なものにとどまらず、どの宗派と結びつくかという将来のリトアニアの文化的位置づけを探る戦いでもあったし、それはまた内紛の絶えないキプチャク・ハーン国をも巻き込んだ、ルーシ地方からステップ地帯の歴史的運命に関わる戦いの一環でもあった。そこにはまた、ある点でキリスト教対イスラームという宗教対立の図式が成立する余地があったため、ポーランド王国やハンガリー王国、更にはバルト海沿岸を根拠地とする騎士団勢力さえもが遠征してこの争いに介入した。ヨーロッパの異教的周縁に位置したリトアニアは、この時期に歴史的なキーポイントにあったといえよう。

ポーランド王国とリトアニア大公国の関係は、一四世紀末に急速に展開する。ポーランド王国を強化したカジミェシ三世（大王）には男子がなく、ハンガリー国王に嫁いだ姉の子ですでにハンガリー王位にあったラヨシュ一世が、すでに予定されていた通り一三七〇年にポーランド王位を継承した（ポーランド王ルドヴィク一世）。ラヨシュも男子を残さず、死後長女マリアがハンガリー王位とポーランド王位を継承するはずであったが、マリアの許婚で将来の神聖ローマ皇帝ジギスムント・フォン・ルクセンブルクとの対立から、ポーランドの貴族はマリアの王位継承を拒絶した。騎士団や神聖ローマ皇帝のルクセンブルク家も交えた内部の紛糾の末、ポーランド側は次女のヘドヴィグを指名し、ヘドヴィグはオーストリア大公ヴィルヘルム・フォン・ハプスブルクとの婚約を解消し、一三八四年にクラクフでポーランド王位に就いた（ポーランド女王ヤドヴィガ一世）。一方リトアニアでは、ゲディミナスを継いだアルギルダスの死後、その子で大公のヨガイラと、叔父のケーストゥティスおよびその子ヴィタウタスとの争いが激化していた。上述のようにこの争いは、恒常的な脅威である騎士団と、クリコヴォの戦いでキプチャク・ハーン国を破って勢いに乗るモスクワ大公国との関係とも関わっていた。騎士団の圧力に屈するか、モスクワ大公の娘と結婚して正教を受容し、モスクワ大公に臣従するかの選択に迫られたヨガイラは、ポーランド王国との関係構築という第三の方向に動いた。リトアニア大公国とポーランド王国はルーシ地域をめぐって対立はしていたが、それ以上に北方の騎士団という強力な共通の敵を有していた。ヤドヴィガの即位後まもなくヨガイラとの結婚のための予備交渉が始められ、その結果一三八五年にクレヴォにおいて両者の結婚とリトアニアのカトリック化、両国の結合が合意された[7]。翌一三八六年に二人は結婚し、ヨガイラはポーランド王国の共同王となった（ヴワディスワフ二世ヤギェウォ）。リトアニアにとっては騎士団およびモスクワ大公国からの脅威の緩和、ポーランドにとってはそれに加えて南西ルーシ地域への進出

図１－１　15世紀末頃のポーランド王国とリトアニア大公国の領域

の可能性という利点が両国の結合に導いた。しかし国家としてラテン典礼でカトリック化したリトアニア大公国には、有力貴族も含めて多くの正教徒がいた。彼らは国家のカトリック化によって周縁化され差別化される存在となり、大公国における不安定要因ともなっていった。

同君連合を形成したとはいえリトアニア大公国内部では、大公位をめぐる争いが内戦化していた。クレヴォでの合意は明らかにポーランド側に有利に組み立てられており、リトアニア自体が周縁化されていた。しかもリトアニア内部の支配階層にも周縁化された正教徒がおり、周縁の重層化が生じていた。このような周縁化への反発が、ヤギェウォに対抗するヴィタウタスの戦いを支えていた。騎士団の力も利用しながらルーシ世界全体の覇権を目指したヴィタウタスの構想は、一三九九年のヴォルスクラ河畔の戦いでの敗北で潰え、両者の接近が計られた。一四〇一年のヴィルノ・ラドムの合同で、ヤギェウォはヴィタウタスにリトアニア大公位 Magnus Dux Lituaniae を譲った。名目上はヤギェウォが最上公 Supremus Dux Lituaniae として上位に立つが、事実上ヴィタウタスのリトアニア大公国の支配権を認めている。この合意はリトアニア大公国の自立性の保証であり、周縁への配慮であった。しかしながらヴィタウタスの死後、リトアニア内部の覇権闘争は騎士団やルーシ地域の勢力をも巻き込んで激化した。一四四七年に大公カジミエシ・ヤギェロインチクがポーランド王位に就き、再び同君連合を形成したころからリトアニア内部も安定し、両国の関係も緊密化した。カジミエシは、リトアニア大公国の法的地位を引き上げてポーランド王国と同等の国家とし、同時にリトアニアの貴族（ボヤール）にポーランド王国の貴族（シュラフタ）と同等の特権を認めた。これによってリトアニア大公国は法的に周縁性を脱し、同時に徐々に特権を拡大しつつある両国の貴族の関係が緊密化した。ヤギェウォの子孫による同君連合の体制、いわゆるヤギェウォ朝の繁栄の時代が続くが、一六世紀後半に到って王朝断絶の恐れが出たことから、両国の貴族を中心に王朝の存続に依存しない新たな国家体制が模索された。一五六九年にルブリンで両国合同の会議が開かれ、両国の永続的な合同が決議された。ジェ

図1－2　ルブリン合同時のジェチポスポリタの領域

チポスポリタの誕生である。国王（大公）は両国合同の国会において選挙で選ばれることとなった。両国の中小貴族の利害を重視する方向で実現したルブリンの合同に対して、特にリトアニア大公国の大貴族（マグナート）の間には、合同がリトアニアの自立性を奪い、ポーランド貴族の一層の東方進出を促すものだと警戒する見方があった。広大な領地を有し、リトアニア大公国を事実上牛耳っていたラジヴィウ、サピエハなど主として正教徒の大貴族(8)にその傾向が強かった。しかもルブリンの合同で、ポドラシェ、ヴォウィン、ウクライナがリトアニア大公国からポーランド王国へと編入され、リトアニア大公国の領土が大きく北に偏ることになったことも、彼らの懸念を裏書していた。

共通の王を戴く「不可分の共和国ジェチポスポリタ」が形成されたが、そこには法的に区分されたポーランド王国とリトアニア大公国という別個の国家があり、またそれぞれの国家にはかつてのルーシ諸公国を引き継いだ領域、そして独立国家を思わせるほどに自立的な大貴族の所領が入り組んでいた。モザイク化した国家領域の内部では、国家の宗教としてのカトリックに対して正教徒、プロテスタント諸派が周縁として存在し、徐々に影響力を強めるポーランド語に対してルーシ諸語あるいはドイツ語など多様な言語が用いられていた。それらと重なることだが、何といっても様ざまな「民族」がポーランド人およびポーランド化したリトアニア人の周縁を形成し、共存していたことが重視されねばならない。複合的な構造のジェチポスポリタにおいて、これらの雑多な要素からなる周縁的マイノリティは、どのような制度の下で成立しえたのであろうか。その構造を、ジェチポスポリタのみならず世界史的にも重要な意味を持つユダヤ人、および同様に非キリスト教徒としてジェチポスポリタを構成したタタール人を中心に検討することにしよう。

三　周縁の諸相・周縁と特権

非キリスト教徒であるユダヤ人がキリスト教社会の中で生きて行くためには、特別な恩恵的措置あるいは特別な法的措置が必要であった。ポーランドではおよそ一三世紀頃にユダヤ人の流入・定住が本格化したとされるが、ここでもそれは例外ではない。一二六四年にヴィエルコポルスカ公ボレスワフ・ポボジヌィの発した「カリシの特権」が、ポーランドのユダヤ人の存在を規定する最古の法令である。ヴィエルコポルスカ地方のユダヤ人に向けて発布された「カリシの特権」は三五箇条からなる法典で、ユダヤ人の居住のありかた、キリスト教徒との関係、経済活動の中身までを詳細に記述しており、「特権」というよりはユダヤ人のための「特例法」とでも名付けるべきものであった。

ある地域、ある国家のユダヤ人がこのような特権によって存在条件を保証される形式は、歴史を遡ると一二三六年に神聖ローマ皇帝フリードリヒ二世がドイツ地域のすべてのユダヤ人を対象として認証した特権にたどり着く。それまではユダヤ人は支配者との個人的関係から様ざまな特権を供与され、生存と経済活動の条件を確保していた。ドイツ地域では一一世紀末に皇帝ハインリヒ四世がシュパイアーとヴォルムスの数家族のユダヤ人に与えた特権が、フリードリヒ二世によって再認され対象地域が拡大された。ごく少数のユダヤ人への特別な配慮として発生した特権が、より広範な地域内に定住するすべてのユダヤ人に均等に適用される、いわゆる「一般特権 privilegia generalis」へと変化したのである(9)。

この特権はさらに東方の諸地域に広がる。一二四四年にオーストリア公フリードリヒ二世好戦公がオーストリア全域のユダヤ人に向けて特権を発布した。この特権は、以前のものに比べて内容を増加させるとともに、対象であるユダヤ人のイメージをこれまでの商人のユダヤ人に加え、貸金業のユダヤ人へと広げている。フリードリヒ二世好戦公の特権は、この後、ハンガリー、ボヘミア、モラヴィアおよびポーランドに短期間のうちに連続して出現する「一般特権」の原型となった。ユダヤ人一般特権の東欧への拡大は、おそらくこの地域へのモンゴル襲来と関連すると考えられる。特にハンガリーはモンゴル軍に壊滅的な敗北を喫し、国王ベーラ四世はアドリア海まで追いつめられながら、かろうじて生き延びたありさまであった。モンゴル軍による破壊からハンガリーを復興するために、経済、財政面での有力な助っ人としてユダヤ人を優遇し、特権を付与したと考えられる。ハンガリーほどの壊滅的な被害は被らなかったが、ヴィエルコポルスカ公ボレスワフ・ポボジヌィも同様の動機からユダヤ人の招聘ないし優遇に動いたことは間違いない。しかも彼の妻ヨランタ・ヘレナは、ベーラ四世の娘である。特権が発布され

図1−3　ポーランド南東部の古都ザモシチにあるルネサンス様式のシナゴーグ　17世紀に，この街に招聘されたスペイン系のセファルディーム・ユダヤ人によって建設された。ポーランド・ユダヤ人社会の栄華を偲ばせる建物である

たカリシのユダヤ人の出自については議論があるが、ヨランタ・ヘレナの嫁入りに随行して多くのユダヤ人がヴィエルコポルスカに到来し、その時に彼らはベーラ四世から得た特権状を携え、同じものをボレスワフ・ポボジヌィに請願したとする仮説はありえよう。

　このボレスワフ・ポボジヌィの娘が、ポーランドを再統一して王となるヴワディスワフ・ウォキェテクに嫁し、生まれたのが後のカジミェシ三世（大王）である。ポーランド国家の強化に成功し、領土を大幅に広げたカジミェシは、祖父の発布したカリシの特権を再認し、その適用範囲を拡大してポーランド全域に広げた。ユダヤ人にとっては、それは自らの合法的な活動領域の拡大を意味する。ユダヤ人は、まもなくリトアニア大公国にも流入する。ユダヤ人への特権は、この一般特権の他に個々のユダヤ人共同体、あるいは個人宛に入り組んで発布された。また発布主体も国王のみならず、国会、地方議会、領内にユダヤ人を抱える領主、教会、修道院など多岐にわたる。特権はユダヤ人の存在の形式を定めた基本法であったが、あくまでも国家においては王が、私領においては領主がその個人の名において発布するもので、支配者の代替わりの際には再認を必要とした。ヤギェウォ朝期、後の選挙王政期のすべての王が認証したわけではないため、その法的地位が不安定になることもあったが、それによって実際にユダヤ人の生活基盤が奪われることはほとんどなかったと考えられている(10)。再認にあたっては通常、莫大な謝礼が支払われるため、王にとって特権付与の持つ財政上の魅力は少なくなかった。

種々の特権のもとに生存基盤を確保したジェチポスポリタのユダヤ人は、一六世紀半ばのユダヤ人人頭税の導入を契機に、より強固で自治的な存在基盤を作り上げて行く。ユダヤ人に対して特別の人頭税を導入したものの、当時の国家にはそれを効率的に徴収する能力はなく、徴収業務一切をユダヤ人の側に委ねるしかなかった。こうして人頭税の額の見積もりと交渉、その各地域への配分のために一五八〇年に全国のユダヤ人の代表会議「四国議会」が設置された(11)。このユダヤ人の全国会議は、人頭税の調整に留まらず、ジェチポスポリタのユダヤ人の宗教生活、財政、教育、その他あらゆる分野における最高の権威機関として機能するようになるのだが、特に裁判制度において顕著な意義を有した。一五三九年の国王の布告で、ユダヤ人同士の訴訟はユダヤ人自身がユダヤ人の法に基づいて裁くことが認められていたが、この全国会議は、末端の共同体やユダヤ人地方議会で決着しなかった訴訟の最上級審と位置づけられたのである。全国会議の役割はジェチポスポリタの枠を越えて、国外にも広がっていた。ユダヤ人自身の宗教や通商、婚姻などのネットワークは、もともと当時の国家の枠を超えて張り巡らされており、その範囲はヨーロッパはもとよりイスラーム圏全域に及んでいた。若者の留学の援助、外国のユダヤ人との通商や金融にかかわる訴訟の解決、ラビン(12)の人選、教義解釈の照会など外国との交渉は多岐にわたり、

図1－4　ポーランド南部の街ヤロスワフ郊外の森の中に残るユダヤ人墓地（キルクト）　ヤロスワフは東西交易の中継地で「四国議会」が定期的に開かれるなど，ポーランド・ユダヤ人自治の中心都市であった。しかしもはやその面影はなく，墓地もこのように荒廃して訪れる者もいない

時には国家の外交業務の肩代わりを要請されもした(13)。

王権の保護の下に強力な自治的機関を有し、時には財政面あるいは外交で国家の中枢に直接関わるほどの地位を確保したユダヤ人社会ではあったが、それでも様ざまな差別、迫害の危険は消えなかった。現代のホロコーストのような迫害はありえなかったが、中小規模の突発的なポグロムはあったし、反ユダヤ主義的な風潮の中で儀式殺人(14)をめぐる訴訟も頻発し、それへの対応でユダヤ人社会は多額の出費を余儀なくされた。最大級のポグロムとしては、一七世紀半ばにウクライナで発生したフミェルニツキのコザック反乱の時に多数のユダヤ人が殺されたことがあったが、被害はウクライナに留まっている。都市を基盤とするユダヤ人は、経済活動において主にドイツ人からなるキリスト教徒市民と、また農場経営や醸造の請負においてはポーランド人貴族とも競合していた。このため王領都市を中心に、ユダヤ人不寛容特権 privilegia de non tolerandis judaeis を得てユダヤ人を排除する動きも一般化し、ユダヤ人の請負を禁止する法令も出されたりした。しかしこれらの禁令には様ざまな抜け道があり、ユダヤ人の活動領域が狭まることはなく、ユダヤ人人口も増加を続けた。一般に王権および領主の側はユダヤ人に対して好意的に対応し、儀式殺人の問題ではヴァチカンもユダヤ人を擁護している。しかし実際の生活圏においては、カトリック教会とそれに導かれたキリスト教徒社会における反ユダヤ的風潮は常に一定の力を発揮し、またユダヤ人社会そのものも徐々に内部の経済的格差が広がり、亀裂が広がっていた。

近世の典型的な複合国家といえるジェチポスポリタにおいて、ユダヤ人はこのように特権に依拠しながら自立的な周縁を形成し、王権あるいは領主と相互依存的な関係を取り結んでいた。領域的な周縁ではなく、特定の宗派の人的集団としての周縁が、近世特有の社団国家的構造の中で展開されていたと見ることができる。ジェチポスポリタにはまた、ユダヤ人と並んで宗教的に区別された人的集団をなし、ジェチポスポリタの歴史に少なからぬ寄与をなしたタタール人という周縁的マイノリティが存在した。タタール人はユダヤ人とほぼ同時期にポーランドとリトアニアに流入し、非キリスト教徒としての周縁を形成した。特権に基づいて定住の条件を得たという点では両者は共通するが、流入の契機、その後の歴史における役割、国家における位置づけなどにおいて、タタール人はユダヤ人とはだいぶ異なった道を歩んだ。

タタールという名称はモンゴル人の一部族「韃靼」の名に発するが、ロシア史におけるのと同様に、ポーランドおよびリトアニアの歴史においても、モンゴル人およびトルコ諸語のムスリムの総称として用いられた。ジェチポスポリタとタタール人との関係は、一三世紀に統一されたリトアニアが一四世紀に南西ルーシ地域に進出した頃に本格化する。リトアニア大公国はキプチャク・ハーン国とステップ地帯の覇権をめぐって対峙したが、そのキプ

図1−5　ポーランド北東部ポドラシェ地方のクルシニァニ村，森の中にたたずむ木造のモスク（メチェト）　一見するとキリスト教の教会のようである。当地のムスリムがキリスト教と文化的に融合している状況が窺える

チャク・ハーン国はすでに全盛期を過ぎ、王族による権力闘争が相次いで内的に混乱していた。リトアニア大公国には権力闘争に敗れた王族を始め、捕虜、投降者、自由意志での移住者などのタタール人が流入していた。早期の流入者の多くはリトアニア社会に同化してしまうが、一四世紀末から一五世紀にかけて、リトアニア大公ヴィタウタスによって独自のタタール人社会の基礎が築かれる。ヴィタウタスは、ティムールとの戦いに敗れてリトアニアに救援を求めたキプチャク・ハーン国の王族トクタミシュを支援し、東方への進出を企てた。一三九九年のヴォルスクラ河畔の戦いでキプチャク・ハーン国の軍に敗れてその野望は潰えたが、タタール人の軍事的意義は重視し、タタール人軍人、貴族のリトアニア大公国への定住化を進め、タタール人社会内部の序列に応じて所領を与えて入植

図1－6　モスク（図1－5）の近くにあるムスリム墓地（ミザル）　上部にイスラームの象徴である三日月と信仰告白の句がアラビア語で刻まれ，下部の墓誌はポーランド語で彫られている。墓石の形式はキリスト教の墓地で一般的にみられるものと変わらない。モスク，墓地ともに今も現役で使われている

させ、リトアニア人貴族並みの特権を与えた。タタール人にはイスラーム信仰の保持が認められ、モスクも建設された。これら戦士集団の他に、農民も含め、様ざまな職業の平民タタール人も流入した。彼らは都市あるいは貴族所領に生活基盤を得て、御者、馬喰、果樹栽培、皮革加工などを生業とした。彼らは地主貴族化した上層のタタール人を中心にイスラーム信仰共同体を営み、様ざまな面で自治的な権限を与えられていた。タタール人の居住地域は、おそらくは軍事的理由からリトアニア大公国の中枢諸都市の周辺に多かったが、後には南西ルーシ地域にも徐々にタタール人社会が形成されるようになる[15]。一六世紀にリトアニア大公国とポーランド王国の合同に伴ってポドラシエ地方とウクライナがポーランド王国側に移行したため、ポーランド王国のタタール人という新たな範疇が生じた。

内的には雑多な要素からなるタタール人社会ではあったが、ジェチポスポリタの歴史においてタタール人は、その軍事的意義において際立っている。リトアニア大公国においてタタール人に与えられた所領には従軍義務が課せられており、その所領を有するタタール人は大公の指令に応じて従軍した。ジェチポスポリタの軍制は国王（大公）の発する総動員令が基礎にあり、従軍義務者は地域毎に部隊編成される。だがタタール人はそれとは別に、タタール人のみの部隊編成で応召した。後にジェチポスポリタの軍隊で、傭兵常備軍の比重が高まるにつれ、傭兵化するタタール人が増加する。当初より大公および国王には、タタール人部隊を身近に配置する傾向があった。タ

タール人は通常の戦闘の他に、斥候、伝令として重用された。平原での騎兵戦が中心であった頃のタタール人の意義は大きく、後に歩兵戦術の意義が高まっても、タタール人騎兵の活躍の場は消えなかった(16)。

リトアニア大公国ではユダヤ人と同様に、タタール人にも人頭税が課せられた。だがそれは商人、手工業者の平民タタール人に課せられるもので、軍務に就くタタール人は免除された(17)。リトアニア法典を始め、様ざまな法令において、ユダヤ人と同様にタタール人にもキリスト教徒の奴隷の所有、乳母の雇用などを禁ずる様ざまな制限条項が見出されるが(18)、タタール人の存在を脅かすようなものはない。裁判における証言の可否の条項に見られるように、軍務に就くタタール人の特権的地位を認めて特別に優遇する傾向が強いが(19)、他の平民タタール人も含め、全般にタタール人への対応は友好的であった。オスマン帝国との戦争が続いた一七世紀に、反宗教改革が進行し非キリスト教徒への反感が強まるなかで、長引く給与不払いに反発したポーランド王国軍内のタタール人部隊がオスマン帝国軍に寝返るという事件が起った。これにより一時的に反タタール人の気運が高まったこともあったが、まもなくそれも鎮静化し、戻ってきたタタール人は以前の特権的地位を回復した。

キリスト教国家において、同じように非キリスト教徒として、様ざまな面で自治的な周縁的社会を形成したユダヤ人とタタール人ではあったが、その辿った道は対照的であった。ユダヤ人は財政や経済の面において、タタール人は軍事面において国家の中枢と交わるほどの地位にあったし、タタール人はもとよりユダヤ人もキリスト教に改宗すれば貴族身分となることが約束されていた(20)。それほどに特別視されてはいても、ユダヤ人には国家あるいは社会からの圧力は強く、迫害の危険はキリスト教徒社会の中にいる限り消えることはない。一方タタール人に対する宗教的理由による迫害は、歴史上ほとんど見出せない。この差異はおそらく両者の周縁性を形作る要素の違いによるものであろう。ユダヤ人は地域を超えた人的集団として周縁を形成しており、物理的には国家のいかなる場所にも存在し、常にキリスト教徒と競合あるいは経済的に優位に立ってもいた。タタール人はそのような地域的な広がりは持たず、タタール人のイメージが軍事にかたよるなど、職業的にもキリスト教徒と競合し、差別的な対応を引き起こすような場面は少ない。更にタタール人が徐々に父祖の言語を失い、古ベラルーシ語、ポーランド語へ言語的に同化していったことも、大きな要因であろう。他にも様ざまな要素が考えられるが、いずれにせよ両者ともに近世国家ジェチポスポリタから得た種々の特権を拠り所にして周縁に生きたのであるし、また逆に彼らを特権的な周縁に配置することにより、ジェチポスポリタ自体が大いなる利益を得ていたことも確かであった。

ジェチポスポリタにはユダヤ人やタタール人という要素の他に、アルメニア人、カライーム、また数的に極小で地域的も限定されるがスコットランド人やオランダ人、また更には宗教改革以後の種々のセクトが同様に周縁を形成していた。彼らはそれぞれ、広大なジェチポスポリタの所々に自立した生活拠点を持ち、様ざまな形で国家あるいは社会と関係を維持した。それぞれがジェチポスポリタの歴史において、それなりの意義を有したわけであるが、ここではそれについては触れず、今後の検討課題としておくことにする。

四　周縁のダイナミズム

このように近世東欧の大国ジェチポスポリタにおいては、様ざまなレヴェルで国家とその周縁的存在との関係性が観察しうる。その関係は時には敵対的ないし競合的であり、また時にはきわめて親密な様相を呈した。そこでは国家の統治に関わる制度的な要因が重くのしかかる場合もあったし、逆に統治者の側の選好の度合い、場合によっては寵愛的な態度が決定的に作用する場合もあった。ジェチポスポリタにおけるポーランド王国とリトアニア大公国の関係、またそれぞれの国家とその内部に形成された非キリスト教徒が形作る周縁との関係は、長く見積もると四世紀にもわたるジェチポスポリタの歴史の中でダイナミックに展開しており、決して静止し固定化した関係が続いたわけではない。ポーランド王国から見て辺境に位置するリトアニア大公国では、王国の貴族並みの特権を得ようとするカトリック系の貴族と、宗教的な理由から特権を制限されていた正教徒の貴族(21)の間にある種の中心・周縁の関係が発生しており、そこに更にポーランド王国に呑み込まれまいとするリトアニア大公国としての自意識も加わっている。その確執は当初はゲディミナス朝内部の勢力争い、具体的にはポーランド国王ヤギェウォとリトアニア大公ヴィタウタスの抗争に現れたし、またリトアニア大公国における様ざまな特権を整理した一六世紀の三度にわたるリトアニア法典Statut Litewskiの編纂(22)もその自意識の現れと位置づけられる。また所領を与えられる代償に従軍義務を果たす、参政権を欠いた貴族ともいえるタタール人が、軍制の変遷に応じて徐々に常備軍傭兵へと重心を移して行ったのもそのダイナミズムの一環であろう。人頭税徴収の請負を契機に、徐々に自治的な組織を整えたユダヤ人の場合も同様である。

ジェチポスポリタにおいて周縁に位置した諸要素は、外部から入り込んだ余計者、厄介者などではなく、特権を与えることで国家に有機的に組み込んで利用する対象であった。周縁を誘致し、特権によって懐柔しながら、それを媒介にして国家を繁栄させ強化しようとした。周縁の強化は中心の意義を相対化させるが、にもかかわらず中心は周縁の構造を作り替えながらその体制を維持しようとする。結局は失敗に終わったが、ウクライナを新たな周縁として自立させ、ジェチポスポリタをポーランド・リトアニア・ウクライナによる三位一体の複合国家に移行させようとした一六五八年のハジャチの合意も、その一環と考えられる。社団国家的構造を持ち、徴税を始め様ざまな国家機能を周縁に「丸投げ」するジェチポスポリタのような近世国家においては、このような周縁構造を内包することこそが有利なのであった。

このような構造は、ある程度は近世の複合的国家に一般的に認められることではあるが、ジェチポスポリタにはそのような構造を可能にした別の独特の条件があった。それはまず第一にポーランド王国が、正教徒社会のような巨大な周縁的存在を抱えた、もともと雑多な要素からなり中心を欠いたリトアニア大公国を、あらかじめ周縁として取り込んでいたという経験であろう。そして第二に、ジェチポスポリタにおいて宗教改革が他の地域とは異なる、特異な展開を示したことである。第一の条件についてはすでに詳しく述べたので、ここでは第二の条件について論じることにする。

一六世紀の宗教改革の波は、素早くジェチポスポリタにも及んだ。バルト海沿岸のドイツ系市民、貴族の間にはルター派が浸透し、ポーランド王国中部およびリトアニア大公国の北部を中心にカルヴァン派が主に中小貴族層に広まった。この他、ポーランド王国西部ではボヘミア兄弟団が影響力を拡大し、また一五六二年にはカルヴァン派から反三位一体論を掲げるポーランド兄弟団が分離し、活動を活発化させていた。カトリックを基盤とするジェチポスポリタの中に、宗派的な意味において新たな周縁が形成された。この宗派的な混迷はジェチポスポリタに複合国家的構造の再編を迫る、周縁から中心への圧力の奔流ともなった。プロテスタント勢力は宗派間の違いを乗り越え、王権およびカトリック教会に対抗するための連携の道を探る。一五七〇年にサンドミエシでルター派、カルヴァン派、ボヘミア兄弟団の間で、宗派の違いの承認と相互協力が約定された。続いて一五七三年のワルシャワ国会で決議されたワルシャワ連盟協約では、反三位一体派のポーランド兄弟団を含めあらゆる宗派の貴族身分の同権が保証された(23)。このため一六世紀のジェチポスポリタは「異端のアジール」、「火刑台のない国家」(24)となった。ポーランド兄弟団だけは後に、「大洪水」の時にスウェーデンを支持したためジェチポスポリタへの反逆の罪を問われて異端とされ、カトリックに改宗するか国外追放かの選択を迫られたため事実上ジェチポスポリタから姿を消したが、その他の宗派については宗教的寛容が維持された。ヤギェウォ朝の断絶という危機を迎え、それまでに得ていた特権の維持と将来の国家のありかたを模索していた貴族身分は、宗派的には周縁的存在に落ち込むが、政治的にはむしろ強力な周縁として、中心にある王権およびカトリック教会と対決しうる強力な武器を得たといえる。

実際一六世紀から一七世紀にかけてジェチポスポリタの著名な政治家、思想家の多くがプロテスタントであった。宗教的寛容を共通の特権として保持することで、ジェチポスポリタの貴族身分は一体性を強め、王権に対する強力な周縁を形成したのである。

宗教改革はリトアニア大公国において、一層興味深い展開を示した。リトアニア大公国の宗教的状況は当初より雑多であり、カトリックと正教徒が共存する一方で、タタール人やユダヤ人、カライームといった非キリスト教徒もリトアニア社会を構成していた。宗教改革はリトアニア大公国にポーランド王国以上の影響を及ぼしたといわれるが、なかでも大貴族マグナートそれも正教徒のマグナートに奇妙な形で作用した。ラジヴィウ、サピエハ、ホトキェヴィチといったリトアニアを代表する名家の正教徒大貴族を始め、多くの貴族がカルヴァン派に移行したのである。なかでもミコワイ・ラジヴィウ・チャルヌィはカルヴァン派に移った後、晩年には反三位一体派のポーランド兄弟団を積極的に支援した。またその従兄ミコワイ・ラジヴィウ・ルーディもカルヴァン派であり、リトアニア側の代表を率いてルブリンの合同協議に臨んだが、リトアニア大公国の自立性が脅かされているとして議場から撤収した。ラジヴィウ家のカルヴァン派の系統は、その後もスウェーデンの侵入に際してスウェーデン寄りの行動を取るなど独自な政策を遂行した。このような正教徒のリトアニア貴族が大挙してカルヴァン派へ移行し、後に異端とされるポーランド兄弟団とも近い関係を持ったということは、もちろん宗教的な信念に基づくものではあろうが、他方では周縁としてのリトアニア大公国の自主性を再建しようとする隠された意志、周縁的メンタリティが、宗教改革によって具体的な表象を与えられたとも考えられよう。

反三位一体派という異端さえ合法化してしまうほどのジェチポスポリタではあったが、反宗教改革の勢いが増し、南東方ではオスマン帝国との戦争が続き、更にコザック反乱やスウェーデンの侵入によって国内の混乱が続くうちに、徐々に寛容は後退し、周縁のありかたが変容して行った。プロテスタント貴族が結集して王権やカトリック教会と対峙する時代は過ぎ去り、彼らは続々とカトリックへ復帰した。プロテスタントを受容し反三位一体派をも支援したリトアニア大公国のかつての正教徒貴族も、同様にカトリック化の道を歩んだ。このように宗派的な独自性によって表現されたリトアニアの自立性は担い手を失い、ポーランド化が進展することで周縁的特性を喪失する。また一六世紀末からの小麦価格の低落にともなって中小貴族の農場経営は危機に瀕し、自立していた貴族身分そのものが力を失い内的に分化し、経済力のない下層の貴族は大貴族に寄生する存在へと落ち込んで行った。またジェチポスポリタ東部の正教徒の世界の大半が、一五九六年の教会合同(25)によって「東方典礼のカトリック教会」へと変貌することにより、ジェチポスポリタの宗派的一元化が進行し、ここでも周縁的特性が消滅する。このように様ざまな周縁的要素がその自立性を失い、カトリシズムに彩られたポーランド性によってジェチポスポリタは一元的に染め上げられて行った。それと連動して貴族身分の間に、自らを他の諸身分から区別される出自の、ある特別の歴史的使命を帯びた存在だとするサルマティズムが蔓延した(26)。この誇大妄想的な思想によってジェチポスポリタの貴族の一体感が強化されはしたが、それは国家が弱体化し危機的な状況の中でも時代錯誤的に特権を振りかざす貴族という戯画的な状況を生んだ。

内政の混乱と外圧の強化による危機に直面し、一八世紀中葉からジェチポスポリタは改革の時代に進んだ。ロシアと大貴族チャルトルィスキ一門 Familia に支持されて王位に就いた啓蒙主義者のスタニスワフ・アウグスト・ポニャトフスキのもと、王権の強化、行政、財政、軍制などあらゆる国家機能の近代化が進められた。それにともなう中央集権化は、権力の分散に基づいていた複合国家的な体制を根底から覆すことを意味する。ひとりの議員の拒否が国会の機能を麻痺させてしまうほどの強力な特権(27)を有する貴族にとっては、国家権力の集中は特権の喪失にほかならない。改革の進行は行き過ぎを懸念するロシアの干渉を引き起こし、特権喪失を恐れる保守的な大貴族の反対を生んだ。ロシアの干渉に対抗するバール連盟の武装蜂起、ウクライナでのコザックや正教徒農民の反乱などによりジェチポスポリタは混乱をきわめた。改革は排他的特権を有していた貴族身分の一体性を破壊し、自立的ないし分権的に機能してきた周縁的存在の基盤を揺るがし、それらに支えられてきた近世的秩序の解体の危機を生んだのである。ジェチポスポリタの国政改革は、理念的には啓蒙主義に立脚し、その意味ではフランス革命を先取りする形で展開したが、特権的身分である貴族を主な担い手とするところに決定的な違いがある。その矛盾が結果的には、ポーランド分割へと導くことになったともいえる。改革は様ざまな周縁的存在を存亡の危機に導くこととなり、周縁はいかにその変化に対応するか苦慮することになる。ここでは非キリスト教徒の周縁的存在とりわけユダヤ人に注目して、改革の影響、それへの対応のありかたを探ることにする。

人頭税徴収の一括請負を契機に全国代表会議の組織を整え、自主裁判権をも手に入れて強力な自治的組織を作り上げていたユダヤ人にとって、ジェチポスポリタにおける国政改革の進展は、特権に基づく自分たちの存在のありかたを揺るがすものとなる。ジェチポスポリタのユダヤ人社会は、一八世紀に向かって内的に変貌を遂げていた。ジェチポスポリタのユダヤ人人口は着実に増加し続け、一七六四年の統計によると約七五万、全人口のおよそ六～七パーセントを占めていた(28)。商業、金融業あるいは貴族所領の経営請負などを通じて富裕化し、国家権力とも密接な繋がりを有するユダヤ人共同体の支配層がいる一方で、大半のユダヤ人は貧困にあえいでいた。一七世紀からユダヤ人共同体の財政事情は徐々に悪化し、一八世紀には破産に瀕していたといわれる。負債解消のための外部からの借り入れは更に共同体財政を圧迫し、また内部では様ざまな共同体税(29)が一般のユダヤ人に課せられた。ユダヤ人共同体内部の経済的格差は深刻化し、それはまた世代間対立ともなって現れた。一七世紀にメシア出現のセンセーションを引き起こしたサバタイ・ツヴィの記憶が残るなか、ジェチポスポリタのユダヤ人の間に神秘主義的な傾向を持つヤクプ・フランク(30)の運動やハシディズム(31)が急速に勢力を拡大し、特に後者は裕福でない若い世代を惹き付けた。ユダヤ人という周縁社会自体が自己変態を遂げようとしていたところに、国政改革の影響が及んだ。ジェチポスポリタの政府は、財政改革の一環としてこれまでユダヤ人側に一括請負させていたユダヤ人人頭税を、人口調査をおこなったうえで国家による直接課税に切り替えた。これにより人頭税の配分のために設置されていたユダヤ人の全国会議は存在理由を失って廃止され、ユダヤ人は自治の最も重要な基盤を喪失してしまう(32)。同時にそれまで付与されてきたユダヤ人に対する特権の再調査がおこなわれ、見直しが始まった。一方改革を推進する側からも、ユダヤ人対策についていくつかの提言がなされた。ここでは個々の論点に立ち入ることはしないが、総じてユダヤ人の宗教的特性の維持は認めつつ、「ユダヤ人を国家にとって有用な市民にする」(33)という啓蒙主義の理念が基調となっている。もちろん社会一般にはユダヤ人に対する反感は根強いが、ユダヤ人を多数派をなすキリスト教徒社会へ同化させるための方策を探ろうとする、改革の基本的な方向は見て取れる。

改革が進行するなかで、ユダヤ人社会は政治に無関心な神秘主義的な新興宗教運動と、既得の特権を保持しながら改革によって生じた活動領域の拡大をめざす動き(34)とに分化してゆく。前者は周囲と隔絶した新たな閉鎖的周縁の形成を意味し、後者はユダヤ人としての周縁性をわずかに確保しつつ、キリスト教徒と同等の権限を獲得しようとする、すなわち自らの周縁的色彩をより薄めようとする動きである。時代的な制約から、また直後のポーランド分割によりジェチポスポリタという枠組み自体が消滅したため、周縁性の解消から近代国家への統合という一般的なプロセスがそれほどくっきりと浮かび上がってはこない。しかし一八世紀のジェチポスポリタのユダヤ人の歴史の中には、特権に基づく周縁の自立という近世的秩序が解体してゆく道筋が確かに映し出されている。

五　周縁の解体・ジェチポスポリタの記憶

近世国家ジェチポスポリタの複合的構造を、中心・周縁という関係を軸に様ざまな側面から探ってきたが、そこに浮かび上がってきたのは、一貫して自己の自立的存在の可能性を追求する周縁の姿であり、またその周縁を抱え込み、そこに統治の持続の可能性を探ろうとする王権ないし国家の姿である。序に挙げた複合国家論の根底には、自律的周縁の存在への寛容、それらとの共存が王権ないし国家にとって決して苦渋の選択などではなく、有利・有益な道筋への必然的な歩みであったという考え方が見て取れる。ヨーロッパ近世のあらゆる国家に妥当するわけではないとしても、国家連合を構成した場合にはいうまでもなく、ある程度の規模を有する国家にはほぼ共通する現象であったといえよう。まして内部に宗教的、言語的マイノリティを抱え込んでいる国家では、それは当然の成り行きであったと考えられる。それを近代国民国家へ到るプロセスにおいて、やや偏向した道へ迷い込んだ近世国家の歴史的「未成熟」による例外的現象とするか、あるいはミッシング・リンクとして必然の道に引き戻すかは、近代国家そのものの性格付けとも関わる問題であるが、小論の立場はすでに明らかであろう。

この周縁との共存の枠組みを提供し、いわば共存の原理として機能したのが特権である。すでに述べたように特権とは、国家ないし王権の側から特定の個人あるいは団体に施される恩恵的優遇措置という意味を持つと同時に、現行の法体系には包摂しえない特別な存在（小論ではとりわけユダヤ人やタタール人といった非キリスト教徒を問題にした）に生存の基盤を確保するための例外法、特例法でもあった。キリスト教国家であるジェチポスポリタで特権に基づいて自治的な生活を送る権利を得たユダヤ人やタタール人は、人頭税あるいは従軍義務といった相応の対価を支払うことで、王権およびキリスト教徒国民との共存の制度を確保した。しかしながら特権を持つ自立的周縁が存在することは、行政の中央集権化と相携えて進展する近代化の原則と矛盾することとなる。一八世紀後半の改革時にジェチポスポリタのユダヤ人は有害な「国家の中の国家、肉体の中の肉体」とされ、自治的権限を大幅に削減されてしまう。啓蒙主義に立脚したジェチポスポリタの改革では、ドイツ人やユダヤ人を同権的市民身分として宗教の違いを超えて「ポーランド国民」に統合する可能性が模索された。しかしその一方で反宗教改革の優位のもと、ポーランド性という一元的な価値を奉じ、異質なものを排除するサルマティズムの思考形式が底流として存在した。外来の異質な存在でありながら、特権に基づいてジェチポスポリタの有機的成分として自立的周縁を形成してきたユダヤ人は、ここに到ってジェチポスポリタに巣くう有害な要素、脅威とみなされた。異質な周縁性の存在を許さない国民形成の一般的傾向は、同化あるいは排斥という相矛盾する圧力をユダヤ人に加えていた。一方ユダヤ人自身も変貌を遂げていた。ユダヤ性を深めるハシディズムのような大衆運動、すなわち隔離された周縁性を高めるような動きを生むと同時に、多少の矛盾は内包しつつも国民的統合へ期待するといったアンビヴァレンスの中にあったのである。ところが同じ非キリスト教徒であるタタール人は、そのような圧力に曝されなかった。一七世紀に一時反ムスリム感情が蔓延したが、その後は再び寛容が基調となり、一八世紀の改革時代にもタタール人の同化が問題になった形跡はない。タタール人の人口が相体的に少なく、ユダヤ人のような強力な自治的周縁性を形成しなかったこと、あるいはタタール人が常に騎兵としての表象を帯びていてポーランド人社会にとって脅威とは捉えられなかったことなど様ざまな理由が考えられるが、それらも含めておそらくはジェチポスポリタにおける寛容のありかたにかかわる問題なのであろう。すなわち国家は自らに有益であるものを選び取って、特権を与えて周縁に配置するという近世的原理を、無意識的にせよずっと保持し続けていたのだと考えられる。

三度にわたる分割によりジェチポスポリタという枠組み自体が消えてしまったため、この問題設定自体が対象を失い宙に浮いてしまった。ポーランド人自身が各分割国家において周縁に追いやられたことで、周縁の自立という問題は今度はポーランド人自身の自立の問題として再現される。ジェチポスポリタの再建は、ナショナリズムの一般的展開の中でポーランド民族の国家の設立という形で模索され、まずは貴族を中心とした蜂起という、いわば近世的世界へのノスタルジーの中で展開された。国民的統合の問題でも、本質的には分割によって突然中断されてしまった改革期の議論が継続する。小論では特権を軸に周縁性を論じたため農民の問題には立ち入らなかったが、受動的ではあるにせよ農民が国民に統合されるべき巨大な周縁的存在であることはいうまでもない。徐々に近世的秩序は解体され、近代的ナショナリズムがポーランドでも展開されるが、ナショナリズムの方向性は様ざまである。再建されるべきポーランド国家の構想も一定ではないが、基本的にはジェチポスポリタの生々しい記憶の中で再構成されることになる。そこでは、ポーランド人の政治的独立の問題に、かつてジェチポスポリタを周縁的に構成した諸地域、諸民族、諸宗派の自立と統合の問題が必ず絡みついているのである。近世国家ジェチポスポリタの持つ複合的構造は、近世ヨーロッパにおける周縁的存在のありかたの重要な例を示すものとして、また同時に一九一八年に再建されるポーランド国家へのミッシング・リンクとして記憶されるべきものである。

[注]

（1）Elliot, J. H., "A Europe of Composite Monarchies", in *Past & Present*, November 1992, Oxford, p. 50. これは H. G. Koenigsberger の言葉（1975）として引用されている。

（2）*ibid.*, p. 52–53.

（3）Gustafsson, Harald, "The Conglomerite State: A Perspective on State Formation in Early Modern Europe", in *Scandinavian Journal of History*, Vol. 23, No. 1–2, Oslo-Copenhagen-Stockholm-Boston 1998, p. 189.

（4）*ibid.*, p. 195.

（5）*ibid.*, p. 212.

（6）Elliot, *op. cit.*, p. 58; Gustafsson, *op. cit.*, p. 196, 208.

（7）unia krewska. ここではリトアニア大公国がポーランド王国に連結されること applicare が定められているが、その解釈をめぐっては様ざまな議論がある。リトアニアを取り込んで東方への進出の機会を窺うポーランド側の意図と、大公国の自立を守ろうとするリトアニア側との確執は、この後も紆余曲折を辿り、現代の歴史学にも影を残している。zob. np. Kiaupa, Zigmantas et al., *Historia Litwy. Od Czasów najdawniejszych do 1795 roku*, Warszawa 2007, s. 127–128. この書は、applicare の意味を無効とする現代のリトアニア側の見解を代表している。

（8）本章の第四節で詳しく述べるが、この時期、リトアニア大公国の正教徒の有力マグナートの多くが、宗教改革の影響のもとにカルヴァン派の教義を受け入れ、カトリック王権ひいてはポーランド王国と対峙する姿勢を見せていた。一方、ポーランド王国でも同時にプロテスタント勢力が増大しており、両国は宗教対立と政治対立が複雑に絡み合い内戦の危機に直面していた。

(9)　ハンガリーやポーランドの事例も含めて、ユダヤ人の一般特権の歴史については、拙稿「王権とユダヤ人特権」『思想史と社会史の弁証法』御茶の水書房、二〇〇七年、一七五～二〇四頁を参照。

(10)　例外は、一四九五年にリトアニア大公アレクサンデルによって、すべてのユダヤ人が大公国から追放されたことであるが、この追放令は一五〇三年に解除された。そもそも追放自体が、戦費調達などで膨らんだユダヤ人への巨額の負債を帳消しにし、不動産を没収する意図に基づいており、また追放解除に伴ってリトアニアに戻るユダヤ人に「帰還税 powrotne」を課すものであったとも考えられている。*Żydzi w Polsce odrodzonej*, Tom 1, Warszawa 1932, s. 48.

(11)　**Waad Arba Aracot.** ポーランド王国のヴィエルコポルスカ、マーウォポルスカ、ルーシ各地域、およびリトアニア大公国の代表から成る。一六二三年にリトアニア大公国のユダヤ人が分離し、別個の会議を設立した。両国に別個の財務監査が導入されたことや、両国のユダヤ人共同体同士の対立などがその原因とされている。

(12)　高名な学者などへの尊称「ラビ rabi」と、ユダヤ人共同体を宗教および社会生活全般にわたって率いる「ラビ職 rabinat」を区別するために、後者をポーランド語に従って「ラビン rabin」と表記する。

(13)　四国議会全般については、拙稿「分割前ポーランドにおけるユダヤ人の自治――全国会議 Waad Arba Aracot の構造と機能」『東京国際大学論叢経済学部編』第二〇号、一九九九年を参照。また特にユダヤ人社会の司法制度については、拙稿「分割前ポーランドのユダヤ人自治における裁判制度」『東京国際大学論叢経済学部編』第二七・二八合併号、二〇〇二年を参照。

(14)　ペサハの祭りに焼くパンには、キリスト教徒の汚れなき血が必要だという言説。典型的な反ユダヤ的デマゴギーで、西欧諸国で一二～一三世紀から流布していた。このため、しばしばユダヤ人がキリスト教徒（幼児）を殺したとして訴えられたが、ポーランドでは一七世紀末から一八世紀中葉にかけてのザクセン朝の時期に集中した。ユダヤ人共同体は被告となったユダヤ人を救うため、多額の金銭を支出し、それが共同体財政を悪化させる一因ともなった。zob. np. *Żydzi w Polsce odrodzonej*, *op. cit.*, s. 61–62.

(15)　リトアニアへのタタール人の流入・定住化の歴史については、拙稿「越境するムスリム――リトアニア・タタールの系譜とその世界」『越境世界の諸相・歴史と現在』（早稲田大学現代政治経済研究所研究叢書三七）早稲田大学出版部、二〇一三年を参照。

(16)　タタール人の歴史の軍事的側面については、拙稿「ジェチポスポリタのタタール人――その軍事的意義について」『東京国際大学論叢経済学部編』第四五号、二〇一一年を参照。

(17)　タタール人とユダヤ人では人口規模が異なるため、タタール人人頭税は財政的にはほとんど意味がなかったといわれる。Filipczak-Koczur, Anna, *Skarbowość Rzeczypospolitej 1587-1648*, Warszawa 2006, s. 258.

(18)　*Statut Wielkiego Xięstwa Litewskiego, Naprzod, za Naiaśnieyszego Hospodara Krola Jego Mosci Zygmunta III. w Krakowie w Roku 1588 ...*, Wilno 1744, s. 375–376.

(19)　*ibid.*, s. 199.

(20)　*ibid.*, s. 374.

(21)　この差別はヴィタウタスの弟であるジギマンタス・ケーストゥタイティス大公によって一四三四年に解消され、リトアニア大公国のカトリック貴族と正教徒貴族の同権が実現した。これもポーランド王国からの圧力からリトアニア大公国の自立性を保持しようとしたヴィタウタスの遺志の現れといえよう。

(22)　それまでに発布された様ざまな特権を整理すると同時に、多宗教が共存し地域毎に異なる慣習法が用いられている状況を脱し、リトアニア大公国をポーランド王国から法的に区別する画一的な法体系を実現するために法典の整備が進められた。第一法典は当時の公用語であった古ベラルーシ語で書かれ、一五二九年に公布された。その後改訂が加えられ、第二法典は一五六六年に、第三法典は一五八八年にポーランド語で公布された。注(18)を参照。

(23)　"Confederatio generalis varsaviensis", w: *Volumina legum*. Tom II, Petersburg 1859, *s. 124-125*: też w: *Volumina constitutionum*. Tom II, Volumen 1, Warszawa 2005, s. 306–307. 本協約は、詳細な解説付きで邦訳されている。小山哲『ワルシャワ連盟協約（一五七三年）』（ポーランド史史料叢書二）東洋書店、二〇一三年。協約条文の表現が曖昧なため、ドイツ地域で認められた"cujus regio eius religio"すなわち領主の信仰が領民の信仰を決定する原則がジェチポスポリタにも適応されたかについては、未だに議論が分かれる。たとえば同書一五頁、あるいは Grzybowski, Stanisław, *Wielka historia Polski*. Tom 4, Kraków 2000, s. 159 などを参照。

(24)　この象徴的な言葉は一九八一年当時のローマ法王ヨハネ・パウロ二世に由来するとのことで、それを史家タズビルが自著の題名に用いている。Tazbir, Janusz, *Państwo bez stosów. Szkice z dziejów tolerancji w Polsce XVI i XVII wieku*. 3 wyd., Warszawa 2009.

(25) 一五九五年一二月のブジェシチにおけるジェチポスポリタの正教会とローマ・カトリック教会の代表者会議で実現した。正教会側はローマ・カトリックの教義とローマ教皇の首位権を承認する一方で、これまでの正教会の典礼様式や司祭妻帯などの慣習の継続と国王による教会の保護等の特権を認められた。これ以後ジェチポスポリタの正教会は通常「合同教会 Kościół unicki」と、そして信徒は Unici と呼ばれた。

(26) 貴族が自らを、紀元前四～三世紀頃にステップ地帯にいたイラン系遊牧民で武勇で名高いサルマト人の末裔だと自認したことから、この名がついた。

(27) liberum veto（自由拒否権）。本来は全会一致原則を表現するものだったが、一七世紀後半以降、大貴族の寡頭政が強まる中で乱用されるようになり、ジェチポスポリタの政治的混乱の一因となった。

(28) ジェチポスポリタのユダヤ人人口については諸説あるが、ここでは一七六四年の統計に一定の推測値（人頭税逃れの分と一歳未満の幼児）を加えて計算したマーラーの説を採用する。Mahler, Rafał, *Jidn in amolikn pojln in licht fun cifern. Di demografisze un social-ekonomisze struktur fun jidn krojn -pojln in XVIII jorhundert*, Warsze 1958, s. 29–37（本書の言語はイディッシュ。タイトルは筆者の仕方で転写した）.

(29) 様ざまな間接税が導入され、主に食料品に課税されたため、共同体の中下層の貧困化がさらに進み、内部の社会対立が激化した。*Żydzi w Polsce odrodzonej, op. cit.*, s. 100–101.

(30) ポーランド南東部のポドレ地方から、サバタイズムの新たな担い手として現れた。正統ユダヤ人の側から激しく攻撃され、フランクと支持者はカトリックに改宗する。教団は後にドイツのオッフェンバッハに移り、ポーランドでのフランキズムの運動はほぼ消滅した。拙稿「一八世紀ポーランド改革期におけるユダヤ人問題――「四年国会」への序幕として」『東京国際大学論叢経済学部編』第一五号、一九九六年を参照。

(31) ユダヤ人共同体における寡頭支配、ラビンによる宗教行為とユダヤ的知の独占に対抗して、精神の浄化、ひたすら祈ることによる神との合一をめざす、カバラ哲学の影響を多分に受けた神秘的宗教運動。注(30)の拙稿を参照。

(32) ユダヤ人共同体の財政の悪化は、税の滞納を引き起こして国家財政に不利益を与えるとともに、ユダヤ人に多額の投資をおこなっていた貴族や修道院などの債権者の不安をかき立てた。地方議会では、貴族の債権者が、ユダヤ人の自治制度を改変し、国家によるユダヤ人への直接課税・徴収によって投資した資金を回収するよう国会に働きかける動きが見られた。
Leszczyński, Anatol, *Sejm Żydów Korony 1623-1764*, Warszawa 1994, s. 144–145.

(33) 一七八九年にユダヤ人を擁護する立場から出版された、ブトゥリモヴィチの書の題名。Butrymowicz, Mateusz, *Sposób*

uformowania Żydów polskich w pożytecznych krajowi obywatelów, Warszawa 1789. その内容および当時のユダヤ人問題については、前掲拙稿「一八世紀ポーランド改革期におけるユダヤ人問題」を参照。

(34) ポーランド改革の集大成ともなる「四年国会」（一七八八〜一七九二）において、ユダヤ人問題を討議する委員会が設置された。最終的には国会に上程されることはなかったが、ユダヤ人社会の上層部は経済活動の権利拡大と共同体自治の拡大を求めて請願を繰り返した。*Żydzi w Polsce odrodzonej, op. cit.*, s. 69–71.

第二章　一八世紀のフランス・アルザスにおける密輸資本主義
――周縁と特権の力学

内田日出海

一　密輸を見る眼

一八世紀のフランスの悪名高い密輸人で「税金泥棒」と呼ばれたルイ・マンドラン Louis Mandrin(1)はフランス国内ではある意味嫌気を誘わない悪漢で、しばしば義賊の一人に数えられたりする。その人気は一九世紀にいたってもいや増し、いわゆる民衆本の中で、痛快なストーリーの主役に仕立て上げられた。そこでは徴税請負人に抵抗する、いかがわしくも颯爽とした、悲劇的な一生が語られる。挿絵に描かれた武装した強面の人物像の足下には当時禁制品であったモスリン織とたばこの包みが置かれている(2)。一八世紀のマンドラン自身が周縁の人というだけではなく、彼が活動した場所は空間的にも、また行政制度上も、フランスという国家の周縁の地であった。それは税・財政制度や警察制度の未発達ないし不備と相俟って密輸の収益性を保証する。「税金泥棒」というのは、彼が、整いつつある近代国家フランスの関税とたばこ税の支払いを無視したからである。

マンドランを首領とする密輸団は、一七世紀から一八世紀初めまで続いた諸戦争の後に失業し、周縁化した兵士たちから補充された。彼らは一八世紀に禁制品となっていた商品をスイスやサヴォワ(3)で仕入れ、フランスに密輸し密売したのであった。不正にもち込んだ商品は、一部は闇市を開いて一般大衆に廉価で売り、一部は公的な機関（都市や後述の総括徴税請負団）を武力で脅して、領収書(4)と引き換えに、超高価で売りつけた。マンドランに代表される密輸人は、アンシアン・レジーム期フランスにおける社会的安寧ならびに税制度に対するおそるべき攪乱者であった。そうした存在は犯罪心理や社会心理、そして社会史、犯罪史、経済史の観点からの強い関心を誘わずにはおかない。

このマンドランのエピソードから出発して、われわれは密輸に対する一つの社会経済史的なアプローチを試みたい。一八世紀末までのいわゆる「前統計」時代に、商業活動における不正商品の比重はいかほどであったのか？　あるいは史家G・リヴェのいう「密輸資本主義」(5)というものを歴史上にどのように析出しうるのか？　これがわれわれの問いである。

もとより当時の税務上の取り締まりの体制はあまりにも不十分であり、マンドランの事例のみならず、発覚したすべての密輸は文字どおり氷山の一角にほかならない。密輸行為がいかに頻繁であったとしても、その氷山の全容、あるいは経済活動全体に占める比重を測定するのは容易ではない。したがってこの現象については限られた史料に拠りつつ定性的に、多かれ少なかれ事件史的に局地的な次元で分析せざるをえない。また特定時代における密輸の実態を調べることは、それ自体社会史的・民衆史的な主題としては意味のないことではない。だがそれだけでは本書の共通テーマにとって十分ではない。そこで、密輸資本主義の観点をふまえて、問題を次のように設定したい。すなわち第一に密輸は何らかの特定の通商環境、そして特定の社会経済体制の移行期に起きた現象であったのか(6)、第二にそれは、今日でも地球上のどこかで散見されるように、ある経済統合システムの中にある意味で慣習化ないし制度化されるところまでいっていたのか、という問いである。密輸を見るにあたって、これらの点を念頭においておこう。

事例として一八世紀のアルザスをとる。この地は、マンドランの一味が暗躍していたフランス東部国境地方からさほど隔たっていない、フランス最北東部に位置するいわば商品と人と思想の永遠の十字路である。そしてこの地は、当時フランス王国全体で専売制の下にあったたばこに関して、その適用外の州の一つであった。要するに本章では、たばこをめぐる密輸資本主義の実態を、アンシアン・レジーム期のフランスにおいて空間的に周縁に位置しながらも、そして周縁ゆえにこそ、専売制においても特権的な規定を受け取っていたこのアルザスの地に探ろうと思うのである(7)。

二　密輸発生の背景

麗しき六角形たるフランス王国の周縁に位置するアルザス州、そして州都ストラスブール市は一七世紀にフランスに併合されたが、神聖ローマ帝国領有時代の言語・習俗のみならず行財政制度などすべての部面で特別にそれまでの体制をほぼ維持することを許された。王国に固有の地方行政官（地方長官、国王代官など）は配置されたけれども、ストラスブールのような都市共和国、あるいはこれらを含むアルザス州全体がまるごと、いわゆる社団のかたちで絶対王政国家の中に統合され、再編成された。上記帝国内の旧来の諸権利はこうして王国内でも特権として再認されたわけである。とくに通商関係ではアルザスは、関税免除の特権をもたされた諸州（「事実上の外国州」）の中に入れられた(8)。そのうえアルザスはたばこ専売制をめぐっても栽培・製造・販売の自由を許された特権地帯の一つであった。本章で扱うのは一八世紀の一定期間中この特権が中断させられる場面での密輸という特異の現象である。すなわち、ここで問題となるのは一七四九年五月四日の国王宣言(9)に対する違反行為である。この国王宣言はアルザスを含む上記の関税免除特権諸州に入るすべての外国産たばこに対して一重量リーヴル（約五〇〇グラム）当たり三〇ソルの従量税率で課税をおこなうというものであった。当時の計算貨幣単位の一リーヴルは二〇ソル（またはスー）であり、三〇ソルはしたがって一・五リーヴルである。当時のリーヴルの価値は正確にはわからないが、E・ラブルースは革命期の調査に基づき、例えば一七九〇年におけるフランスの都市の日雇労働者の平均賃金を一リーヴル三ソル四ドゥニエ（一ソル＝一二ドゥニエ）、日雇農業労働者のそれを一リーヴル六ソルであったと推計している(10)。一重量リーヴルにつき一・五リーヴルの課税というのは、これらの数字、ならびに後述の一人当たりの密輸品所持量から類推すればかなり高く、少なからず輸入抑制効果が期待される税率であるといえよう。この体制は一七七四年まで継続した。密輸はその後なくなるわけではないが、さしあたっては分析をもっぱらこの二五年の期間に限定したい。

ところで密輸は一七四九年より前にも起こっていた。たばこ専売制そのものの網の目を掻い潜る行為がこれである。フランスでは急速に需要を増大させたたばこの課税収入の高い収益性に着目して一七世紀にすでに専売制が導入され、輸入が独占されて輸入港もマルセイユ、ボルドー、ルーアンなどの海港都市に限定された。また栽培が許されたのも一八世紀初めにはアルザス、フランシュ＝コンテ、アルトワ、エノー、カンブレジ、フランドルの六州のみであった。これらはいずれも国境地方にあって上記の関税免除特権諸州に重なり合う。これらの自由栽培地や外国産のたばこは、専売制を担う総括徴税請負団《フェルム・ジェネラル》(11)の指定する専売適用地産のものより圧倒的に安く、品質もいい場合が多かった。かくして国境地方ならびに自由栽培地との州境においては密輸が頻発したのであった。陸上ではまさしくマンドランの舞台であるスイスやサヴォワに接する諸州を始め、ドーフィネ、プロヴァンス、西の海辺ではアメリカ産たばこ輸入国の筆頭イギリスに近いブルターニュ、ノルマンディが密輸多発地域であった。スペイン起源のたばこもピレネー山脈を避けて大西洋岸から入ってきた(12)。

自由栽培地の中の二大産地であるダンケルクとアルザスは常に専売適用地域への密輸のメッカであった。総括徴税請負団にとっては、これら自由栽培地がたばこから引き出している高い収益——そしてこの特権そのもの——に我慢がならなかった。こうして彼らは密輸増大による自らの利益の縮小を阻止し、自由栽培地との競争を軽減するためにすでに何度も王国政府にはたらきかけていたが、ついに一七四九年に上記の特別の輸入関税の導入に踏み切らせたのである(13)。

一七四九年五月四日の国王宣言による新体制によって、ダンケルクのたばこ産業は窒息してしまった(14)。一方、アルザスは従来にも増して密輸の頻発地帯——ただし監視ラインは基本的に西のフランス内地《ランテリユール》との境から東のライン河へ移動——となった。たばこ導入の一七世紀以来、アルザスは相当量の輸入たばこ——そして輸入の大半は後述のようにプファルツ産の葉たばこであった(15)——に依存していたにもかかわらず、この地ではたばこ経済は破壊されなかったのだ。密輸の常態化を予想せずにはいられない。

ではこの「事実上の外国州」において密輸はどのようにしておこなわれたのであろうか。これを知るのにわれわれがもつ手がかりは先に触れたようにきわめて限られている。見つからない、痕跡が残らないというのが密輸だからだ。残るとしたら発覚した場合のみであり、それを具体的に教えてくれるのは裁判記録文書しかない。問題の特別関税（一重量リーヴル当たり三〇ソル）は王国が王国の利益のために総括徴税請負団を通じて実施するものであるから、その違反を予防・摘発し、裁くシステムは当然王国によって新設されねばならなかった。それはフランスへの併合後の新たな地方奉行である二人の国王親任官が担うこととなった。すなわちアルザス州全体の行財政・司法を受けもつアルザス地方長官、ならびに特別にストラスブールについて同じ任務を有した国王代官であった。

密輸行為の実態を探る前に、まずはアルザスにおけるたばこをめぐる特権的な通商環境、ならびに前述の国王宣言適用に関する監視体制ついて一瞥しておこう(16)。この通商環境はアンシアン・レジーム期の最後のほぼ二世紀間に少しずつ進化し、次の一九世紀初めには改めて例外なしの専売制につながっていくものである。この間の文字どおり移行期の不十分な体制こそが密輸人たちが秘密裏に、ないし半ば公然と活動する条件を決定づけたのである。

三　アルザスにおける「一七四九年五月四日体制」

そこで一七四九年までのたばこをめぐる規制体制の変容をまず確認しておきたい。一六世紀半ば頃にヨーロッパにはじめてもち込まれたたばこは、ほかの植民地物産と違ってヨーロッパのいくつかの地域で実際に栽培され、商品化された。アルザスでは、先行するアムステルダムにならってこのプロセスが始まった。先に触れたようにフランス王国は、財政的見地からこれを確実な収入源であるとみなして、早くも一六七四年九月二七日の国王宣言により、請負の形態ですぐさまたばこ販売の独占システムをつくって重商主義政策の中に組み入れた。この特権は入札の結果年五〇万リーヴル・トゥルノワで請け負われることとなった。請負契約の落札者はさらに王国におけるたばこの輸入・製造と販売の排他的特権を獲得する。それ以来、不正行為が増加するのに応じて、諸々の規則が相次いで出され、その内容は次第に細目に及び、罰則も厳しくなっていった。一六八一年から一七二一年にいたるまで六度も王令ないし宣言が発布された。そして最後の一七二一年八月一日の国王宣言は上述のように、アルザスを含めてアルトワ、フランドル、カンブレジ、エノー、フランシュ゠コンテといった特権諸州をたばこ専売制の枠外であると宣する一方、禁輸システムを強化したのである。

だが一七三六年一二月一一日の国王諮問会議 Conseil d'Etat 裁決(17)の本文にみえるように、たばこの密輸は抑えきれないほど頻繁に起こり、そして絶え間なく増加した。こうした状況のなか一七四九年五月四日に問題の国王宣言が出た。これは明らかに国境諸州、とりわけアルザス州に狙いを定めたものであった。すなわちこの措置の目的は「彼ら〔特権諸州住民〕の生産するたばこのみならず、彼らがそのたばこの品質を向上させ、その販路を有利にすべく外国から引き出しているたばこが、販売の排他的特権が行使されている余〔国王〕の請負団の管轄内に、あまりにも大量に」[18]流入している状況を変えることであった。アルザスのたばこはそれ自体としては商品価値が小さく、外国産のたばことブレンドすることではじめて一定のブランド性をもってヨーロッパ中の定評を得ていた。したがってこの措置はまさしくアルザスにおけるたばこの通商環境に対して、多かれ少なかれ直接的でかつ実効性のある攻撃の第一弾であった。

次いで、ほんの少し後れて出された一七四九年六月一七日の国王諮問会議の裁決[19]は、とくにアルザスに関して上記国王宣言の適用を明確に定めたものであった。アルザスに入る外国産たばこはこの関税徴収のためストラスブールほか三つの徴税事務所――一七五〇年にアグノー Hguenau、ドゥルゼナイム Drusenheim[20]、サン＝ルイ Saint-Louis〔東南端〕――を必ず通らねばならなくなった（次頁図2-1を参照）。アルザス各地に徴税吏と武装監視班が配備された。

アルザス、とくにストラスブールの商人たちはすぐさま反「宣言」の陳情書を数多く提出した。この宣言は、アルザス商人との交易を望むあまたの外国人商人たちの足を遠ざけることになるだろうというのであった。一方、パリの財務当局は、その代理人であり、実際にこの国王宣言文案を入念に準備していた総括徴税請負人《フェルミエ・ジェネロー》たちとともに、アルザス州の商人や諸都市参事会の、旧特権の維持を主張する頑なな態度に耐えがたいものを感じた。パリの代理人であるアルザス地方長官やストラスブール国王代官などの多かれ少なかれ親アルザス的な態度も、地方行政上の不作為と映った。この二人の行政官は温度差こそあれ地方の特殊利害を理解し、できる限りこれに配慮しようとしたからだ。

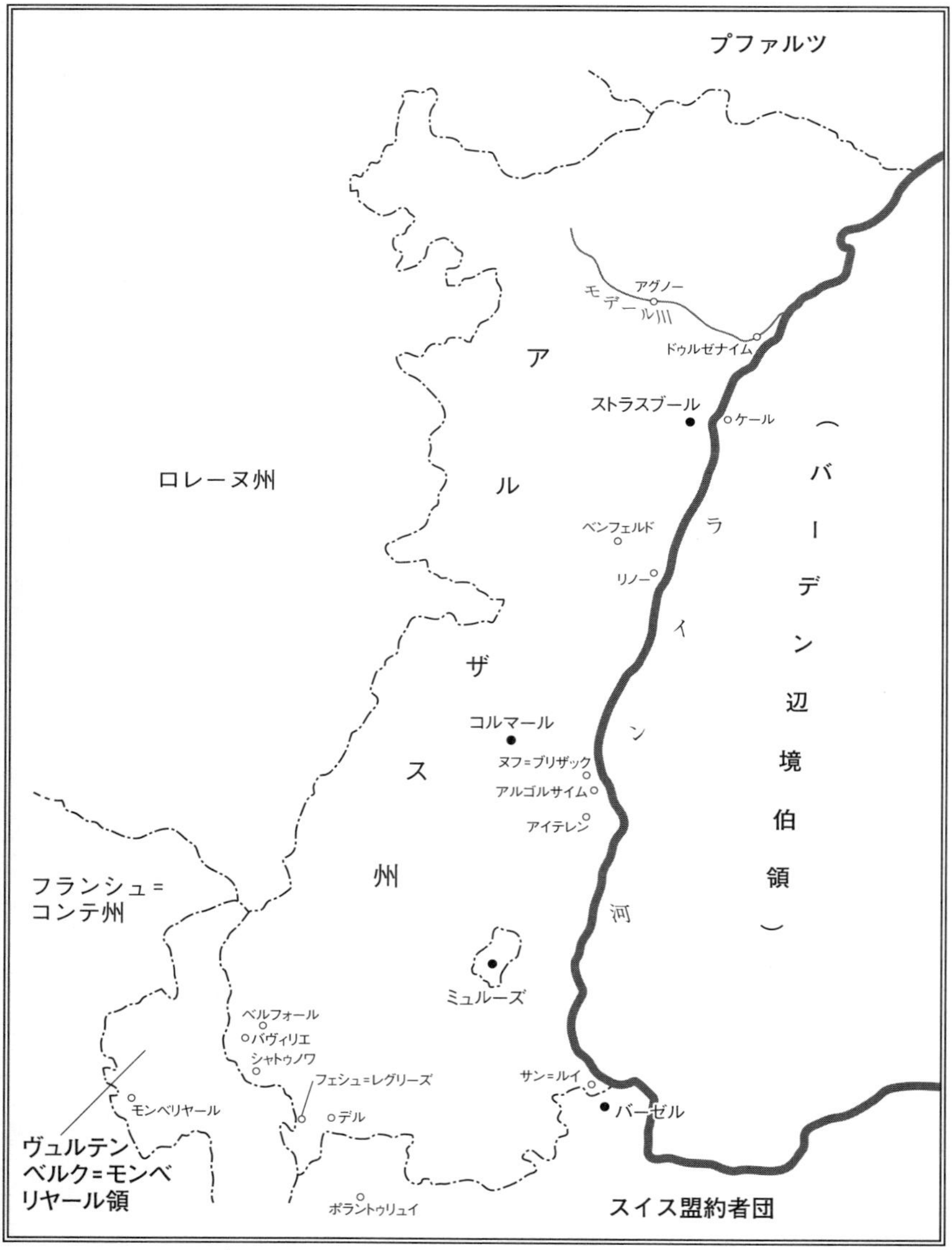

図２−１　18世紀のアルザス州と密輸関連諸都市
Vogler, B. *Histoire de l'Alsace*, Rennes, 2002, p. 19 ; Sittler, L. *L'Alsace, terre d'histoire*, Colmar, 1973, p. 149より抄出して作成

かくして在パリの財務総監ドゥ＝マショー de Machault は、とくに国王代官のドゥ＝レジュモルト de Régemorte ――後述――に対して一七四九年宣言の適用を強く督促する書簡を送った（一七五二年九月一八日）。いわく、「陛下の御意志は、たばこに関する一七四九年五月四日の御宣言が、その後繰り返しおこなわれた陛下の御決定に従って、王国の他地域同様、アルザスならびにストラスブールにおいて施行されることにある……拙者は貴殿らが総括徴税請負人たちに対して、市門ならびに市税関に彼ら〔総括徴税請負人〕の徴税事務所を設立するのに必要なあらゆる便宜を与えること、そのうえで、国王のいくつかの御命令に従って、公社 Régie がほかのすべての諸州（そこでは公社は商業を損なうものとはなっていない）と同様に設けられることを期待するものである」(21)と。

他方この国境地方は、数年間にわたって一七四九年宣言について批准も登録もしていなかった。その状況に乗じて、総括徴税請負人の非難ものかは、外国産たばこの駆け込み輸入に走る人びとが多数あった。ライン河両岸はにわかに不正行為で溢れかえったのであった。そこでパリでは、アルザス州内、とりわけストラスブールにおけるこの国王宣言の施行に関わる司法体制を強化することが喫緊の課題であると認識されるにいたった。国王代官ドゥ＝レジュモルトは一七五二年に当該事件に関する初審の権限を公式に与えられた。

実はそれより先に、前任の国王代官ドゥ＝クラングラン de Klinglin に対して一七五〇年九月一〇日の国務諮問会議裁決により、判事の資格が与えられていた。そしてこの裁決の公示のすぐ後に、三人の女性がそのスカートの裏に人参型サンヴァンサン Saint Vincent たばこ(22)二九本を所持していたところをライン橋で捕えられた。女たちはこのたばこについて、ヴェッツェル Wetzel というストラスブール商人のためにこの行為をおこなったと申し述べた。総括徴税請負人の配下の者の調書に基づいて、国王代官ドゥ＝クラングランは当初この事件をほかの密輸人を怖気づかせるための見せしめとして厳しく裁くことを約束した。ところが最後には種々の口実の下にこの調書を無効として却下し、三人の女性は解放されるにいたったのである(23)。これを受けて一七五二年六月一三日の国務諮問会議裁決(24)が、不正たばこの統制に関して後任の国王代官ドゥ＝レジュモルトの権限を強化したわけであった。ドゥ＝レジュモルトは、僧職の身分ゆえ、とくに銃で武装した密輸人が問題になった際には、重罪が絡むことになり、刑事訴訟に関与することがままならかった。そこで彼は財務総監であり国璽尚書でもあったドゥ＝マショーに対して、これらの訴訟の裁判権に限ってはストラスブール市大参事会付の次席検事フランソワ＝アントワーヌ・ホルト(25)に任せるよう提案した。そしてこれは受け入れられた。こうして国王代官管区では裁判体制が確立されたのであった。

一方アルザス州全体についてはアルザス地方長官の監督と上級審の下で、地方長官総補佐官《シュブデレゲ・ジェネラル》フランソワ＝マリー・ガイヨー Gayot がドゥ＝レジュモルトと同じ初審の権限をもたされることとなった。ドゥ＝マショーはガイヨーに対して、密輸による外国産たばこの州内へのもち込みの犯罪を裁くための諸原則に関して一七五二年一〇月三〇日の書簡(26)で指令を発した。こうして地方長官管区における「一七四九年五月四日体制」が完成した。

この体制はアルザスにたばこ取引の自由が復活する一七七四年まで維持される。その結果短期的には、その数こそ正確にはつかめないが、たばこ栽培農民、関連労働者ならびに商人＝製造業者の流出がみられ、またこの関税がアルザスのたばこ産業に対する桎梏となってライン右岸におけるたばこ産業の発達を多少とも助長することとなった。これらはストラスブール市当局の主張であるが、ある程度まで真実であろう。だが、この体制の影響を極小化する別の楽観的な見解もある(27)。これによれば、アルザスのたばこ産業の発展は多分減速を余儀なくされた。しかしこの体制の適用期間（一七四九〜七四年）に決して衰退したわけではなく、したがって自由体制復活の一七七四年の直後に失われた時間はすぐにとり戻されたのだというのである。実は、体制変更とは別に、外国からの競争が一七四九年の宣言の前からすでに感じられ始めていたという事情もある(28)。つまり、たばこ産業への早期参入の優位がなくなりかけていたともいえるのである。

いずれにせよこの一七四九年体制がアルザスの通商条件をある程度まで悪化させた点は争えないところだ。しかしこの地のたばこは生き残った。そして最終的にはフランス革命を経て一八一〇年の新たな専売制の下での生産に継承されていくのである。

さてそれでは、その傷の浅さは何に起因するのか？　密輸であろうか？　その詳細な調査が次節以下の内容である。

四　ストラスブール国王代官管区内の密輸行為

(1)　国王代官ドゥ＝レジュモルトの裁判記録から

まずストラスブール市に関してわれわれは国王代官府に残されたドゥ＝レジュモルトによる一七五二〜五九年の判決簿(29)を手にすることができる。判決の数は八年間で次のように推移している。

一七五二年	二一件
一七五三年	二五件
一七五四年	二一件
一七五五年	一四件
一七五六年	一六件
一七五七年	六件
一七五八年	六件
一七五九年	五件

計　一一四件

一一四件のうち再審または被告の上告による判決延期は一二件であり、残り一〇二件のうち四件は総括徴税請負団に雇われた監視人、あるいはストラスブール市の市場税(30)の請負人に対する罵詈雑言を原因とするものであった。同じく二件は監視人が作成した調書に対するストラスブール市民の異議申し立てに理ありとするもの、三件は被告を無罪とするものであった。したがって残り九三件が実際に違反行為に関わる判決ということになる。そしてこれらはすべて原告である同税の徴収権落札者、すなわち総括徴税請負人側に理ありとする判決であった。外観上、密輸行為は年を経るごとに次第に減じていることは明らかである。また八年間で一一四件というのは多いようにもみえるが、少ないともいいうる。摘発の裏で、監視人による不審尋問を秘かに回避する巧妙なやりかたで、はるかに多くの不正行為がおこなわれたことも疑いを容れない。実際の摘発数は少なく、取り締まりが生ぬるかったという状況も考慮に入れる必要があるのである。

われわれはさしあたってこれら一一四件すべてに当たり、密輸人・場所・たばこの量などについて一覧表にまとめてみた（本章末尾67〜72頁の補遺を参照）。これから明らかになるのは、まず密輸の人的規模であるが、この地では大半の密輸の事例が比較的限られた数で、多くの場合一人か二人、ときに三人か四人といった者たちの手でおこなわれていたことである。五人を超え、多かれ少なかれ組織だった密輸団を連想させるような事例は七件しかなかった。さらに、何らかの武器に言及されている例は二件のみ（補遺の判決番号、1、19）である。この点はおそらくその種の刑事訴訟に関しては、ストラスブール次席検事である上述のホルトが権限を有していたことと無関係ではないと思われる。その記録があるはずであるが、われわれはこれを確認できなかった。

次に数多くの女性、子供（男女とも）、兵士および外国人がこの犯罪に手を出していたことがわかる。それぞれ三四人、一四人、五人および二一人（そのうちライン河対岸のケール Kehl 出身者が一二人）であった。犯罪人の職業もある程度わかる。最も多いのは水運業者、商人、卸売商人であり、次に来るのが荷車引き、御者、魚屋、漁師などであった。これらの中にはれっきとしたストラスブール市民も数名いる。さらに分益小作人、庭師、たばこプレス工、シタデル Citadelle(31)の仕立屋や石工、日雇い労働者などがそれぞれ一名ずついた。それに職業を明かさない者、明かせない者、逃亡してしまったため情報不明の者などを合わせてほぼ同数の事例が判決録に載せられている。違反はたいていライン橋、市門とその周辺、あるいはライン河両岸、その分流に散在する小島において発見された。当時のライン河は、治水・築堤技術の未発達ゆえに、水の流れが一定ではなく多くの分流を生ぜしめていたのだ。

密輸の対象となったたばこは主としてアメリカを起源とする人参型(32)に固められた上記の「サンヴァンサン」たばこ、ならびに「オランド Hollande」と呼ばれたロール状か刻まれたかたちのオランダたばこであった。それぞれアメリカ産、オランダ産のいずれも完成品（ないし半製品）である。これらのたばこは水路と陸路の双方からもたらされたが、たしかにライン河対岸、とりわけケールの商業と結びついていた。ケールにおけるたばこ取引は左岸におけるこの「禁輸」的な措置を利しつつ、次第に拡大しつつありライン通商軸の中継点の地位をストラスブールから奪う勢いであったのだ。

ストラスブールに不正にもち込まれたたばこの量に関してはどう判断すべきであろうか。密輸人の数が多くない場合（三～四人未満）がほとんどであり、小規模の犯罪がもっぱらであったとはいえる。だがたとえ一人の場合であっても数十～数百重量リーヴルを運んでいるのは注目すべきである。個人の消費量を明らかに超えているからである。例外的に密輸量が多いのは次の三例である。後掲補遺の一覧表の8の事例ではヤーコプ・ヨンガー Yonger なる者が五八カントー八七重量リーヴル(33)の人参型サンヴァンサンたばこを六袋に入れてもち込もうとしていた。そして98の事例ではケールのフランツ・キブラー Kibler なる者が一二カントー四一重量リーヴルの「外国産たばこ」を、114の事例ではストラスブール市民のジャン・フランツ Frantz の家僕であるレオナール・クラール Clare なる者が六カントー二一重量リーヴルのオランダたばこと七カントー四二重量リーヴルのサンヴァンサンたばこを密輸入しようとしていた。

一団をなしていた密輸人たちの間では再犯の者もいた。フライシュパイン Fleischpein、フランツ Frants、ミュンデル Mündel、メンミンガー Memminger の一味がこれである（補遺、107、109、112）。一七五八年四月二六日午前一時、二隻の「ヴェンドリング」（小舟）が総括徴税請負団の監視人たちによってライン橋の通行税徴収閘門の係船場で差し押さえられた。これらの小舟は「ストラスブール市民で若き漁師の」兄弟、アンリ・フライシュパインとアンドレ・フライシュパインの二人によって操縦されていた。彼らはその前日ライン河を横切ってケールに赴き、ジャン・メンミンガーとその家僕（ヤーコプ・メンミンガーにも仕える）と一緒にそこで外国産たばこを積み込んでいた。この二人のメンミンガーはストラスブールの市民＝魚屋であった。まさにこのメンミンガー兄弟の命令に従って、フライシュパイン兄弟はケールから一九袋のたばこを上記の通行税閘門のところまで運んでいたのであった。問題のたばこは予備判決によってただちに没収された。密輸たばこの内容は四三本のパン型オランダたばこ八カントー九一重量リーヴルと、四六一本の人参型サンヴァンサンたばこ一三カントー六六重量リーヴルであった。メンミンガー兄弟のほかに、同じくストラスブール市民＝魚屋のアンドレ・ミュンデルとジャン・フランツも共犯者とみなされた。同じ年の七月二八日、国王代官はこの事件に最終的な判決を下した。これにより問題のすべてのたばこと二隻の小舟が没収され、フライシュパイン兄弟のそれぞれに一〇〇〇リーヴルの罰金が科された。残りの者、すなわちメンミンガー兄弟、アンドレ・ミュンデルおよびジャン・フランツについては、今回は無罪とされた。

ところが判決からほぼ一年後の一七五九年四月五日、再犯に出くわす。すなわちその日の午前二時、ジャン・フランツとアンドレ・ミュンデルは彼らの船の中にいるところを監視人によって不審尋問を受けたのだった。しかも監視人は逃亡したほかの密輸人の中にヤーコプ・メンミンガーの姿を認めた。彼らは三〇ソル税を無視して、ケールで入手した外国産たばこをストラスブール市内にもち込もうとたくらんだ廉で起訴された。たばこの重さは総計二五カントー五重量リーヴル（オランダたばこ四カントー九七重量リーヴル、サンヴァンサンたばこ一九カントー三五重量リーヴルおよびパイプ用たばこ七三重量リーヴル）であった。その後、ストラスブールの親方＝旅籠屋であるジャック・ウルリヒ Ulrich なる者が自分の船（複数）が盗まれたとする申立書を提出した。ヤーコプ・メンミンガーの方は無実を訴えた。しかしそれも退けられ、二人のストラスブール人は有罪となった。かくしてくだんのたばこ、船その他の財産は没収され、メンミンガー、フランツおよびミュンデルはそれぞれ一〇〇〇リーヴルの罰金の支払いを命じられた。

以上がストラスブールで八年間にわたっておこなわれた密輸に関して、国王代官ドゥ＝レジュモルトの判決録がわれわれに伝える概要である。ドゥ＝レジュモルト自身、財務総監へ宛てた一七五三年六月二四日の書簡の中で、ライン河とストラスブールへの入口の監視はいわば不可能に近いと述べている[34]。残念ながらドゥ＝レジュモルトの残りの在任期間、そして後任のフランソワ＝マリー・ガイヨー（在任一七六一～六八年）、フェリクス＝ルイ・ガイヨー（在任一七六八～六九年）およびフランソワ・ドティニー d'Autigny 男爵（在任一七六九～八一年）の国王代官任用期間に関して、同種のまとまった訴訟史料は見出せない。

（2）密輸資本主義の横行？

ただし、ストラスブールにおけるその後の展開に関しては、いくぶん象徴的で逸話的でもあるもう一つの事件がある。それは総括徴税請負人アラテール Alaterre と、「ストラスブール郊外のサンス地[35]イェーガーホーフ Yäger-hof のサンス徴収人にして居酒屋店主」ジャン＝ジョルジュ・ライン Rhein との間に、この総括徴税請負人がおこなったたばこの差し押さえをめぐって起きた訴訟(36)である。ロベルツォ Robertsau(37)船着場地点を担当する徴税請負団付監視班長・監視人であったジョゼフ・フレパス Freppas、マルタン・ディベル Dibelle およびミシェル・ヴェーバー Weeber の手による調書によれば、彼らは一七七〇年八月二四日朝八時頃のこと、イル Ill 川(38)手前のラ゠ブクル船着場において、一人の男が徒歩の女性を一人連れ、馬に乗って荷車を引いているのを見つけた。これがサンス地イェーガーホーフの居酒屋店主とその妻であった。彼らはこのサンス地から出てイル川の対岸にいる監視人たちに接近しつつ、一隻の船に乗ろうとした。この夫婦がシタデルの運河橋近くの監視班の視界に入ったとき、妻が叫び声を上げて逃亡した。夫の方は逃げようとして馬の下に身を潜めた。だが結局二人とも捕えられた。荷車には藁の中にさらに絨毯でくるんだ外国産たばこが積んであった。

監視人たちが尋問してみると、彼らはストラスブール北郊のシルティカイム Schiltigheim 出身のジャン゠ジョルジュ・ラインとその妻エヴ゠バルブ・グレシヌ Gressine であり、くだんのたばこはその前日、ライン河対岸の村リッツハイム Litzheim の一人の男――名前は不明だが職業は日雇い農業労働者――の手で夫婦のところへもち込まれていた。そして夫婦はこれらのたばこを何と「コルボー橋の裏手に居住するこの都市のたばこ製造業者ハンメラー Hammerer 氏」のところにもっていこうとしていたのだ。ハンメラーはその仕事と引き換えに一六リーヴルの金額を約束していたという。たばこは、三二本の人参型オランダたばこ一カンタル二五重量リーヴル、二本のパン型たばこ四三重量リーヴル、合わせて一カンタル六八重量リーヴルから成り、すべてすっかり濡れてしまっていた。

国王代官ドティニー男爵はJ゠G・ラインから二度の請願書を受け取った。ラインは「監視人たちが調書作成の材料を得るのにいかに卑劣で堪えがたいやり方ができるのか」を訴えようとしたのであった。J゠G・ラインにとって真実は以下のとおりであった。

①ロベルツォに詰め所をもち調書を作成して署名した監視人の一人であるミシェル・ヴェーバーは、しばしば請願者〔J＝G・ライン〕の居酒屋に足しげく通っていた。この監視人のお決まりの談義はたばこ密輸をするならどういうところがうまくいくか、そしてサンス地イェーガーホーフなら最適地のうちに入るといったものであった。請願者は冗談でわざとこう答えた。自分には反対にイェーガーホーフほど危険なところはないようにみえる、なぜならストラスブールに荷車を引いて行こうとする場合、どうしても渡らざるをえない旧ライン河の分流の経路を、その両岸に常駐している監視人たちに見つからずに通ることは不可能だったからだ。監視人たちは実際居酒屋の客の船の出入りを手伝ってさえいたのだった。監視人ヴェーバーはすぐさまこの困難を否定してみせた。彼が任務についている間この通行に便宜をはかってやるというのである。そしてヴェーバーは請願者が彼に通過の度に一エキュ金貨と穀物一袋（小麦と大麦半分ずつ）を差し出せば、すべてがうまくいくように二、三日前に必ず連絡すると約束した。

②請願者は説得されたふり、ヴェーバーの繰り返されるしつこい誘惑に屈するふりをし続けた。ヴェーバーによると八月二三日にライン河対岸のある男によって居酒屋店主のサンス地に運ばれるたばこがもち込まれること、そしてこれらのたばこはストラスブールの大商人ハンメラー氏宛のものであることは確かであった。そしてヴェーバー自身が実際に二四日にその詰所にいると断言していたのであった。すべてはこうして始まった。

これはたしかに罠というほかないが、われわれにはむしろJ＝G・ラインとその妻がかくも安易にヴェーバーの陰謀につき従った点が興味深く思われる。密輸に対する心性の軽さとでもいうべきものである。J＝G・ラインは陳述において自分と妻にこの不正行為に関して責められるべきものがあるとすれば、この件全体を指揮した監視人ヴェーバーも自分たちと同様、あるいはそれ以上の咎めを負うべきであろうと主張した。徴税請負落札者のアラテールはこの請願者の言い分に反対する報告書を国王代官ドティニー男爵に送った。だがドティニーはこれを顧みず、むしろJ＝G・ラインに理ありとする判断を下した。すなわち一七七〇年一〇月二九日、この調書を無効とし、夫婦に対して起こされた訴訟から彼らを解放したのであった。J＝G・ラインは牢獄から出され馬と荷車も「差押え時と同じ状態で」返却された。他方たばこについては、没収と宣告された。これに不服のアラテールは、J＝G・ラインは話を捏造しているとして、一七七一年一月八日、本件をパリの国務諮問会議に控訴することとした。

国務諮問会議の裁決の結果については不明である。だがはっきりしているのは、少なくとも被告たちあるいはその他の関係人物の一人によって放棄され、アラテールのものとして没収されたたばこがあったということ、そして監視人たちによって作成された調書は不備だらけであったことである。国王代官ドティニー男爵も実際に一七七〇年八月二四日の調書は正規のものとみなすことも、J＝G・ライン夫妻を有罪とすることもできず、たばこが没収されたとしたら、それはうち捨てられたものとして没収を宣告されたものである旨を述べている。判然としないのは「たばこ製造業者ハンメラー氏」の関わり具合である。これを氷山のほんの一角として密輸資本主義を語るには、残念ながらなお乏しい材料といわざるをえない。次にアルザス地方長官の管轄区における密輸に目を転じよう。

五　アルザス地方長官管区内の密輸行為

アルザス州他地域では「一七四九年五月四日体制」はどのような展開となったのであろうか。この管区では、ストラスブールのドゥ＝レジュモルト国王代官管区におけるようなまとまった判決録はなく、アルザス地方長官の下で扱われる密輸関連の事件は散発的に起こり、その記録はもっぱらバ＝ラン県文書館に保管されている。

この体制についての最初のアルザス地方長官の関与は一七五〇年のものが残っている。すなわち一七五〇年四月二三日、地方長官ドゥ＝ヴァノル de Vanolles（在任一七四四〜五〇年）は州内に一つの命令を下した。これにより、ストラスブール商人＝市民デュペ Dupé なる者は、二カントー一〇・五重量リーヴルの外国産たばこを監視人たちに申告もせず、くだんの関税も支払わなかった廉で、一〇〇〇リーヴルの罰金を科され、たばこ、荷馬車、三頭の馬は没収され、総括徴税請負落札者ドゥ＝ラリュ de Larue（請負契約期間一七四四〜五〇年）に引き渡されることとなったのであった(39)。

アルザス南部では、三〇ソル関税に関するこの国王宣言の数年後に総括徴税請負人により提出された証拠によれば、ストラスブールの何人かの卸売商が、保税通過《トランジット》の権利を利用して、いったん通過させた外国産たばこをバーゼル経由でアルザス州内に再流入させたという(40)。その背景には、まず州最南東端にあってスイスとの国境にいちばん近いサン＝ルイ徴税事務所では、運送業者たちに遅滞を招来させてはまずいという気遣いから、保税通過品と申告されているものについて正確な商品検査をおこなうのは容易ではないという事情があった。一方、このサン＝ルイ事務所とストラスブールの距離からして、監視人員を大幅に増員しない限り、四倍も短い上記ドゥルゼナイム事務所とストラスブールの間でおこなわれているような、監視人を使って商品運搬に随行するといったことは不可能であった(41)。

アルザス南西部でも事情は同じであった。「ポラントゥリュイ Porrentruy(42)ならびにモンベリヤール Montbéliard(43)の商人の仲買人」と評されていたベルフォール Belfort(44)の卸売商たちが、保税通過で外国産たばこを通過させるための運送機会を待っているという口実で、自分たちの倉庫にもって行かせた。総括徴税請負人側は、モンベリヤール領内に、この小地域で消費しうる量の一〇倍も多い量のたばこがこの手口でもち込まれた事実を確認したと述べている。しかしながらモンベリヤール侯領内にはもはやほとんど残っていない。かといって関税を払ってまでフランシュ＝コンテに入って行くことのできたたばこはごくわずかでしかなかった。したがって告発する側からすれば、これらのたばこはほとんどが逆流して同侯領から出てアルザス他地域に向かったと考えられたのであった(45)。

これに関連して、ヴュルテンベルク公配下のモンベリヤール総督ゲンミンゲン Gemmingen 男爵がストラスブール駐在の総括徴税請負人ドゥ＝ラ＝ガルド de la Garde に宛てた一七五二年九月九日付の書簡(46)がある。長いが引用に値する。

> 私は、外国の商人たちが、アルザスに入る外国たばこに対する「三〇ソル」の税の支払いを免れるべく、ストラスブール徴税事務所で、これはモンベリヤール市の商人向けのものだと申告して、数トノー(47)のたばこを通過させようとしたのを発見いたしました。こうして彼らは保税品搬出許可証を得て、商品を、次の処置を待って税関に留め置くべしという指示の下に、それとは知らないモンベリヤール市の商人たちに引き渡したのである。さてここでは次の可能性がある。この外国産たばこの大半がアルザスに戻っていくこと、そしてその別の取引相手がそれをうまくやれる手筈を見出しうるということだ。それゆえ〔配下の者に〕私はこの状況をよくふまえたうえで、税関に下ろされたこれら数トノーのたばこをさしあたり差し押さえておくよう命じた。これほど腐心した挙句、私は依然としてこの地から、ためになるというより(48)迷惑な密輸人たちを撤退させ終えていないことに気づいておる。だがこの際密輸人たちに、通常ベルフォールに向けて彼らが自分の負担でおこなっている、この地を経由した保税通過を禁じる命令を出すことによって、さらには、モンベリヤールの都市ならびに同伯爵領の商人その他の個人向けのたばこを、シャトゥノワ Chatenois、デル Delle およびフェシュ＝レグリーズ Fesche-L'Eglise(49)の徴税事務所経由でたばこを通過させることは、摂政会議(50)の発布した証明書

がない限り、相成らぬとの予防策をとることによって、密輸人たちの進入と通過、ならびにたばこの流入というものを阻止できるもの、と私には思われるのだ。

ドゥ＝ラ＝ガルドは、この書簡に従って、在ストラスブール国王代官と同都市の商人団(51)に対して、モンベリヤール向けのいかなる外国産たばこも、あるいはアルザス産のたばこであっても、ゲンミンゲン総督ないしは摂政の許可証なき限り、ストラスブール、ベルフォール、シャトゥノワ、デル、フェシュ＝レグリーズおよびバヴィリエ Bavilliers(52)の徴税事務所において通過させないことを命じてはどうかと提案した。ストラスブール商人団を代表して、トゥルニー Tourny(53)はこれらの取決めをきっぱりと拒絶した。モンベリヤール税関に入って倉庫に下ろすことは禁じられていなかったわけであるから、総督は同税関にあった商品を没収する権限などないと主張したのだ。他方トゥルニーはたばこをめぐる商業が消えかかっている一方、密輸が絶え間なくおこなわれていたことを認めている。そしてそうしたことは「あれほどしばしば予言されていた悲しい結末にほかならない」とトゥルニーは述べたのだった。

さて次に州の他地域についていくつか事例を挙げておこう。まず総括徴税請負団の監視人の一人が密輸団との小競り合いの犠牲者となってしまった事件がある。一七五三年、リノー Rhinau(54)在住で、亡くなった総括徴税請負団監視人アンドレ・ベリー Berry の寡婦エリザベト・シェルケプフィヌ Schellkepfine は、アルザス地方長官ドゥ＝リュセ de Lucé（在任一七五二〜六五年）に宛てて嘆願書を送った(55)。それによれば夫ベリーは一七五三年三月一九日から二〇日にかけての夜、アルザス州内に不正にたばこをもち込んで運んでいた密輸人たちを追跡した人員の一人であった。この折にベンフェルド Benfeld(56)で起こった密輸団の反乱で不幸にも殺されてしまったのだ。家族に突然起こった経済的困窮のため、嘆願者エリザベトは被告らに損害賠償を求めたいというわけであった。この被告の中には何とストラスブール市民＝商人のクロード＝ジョセフ・ルヴィイヨ Revilliot がいた。この事件は最終的には数名の死刑ということで決着した。

他方、総括徴税請負落札者のジャン＝バティスト・ボキヨン Bocquillon（請負契約期間一七五一〜五六年）も別途動いていた。すなわち彼は、アルザス地方長官ドゥ＝リュセに対して、三月二〇日の調書によって差し押さえられているたばこがボキヨンのものとして没収されることを宣告すべきこと、かつ、この反乱に関係した者たち、すなわちベンフェルドの商人ピエール・ソリエ Solliet とその共犯者のシャンパーニュ Champagne、カルトゥーシュ Cartouche、アントワヌ・マカリー Macary、ならびに上記のクロード＝ジョセフ・ルヴィイヨ、上記ソリエの妻マリアンヌ・レー Rey、ソリエの下女でベンフェルド出身のカトリーヌ・リュエフ Rueff を有罪とすべきこと、を懇請していたのだ。

地方長官は、最終的に一七五三年一二月五日、アントワヌ・マカリーは「武器所持での騒擾で正式に起訴され有罪と認められ、ベンフェルド市へと密輸品を積んだ荷車を護衛し、かつ去る三月一九日から二〇日の夜に、反乱と、たばこ総括徴税請負団監視人のアンドレ・ベリーという者の身に上記の場所で犯された殺人に加担したこと」を申し渡し、その償いとして「上記マカリーを、当市の練兵場にしつらえた絞首台で死にいたるまで吊るされて首を絞められる刑」を宣告した。シャンパーニュとカルトゥーシュには同様の欠席判決が下された。ピエール・ソリエは徒刑囚として国王ガレー船で三年間の服役、ならびに一五〇リーヴルの罰金（総括徴税請負落札者ボキヨンの手中に入る）となった。マリアンヌ・レーとクロード＝ジョセフ・ルヴィイヨに関しては訴訟費用負担なしの訴訟解除となり、カトリーヌ・リュエフは訴訟費用負担付で無罪となった。最後に地方長官は「上記アンドレ・ベリーの寡婦エリザベト・シェルケプフィヌの嘆願書とは何らの関係なしに、上記マカリー、シャンパーニュおよびカルトゥーシュは連帯して彼女に六〇〇リーヴルの損害賠償」をおこなうよう命じた。

これがアルザスにおいてわれわれが知りうる最も厳しい判決であった。アントワヌ・マカリーを首領格とする一団は、冒頭に触れたルイ・マンドランのような密輸人の世界を髣髴とさせる唯一の例だともいえる。それにしてもこれらの被告のうちストラスブールというたばこ製造中心地の商人で、この事件の黒幕的な、あるいは密輸資本主義的存在を連想させるクロード＝ジョセフ・ルヴィイヨについてはあっけない結果となっている。

アルザス地方長官ドゥ＝リュセは、さらにもう一件、コルマールの近く、ライン河沿いにあるアルゴルサイムAlgolsheim(57)の市民＝蹄鉄工のジャン・ヴェッツェルVetzelという者によって作成された嘆願書(58)も受理している。ヴェッツェルは四月二六日付の地方長官自身の判決(59)に対して異議申し立てをおこなっている。それによれば、この蹄鉄工は、アルゴルサイムから二リィユ（約八キロメートル）余り離れたアイテレンHeiterenの数人の仲間と共謀して、フランス王国にたばこを不正にもち込んだ廉で、全員に一〇〇〇リーヴルの罰金、総括徴税請負団従業員に対して損害賠償一五〇リーヴルの支払いを命じられ、たばこも没収されていた。これについては最終の帰結は不明である。

さらにコルマールの女性による密輸事件も発覚している。一七五四年の嘆願書(60)によれば、コルマール在住の元市民の故ジャック・ハフナーHaffnerの寡婦、マルグリット・ノインリストNeïnlistは地方長官ドゥ＝リュセの判決を不服とした。マルグリットの言い分はこうである。彼女は、息子の外科医としての徒弟済証明書の謄本を受け取ってコルマール市参事会の証明書を出してもらうべくそこに赴いていたところ、その間別途監視人たちに押えられヌフ＝ブリザックNeuf-Brisach(61)の倉庫に運び去られていたたばこと荷車が、彼女のものであったと無理やり認めさせられようとした。否認すると彼女はヌフ＝ブリザックの刑務所に連れて行かれ、結局一七五四年五月一三日の判決によって、一〇〇〇リーヴルの罰金刑に処せられたというわけであった。この嘆願書の顛末についても追跡不可能であった。

最後に密輸資本主義の存在を匂わせる事件を挙げておこう。ドミニク・ダンジェロ Dangelo はその姓からも連想されるようにイタリア系のストラスブール市民で、その一族は一八世紀末の四四人のたばこ商人＝製造業者の中に入る有力なたばこ製造業者(62)であった。その彼も訴訟に巻き込まれている。その嘆願書(63)で彼は自らが「一七四九年体制」の犠牲者だと述べている。ダンジェロは、ストラスブール－バーゼル間の通常の商業輸送の請負人スビシュ Sebiche なる者に、バーゼルの得意先に運んで販売すべく、三トノーのたばこを委託していた。その後販売先にたばこが届いていないことが判ったので、ダンジェロはこの請負業者をよび出し、くだんのたばこを四日以内に得意先に遅滞なく届けるよう指示した。するとスビシュはダンジェロに対して「商業に最も有害で、その土台を掘り崩すような新規制度が、ストラスブール市の特権に反して総括徴税請負団によって導入されたばかりのところ」だと知らせてきた。われわれは文書記録上、この「新規制度」も事件の詳細についても知ることができない。だが監視人に押収されたことは事実だ。そしてダンジェロの積荷が法制度上シロだったと断定する材料も何もない。

総括徴税請負団の監視人たちによって作成された調書に対して被告たちがおこなった上記すべての異議申し立てから判断して、意図的であれそうでないものであれ、多くの起訴の誤りがあったことは否定できないだろう。監視人たち自身の職業倫理の低さを示す例もあった。実のところ総括徴税請負団の内部の不正取引、従業員の職務不履行、共犯行為はフランス全土で後を絶たず、そのための刑罰さえあったのだ(64)。他方、その背後には、地理的有利性や監視人の数不足を利して、同数、いやそれ以上の密輸行為があったことは容易に推測が可能である。「一七四九年体制」は結局一七七四年一〇月二三日の国務諮問会議裁決によって廃止される。その廃止の最大の理由の一つとして、すぐ後段で述べるように、密輸の増大、そして何よりも取締りコストの増大が指摘されているのである。

六　密輸資本主義の構造

以上、具体例を調べる作業のなかで、われわれがまず確認できたのはアルザスとその周辺では王国の法体系を乱す数えきれないほどの不正行為が存在したということである。それは予想を大きく超えるものであった。とくに一七四九年の国王宣言の直後には、男女や貧富の別なく、市民であれ失業兵士であれ、武装の有無を問わず、現地人であると外国人であるとを問わず、きわめて多様な社会層を巻き込んで、「参加者」の数が増大した。被告の中にも原告の中にも何人かの死亡が確認されている。そこには小マンドランともいうべき存在もあった。それからもちろん、総括徴税請負団の監視人の目を幸運にも逃れたさらに無数の人びとがいたはずだ。

当時のアルザスで密輸を助長したのは、一方においては、外国産たばこの有利性とこれに対する需要——ストラスブールのマニュファクチュールへのアルザス産の葉たばこの供給には大きな変化はない(65)なかで、たしかにこの需要は存在した——、ならびにライン河の数多の支流・分流や小島、茂みからなる地理的条件であった。他方においては、たばこをめぐる取締体制がストラスブール国王代官管区でもアルザス地方長官管区においても、かなり不十分であったという事情がある。監視人の士気や品性の問題とは別に、総括徴税請負人たち自身の述べたところによれば、一七四九年五月四日の国王宣言の廃止（一七七四年）の前夜、外国産たばこに対して「三〇ソル税」の徴収を確保するためにアルザス州の入口に配備された監視部隊は国王に毎年一四万リーヴルもの経費がかかった。その一方、この税の収益はほとんどゼロであった。無断通過を可能にする環境が不正に対するあらゆる予防手当を意味なきものにしたのだ(66)。したがってこの特別税の徴収体制の無効性それ自体が一七七四年における「一七四九年国王宣言」の廃止につながった。実際のところ、ライン河をその左岸四〇リィユ（約一六〇キロメートル）近くの幅で線引きしてつくられた監視ゾーンで密輸を阻むのは物理的にほとんど不可能に思われたのである。

ところで以上に見た密輸人たちの中に何人かのたばこ商人ないし製造業者が混じっている。彼らはどの程度まで体制の前後でも変わらずに外国産たばこ——不正であれ正規のものであれ——に依存していたのであろうか？

この点、一七四九年体制は一定程度のたばこ産業再編を余儀なくしたことは確かである。とくにストラスブールの業者たちは従来、現地産たばこを外国産たばこと混ぜ合わせることによって、独自の手法で製品に特別な趣向を凝らすために外国の葉たばこを必要としていた。ところでストラスブール国王代官ドティニーの説くところ(67)では、このためにプファルツ産の葉たばこがとくに必要とされていたが、それを大量に密輸で州内にもち込むことはさすがにもはや不可能となった。他方ストラスブール製造のたばこは、「三〇ソル税」を負担してもペイするほどの商品価値をもっていなかった。実際、一七四九年体制の成立とともに、ストラスブールのたばこマニュファクチュールの事業主は製品変更を余儀なくされた。先に触れたように一七四九～七四年間、ストラスブールに入ってくる葉たばこの総量に格段の変化はない。つまり葉たばこ供給はアルザス産のものが増えて、これによって補われたかっこうである。独特のブランド性は落ちるけれども、それで何とか凌ぐしかなかったのである。

したがってとくにストラスブール国王代官管区での例にみえるように、たとえ密輸が増えているとしても、それはプファルツ産の葉たばこではなくて、ほとんどが人参型ないしはパン型にした完成品（ないし半製品）の外国産たばこ——上述のように、もっぱらそれはアムステルダム経由で入ってくるオランダたばこ、ダンケルク経由で入ってくるアメリカのサンヴァンサンたばこ——であった。それらは密輸でライン河あるいはその支流のモデール川を経由してアルザスにもたらされたのであった。それらがどの程度までストラスブールのたばことブレンドされたのかについてははっきりとは分からない。ストラスブールのたばこ業者が関与したとすれば、彼らは外国産の密輸たばこに関してはもっぱら中継商人として立ち現れたという可能性が高い。

次にたばこ産業再編の二番目の側面は、アルザス管区王室財産局長グロー Grau が一七七一年に陳述しているところでは、バーデン辺境伯の領するライン河対岸、とりわけケールにおけるたばこ商業（そして生産までも）の成長——多かれ少なかれストラスブールの商人＝製造業者や水運業者の不調を尻目に——であった。一七四九年体制の施行とともに実は、リュフィエ Ruffier、ヴドゥリュール Wouderuhr、上述のハンメラーならびにダンジェロそのほか数名の商人＝製造業者が、ストラスブールの居住は維持しつつもケールに事業拠点をもうけて、そこにあらゆる種類の外国産たばこの倉庫をつくって、そこから自分たちが雇った密輸人たちの手でアルザス州内に不正にたばこを氾濫させていたというわけであった(68)。徴税当事者であるグローのこの主張をまるごと受け入れることはできないとしても、不正行為の横溢、再発の背景をみごとにいい当てているというほかない。先に述べたダンジェロの「通常の商業輸送」という表現がどこまで真実のものなのか、監視人のみならずわれわれにも不審に思わせる所以であろう。いずれにせよわれわれは、密輸という行為のおぞましさは措くとして、ストラスブールのたばこ商人＝製造業者たちの柔軟な企業戦略をそこに見てとることができよう。

　他方それはもっと早期のド＝レジュモルトの判決録に出てきている——あるいはそこに出てこないもっと数多くの——小規模の密輸についてもあてはまるのだろうか。密輸品はその後どこで誰の手に渡され、最終的にどこで市場に回されたのかという問題である。上記グローが名指しで指摘したように、それはすべてストラスブールの特定有力市民の指図で動いていたのだろうか。そうだとすればこれは密輸資本主義にとってきわめて重要な論点である。密輸がたばこの経営に織り込まれて、いわば制度化されたかっこうになるからだ。先に触れたように国王代官ドゥ＝レジュモルトの時代に限っても、一人ないし二人で運んだたばこの量は個人消費のレヴェルを超えていた。また彼らがこれを何らかのかたちで市場にもち込むことも（闇市でない限り）きわめて困難であった。容易に捌くことのできた人間は、たばこに関して輸入を除く一切の関与を特権としてもっていた市民、つまりたばこ商人＝製造業者しかありえなかったのである(69)。

この点についてはは残念ながらまだ史料によるこれ以上の実証のすべがない。しかしこうしてとにかくこの体制期間中（一七四九〜七四年）、密輸はアルザスでは地方的商慣習のレヴェルにまで常態化していたと強調することは許されよう(70)。

七　特区資本主義または周縁のパラドクス

このような密輸資本主義は要するに国家の中の空間的周縁性、そして制度的周縁性の中にその土台をもった。あるいは周縁と特権が絡み合うこの国境の地に固有の複雑な通商環境から生まれたといってもよいだろう。

アンシアン・レジーム期のアルザスの密輸の話はまことに周縁の重層性に包まれている。密輸行為自体が周縁的な営みであると同時に、たばこという新規商品それ自体が近代の消費文化の中でまずもって一種呪われるべき周縁的存在である。次に産業として、とくにプロト工業化過程における商品類型の中でも、たばこ生産というのはある意味で周縁的な存在である。この点、筆者は、アンシアン・レジーム期のアルザスのプロト工業化の進展に関して、二元的な構成を考えている。わが国でもつとに知られているのはオート－アルザス、つまりアルザス南部の、バーゼルやミュルーズといったスイスの技術や資本と結びついた綿工業を軸とするプロト工業化、そしてこれを継承した本来の工業化の展開である。一方、同じときに北半分のアルザスでは、つまりストラスブールを中心とするバス－アルザスにおいては、南のプロト工業化と対をなし隣接した農業的ヒンターラントとして、これに連結ないし従属したかたちで近世を過ごしたわけではなかった。ここでは実にたばこがそのプロト工業化の役割を担ったと考えられる。すなわちアルザスの北半分の地域では、南部の綿工業からは切り離されたかたちで、製造センターとしてのストラスブール（上ライン通商圏の要の一つでもある）と、原料である葉たばこを栽培するヒンターラントとしてのアルザス平野という有機的な農工分業配置の構図が確認されるのである。この地におけるたばこは、雇用創出力の面でも中間的な資本・技術段階、生産や生産組織形態の面でもまさにプロト工業化そのものであった。プロト工業化が語られるとき概ねその主役は繊維関連の産業である。プロト工業化の実例が、文字どおり周縁的なたばこで出されている地域は地球上ごく稀ではないだろうか(71)。

そして綿製品といい、たばこといい、それらは期間こそ差異があるとはいえ、フランス王国の中では独占会社による排他的な生産・取引の対象となっていた。マンドランのいまわしきビジネスはそれらの禁制ゆえにこそ成立したのだということを想起したい。王国のたばこ専売制が特権なら、移行期のアルザス経済を支えるこの主要二品目の生産はいずれもこの独占の適用外のもう一つの特権地帯でおこなわれた。

さてそれでは空間的周縁性はなぜ特権に結びついたのか。それはフランス絶対王政の形成過程と統治構造の独自性に求めざるをえない(72)。王国は思わず知らず様ざまな部面で近代化のヴェクトルの中に入っていっていたが、中央集権化の過程で旧いものを温存したままで社団的な編成に拠って政治統合を進めた。あるいはそうせざるをえなかった。かくしてアンシアン・レジーム期の社会経済は、それ自体近代化への道をゆっくりと歩んではいたものの、実は無数の特権に満ち溢れていた。国庫収入の半分を超える間接税の徴収を任された総括徴税請負団しかり、アルザスの諸々の地方特権――それらは併合の条件として認められ、その後も再認された――しかりである。制度的な不完全性、とくに税制や警察体制の不十分さは、まさしく密輸への対応の場面で露呈することとなった。繰返しになるが、密輸は大きくいえば、関税やたばこに関わるアルザスの地方的特権にもとづく社団的な論拠と、次第に政治・経済・司法上の中央集権的再編に向かいつつあるフランス近代国家の論理とが――革命前に――ぶつかりあう最前線で起きた現象にほかならなかった。あるいはもっと単純化して、アルザスという社団と、国家の代理人としての総括徴税請負団というもう一つの社団、この二つの社団どうしの衝突の場面と見ることもできよう。

さらに、密輸は今日と比べるとはるかに軽い罪悪感のなかでおこなわれた印象も強い。悪いと知りながら民衆のみならず、正規の市民階級もこれに手を染めている。あるいは密輸をあてにした経営さえあった。告発する側も一般人ではなく、総括徴税請負団の監視組織以外に考えられなかった。不正行為のうちとくに反税的な行為、つまり密輸に関する民衆の心性は、犯罪人のそれと――そしてしばしば監視人のそれとも――選ぶところがなかったともいえる。密輸はまさに法治国家と市民精神・道徳の形成の過渡期に起きた現象というほかない。

他方、この時期においては密輸を裁く側の論理が強化されていた点も忘れてはならない。フランスでは一七世紀から一八世紀にかけて犯罪が暴力から盗みへ、つまり対人的な犯罪から対物的なそれへと比重を移していく。啓蒙の一八世紀、経済全体が上昇するいわゆるA局面の一八世紀において、財産を共通言語とする「持てる者」たちによって担われる「良俗の文明」は、一方で寛容の精神とそれに伴う重刑の緩和をもたらした。だが他方において、周縁の者を排除し、財産を至上の価値とする法曹界の心性を醸成し、その種の公序紊乱に対する訴訟は増え、処罰も厳しくなった(73)。密輸は、たとえ当事者には依然軽い犯罪と思われていたとしても、いまやある意味でシステマティックに断罪されるようになったのである。法治性は揺れていた。そうした流れのなかで上述のアルザスの密輸の行為と取締りの現実をとらえ返すこともできよう。

さてアルザスは一時期「三〇ソル」関税によって総括徴税請負団の攻勢によって収入源の一部を削られることとなった。だがそれは外国産たばこの輸入についての制限だけにとどまった。アルザスにおけるたばこの栽培・製造・販売に関する特権はしっかりと維持された。アルザスのたばこ産業は生き残ったのである。これは現代においても散見しうる特区の形態を連想させる。そこでは制度的周縁性はポジティヴな意義と役割をもたされる。統制経済――共産制であれ別の形態の軍事独裁であれ、固有の必要性によっておそらく一時代ないし一定期間中に正当化されているもの——の中の特別な自由営業ゾーン、そこでおこなわれる営為を仮に特区資本主義と名づけるならば、遡ってアンシアン・レジーム期のフランス・アルザスの経済もまさにその形容にぴったりと適合する。そしてアルザスを過ぎていった「一七四九年五月四日体制」（一七四九〜七四年）は、いってみれば、特区資本主義が密輸資本主義に一時変態をなした局面にすぎないと見ることもできよう。

補遺：ストラスブール国王代官ドゥ＝レジュモルトの判決録（1752–1759年）

★：武装　F：女性　C：没収　A：罰金徴収　B：舟・荷車・馬などの没収　SV：サンヴァンサンたばこ　H：オランダたばこ
tx=tonneaux, q=quintal, qx=quintaux, ℓ=livre-poids（1quintal=100livres≒50kg；1 tonneau≒6.1qx≒305kg）

番号	日付	密輸人（数，性別など）	密輸の現場	たばこ（量，種類）	判決等
1	1752/7/12	7〜8人★	ライン河	17qx 55ℓ	C（+B）
2	同	6人	？	（tabac）	再審理（↓4，5）
3	同	5人	ライン河	12ℓ tabac	C（+B）A
4	7/17	（2→再審理）			収監
5	7/22	（4→再審理）			C（+B）A
6	同	4人	ライン河	6tx SV	再審理（↓7）
7	8/2	（6→再審理）			C（+B）A
8	同	1人	ライン河？	58qx 87ℓ　SV（人参型）	CA
9	8/18	2人（1人は兵士）	道路上	10qx 37ℓ　SV	C（+B）A
10	8/28	？	？	46ℓ H（刻みたばこ）	C
11	同	1人	？	52ℓ SV（人参型）	C
12	10/3	2人（1人はF）	？	49ℓ SV	再審理（↓17）

13	10/20	?	シタデル	135 ℓ SV（人参型）	C
14	11/4	?	ライン河の中の小島	6 ballots（包み）の H（葉たばこ）	C
15	同	?	「ラ・ピル La Pile」島	6 qx 16 ℓ SV; 2 qx 18 ℓ H	C
16	11/13				罵言
17	12/2	(12→再審理)			CA
18	同	1人（ケール商人）		押収された9 qx のたばこに関する申立	再審理（↓22）
19	同	1人★	ヌオフ Neuhoff の付近	66 ℓ SV（人参型）	CA
20	同	1人F	?	13 ℓ SV（人参型）	CA
21	同	2人F（ケール住人）	ライン橋	53.5 ℓ SV	CA
22	1753/1/12	(18→再審理)			申立却下
23	同	1人F	ライン橋通行税事務所の付近	12 ℓ SV（人参型）	CA
24	2/1	2人F（ケール住人）	ライン橋通行税事務所の付近	15本のSV（人参型）	CA
25	2/5	3人	「ラ・ピル La Pile」島	193 ℓ tabac	CA（*cf.* 45）
26	2/15	1人F（ケール住人）	?	13 ℓ SV	CA
27	3/1	2人（身元不明）	ライン河の岸辺	2袋の tabac	C（逃亡）
28	3/16	3人	ライン橋付近の岸辺	30 ℓ H（人参型）; 2.75 ℓ H（パイプ用）	C（+B）申立（*cf.* 31）
29	4/8	1人	?	1袋の tabac; 52本の人参型 tabac	CA
30	同	2人	ピエール市門	291 ℓ SV および H（人参型，刻みたばこ）	再審理（↓34）
31	4/30	(28→再審理)			A 申立却下

32	6/28	5人（1人は船頭）	ライン河？	10qx 49 ℓ H&SV	C（+B）A
33	同	1人（身元不明）	「ラ・ピル La Pile」島	7.5 ℓ tabac	C（逃亡）
34	6/30	(30→再審理)			CA
35	7/6	1人	?	20 ℓ H（ロール状）	CA
36	7/18	?	ゴルシャー水路付近	106 ℓ H（ロール5本）	C
37	同	1人	（道路上？）	84qx SV	C（+B）A
38	8/2	2人	プラウスヴィルテン島	138 ℓ SV（人参型）	CA
39	同	1人	プラウスヴィルテン島	166 ℓ SV	CA
40	8/22	1人（兵士）	ゴルシャー水路付近	100 ℓ SV（人参型32本）	CA
41	9/12	1人		徴税請負人への異議申立	是認
42	同	2人			是認
43	9/29	1人F（身元不明）	ライン橋	53 ℓ SV（人参型16本）；2(?) 刻みたばこ	C（逃亡）
44	同	1人F（ケール住人）	ライン橋	46 tabac	CA
45	10/22	1人（*cf.* 25）	?		（ガレー船漕役刑）
46	10/31	2人F	?	55 ℓ SV（人参型21本）	CA
47	1754/1/4	1人	「ラ・ピル La Pile」島付近	26 ℓ SV	CA
48	1/7	1人			A（罵言）
49	1/22	2人（少年）	ライン河？	8qx 16 ℓ SV（人参型281本）	C（+B）
50	4/9	3人	ヌオフ付近の林	148 ℓ SV（人参型46本）	C（逃亡）
51	4/18	1人（コルマール住人）	ポン・クベール近傍の通行税事務所	$4\frac{7}{8}$ qx SV; 14 $\frac{7}{8}$ qx SV&H	無罪
52	同	2人	ライン橋付近	100 ℓ SV（人参型37本；刻みたばこ2）	C（+B）A

53	6/28	2人（身元不明）	ライン河の一支流	178ℓ H（ロール8本）	C（逃亡）
54	同	7人（身元不明）	イルキルシュのフィメルト橋	322ℓ SV（人参型92本）	C（逃亡）
55	7/27	1人F	ブシェ門	6ℓ SV（人参型2本）	CA
56	同	1人	(道路上？)	14ℓ H	CA
57	同	2人（身元不明）	ポン・ヌフ付近	120（？）SV	C（逃亡）
58	8/28	1夫婦	ライン橋通行税事務所	4ℓ H（刻みたばこ）	CA
59	同	12人	ゴルシャー水路付近	717ℓ（諸種）	C（逃亡）
60	同	1人F	ライン橋付近	19ℓ SV	CA
61	同	1人F	オピタル門付近	19ℓ SV	CA
62	8/30	1人F	ライン橋	19ℓ SV	CA
63	10/19	1人F（少女）	ライン橋	92ℓ H（ロール4本）	C（+B）
64	12/10	3人	ライン橋付近	78ℓ SV（人参型27本）	再審理（↓68）
65	同	1人	？	15ℓ SV（人参型4本）	C
66	同	1人（身元不明）	モンターニュ・ヴェルト付近の橋	6ℓ パイプ用たばこ（55箱）	C
67	同	1人F（ライン右岸住人）	オピタル門	32ℓ SV（人参型2本）	CA
68	1755/1/22	(64→再審理)			C（+B）A嘆願書却下
69	同	1人	ポン・クベール付近	47ℓ SV（人参型14本）	CA
70	同	1人F	モンターニュ・ヴェルト付近		A（罵言）
71	4/11	1人	(道路上？)	49ℓ SV（人参型15本）；40ℓ H（刻みたばこ）	C（+B）A
72	同	1人	(道路上？)	48ℓ SV（人参型14本）	C（+B）A
73	6/6	1人	検査を受けた舟の中		A（罵言）

74	7/25	2人（身元不明）	ライン河支流	3qx 34ℓ SV（人参型）	C（+B）（逃亡）
75	8/30	1夫婦	?	3qx 34ℓ SV（人参型）；18ℓ SV（粉末）；11ℓ H	CA
76	10/22	2人（少年，船頭）	（ライン橋？）	500ℓ SV（人参型15本）；94（?）H	CA
77	11/6	1人F（外国人< Pettinge）	（道路上？）	25ℓ SV（人参型）	CA
78	12/9	3人（1夫婦＋1人）	ブシェ門付近	111ℓ SV	CA
79	12/16	1人F（ケール住人）	ライン橋通行税事務所	10.5ℓ H	CA
80	同	2人（船頭）	ライン河，エッケーエ付近	48qx 40ℓ SV；94ℓ H	C（+B）A
81	同	3人（身元不明）	リステンベルク橋	101ℓ tabac	C（逃亡）
82	1756/1/22	1人F（ケール住人）	ライン橋付近	17ℓ H	CA
83	同	1夫婦	?	31ℓ SV	CA
84	2/3	1人（船頭）	ライン河？	2ℓ tabac	CA
85	4/3	2人	?	（SV）	CA
86	4/21	?	ある舟の中	212ℓ SV	C（+B）
87	7/8	3人（1夫婦＋1人）	複数の舟の中	101ℓ SV	C（+B）A
88	7/28	1人（ケール住人）	?	12.5ℓ SV	CA
89	同	2人F	?	22.5ℓ SV	CA
90	4/14	?	ロベルツォ	94ℓ SV	C
91	9/17	1人（身元不明）	ヌオフ付近	38ℓ H（パイプ用）	C（逃亡）
92	10/16	3人F	?	31ℓ SV	CA
93	同	1人F（右岸ラメルスヴァイラー住人）	?	18ℓ SV（人参型7本）	CA
94	10/18	?	?	32ℓ SV；130ℓ H	C

95	同	3人	?	225ℓ SV	CA
96	10/27	1人F（ケール住人）	?	16ℓ SV	CA
97	同	?	エショー村付近の水路の中	416ℓ tabac	C
98	1757/1/3	1人（ケール住人）	?	12qx 41ℓ 外国産たばこ	CA
99	同	1人（右岸ビスハイム住人）	（道路上？）	1q SV	C（+B）A
100	1/20	1人	?	158ℓ H	CA（↓102）
101	3/1	?	ブリュシュ川の水路	330ℓ SV	C
102	3/8	（100→徴税請負人による嘆願書）			（ガレー船漕役刑）
103	7/9	1人F（右岸「コリヒ」住人）	?	6ℓ SV	CA
104	1758/1/21	4人	サン＝トマ橋	4qx 56ℓ（諸種）	無罪
105	2/7	1人	?	12.5ℓ H（刻みたばこ）	CA
106	2/17	1人（少年）	?	5.5ℓ H（パイプ用）	CA
107	4/26	7人（ストラスブール市民）	ライン橋通行税閘門の閘室の中	891ℓ H; 1366ℓ SV	再審理（↓109）
108	7/3	1人	30ソル徴収事務所	239ℓ tabac	無罪
109	7/29	（107→再審理）			C（+B）A
110	1759/1/4	?	?	10qx 30ℓ SV（風）	C
111	3/8	2人	（ライン河？）	tabac（詳細不明）	C（+B）A
112	4/5	3人	ライン河	497ℓ H; 1935ℓ SV; 73ℓ パイプ用	C（+B）A
113	7/2	1人（右岸ノイミュラー住人）	ライン橋	124ℓ H; 212ℓ SV	C（+B）A
114	11/7	1人	（ライン河？）	621ℓ H; 742ℓ SV	C（+B）A

（出典：AMS, AA2634. 一覧表は判決ごとに共通項目の情報を抽出して作成したもの）

［注］

（1）　一七二五～五五年。マンドランについては Jacob, Yves, *Mandrin, le voleur d'impôts*, Paris, 1983, p. 57*sqq*、千葉治男『義賊マンドラン伝説と近世フランス社会』平凡社、一九八七年、拙稿「十八世紀フランスにおける犯罪人の世界」野崎直治編『概説西洋社会史』有斐閣選書、一九九四年、所収、を参照。

（2）　*Cartouche et Mandrin, d'après les Livrets de Colportage avec des images populaires*, introduction par Fernand Fleurent, Paris, 1932, Planche III, p. 48–49.

（3）　第六章でも述べられるように、サヴォワは当時はまだフランス領ではなかった。

（4）　彼自身の出自が商人であったということなのか、お上に対する皮肉を込めた復讐の念の表明なのかは不明だが、このように商いの形式をとっているのは興味深い。

（5）　アルザス史の泰斗G・リヴェはかつて密輸資本主義 capitalisme de contrebande という語を用い、これを「独占、特権、立法、税制に逆らって『こっそりと』きずかれた一廉の財産の起源」となるものと定義した。要するにそれは「道徳性を欠くものの、しばしば目覚ましい経済的帰結を伴い、王朝の、家族の、あるいは宗教上の連帯がはたらかないときに表出することがある局地的な敵意によって暴かれる資本主義」である。Livet, Georges, "Bourgeois et capitalisme à Strasbourg au XVIIIème siècle, Sources et position des problèmes", in *Conjoncture économique, Structures sociales. Hommage à Ernest Labrousse*, Paris, 1974, p. 399.

（6）　G・リヴェの「密輸資本主義」においては上記のように悪意、悪行に関する一種の連帯が関係住民の間に存在するということがポイントであり、いくぶん同義反復的であるが、そうした状況は近代的な法治国家が未発達の場合にしか本来起こりえない性格のものである。

（7）　フランスでは近年密輸を関税・流通史や犯罪史研究と結びつけた研究がみられる。例えば、本章とは若干主題を異にするけれども、次のような近業がある。*Frontière et criminalitté 1715–1815*, études réunies par Catherine Denys, Artois Presses Université, Arras, 2001 ; Ferrer, André, "La circulation des marchandises de contrebande dans l'Est de la France au XVIIIe siècle", in *La circulation des marchandises dans la France de l'Ancien Régime*, Comité pour l'histoire économique et financière de la France, Paris, 1998 ; *id*, *Tabac, sel, indiennes. Douane et contrebande en Franche-Comté au XVIIIe siècle*, Presses Universitaires de Franche-Comté, 2005. ライン河絡みのアルザスの密輸に関する従来の研究は、一九世紀、とりわけ第一帝政期（なかんずく大陸封鎖体制）に関するものに限られている。例えば Liblin, Jean-Joseph, "Chronique pour servir à l'histoire contemporaine de l'Alsace", in *Revue d'Alsace*, t. 8, 1894 ; Ponteil, Félix, "La contrebande sur le Rhin au temps du Premier Empire", in *Revue historique*, t. 60, 1935 ; Bertrand, Janine, "La contrebande à la frontière de l'Est", in *Annales de l'Est*, 1953 ; Gutknecht, Pierre, "La contrebande dans le pays des trois frontières", in *Annuaire de la Société d'Histoire du Sundgau*, 2003 など。

また一九世紀におけるこの地方の密輸については、内田日出海・谷澤毅・松村岳志編『地域と越境――「共生」の社会経済史』春風社、二〇一四年、所収の拙稿「一九世紀の『密輸資本主義』――上ライン地方を中心に」を参照。本章はいわばその姉妹編である。

(8) これらの諸州は王国の中で例外的な特権として王国の輸入税にも輸出税にも一切服することなく、外国と自由に通商をおこなうことができた。この時期のフランスの関税制度については拙稿「市場史に見るフランスの近代化」山田雅彦編『伝統ヨーロッパとその周辺の市場の歴史』清文堂、二〇一〇年、所収、を参照。

(9) Boug, de, *Recueils des Edits, Déclarations, Lettres patentes, arrêts du Conseil Souverain d'Alsace, ordonnances et règlements concernant cette province*, 2 vols., Colmar, 1775, t. II, p. 335–336.

(10) Labrousse, Ernest, "Aperçu de la répartition sociale de l'expansion agricole", in *Histoire économique et sociale de la France*, publiée sous la direction de F. Braudel et E. Labrousse, t. II, Paris, 1970, p. 491.

(11) Ferme Générale. アンシアン・レジーム期のフランスに特徴的な徴税の制度で、間接税（塩税、酒税、関税など）の徴収を一括して請け負った数十名の大金融業者からなる一種の会社。たばこ専売業務もこれが引き受けることとなった。請負契約は入札で決まる。先に国庫に納めた契約額（税額）と、事後に実際に徴収された額との差額が彼らの収益となる。定期的に定額の収入が得られ、しかも不人気な税を民間に丸投げできる王室の思惑がこの制度を生んだともいえる。前掲拙稿「十八世紀フランスにおける犯罪人の世界」、一八〇～一八一頁。

(12) 同、一八一頁。

(13) このいきさつについては拙著 *Le tabac en Alsace aux XVII*[e] *et XVIII*[e] *siècles. Essai sur l'histoire d'une économie régionale frontalière*, Presses Universitaires de Strasbourg, Strasbourg, 1997, p. 25–26を参照。上記の三〇ソル関税はいうまでもなく専売制の下で総括徴税請負人が輸入する外国産たばこにはかからなかった。

(14) Vigié, Marc et Muriel, *L'herbe à Nicot. Amateurs de tabac, fermiers généraux et contrebandiers sous l'Ancien Régime*, Paris, 1989, p. 437. 地理的条件によって監視が比較的容易であったことが考えられる。

（15）　Metzger, L., *Coup d'œil sur la culture, la fabrication et le commerce du tabac en Alsace aux XVIIe et XVIIIe siècles*, Strasbourg, 1938, p. 9–13.

（16）　通商環境の変遷については、*cf.* Price, Jacob M., *France and the Chesapeake. A History of the French Tobacco Monopoly, 1674–1791, and of Its Relationship to the British and American Tobacco Trades*, 2 vols., Michigan, 1974, p. xvii–xxii（Introduction）; Metzger, L., *op. cit.*, p. 13–20; Marion, Marcel, *Dictionnaire des institutions de la France aux XVIIe et XVIIIe siècles*, Paris, 1989（Réimpression de l'édition originale de 1923）, p. 524–525 ; Uchida, H., *Le tabac en Alsace aux XVIIe et XVIIIe siècles...*, p. 45–98.

（17）　Archives Départementales du Bas-Rhin（以下 ADBR）, C140.

（18）　Boug, de, *op. cit.*, t. II, p. 335.

（19）　*Ibid.*, p. 335–336.

（20）　これら二都市はライン河の支流モデール川（事実上の北の関税線をなす）沿いに開けた。ドゥルゼナイムはライン河にも近い。図2–1にみえるように、モデール川はアルザスの北の境界より南方を、ストラスブールより数十キロメートルほど北方を、東西方向に流れる。この川から北側に位置するアルザス部分は実質的にこの体制の外におかれたわけである。

（21）　ADBR, C583, no. 144.

（22）　この商品については後段を参照。

（23）　ADBR, 38J55b（II）. フランソワ＝ジョゼフ・ドゥ＝クラングラン François-Joseph de Klinglin（在任一七二五～五二年）は国王代官として功罪相半ばする足跡を残した人物である。ストラスブール市のために尽くしはしたが、公私混同の派手な生活を送り、最期は公金横領の罪で逮捕された。汚職のイメージの強い代官であり、このヴェッツェルなる商人（その詳細は不明だが）との怪しい関係を想わせるものがある。国王代官については拙稿「都市共和国ストラスブールにおける王権と自治の領分――対立から融合へ（一六八一―一七九〇年）」鈴木健夫編『地域間の歴史世界――移動・衝突・融合』早稲田大学出版部、二〇〇八年、所収、一五五～一六〇頁を参照。

（24）　Archives Municipales de Strasbourg（以下 AMS）, AA2635.

（25）　ホルト Hold（t）――またはオルト――は同時にバス－アルザス騎馬警察隊の裁判所所長であり、またストラスブール刑事裁判所長であった。*Nouveau dictionnaire de biographie alsacienne*, édité par la Fédération des Sociétés d'Histoire et d'Archéologie d'Alsace, vol. IV, no. 17, p. 1653.

(26) AMS, AA2633.
(27) Barth, E., "Pierre Mayno", in *Revue d'Alsace*, 1874, p. 60.
(28) Vigié, M., *op. cit.*, p. 483 ; Price, J. M., *op. cit.*, p. 493.
(29) AMS, AA2634（*1752–1759. Jugements rendus par M. De Regemorte, préteurroyal de Strasbourg, dans des affaires de contestations ou de contraventions qui se sont produites par la suite de l'exécution de la déclaration du 4 mai 1749*）. 後掲の補遺を参照。
(30) プフントツォル Pfundzoll と呼ばれる、ストラスブールのすべての卸売市場取引にかかる特別税。
(31) フランス併合（一六八一年）後にヴォーバンによってストラスブール市街の東端にきずかれた要塞。
(32) 当時はこのような型に圧縮したものを、少しずつ削っては香りを楽しむ「嗅ぎたばこ」が非常に流行していた。
(33) 一八〇〇年までアルザスにおいては一カンタル＝一〇〇重量リーヴル＝五〇キログラム。カントー quintaux はカンタル quintal の複数形。Boehler, Jean-Michel, *Poids et mesures dans l'Alsace d'autrefois*, Fédération des Sociétés d'Histoire et d'Archéologie d'Alsace, Strasbourg, 2010, p. 92.
(34) AMS, AA2635.
(35) サンス cens というのは中世来の代表的な領主税＝地代の一つ。この時期ストラスブール周辺には領主制を離れた市民的土地所有が多くみられ、この場合身分的な絡みがとれて多少とも近代的な地代収取関係に置き換わっていた。
(36) AMS, AA2636, no. 34–68. この文書はストラスブール市文書館の分類上国王代官ドティニー男爵が作成したものであることは間違いない。だがドゥ＝レジュモルト以降、三〇ソル関税に関わる司法体制が制度的にそのままのかたちで維持されていたかどうかについては確認ができない。また残念ながら後述のようにこの史料の束の中にこの件に関する国務諮問会議の最終判決は入っていない。
(37) ストラスブールのライン河沿いの北郊。
(38) ストラスブールを貫き、すぐ北方でライン河にそそぎ込む支流の一つ。
(39) ADBR, C581, no. 105.
(40) AMS, AA2631.
(41) サン＝ルイのこの旧税関と密輸に関しては、*cf.* Forlen, G., "La douane de Saint-Louis jusqu'en 1815", in *Annuaire de la Société d'Histoire Sundgauvienne*, 1976.
(42) 現在スイス領。もとバーゼル司教領で、フランス革命期にはモン＝テリーブル県としてフランスに併合されたこともあるアジョワ地方の中心都市。

(43) 現在はフランスのドゥ県だが、かつてはアルザス州の南西に位置したモンベリヤール伯領の中心都市。ライン右岸のヴュルテンベルク Württemberg 公がモンベリヤール伯を兼ねていた。モンベリヤール伯領はルイ一四世によりフランスへの併合を押しつけられ圧迫を受けたが、何とか革命期まで、アルザス内のミュルーズのような飛び地状態を維持した。

(44) 現在はテリトワール＝ドゥ＝ベルフォール県だが、当時はアルザス州に属した。

(45) アルザス同様たばこの自由を享受していたフランシュ＝コンテ州（一六七八年にフランスへ併合）は当時の関税制度上「外国とみなされる州」であった。これよりさらに外国性の強い「準外国州」であるアルザスとの通商に関して、関税が存在したのである。なお史家A・フェレールは上記論文において、フランス東部地域のこの時期の密輸の一般的な動きを述べるなかで、この総括徴税請負人の陳述とは反対に、アルザスのたばこがフランシュ＝コンテ経由で不正に王国に流入していた点を強調している。Ferrer, A., "La circulation des marchandises de contrebande ...", p. 90.

(46) AMS, AA2633.

(47) tonneaux. 重量単位で一八世紀においてこの地では一トノー tonneau は約六・一カントー、すなわち三〇五キロラムである。したがってたばこ数トノーというのはかなりの量ではある。

(48) 「ためになる *profitables* というより」という表現はいかにも変である。密輸人がためになるというのは法治社会では禁句である。アルザス一帯において流布していた現地人の利害を強調する言説に総督がひきずられているかっこうである。

(49) いずれも当時はアルザス州内にあった。現在はテリトワール＝ドゥ＝ベルフォール県に属する。前掲図2−1を参照。

(50) 一七二三年以降ヴュルテンベルク公はモンベリヤールには在住せず、摂政会議 Conseil de Régence をおいていた。

(51) Le corp des marchands de Strasbourg. 商業会議所の前身で、当時は、ギルドとは別組織で、ストラスブール市参事会の監督下で商事裁判権をもった自治的な利益団体。

(52) ベルフォール南西郊の町で、当時ここもアルザス州に入っていた。現在はテリトワール＝ドゥ＝ベルフォール県に属する。前掲図2−1を参照。

(53) ストラスブールの有力商人。

(54) ストラスブールから三〇キロメートル南に位置するライン河沿いの町。前掲図2−1を参照。

(55) ADBR, 12J1580（*Pour le Sr Claude Joseph Revilliod, requête de plainte en dommages et intérêts au sujet du tabac*）; *id*（*Ordonnance de l'intendant de Lucé du 5 décembre*）.

(56)　ストラスブール南方二〇キロメートル超のところに位置する都市。前掲図2–1を参照。

(57)　史料にはAlgottzheimと表記されている。

(58)　ADBR, 12J1580（*Requête en opposition à un jugement rendu par défaut avec la demande d'être admis à la preuve des faits insuffisants contre le procès verbal de gardes*）.

(59)　判決年は不明。書面には総括徴税請負落札者ボキヨンが登場する。地方長官ドゥ゠リュセの任期（一七五二～五六年）とボキヨンの契約期間（一七五一～五六年）を勘案すると、この判決は一七五二年と一七五六年の間に下されたものと考えられる。

(60)　ADBR, 12J1580（*Requête pour revenir en opposition contre un jugement rendu le 13 mai 1754 contradictoire qui condamne en mil livres d'amende*）.

(61)　アルザスのフランス併合後につくられたライン河沿いの要塞都市。対岸のブライザハが領土として残らなかったので「新ブライザハ」として建設されたわけである。なお、アルザスではヌ゠ブリザックと発音する人もいる。もともとドイツ語の「新」（ノイ neu）が一七世紀以降も慣習的に残って、ヌ゠ブリザックと仏独折衷的な発音が定着した背景がそこにはある。今日ではフランス語の「新」（ヌフ neuf）をそのままヌフと発音する人が増えてきており、二つの発音が混在して、いかにもアルザス的な状況をつくっている。

(62)　前掲拙著 *Le tabac en Alsace*…, p. 166–167.

(63)　ADBR, 12J1580. 日付不明。総括徴税請負落札者ジュリアン・アラテールの名が出てくるので、一七六八年と一七七四年の間に提出されたものと考えられる。

(64)　前掲拙稿、「十八世紀フランスにおける犯罪人の世界」、一八四頁。倫理の欠如の背景には監視人たちの出自の多くが、兵士上がりか社会のドロップ・アウトだったことがあり、罪に関しては密輸人と似たような認識レヴェルであった。周縁の人がいまや特権団体の末端に再編成されているかっこうであった。この点同時代の『百科全書』では、*Contrebande*（密輸）の項目において、密輸はとくに監視人の仕事に対する忠実さの度合いにかかっており、それは「不正行為が彼らの知らない間に成功することはきわめて稀だからだ」と逆説的に明言されている。*Encyclopédie, ou dictionnaire raisonné des sciences, des arts et des métiers*, édité par Diderot et d'Alembert, p. 747. この場合、監視体制の不備ではなく、賄賂が問題となっているわけだ。

(65)　前掲拙著 *Le tabac en Alsace*..., p. 34.「一七四九年体制」期間中、むしろ増えることさえあった。

(66) ADHR (Archives Départementales du Haut-Rhin), C1112/3 (*Observations du Conseil Souverain d'Alsace*).
(67) AMS, VI518.
(68) AMS, AA2636, no. 69 (*Remarques de Grau sur un mémoire du magistrat de la ville de Strasbourg, 22 mai 1771*).
(69) フランス革命前のストラスブールでは、たばこの製造や販売に関わる市民は、最も有力な「鏡ギルド la tribu du Miroir」(大商人層が中心)にもっぱら属していた。前掲拙著 *Le tabac en Alsace...*, p. 174–175。
(70) この点、通商環境の次元が異なるとはいえ、大陸封鎖体制下のアルザスでは、誰の目にも明らかに、有力商人の主導の下、水運業者、農民はもとより、法曹、医者、市町村長、さらには税関吏を巻き込んでイギリス製品や植民地物産の密輸が大々的におこなわれた。革命前にストラスブールの市長職を務めたような有力人士たちもそこに加わっていた。さらにはジャン＝ジョルジュ・ユマン Jean-Georges Humann のように、後にフランスの国会議員、次いで財務相になるような超大物までが手っ取り早い致富手段としてこれに手を染めていたのである。Ponteil, Félix, *Un type de grand bourgeois sous la Monarchie parlementaire. Georges Humann 1780–1842*, Paris, 1977, p. 15. 詳細については前掲拙稿「一九世紀の『密輸資本主義』——上ライン地方を中心に」を参照。
(71) 前掲拙著 *Le tabac en Alsace...* は多少ともその実証を試みたものであった。
(72) これについては二宮宏之『フランス アンシアン・レジーム論——社会的結合・権力秩序・叛乱』岩波書店、二〇〇七年、二一九～二六二頁、柴田三千雄『近代世界と民衆運動』岩波書店、一九八三年、八四～九九頁、柴田三千雄『フランス革命はなぜおこったか——革命史再考』(福井憲彦・近藤和彦編)山川出版社、二〇一二年、三一～八九頁を参照。
(73) 前掲拙稿、「十八世紀フランスにおける犯罪人の世界」、一九二頁。

* 本章は拙稿 "Une page d'histoire de la contrebande du tabac en France: autour de la déclaration du roi du 4 mai 1749"(「フランスたばこ密貿易史の一ページ——一七四九年五月四日の国王宣言をめぐって」)『東京国際大学論叢 経済学部編』第四号、一九九一年(後に前掲拙著 *Le tabac en Alsace...*, 1997に再録)を邦訳のうえ、本書のテーマに即してこれに大幅な加筆修正を施したものである。また本章は二〇一〇年度科学研究費補助金(基盤研究B「近代国家の周縁の持つ多義性の研究」)ならびに二〇一一年度東京国際大学特別研究助成(共同研究「多元的共生構造と集団形成の比較史的研究——特権とネットワークを軸として」)に基づく研究成果の一部である。

第三章　近世東日本における弾左衛門体制
――長吏身分の職分・特権について

大熊哲雄

一　部落史研究の見直し

近年、従来の部落問題（同和問題）に対する認識やいわゆる部落史（江戸時代身分制の最下層に位置づけられた人びと――えた・ひにん――の歴史）には様ざまな問題点があることが指摘され、その見直しが求められてきている。ここにその全容を述べる余裕はないが、本章のテーマに関連して次のような問題点を指摘しておきたい。

1、近世身分制が成立する中で、民衆（特に百姓）に対する分断政策として一部の人びとが賤民身分に位置づけられた。

2、賤民の中核に位置づけられたのは、えた（穢多）と、ひにん（非人）であるが、彼らは基本的な生産関係から排除され（農業・商業・手工業を禁じられ）、人の嫌がる仕事（処刑役・捕り方役・牢番役や斃牛馬の処理など）を押しつけられ、その他取るに足りない雑業に従事して、貧しく悲惨な生活を送っていた。

3、彼らは町はずれや村の片隅に住まわされ、町人・百姓とは婚姻を始めとしてあらゆる交際を忌避・禁止され、地域共同体から疎外された存在であった。

右のような見方・考え方が学校教育や社会教育の場で大々的に展開され、今も根強い影響力を保っているように思われる。これらの認識のどのような点に問題があるかは、本文を展開するなかで指摘していくこととしたい。

なお、近年の研究からは、いわゆる部落史が全国一律に説明しうるほど単純なものではなく、かなり大きな地域差――それも西日本と東日本という区分などにはおさまらない多元的な実態――を踏まえて構想されねばならないことも明らかになってきている。この点もここで詳しく論じる余裕はないので、以下、筆者が研究対象としている関東を中心とする地域に形成された弾左衛門体制を素材として、前述の課題解明に取り組んでいきたい。

その際、いわゆる穢多という身分呼称については、彼ら自身がこれを忌避して、主として東日本においてしばしば自らを長吏と表現していたことに鑑み、資料の引用以外では長吏（西日本も含む場合は、長吏・かわた）と表記する。非人についてもそのままでよいのかという問題はあるが、これに替わる妥当な呼称が見出せないので、このまま用いることとする。

二　弾左衛門体制とはいかなるものか

弾左衛門体制については多くの研究が積み重ねられており、その概容を研究史に即して述べるだけで多大の紙数を要してしまうので、以下の三点にしぼって筆者の理解するところをできるだけ簡明に列挙しておきたい。

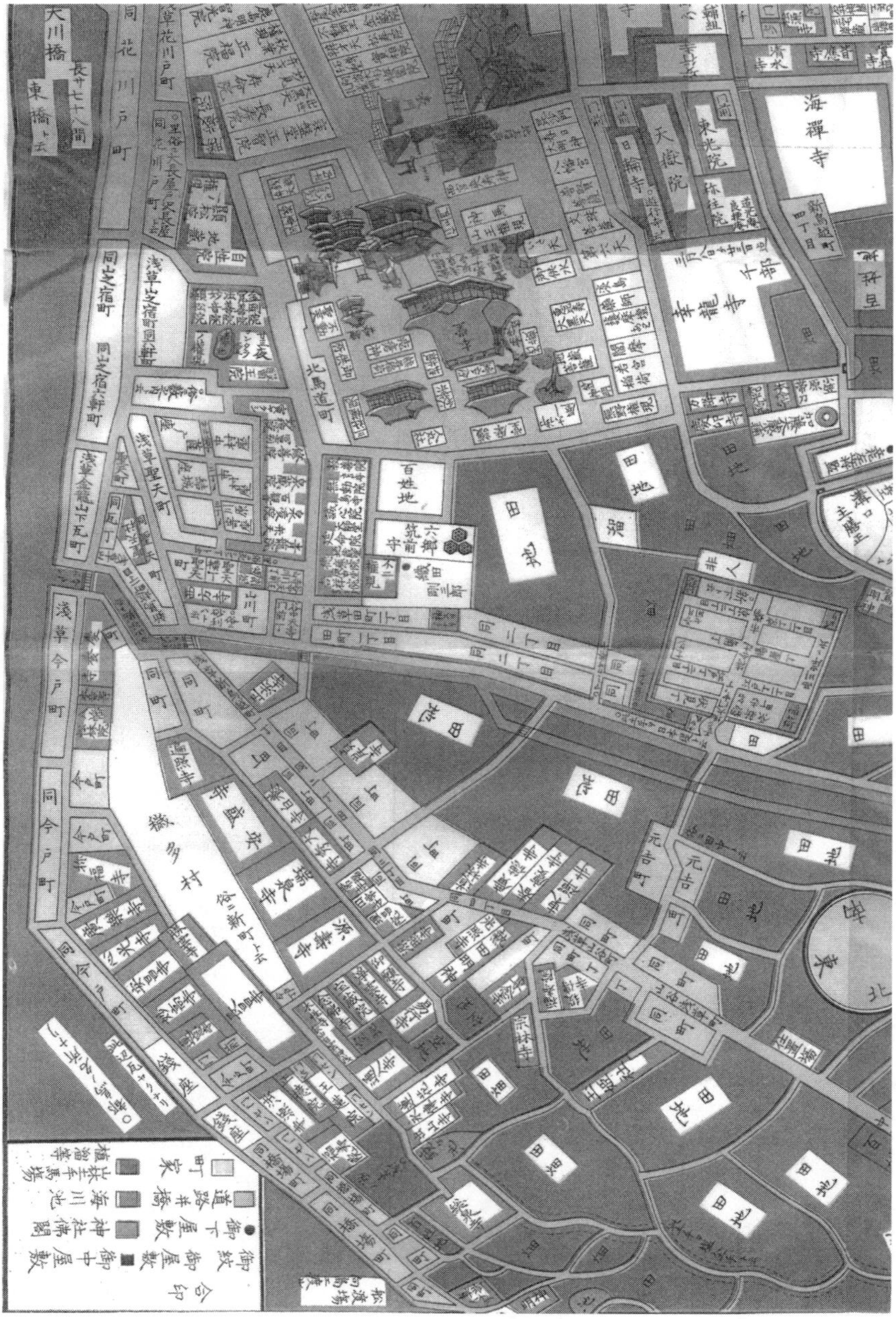

図 3－1　江戸切絵図「改正新刻 今戸 箕輪　浅草絵図」部分
＊嘉永六丑年新鐫，戸松昌訓著，　麹町六丁目，板元尾張屋清七。間々田氏蔵

(1) 江戸浅草・新鳥越町に居住し江戸町奉行所の管轄下にあった弾左衛門を頂点とする、長吏身分の組織を基軸とする体制

しばしば浅草新町と略称されたり弾左衛門囲い地と呼ばれたりしたその居住地は、図3-1のごとく山谷堀の端にあり、約一万五〇〇〇坪の広さを有していた。ここに長吏頭弾左衛門を始め、寛政期の資料(1)によれば約二三〇軒の配下長吏と一五軒の猿廻しが居住していた。詳細は略すが、弾左衛門はここに役所機構を整え江戸および在方の長吏・非人・猿廻し等の支配に当たった。

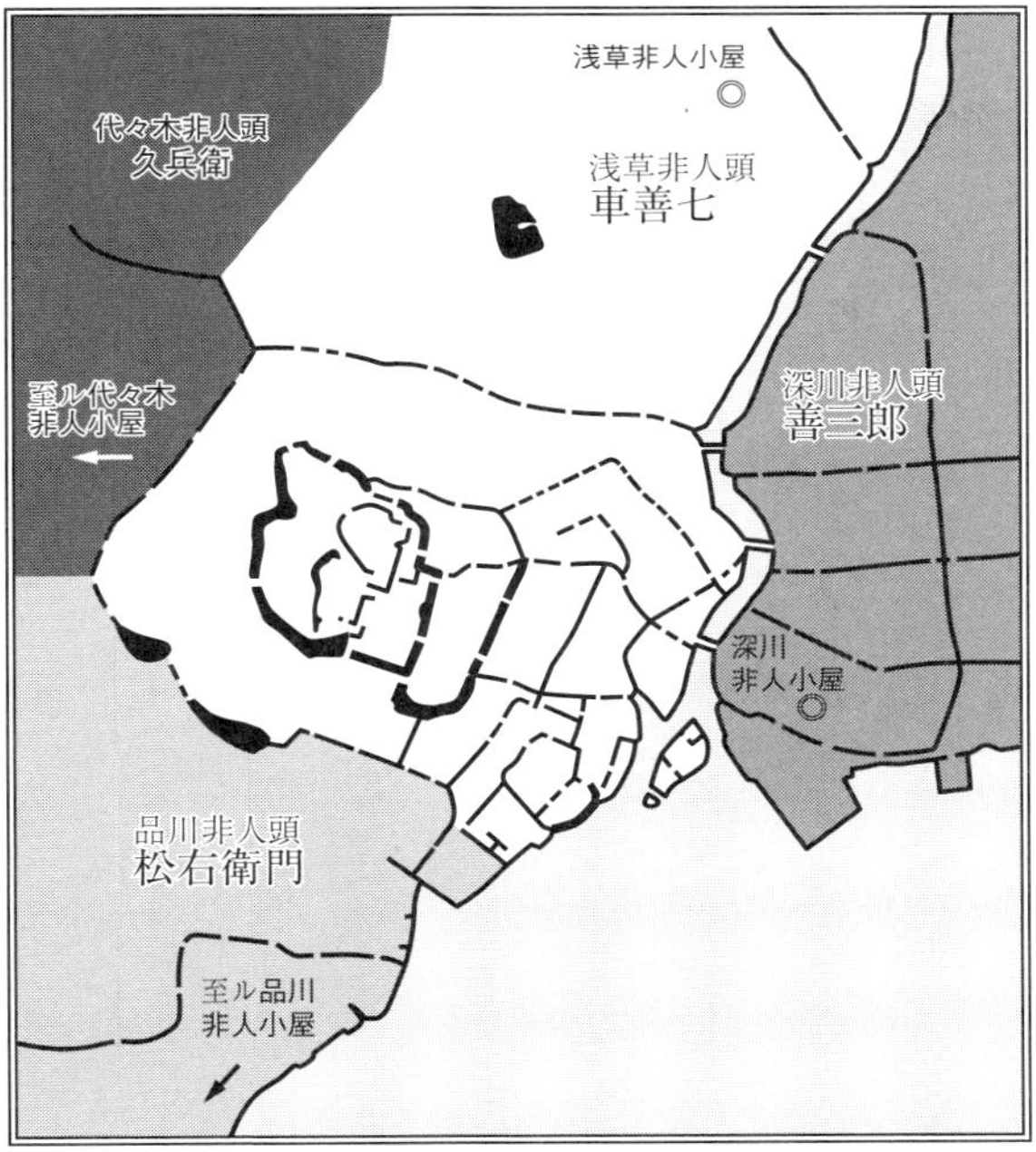

図3－2　4人の非人頭の管轄地域（代々木，品川両非人小屋は図外に位置する）
＊浦本誉至史『江戸・東京の被差別部落の歴史』より

(2) 江戸弾左衛門・在方長吏小頭による長吏・非人・猿廻しをその支配下に組み込んだ体制

江戸府内においては、長吏と猿廻しは前述の通り浅草新町に集住し、弾左衛門の直接支配を受けていたが、江戸の非人は弾左衛門に直属する四カ所の非人頭の下に広く散在し、その支配を受けていた。すなわち、浅草の車善七・品川の松右衛門・代々木の久兵衛・深川の善三郎の四人の非人頭支配がそれである（図3-2参照）。

在方においては、畿内近国と違い長吏集団は一村を形成することがほとんどなく、百姓村の一隅に集住し枝村として存在するパターンが一般的であった。しかしながら、長吏組織としては必ずしも一村で完結する存在形態ばかりでなく、大型（大組と呼ばれることが多かったので、以下、大組と記す）の場合は十ヵ村を超える長吏居村を含むものとしてあった。また、長吏組織としては一ヵ村のみの存在形態であっても、配下の非人や猿廻し（猿廻しの存在はごく一部の地域に限られるので、以下の論述では省略する）も含めて考えると、後に詳しく触れる職場と呼ばれる権域（数ヵ村から数十ヵ村、特に大規模の場合には三桁に及ぶ村々）を有していたのである。

以下、そうした職場を基盤にして形成されていた長吏・非人組織のありかたを図3-3に示すような幾つかの型に分類して見ておきたい。

小組と大組という分け方は弾左衛門役所の分類認識によるが、その定義は必ずしも厳密な基準によるものではなかったようである。知られる限りの事例から筆者なりに推測してみると、その違いは、長吏の組を形成する戸数がおよそ五〇未満であるか五〇を超えるかという点と、職場を形成する村数の規模がおよそ五〇ヵ村未満であるか五〇ヵ村以上であるかという点と、職場の構造が単一的であるか複合的であるかという点などにあったように思われる。

小組といっても単純ではないので、さらに踏み込んでそのありかたを見ていきたい。小組1型の場合は、職場内の長吏居村は一カ村であり、小頭（基本的に一戸）と配下の長吏（組下と呼ばれた）はその村に居住していた。配下の非人（手下、てかと呼ばれた）は、通常、長吏居村に同居する小屋頭を頂点に、職場内の幾つかの村に小屋が設けられそれを預かる小屋主と、小屋頭・小屋主に従属する抱え非人という階層構造を形成して存在していた。

小組2型の場合は、1型と同じく職場内の長吏居村は一ヵ村であるが、そこにおける長吏組織の内部においては幾つかの組に分かれていたという点に違いがある。そして、各組に代表者が存在し、その代表者がそれぞれ小頭と

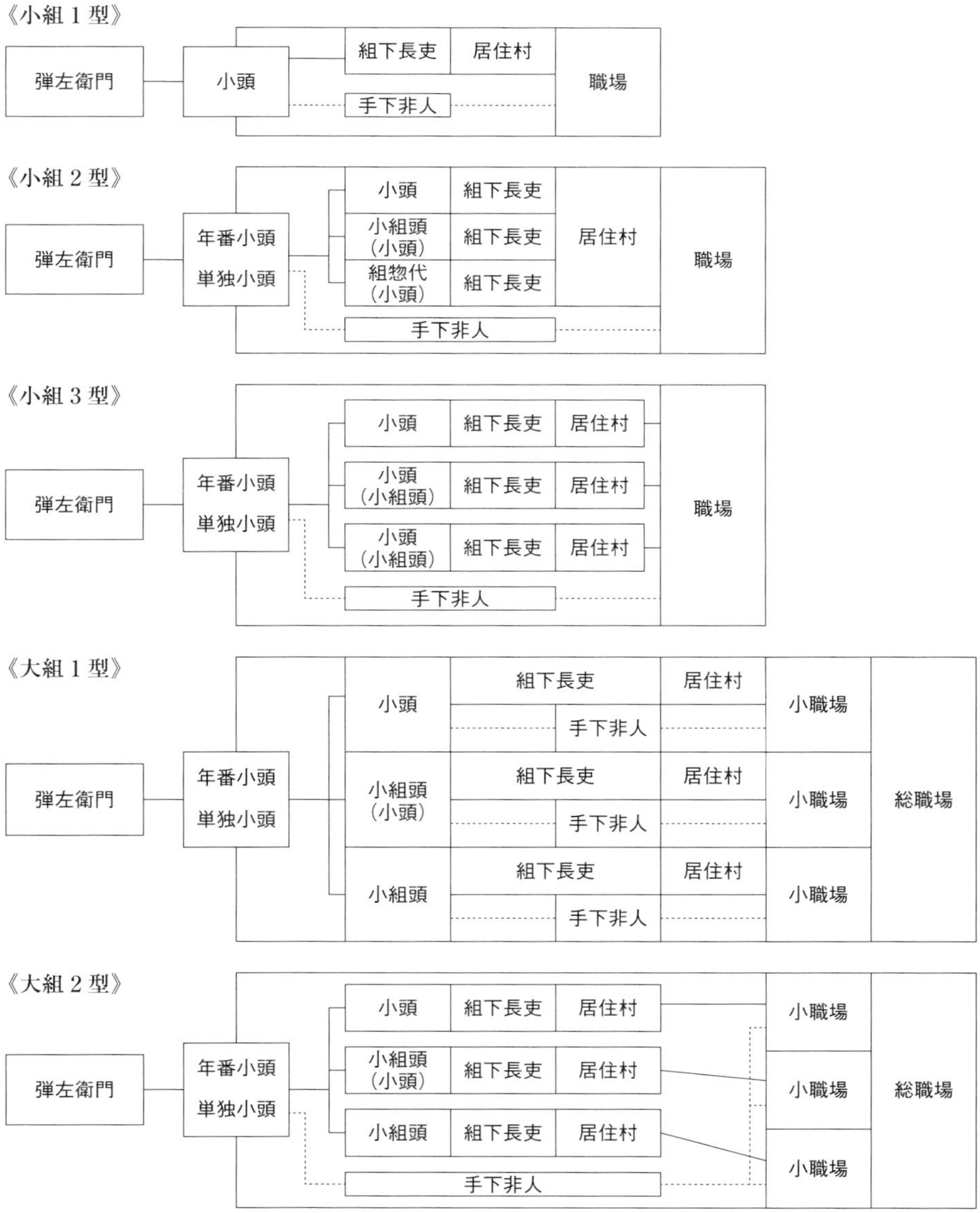

図３−３　在方長吏・非人組織の構造

いう地位を占めていたケースがあった。この場合は一ヵ村の長吏組織に複数の小頭が存在したということであり、弾左衛門との関係においては輪番（年番）で小頭役を勤めた。しかし、すべての組の代表者が小頭であったとは限らず、小頭を勤めたのは一つの組の代表者だけ（これを単独小頭と呼ぶ）の場合もあった。この場合には、小頭を出さない組の代表者は小組頭と呼ばれ、小頭に次ぐ役職者としての地位を占めていた。非人のありかたについては、基本的には1型と同様な構造にあったと考えられる。

小組3型の場合は、1型・2型と大きく異なり、職場内に長吏居村が複数存在したケースである。別村に居住した長吏は当然のことながら別組として存在しながらも一つの長吏組織として結ばれ、一つの職場を基盤に活動していたのである。この3型においても、2型と同様に各組の代表者が複数小頭（年番小頭）の組み合わせになっていたケースと、単独小頭・小組頭の組み合わせになっていたというケースとに分けられる。非人のありかたは、非人小屋頭の居住村が小頭と異なる場合（特に複数小頭体制のケースなどで）を除けば、2型とほぼ同様と見て間違いないであろう。

以上、小組の長吏集団のありかたを三つの型に分類してみてきたが、大組の長吏集団のありかたについては二つの型に分類してみていきたい。まず、大組としての特徴である①所属する長吏の戸数が比較的多い（およそ五〇戸以上と推定）、②職場に所属する村数が比較的多い（これもおよそ五〇ヵ村以上と推定）、③その職場の構造が単一ではなく複合的なありかたをしていた（詳細は後述）ケースが圧倒的、という三点においてはほぼ共通している。小頭のありかたにおいては小組における類型と同様の差異が認められる（単独小頭・複数小頭）が、さらに所属している（長吏の支配下にある）非人の組織構造にも大きな違いがあるので、後者の点を基準にして二つの型に分類する。

大組1型の場合は、複合的な職場（その全体を総職場と呼ぶ）を構成する基礎単位の職場（これを小職場と呼ぶ）ごとに非人も分割支配されていた。したがって、非人の階層である小屋頭・小屋主・抱え非人という関係も、それぞ

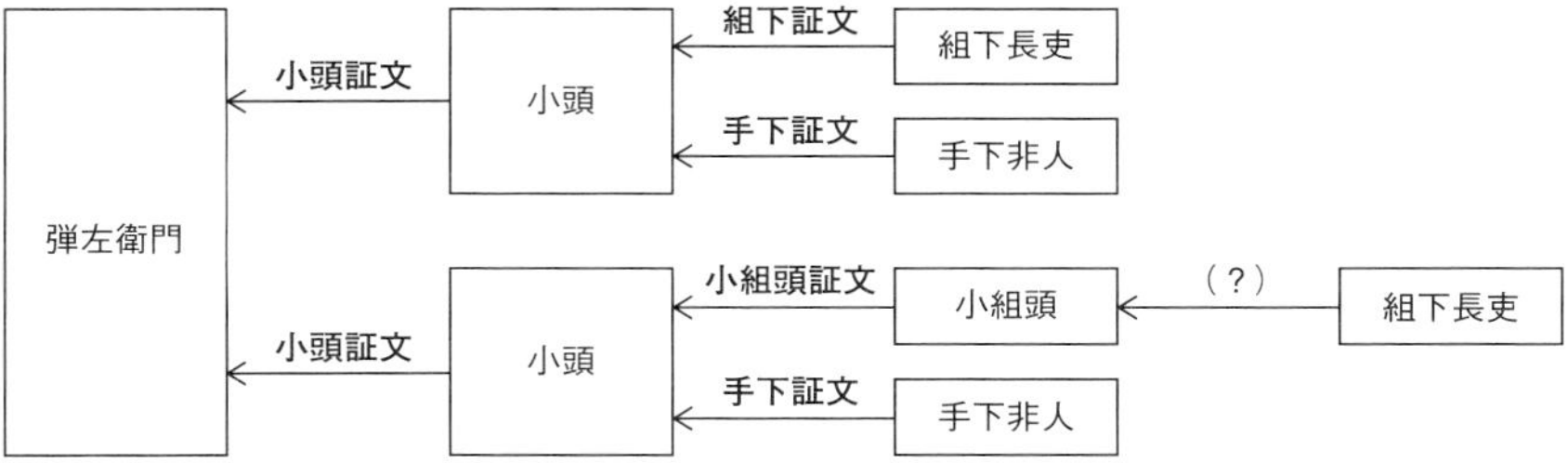

図3－4　年証文（掟証文）の流れ

れの小職場内で成立・完結していたのが原則的なありかたであった。

他方、大組2型の場合は、非人組織が小職場に分割されて各々に所属するのではなく、総職場を統轄する小頭に直属して非人を各小職場に（時には小職場の枠を越えて）配置する方式をとっていた。明らかに、この大組2型における非人組織の方が大組1型より組織力が大きく、非人がより自立的であったことが窺われる。

小組・大組の全体を通じて重要なことは、図3-3からもある程度推察しうるかと思われるが、長吏小頭こそが在方の長吏・非人と弾左衛門とを繋ぐ結節点に位置していたという点である。弾左衛門の支配体制は、各地の長吏集団の頭（戦国領主から長吏頭あるいは長吏司と呼ばれる者もあった）を小頭として掌握し、その傘下に組み込んでいくことで成立したものである。そうした関係を示すものが図3-4であるが、この図において重要なのは掟証文の存在とその提出・受納の流れである。

まずこの掟証文は、各地長吏集団の頭（長吏小頭）が弾左衛門の支配下に編入されて以降、その支配に服従すること（弾左衛門の掟に従うこと）を誓約するために提出されたものであったので、小頭証文とも呼ばれた。また、これを毎年一、二月期に人別帳や諸貢税と一緒に提出した（この行事は年始礼と呼ばれた）ので、年証文とも呼ばれた。各地小頭は、この年始礼の前後に自分の配下にあった長吏組下・非人手下から同様に組下証文・手下証文と呼ばれる掟証文（年証文）を提出させ、その支配への服従を誓約させたのである。

以上、弾左衛門体制下在方における長吏・非人組織につき様ざまなタイプやその支配システムの一端をややくどい程に紹介してきたが、長期的に見ればこれらは固定したものではなく、相互に移行しうる流動的なものである。そうした流動化とそれぞれの型についての具体的な事例は別稿で解説している(2)のでここではこれ以上触れないが、このように多様な長吏・非人組織の型（存在様式の多様さ）を詳細に取り上げた意図につき一言しておきたい。

それは、このような存在様式の多様さ自体が、長吏身分や非人身分の存在が単純に領主権力によって創出されたものでもなければ、領主権力によって居住地やその組織を設定されたものでもないことを示しているのである。まして、江戸浅草の長吏頭弾左衛門の任命によって在方小頭が決められた訳でもなければ、彼の指示によってその地域長吏・非人組織のありかたが定まった訳でもないということである。このことは、在方長吏組織の小頭のありかたを見てもすぐ分かることである。すなわち、一長吏組織の内に小頭が一人の場合もあれば、複数、中には五人も存在するケースもあった。また、一長吏組織の職場に属す村数が数ヵ村の場合もあれば、三〇〇を超える村数を擁するケースもあった。

結論的にいえば、各地の長吏や非人が、戦国期以来、社会的分業を基盤にその身分的結集と集団化を模索するなか（その過程での領主権力や弾左衛門による一定の関与を否定するものではないが）で、主体的にその存在様式（様ざまな組織の型）を形成してきたことが重要なのである。この点が大事なのは、長吏・非人の主体的な組織形成の問題に留まらず、本章の主題である彼らの特権とされる生業・職分の形成自体も、「領主権力からの付与」ではなく、彼らの主体的活動・運動によって生み出されたのだという認識に結びついているからである。

(3)　弾左衛門体制下にあった地域

右に述べたごとき長吏・非人組織を統轄する弾左衛門の支配が及んだ地域は、直轄の江戸府内を含めた武蔵と常陸・下野・上野・上総・下総・安房・相模の関東八ヵ国を中心とするものであった。これに加えて伊豆一国も支配下にあったが、これは徳川氏の関東支配の展開過程と関わって相当早い時期（江戸時代初期と推測している）に始まったものと思われる。この他、陸奥・甲斐・駿河三ヵ国の各一部地域に弾左衛門の支配が及んだが、これらは江戸時代中期以降に形成された（詳細は略す）地域である。右に述べたような弾左衛門支配の最大範囲を示すものが図3-5（次頁）であるが、この図には二点の補足説明が必要である。第一点は、図中に白抜きで示してあるが、常陸国のうち水戸藩領・下野国のうち日光神領・喜連川藩領の三地域には弾左衛門の支配は及ばなかったという点である。いつ頃からいかなる理由でそうなったのか未解明であるが、筆者の推測としては、水戸藩は御三家、日光は神君家康の霊地、喜連川藩は古河公方の後裔というそれぞれ特殊な権威を有する領地であったため弾左衛門が遠慮したものと考えている。

第二点目は、最幕末期の慶応三年（一八六七）七月に三河国設楽郡片山村の長吏頭（おそらくその配下の長吏集団も）が弾左衛門支配下に入った(3)が、図3-5にはそれを示しえなかった点である。駿河・遠江を飛び越えて三河の長吏が弾左衛門支配下に入ったということは奇異の感を与えるものであるが、これは未解明な部分も多い弾左衛門体制の形成史の中で検討されねばならない問題でもあるので、ここでは図3-5が若干の不備を含むものであることを申し述べておくに留めておきたい。

以上のごとく広大な弾左衛門体制下の地域につき、その正確な範囲を示すことも重要ではあるが、それよりもはるかに重要なことは、その範囲が様ざまな大名領・旗本領・寺社領、そして幕府直轄領（代官領）を含んでいた点である。一藩領域を統轄する長吏頭（かわた頭）は各地に存在したが、これほど多くの領主権力の枠を越えた広域支配を確立した長吏頭は他に全く存在しなかった。その意味において、弾左衛門体制は長吏・非人組織としては典型というよりは、特殊な存在と見るべきものである。

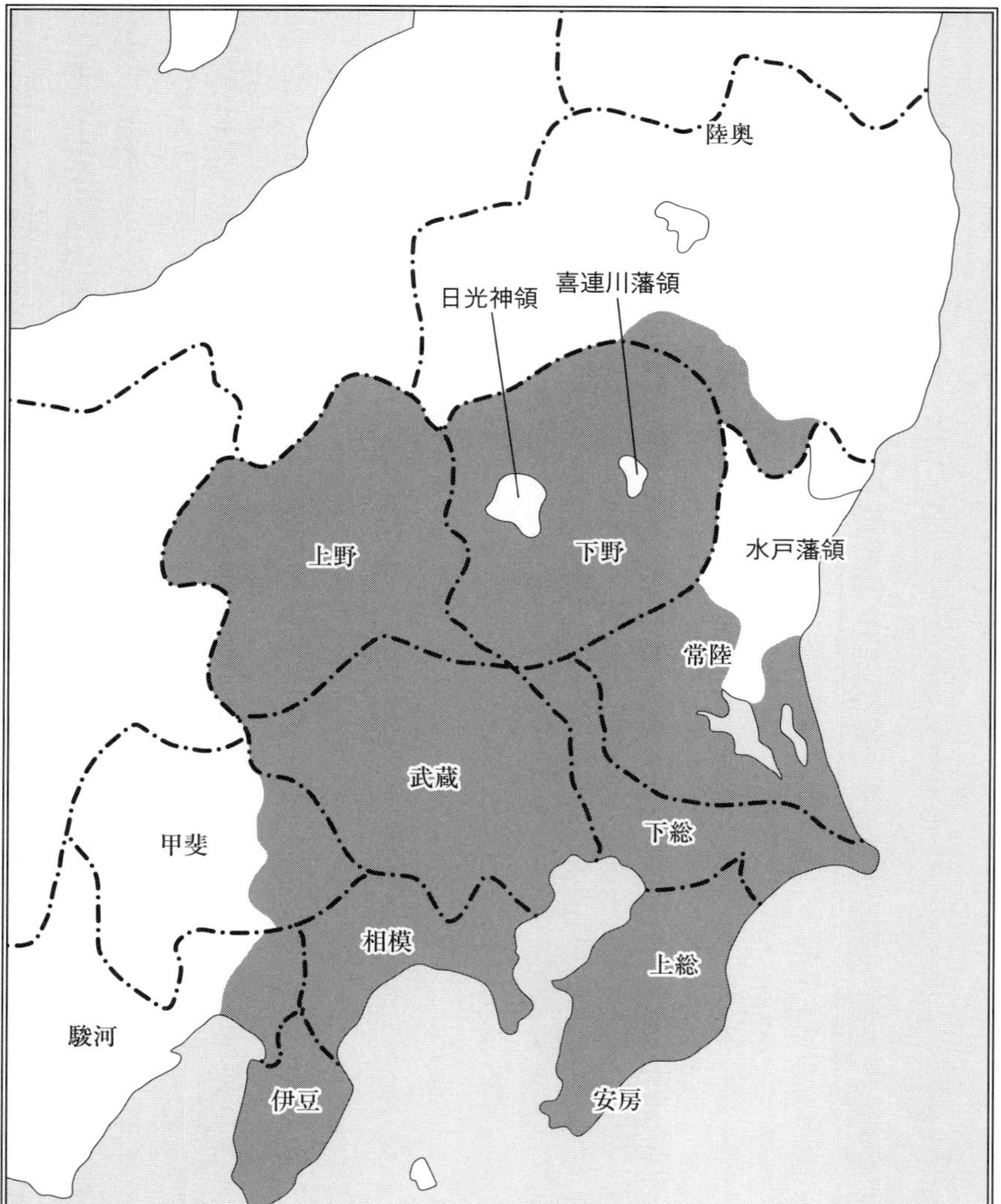

図３－５　江戸時代後期　弾左衛門支配地域

以上、弾左衛門体制について述べてきたが、このような体制の形成・維持には権力の関与は否定できないものの、基本的には戦国期以来、皮革業や軍事役・治安維持役を社会的分業の一環として職分化し、身分的結集とその組織化を進めてきた長吏・非人の主体的活動があったこと、その一つの到達点として弾左衛門を頂点とする長吏・非人の存在様式（弾左衛門体制）が形成されたことを重視する視点が大切である。

三　長吏頭たる弾左衛門の特権

(1) 配下に対する人別支配権・処罰権

頭として当然の権限かと思われがちだが、弾左衛門が人別帳を毎年提出させていた（その始期は不明だが）という点は、藩領単位の長吏頭の権限と比較すると実は強大な権限であった。これは、次項に述べる貢税の賦課権とも深い関係がある。

処罰権についても、遠島以上（主として死罪）は幕府（町奉行所）の裁可を得なければならないものの、それ以下の処罰については弾左衛門の手限りに任されていたという点で他地域には見られない強力な権限を有していたとみなければならない。ただし、この権限を弾左衛門が実際にどの程度振るうことができたかは、もっとよく吟味・検討してみなければならない問題だと筆者は考えている。

(2) 配下に対する貢税の賦課権

弾左衛門は公儀御役と称して、年々馬の絆綱や鞍などを幕府に上納するとともに江戸城中の太鼓新調・皮張り替えをおこなってきているが、これは武具・馬具、そしてそのための牛皮・馬皮・鹿皮などを集約・上納することで広範な地域の長吏頭の地位を築いてきた弾左衛門の力の源泉であった。

そのような弾左衛門の公儀御役（特に皮役と称される分野）と配下からの皮の集約・上納の体制を象徴するものとして、**表3-1**（本章末尾113〜114頁参照）(4)に示した職場年貢銀と呼ばれる貢税があった。この税は、本来、現物の絆綱で各地長吏集団から年々上納されたものであり、彼らの弾左衛門に対する服属を象徴的に示す貢納物である。おそらく弾左衛門の傘下に入った時点から上納されたものと思われる(5)。その後、**表3-1**に見られるように銭納化されてはつな銭・絆綱銭、銀納化されて年貢銀・職場年貢銀と名称の変遷を遂げながら年々上納された。

この職場年貢銀は、**表3-2**（本章末尾115〜117頁参照）(6)に掲出した家別役銀（配下長吏への貢税）・小屋役銀（配下非人への貢税）と合わせて三役銀と称された弾左衛門への基本的貢税であった。内容の詳細には立ち入らないが、それぞれ名称・金額・賦課対象・使用印判などに複雑な変遷が見られるなか、職場年貢銀に用いられた印判だけがほぼ一貫して「絆賦」と刻まれていた。その意味は明らかに絆綱の賦課ということであり、公儀への皮役を力の源泉とする弾左衛門（役所）のこの点に関する強いこだわりが窺える(7)。

(3)　斃牛馬皮等の集約権

斃牛馬皮等の取得は長吏身分全体の特権であって、弾左衛門の集約権とはその流通の大筋を掌握するものであった。具体的には、支配下各地で取得された原皮（簡単な鞣し加工がなされたもの）を、長吏小頭を通じて膝下の浅草新町内の皮問屋に売り渡させる権限を示している。集約された原皮は、その中から良質の物を選んで幕府への上納品を調進したり、江戸府内の皮細工職人・商人に売り捌いたり、大坂渡辺村（全国的な皮の集散地であった。第五章を参照）に移出されたものと推測されるが、実態はほとんど未解明である。おそらくこの流通過程を通じて、弾左衛門は皮問屋からの上納によって大きな利益を上げていたものと思われる。

なお、斃牛馬皮等の「等」とは、皮以外の毛・爪・角・骨・肉など様ざまな部位が商品価値を持ち取引されていたことを意味するとともに、牛馬以外の獣皮（鹿・猪・熊・狸・狢・犬などの皮）も広く取り扱われていた(8)ことも意味している。また、流通の「大筋を掌握」とは、各地小頭から弾左衛門膝下の皮問屋へという流れが斃牛馬皮等の基本的な流通システムとなってはいたが、実際には、各地小頭が在地皮細工職人や商人に直売りしたり、地域長吏集団として自ら皮細工（太鼓や雪踏《せった》裏皮など）に用いたりと、弾左衛門の下に集約されない部分があった(9)。それがどの程度の割合を占めるものであったのかは、これも未解明な問題である。

いずれにしても、戦国期以来次第に斃牛馬処理を社会的分業の一環として職分化した長吏達がその身分的結集を進めるなか、江戸幕府への皮役等を梃子に弾左衛門が自力でその産物（原皮等）の流通を一定部分掌握したということが重要な点である。

(4) 灯心の専売権

灯心には、藺草《いぐさ》の茎の髄を取り出して皿に乗せ油にひたして灯火として用いたもの（土器灯心）と、それを和紙に巻き付けて蠟燭の芯とするもの（心巻灯心）があった。この灯心の製造・販売の特権を、弾左衛門が独占的に幕府から与えられたのは宝永二年（一七〇五）であった。これにより、藺草の生産に当たった村々の百姓身分の者たちは、弾左衛門（頭とはいえ長吏身分）の指揮の下で藺草の生産と一手売り渡しを強いられることとなった。

右の事態を含めて近世東日本における藺草生産と灯心製造・販売に関してはすでに多様な史料紹介と詳細な研究がなされている(10)ので、それらに学びながら弾左衛門の特権をめぐる状況にしぼって以下概観しておく。

弾左衛門がこの特権を得た理由としては、公儀御用（特に、仕置き役・牢番役、江戸の治安維持諸役等）を勤め、大きな役割を果たすようになったことがあげられる。中でも元禄～享保期に顕著となった無宿・野非人の増大と江戸の社会不安・動揺は、弾左衛門の取締り活動を不可欠のものとし、その諸費用を賄う恒常的な反対給付をも不可欠なものとしたのである。

ここで金銭的な諸手当でなく灯心に関する特権が与えられることになったのはなぜかという問題に突き当たる。弾左衛門は灯心の製造・販売は従来から長吏身分が深く関わってきた職分のごときものと主張はしているが、実情は未解明である。ただ、幕府のこのような政策（弾左衛門への特権付与という形での専売制）に対して、藺草の生産に当たっていた村々の百姓側がその基本的なシステムに反対した兆候が見られない点に、宝永二年以前からの弾左衛門・長吏身分の人びとと灯心との歴史的な関わりも窺われるが、実証的な解明は今後の研究課題である。

藺草の生産に当たっていた村々とは、山根八ヵ村と呼ばれる常陸国新治郡高岡村・上坂田村・下坂田村・大畑村・田戸部村・真鍋村・藤沢村・同国筑波郡大形村の八ヵ村と、山方八ヵ村と呼ばれる同国筑波郡足高村・城中村・栗山村・戸崎村・伊丹村・下総国相馬郡青柳村・桑原村・井野村の八ヵ村という二グループ一六ヵ村であった。幕府は灯心の専売権を弾左衛門に付与すると共に、藺草の生産をこれらの村々に限ったのである。

特権は得たもののこのシステムを円滑に運営することは、弾左衛門にとって容易なことではなかった。百姓側からは、藺草の買い取り価格の引き上げが要求されることはいうまでもなく、作付け量の増大に伴う買い取り量の拡大要求も絶えず存在した。もちろん、弾左衛門側は買い取り価格を低く据え置き、作付け量も一定の枠内に収めようとしたが、弾左衛門側の買い取り量を超える藺草が抜け荷として出回ることがしばしばあった。また、百姓側は付加価値の増す灯心生産（手挽きと呼ばれた）を一定量認めるよう、弾左衛門へ要求するとともにそれを実行したため、それらが抜け荷として市場に流れることもしばしばあった。同様の事態は、藺草生産を許されていなかった他の村々によっても引き起こされた。

これらの事態に対処するため、弾左衛門（役所）は各地の小頭を通じて長吏・非人による抜け荷の取締りを図るとともに、町奉行所・勘定奉行所における法廷闘争に臨んだが、次第に様ざまな譲歩を強いられたのである。最大の譲歩は、享保九年（一七二四）、山根八ヵ村が江戸蠟燭問屋仲間とのみ取引をおこなうという条件で弾左衛門の支配から脱却することを容認しなければならなかったことである。この譲歩の最大の要因は、規制を加えても増大せざるを得ない藺草の全量買い取りに当たって、弾左衛門が資金的に対応し切れなかった点にあった。そこで、こうした資金不足の事態を乗り切ろうとして、弾左衛門は享保二年（一七一七）に絆綱の銭納化に踏み切るとともに、まさに同九年に公儀諸役の増大を口実として家別銭（家別役銀の前身）・牢屋修復銭（小屋役銀の前身）を設定し、全配下長吏・非人への賦課を目論んだと推定(11)されるのである。

以上、弾左衛門の特権について述べてきたが、それらは確かに幕府の承認と一定の支えを必要としてはいたが、それ以上に弾左衛門（役所）自体がそれら特権の内実の形成と維持に努めることによって成り立っていたことを見落としてはならない。

四　長吏身分の職分・特権

(1)　斃牛馬処理権

斃牛馬処理権は皮取権とも呼ばれ、各村に設定された捨場（村の規模や地形、その他諸事情により、通常一カ所から数ヵ所）に出された斃牛馬の皮・その他付属物を取得する権利である。西日本では長吏をもっぱらかわた（皮多・皮田）と称していた（東日本でもこの呼称は見かけるし、革作りという呼称もある）ことから窺えるように、この権利は長吏身分にとって本源的な権利であり、身分と深く関わって形成された職分（特権）である。

この権利の理解のため、二、三の事例を挙げて説明していく。まず、図3-6（次頁）であるが、これは下野国佐

表3－3　佐野場（佐野惣旦中）の権利分割一覧（天保12年時期）

小単位の場名	長吏軒数	場主人数	場内村数			場高	
犬伏場（犬伏場旦中）	5軒	2人	30カ村	27カ村 1カ村 1カ村 1カ村	小頭持ち 家別れ組下持ち 葛生村と持合 赤見村と持合	15日場（由緒により30日場のところ半減）	
			（他に、戸奈良場内4カ村の勧進場　小頭持ち）				
藤岡場（藤岡村旦中）	13軒	13人	7カ村			30日場	
駒場場（駒場村旦中）	7軒	7人	10カ村			20日場	
下津原場（下津原村旦中）	下津原村7軒 小野寺村3軒	8人 3人	4カ村			10日場	
免鳥場（免鳥村旦中）	東組18軒	4人	31カ村	東組	19カ村	東組30日場	
	西組15軒	15人		西組	5カ村 4カ村 2カ村 1カ村	西組	8日場 5日場 4日場 2日場
戸奈良場（戸奈良村旦中）	11軒	11人	12カ村	11カ村	戸奈良村持ち（うち4カ村皮取場のみ戸奈良村持ち）	30日場	
				1カ村	下多田村と持合		
下多田場（下多田村旦中）	7軒	7人	4カ村	3カ村 1カ村	下多田村持ち 戸奈良村と持合	30日場	
葛生場？（葛生村旦中）	6軒	6人	《1カ村　（場日30日中3日所持）》			？	
梅沢場（梅沢村旦中）	3軒	3人	10カ村			30日場	
	赤見村 13軒	11人	《1カ村　（場日30日中20日所持）》			？	
	沼尻村 7軒	0人					
佐野場（佐野惣旦中）	115軒	90人	108カ村			194日場	

＊1　本表は「天保十二年職場日割帳」（『下野国太郎兵衛文書』所収，以下『太』と記す）を基本に作成した

＊2　「小単位の場名」欄（　）内は，「弘化二年斃牛馬出方調帳」（『太』所収）記載の名称である

＊3　「長吏軒数」は，「天保十二年支配人別帳」（『続下野国太郎兵衛文書』所収）による

＊4　沼尻村は長吏居村ながら全く旦那場の権利を有せず，「家来」階層の特異な性格を示している

図3－6　「佐野場」における，
各えた村が所持した
職場の分布　略図

＊岡雄一郎「えた頭弾左衛門配下組織の研究」（東日本部落解放研究所『解放研究』第十八号所収）より

野領犬伏宿の長吏小頭太郎兵衛が支配した職場（権域）の推定図である。この権域は安蘇郡の全部と都賀郡の一部を含む広域なものである。そして、この職場は「二　弾左衛門体制とはいかなるものか」の中で述べた、複合的な構造を持つ大組職場であった。すなわち、太郎兵衛の支配する職場（史料的には「佐野惣旦中」とあって、佐野領域を旦那場とする意味が込められている職場）は、表3-3に示したようにその内部に長吏居村を一二ヵ村含み、各居村を核とする小職場九つが複合して形成されていた。長吏居村の数と小職場の数が合わないのは、事情説明は略すが、そのうちの赤見村長吏と沼尻村長吏は職場を形成できなかったためと、小野寺村長吏は下津原村から新田開発に出たものの独自の職場を形成できず下津原長吏の職場に包摂されていたためである。

そうした例外を除けば、小頭太郎兵衛を含む犬伏宿長吏は居村を核とする犬伏場（旦那村三〇ヵ村）を形成し、藤岡村長吏は居村を核とする藤岡場（旦那村七ヵ村）を形成し、という具合に九つの小職場を形成していたのである。そして、小頭太郎兵衛は犬伏場を直接支配するとともに、他村長吏の代表者を小組頭として掌握しながら、複合した九つの小職場を全体（佐野場・佐野惣旦中）として統轄支配していたのである。

これらの職場うちの捨場に出された斃牛馬は、基本的には各職場を所有する各長吏集団によって分割（その分割方式は相当複雑なので略す）された権利（これを有する者を場主と呼んだ）に応じて取得されたが、その権利が質入れ・売買などを通じて一部長吏に集中・偏在したり、小職場の再編を引き起こすこともあった。例えば、犬伏場では長吏五軒のうち場主は二軒だけだが、実はそのうちの大部分は小頭太郎兵衛の手にあった。しかも、太郎兵衛は免鳥場の幾つかの村を自分が直接支配する犬伏場に編入し、その権利を自己のものにしていた。図3-6を参照すれば、一見して犬伏場が分散してまとまりを欠いた小職場であることが分かるのはそのためである。

図3-7（次頁）は、上野国館林領成島村の長吏小頭半左衛門が支配した職場絵図の解読図である。この館林場は約八〇ヵ村の旦那村を有し、長吏居村が四ヵ村あった。しかし、史料不足のため、館林場がこれらの各長吏居村を

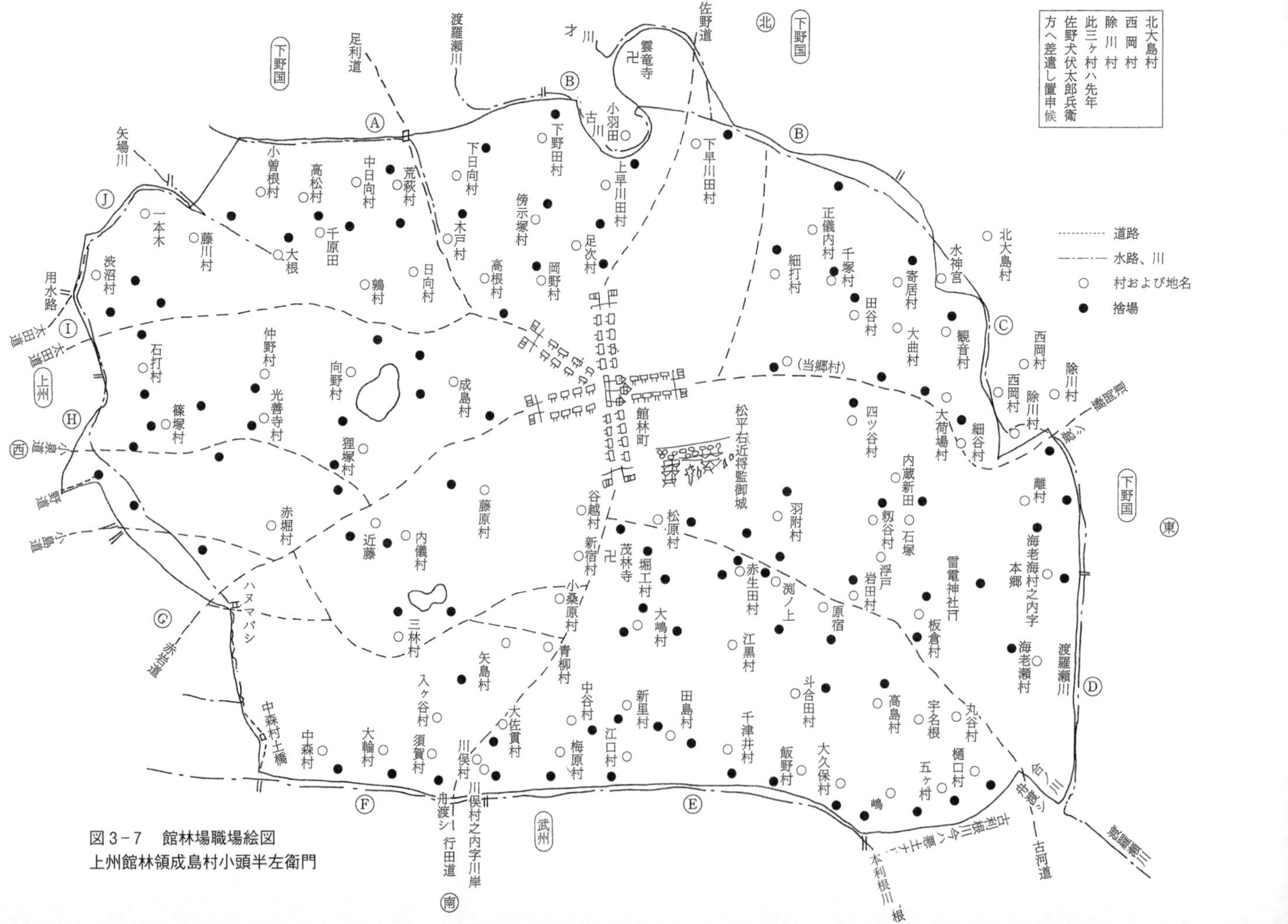

図3-7　館林場職場絵図
上州館林領成島村小頭半左衛門

＊上図3−7出典：『下野国半右衛門文書』付図（群馬部落研東毛地区近世史学習会発行，1996年）

凡例：
Ⓐ 野州足利山下小頭半右衛門トノ境　Ⓑ 野州韮木村小頭庄右衛門トノ境　Ⓒ 野州佐野犬伏小頭太郎兵衛トノ境
Ⓓ 下総国野渡村小頭吉右衛門トノ境　Ⓔ 武州稲子村小頭八右衛門トノ境　Ⓕ 武州小見村行事長蔵トノ境
Ⓖ 上州赤岩村小頭郷右衛門トノ境　Ⓗ 上州坂田村小頭茂右衛門トノ境　Ⓘ 上州安良岡村小頭治右衛門トノ境
Ⓙ 上州台之郷村小頭平右衛門トノ境

核とする小職場によって成り立っていたのか、それとも全体が単一職場であったのかは不明である。

ただ、この職場絵図は次のごとき重要な二つの情報を与えてくれる。一つは、この館林場が周囲一二カ所の職場と隣接していたことを明示している点である。それが、図中に示したⒶ「野州足利山下小頭半右衛門（支配の職場）トノ境」からⒿ「上州台之郷村小頭平右衛門（支配の職場）トノ境」までの注記である。もう一つは、図中にたくさん見られる●印（捨場）が記載されている点である。以上の二点は職場内の旦那村名と共にこうした職場絵図の最も重要な情報であるし、職場絵図作成の目的を示すものでもあった。

すなわち、この図は、各長吏集団の権利の区域（権域）を示すとともに、その内実に当たる旦那村々とそこに設置された斃牛馬の捨場を明記することに意味があった。この捨場に出された斃牛馬を見逃すことのないよう、非人は日々定められた範囲の村々の捨場を巡回し、斃牛馬の存在が確認され次第権利を有する長吏（場主）に報告するとともにその解体に当たったのである。このような非人の役割は場役と呼ばれ、非人はこの場役を勤める代償として自己が巡回する村々の勧進物を生活の糧にしていた（詳しくは次節）。

このようなシステムに支えられていた斃牛馬処理は、長吏身分の人びとにとって決して人の嫌がる仕事をやむなくしていた訳ではなく、大事な職分であり特権として扱われていたのである。まず、詳細で丁寧に作成された職場絵図がそれを物語っている。そして、弾左衛門が有した斃牛馬皮等の集約権の節で触れたように、皮はもちろん角・毛・爪等も含めてその経済的価値は高かった。さらに長吏にとってこの権利を持つこと自体が、集団内における社会的地位を保証するものとして重要な意味を持った。それは、武蔵国横見郡和名村の長吏人別帳において斃牛馬処理権を有する長吏（場主）の肩書に小前、有しない長吏（非場主）の肩書に水呑、と百姓社会における階層差になぞらえる記載がなされていた点に端的に表れている。この記載は明らかに社会的地位・家格を示しており、多くの各地長吏集団の中ではそうした階層差が広がっていたものと推測されるが、前掲の表3-3（96頁）に示した佐野場の長吏集団の場合は多くの村が全戸場主である体制を維持し続けており、このような側面において弾左衛門体制下でも相当の地域差が窺われるのである。

(2) 勧進権

長吏の職場には、前項で見てきた通りの斃牛馬を取得する権利（皮取権）とともに、これも少しだけ触れた勧進権（旦那場権）が備わっているという二重構造があった。弾左衛門体制下ではこの点をとらえて、皮取権の側面を下場、勧進権の側面を上場と呼んで、両者がセットで存在するものと認識していたのである。後者が非人の生活を支えるものであったことにはすでに若干触れたが、ここで改めて武蔵国青梅地域藤橋村小頭権右衛門支配の青梅場を事例に、勧進権の内容と長吏・非人の関係、勧進に対応する村々の百姓と両者の関係を見ていくことにする。

青梅場は、長吏居村は一ヵ村、旦那村は七〇～八〇ヵ村、長吏戸数は不明だが幕末時には六〇戸を超える規模であったと推定されることから、単一型の大組職場と見られる。この職場における長吏の勧進権の内容は、次のようなものである(12)。

①旦那村百姓軒別に、夏は麦一升ずつ、秋は稗一升ずつ受領。ただし、村内有力者（村役人・寺など）からは正月・盆・夏・秋に二升ずつ受領（長吏側からはその都度草履を一足進上）、さらにこれら有力者の家における祝

表３－４　広谷場における上場場主一覧

	場主名	旦那村名
1	小頭　勘左衛門	下広谷村・上広谷村
2	組下　儀兵衛	三ツ木村
3	組下　勘四郎	笠幡村（組下佐左衛門との持合）
4	組下　佐左衛門	笠幡村（組下勘四郎との持合）
5	組下　庄左衛門	青木村（組下文左衛門との持合）
6	組下　文左衛門	青木村（組下庄左衛門との持合）
7	組下　半右衛門	戸宮村
8	組下　清五郎	塚越村（組下伊左衛門との持合）
9	組下　伊左衛門	塚越村（組下清五郎との持合）
10	小頭　助右衛門	小堤村・石井村（組下平八との持合）・ 上戸村・下小坂村（組下勘右衛門との持合）
11	組下　幸助	鵬折村・犬竹村・平塚村
12	組下　久左衛門	藤金村
13	組下　弥右衛門	的場村
14	組下　小右衛門	鯨井村（組下清兵衛との持合）
15	組下　清兵衛	鯨井村（組下小右衛門との持合）
16	組下　勘右衛門	下小坂村（小頭助右衛門との持合）
17	組下　平八	石井村（小頭助右衛門との持合）
18	小頭　七郎右衛門	中小坂村・紺屋村・横沼村
19	組下　奥右衛門	小沼村
20	坂戸　権右衛門	大田谷村

儀・仏事に際しては志次第の米銭を受領。

②正月一四日・一五日に長吏及びその妻子が自由に各村の百姓家を廻り団子を受領（この勧進は特に、まいがきと呼ばれた）。

勧進とは元来仏教的積善を進めるものであり、これに応じる者が旦那として布施・喜捨・施行をおこなうことで成立するものであった。この関係が神道的・呪術的世界へと拡大するとともに、勧進を進める者が多様な民間宗教者や巡村芸能者へと広がり、村々の百姓全般が対象者（旦那・旦那村）へと発展するにつれ、江戸時代中後期には大きな変化をみせるようになった。その最大の変化は、少なからざる民間宗教者や巡村芸能者の勧進行為が乞食行為とみなされ、制限もしくは排除される傾向を強めた点である。長吏・非人の勧進はその宗教的役割・呪術的認識を弱めながらも、村々の警備・治安維持の役割に対する扶持・反対給付という意味づけが加わって維持されたものと思われる。

そのような勧進の変化を踏まえてみてみると、②のまいがきは、繭かきがなまった名称であり、春駒や蚕種数《こたねかぞ》い・蚕種貰いに通じる蚕の豊饒を予祝する宗教的・呪術的勧進とみられ、長吏の勧進の原初的姿を伝えるものと考えられる。これに対し①の勧進は、すでに警備・治安維持役への扶持という性格が濃厚になった姿とみられる。そして、この側面での勧進の権利は、斃牛馬処理権と同様にその職場に属す長吏達によって分割・所有されたのである（まいがき勧進は特定の長吏の所有に帰さず、自由におこなえた点が対照的であり、原初的な姿を伝えるものとみなすゆえんである）。

長吏による勧進権分割の事例を一つだけ表3-4に示す。斃牛馬処理権がかなり複雑な方式で分割されていたのに対し、表3-4にみられるごとく勧進権は基本的には旦那村単位で分割されていたので、分かり易いものであった。村によっては複数（この武蔵国入間郡広谷場の場合、最大二人だが）の長吏による権利の持合（共有）というケースもあるが、多くは単独の長吏によって所有されていた。このことは村あるいは百姓の側からみると、自村に出入りする長吏（場主）は誰々と特定できる気心が知れた存在であり、その仕事（警備・治安維持役・その他）が円滑におこなわれる上で有効なシステムであったとみられる。村運営の中心となる有力者が長吏の勧進に対し一般百姓よりも手厚い対応をした点を先に紹介したが、単に彼らが財力に優っていたからだけではなく、そうした関係を結ぶことで村運営の円滑化を図るという意識も働いていたのではないかと思われる。

なお、これまで述べてきたことから明らかなように、職場における皮取場（下場）の権利を有する場主と、勧進場（上場）の権利を有する場主とは同一ではなかった。権利分割の方式も異なるが、概して後者の方が前者よりも少数であったとみられる。詳細を述べる余裕はないが、先に例示した広谷場に即していえば、後者が二〇人であったのに対し前者は四五人であった（ほぼ同時期とみられる史料による。ただし、この職場における総戸数は不明）という相違がみられる。

そして、地域社会との関係においては、後者（勧進場場主）としてのありかたがより重みを持っていたことが窺われる。それは、旦那場内のある村方に非人を配置（非人小屋を設置）する場合、村方の百姓側とその議定証文を取り交わすに当たって長吏側の代表として小頭とともに場主が名を連ねていたことから分かる。すなわち、小頭とともに（当該村の勧進権を所持する）場主は、配置される非人に関して責任を負うとともに、当該非人に対する監督・差配の権限を有していたのである。先に長吏が非人に勧進権を譲った（預け置いた）ことに触れたが、これは正確にいえば、勧進権というよりは勧進物を譲ったと解すべきであり、勧進物をほぼ一〇〇パーセント非人に譲り渡し勧進から脱却しているようにみえる地域の長吏でも、村方への出入り権や当該地域・村所在の非人に対する監督・差配の権限は保持していたのである。

非人の勧進権の内容について、長吏と同様に青梅場の事例によってみると次のようなものである(13)。

①旦那村百姓軒別に、一ヵ月分、製穀三合三勺ずつ受領（一年間に約四升となる）。

②旦那村百姓軒別に、夏は麦二升ずつ、秋は稗二升ずつ受領。

③盆・正月・五節句・三日（月の内の特定された三日間）、すべての式日に百姓の志次第で受領。

一般に吉凶勧進と呼ばれる③のごとき様式に勧進本来の残影が窺われる。それはともかくとして、絶対量は正確に把握できないものの、非人の取得する勧進物の方が長吏のそれをかなり上回っていたことは明らかである。この違いは、非人の方が長吏よりも日常的な村の警備・諸用を担っていたことによると考えられる。

この非人の勧進権がどのように分割されていたかは、なかなか判明し難いところがある。それは、非人小屋が設置される場合、それを支える村がどのような村組合（一ヵ村で支えるケースもあるが、通常は数ヵ村で一つの非人小屋を支えた）で構成されるか、また、そこにおける長吏場主の勧進権の及ぶ範囲（空間的に分割された勧進権の範囲）がどのように調整されるか等の諸要素によって決まったものと考えられるが、村組合の変動もしばしばみられ、非人の勧進権分割の全体像を明示する史料が得難いためである。

先に触れた通り、非人は村方の警備・諸用を勤めるとともに、長吏から課された場役を勤めねばならなかった。このありかたは時に村方にとっても不都合とみなされ、非人の長吏からの支配離れという運動が生じた際、村方が非人の後押しをするというケースもあったが、そうした動きは幕府の賤民政策によって抑制されるのが常であった。

非人はまた、弾左衛門体制下では農業や商業・手工業を一切禁じられ、手下証文の文言に盛られた「乞食一通り」（勧進のみを生業とすること）を強制されていたが、地域によってはこれら諸産業に進出していたことを示す史料も散見される。しかし、それはごく一部の地域に限られ、多くは村方の警備・諸用を勤めるとともに、長吏への場役も勤め、その反対給付としての勧進によって生活を立てていたのである。

(3)　履物（特に草履・雪踏等）の独占権

当時、最も一般的な履物であった藁草履や草鞋が長吏の独占権の下にあったわけではない。これらは広く百姓身分の余業でもあり、長吏と競合する分野であった。そうした競合関係にあったことをよく示す史料を紹介したことがある(14)が、ここではこれ以上触れないでおく。

長吏が特権としてその製造・販売を独占したのは、竹皮草履と竹皮の表に牛皮または馬皮を取りつけた雪踏であった。これらが長吏の職分・特権として扱われていたことを明確に示すものは、寛政六年（一七九四）、谷田部藩から幕府（勘定奉行所）へ竹皮細工に関して問い合わせた一件史料(15)である。この史料によれば、同藩領分の町人が竹の皮笠・竹の皮草履・裏付草履（雪踏のこと）・破魔弓矢・灯心の五品を製造・販売したいと願い出たので、差し支えないものかどうか藩は幕府に問い合わせた。幕府はこの件を弾左衛門に下問し、弾左衛門の見解をほぼ採用して同藩に回答した。

弾左衛門はその答申の中で灯心については全く触れていないが、おそらく公儀御用の扶持に当たる特権として言及するまでもない事項という扱いにしたのであろう。

竹の皮草履と裏付草履（雪踏）については、弾左衛門はそれを証拠立てる書付等はないが、以前（時期は明示せず）より配下長吏が渡世としてきたこと、百姓・町人が細工に関わったことはこれまでないこと、百姓・町人が細工に関わったことが知れた時は直ちに差し止めてきたこと、この渡世に百姓・町人が参入するならば配下長吏が困窮に陥るので絶対認められないこと等を強く主張した。このことは、弾左衛門体制下の地域全体において、竹皮草履・雪踏の製造・販売が重要な生業であり、長吏の職分・特権として守らねばならないものであったことを示している。

竹皮草履や雪踏がどれほど商品価値があり、その高級品化が進んでいたかを示す状況や、その販売をめぐる長吏身分間の紛争を伝える出来事も各地で起こっていた(16)ことには、ここでは触れないでおく。

残る竹の皮笠・破魔弓矢については、弾左衛門は複雑な状況があるとして、手近に情報が得られる幾つかの地域を具体的に挙げて図3-8のごとき状況を答申した。竹の皮笠は一般的に竹皮不足の中であまり作られていなかっ

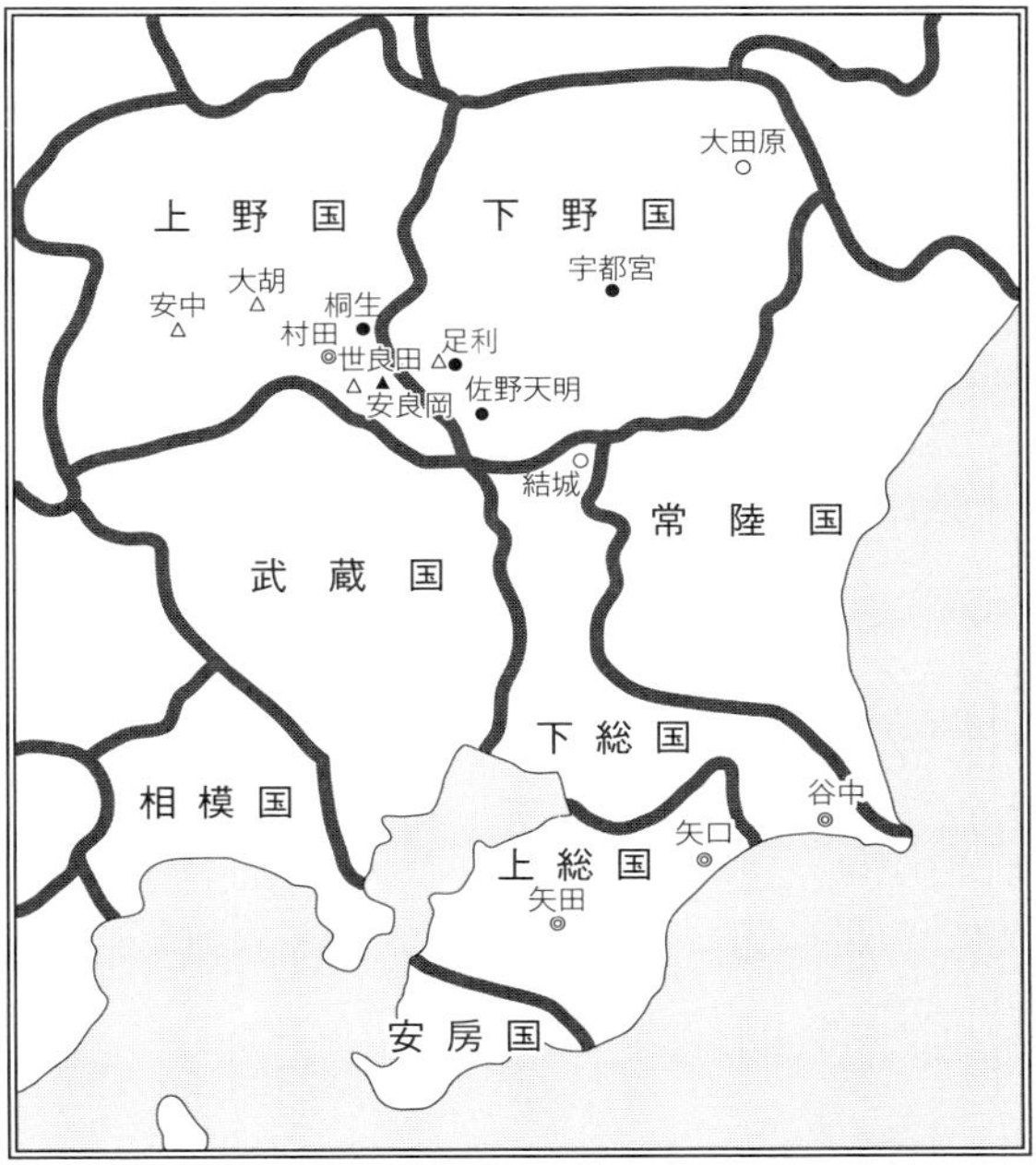

図3－8　寛政6年　竹の皮笠・破魔弓矢などの調査結果

竹の皮笠　笠細工を渡世にしている村　△
　　　　　笠の輪のみの細工を渡世にしている村　▲

破魔矢　矢の細工に従事し，それを直接市場で商っている町　○
　　　　矢の細工に従事し，それを百姓・町人に卸している地域　●
　　　　矢の細工に従事してはいないが百姓・町人の商人から矢代を取得している村　◎

＊「法曹後鑑」，小林茂編『近世被差別部落関係法令集』所収により作成

たこと、破魔弓矢についてはなぜか矢のみに長吏が強い権利を有していたことが知られている。特に、破魔矢について、その細工に従事していないにもかかわらず百姓・町人の商人から矢代を取得しえていたことは、長吏の勧進における呪術的性格との関連性が窺えるが、確かなことは不明である。

なお、竹皮が不足がちであるということが述べられているが、これには弾左衛門体制下を中心とする東日本において、竹皮草履・雪踏の生産が相当に活発だったという背景があったためとみられる。そして、前述の弾左衛門答申には、関東筋の皮出方では足りず美濃国から大量に江戸の竹皮問屋へ積み送られていたこと、その竹皮を一手に仕切っていたのは尾張藩平野町長吏頭の小市であったこと等も述べられている。この記述は、竹皮・雪踏生産が長吏の職分・特権であったこととともに、広く履物産業の一翼を担う社会的分業を形成していたことを物語っているといえよう。

また、竹皮草履や雪踏の販売をめぐる長吏集団間の紛争という事態の存在に簡単に触れておいたが、原材料である竹皮そのものの売買をめぐっても紛争と調整があったことも一言しておきたい。それは、佐野場長吏小頭太郎兵衛家に所蔵されてきた文書(17)に端的に見られるのであるが、佐野場に属す長吏は竹皮を他職場（他組）の長吏に売ってはならないという決まり（小頭からの申渡しという形をとっているが、事実上は佐野場長吏全体の議定）が設けられ、違反者には制裁が加えられるというものである。職分としての性格が強かった竹皮関係においては、製品についても原材料についても長吏集団間の規制が強かったこと、そして、その規制は職場（旦那場）という権域の上で展開された点に注目しておきたい。

(4)　砥石の販売独占権

長吏と砥石の関わりのありかたの解明は、現在のところ斎藤洋一氏の業績(18)を上回るものは見当たらないので、これに学びながらこの件に簡単に触れておきたい。

戦国領主の文書や（江戸時代後期の編纂物ではあるが）『新編武蔵風土記稿』によって、武州仁見の長吏・同末野の長吏・同安生老の長吏たちが砥石（当時、特に上質とされた上野砥）の売買を独占的におこなっていたことが知られている。安生老の長吏に与えられた文書の中で「長吏職並びに砥役」と表現されているように、その独占権は戦国領主の砥石需要を実現する役儀として形成されたことも分かる。

このような戦国時代の役儀に由来する特権として砥石売買が長吏の手にあった事例としては、貞享四年（一六八七）、野州足利の長吏小頭半右衛門がその特権を足利町人によって脅かされていると代官に訴訟を起こした文書が同小頭家に残されている（結果は不明）。

その文書には、①この権利はずっと以前（文脈から戦国期以来）領主の御用を勤めている給分として与えられた「長吏家蔵の商売」（長吏の家職・職分）であること、②延宝元年（一六七三）には佐野から石川六左衛門という人物が砥石販売に乗り込んできたが、足利町役人によって制止されたこと、③その後上州下仁田から加藤清左衛門という人物が上野砥の販売に乗り込んできたが、小頭半右衛門自身が下仁田に行き砥石経営を仕切っていた市川円慶に会って特権を確認しえたこと、等が述べられている。

また、時代は下るが、寛政五年（一七九三）、総州結城町城下における砥石・破魔弓・草履（おそらく竹皮草履・雪踏）の売買をめぐり、結城町長吏が周辺他職場の長吏と紛争を起こした文書が野州小山町小頭家に残されている。それによれば、結城町長吏の特権は江戸初期、結城中納言時代に城下火の番役・仕置役等の扶持として与えられたものであり、現在の領主水野日向守時代にも引き継がれてきたというのである。この紛争は領主の裁定に持ち込まれた（弾左衛門役所に持ち込まれた形跡は見られない）ためか、結城町長吏の職場規制は否定され、結城城下における砥石・破魔弓・草履の売買は自由となった（ただし、長吏身分の商人に限定される点は維持されたものとみられる）。そして、結城藩では同町長吏の役儀に対しては、別途扶持を与えることにしたのである。

これも戦国期以来の由緒を伝える佐野犬伏町の長吏小頭太郎兵衛は、やはり砥石の専売権を保持してきたようであり、享保二〇年（一七三五）、館林の藤右衛門という人物（長吏身分であるかどうかは確認できず）に犬伏宿の市における砥石販売権を七年季で貸したことを示す文書を同家に残している。これらの事例から、①砥石の専売権は戦国期に遡る長吏の特権であったこと、そしてそれは、砥石が軍需物資であり、長吏が武具・馬具・原皮等とともにその調達に当たったことに由来すると思われること、②その特権は長吏一般にではなく、頭層の特権として定着する傾向があったこと、③元和偃武以来、砥石の軍需物資としての重要性は皮革以上に薄れ、それに伴い砥石に対する長吏の特権は次第に弱体化したこと、等が窺われる。

(5)　竹筬製造・販売の独占権

竹筬《たけおさ》と長吏の関わりに早くから注目し、調査・研究を進めてきたのは松島一心氏であり、その成果(19)に学びながらこの問題を見ていきたい。

竹筬とは、縦糸を一本ずつその間に通して梭《ひ》によって通された横糸を寄せて布に織り上げていく、極めて重要な織機の要となる竹製部品である。近代になって次第に金筬に取って代わられるに至ったが、長い間その精巧な作り（職人技）は機の織り手にとって貴重なものだった。現在でも機織りの技能伝承や趣味の機織りに従事する人びとからは、金筬よりも竹筬の方が「糸に優しく使い勝手が良い」という声を聞くことがある。

この竹筬の製造・販売は長吏の専業であるとする主張が史料上で明確に姿を現すのは、文化一二年（一八一五）に始まり同一四年に一応の決着をみた一つの出来事においてである。それは、下総国匝瑳郡八日市場村の百姓が在方長吏・非人及び彼らを統轄する弾左衛門を相手に幕府勘定奉行所へ訴え出たものである。訴えの趣旨は、八日市

図３－９　第13第弾左衛門　明治3年（1870）
弾直樹と改名

場村の百姓が竹筬を製造し販売に歩いていたところ、各地で長吏・非人に差し止められ、祝儀・酒代等をねだられ難儀しているのでそれを止めさせて欲しいというものであった。

これに対する弾左衛門側の主張は、①昔から近年になるまで竹筬の製造・販売は長吏だけがおこなってきた（事実上、専業であった）、②近年になり八日市場村の百姓がこの分野に進出してきたものだが、竹筬の製造・販売は長吏の専業とする「元極」はないので各地の長吏・非人は「礼儀」を求めているのだ、等というものだった。この場合、「元極」とは領主や地域的権威（組合村など）による明確な公認あるいは了解を意味していると思われ、長吏側の独占権を証拠立てるものは提出しえなかったということである。

また、「礼儀」とは、前段で触れてきたような長吏・非人の職場（旦那場・勧進場）に入ってきた芸能者・民間宗教者・旅商人等に対して、その出所を糺したりその活動を制御したりするとともに、それらの人々に礼儀（礼銭・礼物の差し出し）を求める行為(20)であって、こうした長吏・非人の活動の根拠を「検問・統制権」と呼ぶ研究者もいるのである(21)。

この八日市場村の百姓の訴訟は、時期は不明だが勘定奉行所から町奉行所に移管され、文化一四年（一八一七）に至って内済（示談）が図られた。その結果は、八日市場村の百姓の竹筬製造・販売を弾左衛門側は承認し、販売に当たって弾左衛門役所が発行する手札（鑑札）百枚を渡す。百姓側はこれに対して年二〇両を弾左衛門役所に納め、在方ではこの手札を示すことによって円滑に商売をおこなうことができるというものであった。

その後、天保改革の一環である株仲間解散令の影響を受けたりもしながら、この筬鑑札制度は基本的に幕末まで継続されたのである。弾左衛門はこれに加えて、長吏筬商人に対しても鑑札制度を設け収入の増加を図るに至ったのである。このような増税策が可能であったのは、幕末期の上州・野州を中心とする織物業の飛躍的な発展と筬需要の急激な拡大があったためと思われる。

以上、長吏身分の職分・特権について五点にわたって述べてきたが、最後にこれらの特徴・傾向について考えるところを述べておきたい。まず、身分形成と最も深く関わる斃牛馬処理の特権と勧進権については、確かに権力による特権付与あるいは安堵という手続きを経たケースもあったが、基本的には自ら築いてきた社会的分業・社会的役割を家職・職分として主張し守ってきたという点を重視しなければならないだろう。灯心のように江戸時代中期に設定された特権も、その役儀・役割の肥大化に対応して幕府権力が保証せざるをえなくなった特権であったという見方で考えねばならない。

砥石に関する特権は、皮革類とともに軍需物資としての調達品という性格から長吏の特権的扱いの下にあったが、江戸時代を通じてその歴史的役割を終えて消滅する運命にあったものと考えられる。それに代わって長吏身分の人々が早くから乗り出した履物業（特に竹皮草履・雪踏等）は「元極」などなくとも、長吏の職分として社会的に認知され、幕藩権力も追認せざるをえなかったものと考えられる。また、竹筬に代表される新規産業への進出も、その実績の積み重ねの上に、長吏が職分・特権としての道を切り開いていったことを示していると思われる。

＊　　＊

本章の冒頭で述べたような、かつての部落史の問題点にどれだけ迫れたか心許ないが、長吏身分の人びとが戦国末から近世全体を通じて主体的に様ざまな分野で活躍し、多様な職分・特権を築いてきた一端を示すことはできたのではないか。農業を始めとする生業全般に目を届かせることはできなかったが、差別と貧困・悲惨さのみを強調するかつての部落史のマイナスイメージを少しでも是正できれば幸いである。

［注］

（1）「寛政十二年弾左衛門申立書」中尾健次『弾左衛門関係史料集』第一巻、解放出版社、一九九五年、一九九～二〇一頁。
（2）大熊哲雄「弾左衛門体制下における長吏旦那場」『旦那場――近世被差別民の活動領域』現代書館、二〇一一年、二九～四二頁。
（3）「慶応三年弾左衛門言上帳書抜」中尾健次『弾左衛門関係史料集』第二巻、解放出版社、一九九五年、二三頁。
（4）大熊哲雄「弾左衛門役所の三役銀賦課と印判」東日本部落解放研究所編『東日本の近世部落の具体像』明石書店、一九九二年、二九四～二九五頁。
（5）大熊哲雄「弾左衛門支配に関する研究ノート（1）の一」部落問題研究所編『部落問題研究』第一〇三輯、一九九〇年、七五頁。
（6）前掲拙稿「弾左衛門役所の三役銀賦課と印判」二九六～二九八頁。
（7）大熊哲雄「弾左衛門役所の印判」部落解放人権研究所『続部落史の再発見』一九九九年、一〇六～一一二頁。
（8）山藤修一・大熊哲雄「北関東における皮革を中心とする一仲買商人の活動について」東日本部落解放研究所編『東日本の近世部落の生業と役割』明石書店、一九九四年、二二〇～二二四頁。
（9）同書、二三二～二三五頁。

(10)　井上準之助『近世農村産業史論』明石書店、一九八〇年、一三一〜一四〇頁。同氏「弾左衛門の燈心営業について」前掲『東日本の近世部落の生業と役割』、一二三〜一四八頁、取手市史編纂委員会『取手市史――通史編Ⅱ』一九九二年、三一一〜三二五頁。
(11)　前掲拙稿「弾左衛門体制下における長吏旦那場」七〇〜七五頁。
(12)　大熊哲雄「青梅地域の長吏・非人とその旦那場」東日本部落解放研究所『部落解放』第二三三号、二〇〇九年、二四四〜二四六頁。
(13)　同書、二五〇〜二五三頁。
(14)　同書、二四七頁。
(15)　牧英正「安永期以降における幕府の身分政策について」荒井貢次郎編『関東・東海被差別部落史研究』明石書店、一九八二年、一一一〜一一六頁。
(16)　山藤修一・大熊哲雄「北関東における皮革を中心とする一仲買商人の活動について」前掲『東日本の近世部落の生業と役割』、二二八〜二三二頁、川根裕「下野国小山宿の被差別民の生活」前掲『関東・東海被差別部落史研究』、一〇四〜一〇七頁、池田秀一「天保後期における足利町市商い出入一件」『歴史評論』第四六四号、一九八八年、六八〜八五頁、大熊哲雄「長吏と市の関わりについて」前掲『東日本の近世部落の生業と役割』、二七〇〜二七四頁等を参照。
(17)　『下野国太郎兵衛文書』群馬部落研東毛地区近世史学習会、一九八七年、史料四七二・四七三・四七五番。
(18)　斎藤洋一「砥石の生産・販売と被差別部落」前掲『東日本の近世部落の生業と役割』、三七〜九六頁。
(19)　松島一心「被差別部落と筬」前掲『東日本の近世部落の生業と役割』、一四九〜一七三頁。
(20)　坂井康人「北関東の地域社会における警備活動」前掲『旦那場――近世被差別民の活動領域』、一三九〜一四三頁、藤沢靖介「旦那場・勧進場とは何か」前掲『旦那場――近世被差別民の活動領域』、二〇三〜二一一頁。
(21)　宮地正人「芸能と芸能民――地域の視座から」『日本の社会史――第2巻　境界領域と交換』岩波書店、一九八七年、二九八〜三〇〇頁。

表３－１　職場年貢銀の変遷一覧

年号年（西暦）	名称	金額	発給者	印判	備考
元禄３（1690）			新佐		新佐と新亮は同一人物と思われる 絆綱１間は現物納の段階である
元禄６（1693）	御絆綱	１間	新亮	A	
元禄９（1696）			初三郎		
亥年（？）	御はつな銭		矢野初三郎	B	初三郎と矢野初三郎は同一人物と思われる この時期に銭納に
丑年（？）					
享保11（1726）			月番役所		「場所25ヵ村」の記載開始
享保14（1729）		1000文		C	
享保17（1732）					
元文３（1738）					
寛保３（1743）		連		？	受取書は無いが，他史料から確認
延享元（1744）			役所	D	３割増
寛延３（1750）	御絆綱銭	1332文			
宝暦４（1754）		連			３割増廃止が指示されたが，実際には元に戻らず，以後1090文に
宝暦５（1755）					「場日60日」の記載開始

明和2（1765）					
			連		
明和3（1766）					
		1090文	弾左衛門役所		
寛政2（1790）					
			連		
寛政3（1791）					
寛政4（1792）			浅之助役所		
		連			
寛政5（1793）					
			連		
寛政6（1794）		1639文			5割増
○寛政7（1795）					
	連	連		E	
寛政8（1796）		16.5匁			この年から銀納に
		連			
○寛政9（1797）	年貢銀				5割増廃止
○寛政12（1800）		10.9匁			
	連		弾左衛門役所		
○享和元（1801）					
○享和2（1802）					
		連			
○享和3（1803）					再び5割増に
		16.35匁			
文政11（1828）					
		連			
文政12（1829）	職場年貢銀				この年より微増（『三』では逆に微減） 嘉永7（1854）より牛馬皮口銀賦課
慶応3（1867）					
			連		
明治元（1868）		16.5匁			
			内記役所		
明治3（1870）					
			連		
明治4（1871）			直樹役所		

＊東日本部落解放研究所編『東日本の近世部落の具体像』明石書店，拙稿「弾左衛門役所の三役銀と印判」掲載「表5」に若干の手直しをおこなった

表３－２　家別役銀・小屋役銀の変遷一覧

年号年(西暦)	発給者・印判	家別役銀関係		小屋役銀関係		備考
		名称	金額	名称	金額	
享保９(1724)						両役銭，賦課開始
享保11(1726)	月番代					この時期，家別役銀関係の名称はまだ不定で，「家数」・「家並」が前後して用いられていたと見られる
享保15(1730)	C					
享保17(1732)	役所	家数・家並				
元文２(1737)	月番代Ｆ　Ｆ　加番代Ｇ　Ｇ					加番代と見られる宇源二（印判Ｈ）の名前で未進分受取書が発せられている
元文３(1738)						
寛保元(1741)	忠吉					二月番制が確認される
寛延元(1748)	㊟連　千次郎					
寛延２(1749)						
寛延３(1750)	宇					
宝暦２(1752)	貞1		125文			三月番制に移行していることが確認される
宝暦４(1754)	宇兵衛　浅1					

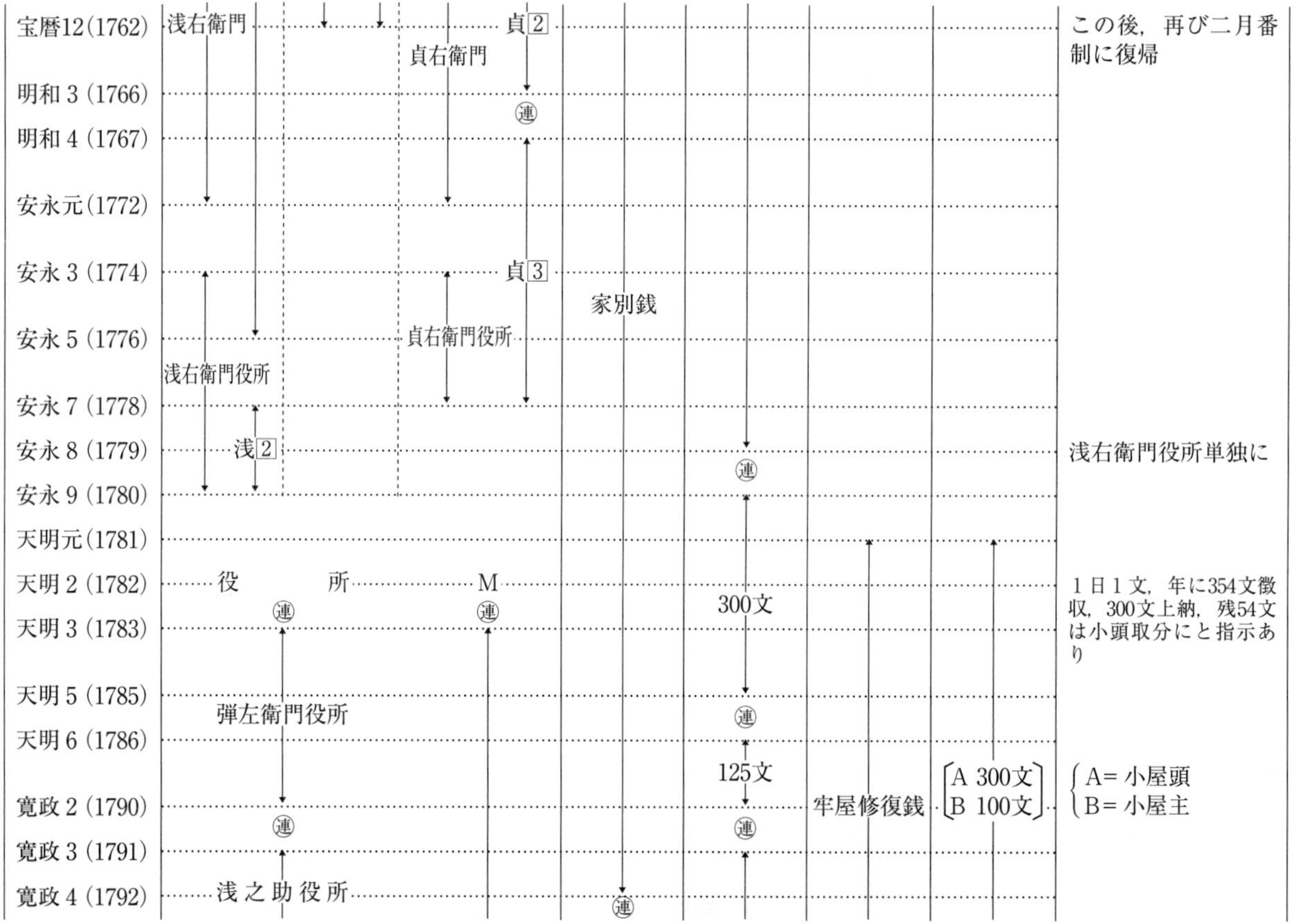
宝暦12(1762)
明和3(1766)
明和4(1767)
安永元(1772)
安永3(1774)
安永5(1776)
安永7(1778)
安永8(1779)
安永9(1780)
天明元(1781)
天明2(1782)
天明3(1783)
天明5(1785)
天明6(1786)
寛政2(1790)
寛政3(1791)
寛政4(1792)
浅右衛門
貞右衛門
貞2
連
貞3
家別銭
貞右衛門役所
浅右衛門役所
浅2
役　所
M
300文
弾左衛門役所
125文
牢屋修復銭
A 300文
B 100文
浅之助役所
この後，再び二月番制に復帰
浅右衛門役所単独に
1日1文，年に354文徴収，300文上納，残54文は小頭取分にと指示あり
A＝小屋頭
B＝小屋主

寛政5(1793)	↓	N	役　銭 ↑	175文	↓	↓	50文増に
	連						
寛政6(1794)	弾左衛門役所 ↑		↓	↓			
寛政7(1795)			連	連	連	連	
寛政8(1796)			家別役銀 ↑	1.75匁	小屋役銀 ↑	〔A 3匁 B 1匁〕	銀納に
享和2(1802)				↓ 連		↓ 連	
享和3(1803)		↓		2.5匁 ↑		↑	{家別役銀0.75匁増に 小屋役銀5割増に}
文化元(1804)		連					
文化2(1805)	弾左衛門役所	O ↑				〔A 4.5匁 B 1.5匁〕	
天保元(1830)		↓ 連					
天保2(1831)		P ↑	家別役銀	2.5匁	小屋役銀		
嘉永2(1849)						↓ 連	
嘉永3(1850)		P				↑〔A 4.5匁 B 1.5匁 C 1.5匁〕	C= 定番非人（新規賦課）
慶応3(1867)	↓ 連			↓ 連		↓ 連	
明治元(1868)	内記役所 ↑			↑〔上 7.5匁 中 5匁 下 3匁〕		↑〔A 4.5匁 B 3匁 C 1.5匁〕	{家別役銀，新等級別に 小屋役銀，小屋主のみ倍増}
明治3(1870)	↓ 連						
明治4(1871)	直樹役所	↓	↓	↓	↓	↓	

＊東日本部落解放研究所編『東日本の近世部落の具体像』明石書店，拙稿「弾左衛門役所の三役銀と印判」掲載「表６」に若干の手直しをおこなった

第四章　アンシアン・レジーム期におけるアルザス・ユダヤ人と王権
――セール・ベールとストラスブールとの対立を中心に

川﨑亜紀子

一　「特権」都市としてのストラスブール

アンシアン・レジーム期のフランスは、絶対王政時代とも呼ばれるが、中央集権化政策を促進するための改革を試みる王権と、それに抵抗し王権を制限しようとする地方諸権力との対抗関係があったことは、改めて指摘するまでもないであろう。その地方諸権力も決して一様のものではなかったことも、これまた自明である。

周知のとおり、アルザス地方は三十年戦争の講和条約であるヴェストファーレン条約によってフランス領に併合された地域である。比較的遅くにフランス領になったこの国境地域は、「徴税区地方」でも「身分制議会地方」でもなく、統治の実態は複雑なものであった。アルザスはまた、言語的、文化的、宗教的にもフランス「内地」とは大きく異なっており、次第に中央集権化政策が進展していったとはいえ、様ざまな面において例外的な状況が存続した地域といえよう。

一六八一年に併合されたアルザス最大の都市ストラスブールは帝国自由都市時代に獲得した特権の保持に努めた都市であり、その大部分はフランス革命期まで維持された(1)。しかしながら、王権の介入が徐々に強まっていったことも事実である。ストラスブール市民のフランス外への移住許可をめぐる王権と市との管轄争いを考察した研究によれば、一七八四年に始まった両者の対立は革命の勃発まで続いたようであるが、どうやら王権側が有利だったようである(2)。本章は、ユダヤ人の処遇をめぐって市が王権に抵抗を続けた事例を考察対象とし、これについて分析することで、双方の対立関係の性質を明らかにすることを目的とする。この時期においては、ユダヤ人は法の上ではフランスに居住できないことになっていたが、実際にはそれぞれ異なった事情のもとで居住しており、その中でもアルザスに居住するユダヤ人は他地域よりはるかに多かった(3)。というのも、神聖ローマ帝国ではユダヤ人の居住が認められていたので、フランスに併合される前にすでに一定数のユダヤ人がアルザスにいたからである。そして、彼らの現地における役割は決して無視できるものではなかった。そこで、フランス領になっても彼らの居住は黙認されることになり、一六五七年にユダヤ人を王権の保護下に置くことを決めた開封勅許状が出されている。ところが、ストラスブールは原則的に革命の勃発までユダヤ人の居住を認めなかった。それは、神聖ローマ帝国時代に彼らの市内居住を禁止する政策を同市が打ち出していたからである。これに対し、王権側からの介入が何度かおこなわれ、とくにアンシアン・レジーム末期におけるアルザスユダヤ人共同体の中心的人物であったセール・ベール Cerf Berr, Neftali Ben Dov Berr は、自身の市内滞在、そして財産所有権を要求するため、王権を盾にしてストラスブールと対立した。

この事実を踏まえ、本章では、まずアルザスとストラスブールの併合以後の統治政策はどのようなものになったかについて概観する。次に、ストラスブールの対ユダヤ人政策を併合前から見ていき、フランス領になったことで王権側はどのように介入したか、それに対しストラスブールはどのように反応したかについて述べる。また、両者の対立点はどこにあったのか、なぜユダヤ人の処遇が大きな問題になったのかについても検討する。そして、両者の対立関係が最も顕著に表れた事例といってよいセール・ベールの市内滞在をめぐる経緯を見ることで、この対立関係に潜んでいる問題を浮き彫りにしていく。以上のような分析を通じて、中世来この都市がもつ社団的な既存の特権に、周縁的な存在であったユダヤ人が王権を盾にして獲得しようとする、市内滞在・財産所有という新たな特権を対置することで、フランスにおける周縁と特権の絡み合いの一例を提示したい。

二　アルザス地方、そしてストラスブールのフランスへの併合

アルザス地方はオットー一世の戴冠以降、先述したようにいわゆる神聖ローマ帝国領に編入されていたが、三十年戦争のころには「モザイク状」と呼ばれるほど、聖俗双方の所領、帝国自由都市などが複雑に入り組んでいる状態であった。三十年戦争の講和条約であるヴェストファーレン条約（そのうちアルザスに関わるのはミュンスター条約である）では、アルザスの領有に関しては実に複雑で矛盾に満ちた内容が規定されている(4)。条約締結以後もアルザスではデカポール Décapole(5)を中心にフランスに対する抵抗が続き、最終的にアルザスのフランス領有が確定したのは、一六九七年に締結されたアウクスブルク同盟戦争（プファルツ継承戦争）の講和条約であるレイスウェイク条約以後であった。

ともあれ、こうしてアルザス地方はフランス領になったのであるが、その統治政策について、しばしば「漸進的なフランス化政策」といわれており、「アルザスの慣習には手を付けてはならず」との原則がよく引き合いに出される。フランスの他地方と同様、最高行政官として地方長官がすでに一六五五年に設置されていたのではあるが、神聖ローマ帝国時代からの政治機構も残存した。言語面と宗教面におけるフランス化政策についても同様である。

フランス語化の試みはほとんど頓挫し、公文書の記録についてすら仏独二言語表記が原則とされ、宗教面においては、アルザスのプロテスタントに対し、フォンテーヌブローの王令がそのまま適用されることはなく、シムルターネウム similtaneum(6)やアルテルナティヴ alternative(7)によって何とかカトリックの定着が図られた。また、アルザスは「実質的に外国として統治する州」として、第二章で触れられたように、ラインの向こうからアルザスに入ってくる商品には関税がかけられず、アルザスから内地に入る商品に対して関税がかけられた。しかし、あくまでアルザスはフランス領であり、さらにルイ一四世の統治下度重なる侵略戦争がおこなわれていたなかで、国境地域としてのアルザスの重要性は王国政府側に十分意識されていたといえよう。地方長官に加え最高評定院が設置され（一六五七年エンジサイムに設置、その後数回の居所の変更を経て一六七九年にコルマールに移動）フランスの法や制度に取り込まれるようになり、要塞がストラスブールやヌフ＝ブリザック、ユナングなどライン河沿いの都市に建築され、平和時でも二万四〇〇〇人のフランス軍兵士がアルザスに駐留した(8)。そして、これらの駐留部隊を指揮する州総督がストラスブールにおかれた。

ストラスブールがフランスに併合されたのは、一六八一年のことである。九月末にフランス軍の攻撃に屈服したストラスブールはいわゆる降伏条約 capitulation を締結させられたものの、自らにとって有利な内容が定められることになり、自由都市としての地位が確認された(9)。ストラスブールにおいても旧来の制度・慣行の残存が認められ、神聖ローマ帝国時代以来市政の実権を掌握する市参事会 magistrat、それを構成するいわゆる市長職のアムマイスター Ammeister やシュテットマイスター Stettmeister、外交・防衛を担当する十三人会、予算などの内務を担当する十五人会、裁判所の機能をも果たす二十一人会、ツンフトなどは残存した(10)。しかしながら、市長とほぼ同程度の権限を持つ国王代官 préteur royal が一六八五年以降新たに中央から任命され、いわば中央と市との調停役を引き受ける形になった。このように、最高行政機関としての市参事会の存在と王権を直接代表する国王代官の設置により、新旧双方の制度が併存するかたちになったわけである。

ここに、フランス化政策、中央集権化政策を進展させようとする王権側と、帝国自由都市として獲得していた様ざまな特権の保持に躍起になるストラスブールとの対立的な関係の土台が構築されるようになる。降伏条約の内容もさることながら、以下のような証言からもこのことは明らかである。例えば、一六七四年から一六九七年まで地方長官を務めたドゥ＝ラ＝グランジュ Jacques de La Grange は、「ストラスブール政府はあまりに共和政的である」と述べているし、また、一七〇〇年から一七一五年まで地方長官の任に当たっていたラ＝ウセー Félix Le Peletier de La Houssaye は、「彼ら〔ストラスブール市参事会〕の態度は非常に頑固であり、こう主張することが許されるならば、あらゆる業務は交換条件の事柄になるであろう」「国王陛下への尊敬や愛情の表現は十分示すが、服従の表現はまれにしか示さない」などと述べている(11)。

また、フランス化政策の重要な要素の一つであるカトリックの定着に関して述べれば、併合前まで市民権を持っているブルジョワはルター派と一定条件下でカルヴァン派のみとされていたが、併合後は王令によってカトリックも市民権を獲得することができるようになった。しかし、市参事会はカトリックがブルジョワになるための財産額を引き上げるなどしてこれに対抗し、カトリックの住民自体は増加していったものの、ブルジョワについては圧倒的にルター派が多いままであった。そのほか、カトリックへの改宗が促進されたり(12)、私生児をカトリック家庭の下で育てることなどが規定され、カトリックの神学校や大学も創設されるなど、カトリック化は一層進展したが、それでもカトリックの完全な定着には至らず、ルター派住民の存在は重要なままであった。

ルター派のブルジョワによって構成されていた市参事会にも他都市と同様、アルテルナティヴが導入されたものの、カトリックは重要度の低いポストにしか就くことができず、有力なルター派ブルジョワによる寡頭政が革命前まで続いた(13)ことも、指摘すべき特徴といえよう。しかしながら、市参事会のどの役職より勝ると規定された国王代官については、地元の名望家が任命されたものの、カトリックであることが条件とされたのである。それでも、一七五〇年頃以降になると、国王代官も最高評定院も徐々に王権側よりもアルザス側の権利を擁護するようになっていったといわれ(14)、この複雑な状況はわれわれが対象とするユダヤ人の問題に対しても影響を及ぼしていくのである。

三　ストラスブールの対ユダヤ人政策

(1)　併合以前の政策

さて、ストラスブールにおける対ユダヤ人政策はどのようなものであったであろうか。基本的には併合後もそれ以前と変わらない政策が続けられたので、神聖ローマ帝国時代に出された様ざまな法規から見ていこう。

ストラスブールは、すでに一三二二年の都市規定において、いかなるユダヤ人に対しても財産所有権、長期賃借権双方とも禁止した。その後、一三四九年にペストが流行した際、その毒はユダヤ人によって井戸に入れられたとされ、ストラスブール市内において彼らは（一説には約二〇〇〇人といわれている）火刑に処された。

この事件後、一三八八年から一三九〇年ごろ(15)にユダヤ人は公式に市内から追放された。これ以降、一貫してユダヤ人には市内居住が認められなくなった。ただし、ほかの多くのアルザス都市、とくにデカポールにおいてもテュルカイムを唯一の例外としてユダヤ人の市内居住は認められなかった(16)。

ただし、市内居住が認められなくとも、彼らがストラスブール住民と緊密な関係を結んでいたことは確かである(17)。それは、アルザス随一の商業都市であるストラスブールはユダヤ人に多くの経済的機会を提供したからであり、住民も彼らに対する嫌悪感は大きいものの、その存在自体は必要になっていたからであろう。このことは、ユダヤ人の経済活動を禁止する法令が何度も出されていることからもうかがえる。一五三〇年、ユダヤ人とストラスブール住民との商取引を禁止する最初の規定が市参事会によって出され、キリスト教徒市民に対しユダヤ人から金を借りることが禁止された(18)。次いで、一五三六年、一五三九年にユダヤ人が貸し付けた債権証書の償還が禁止された(19)。これは、一五七〇年四月、同年一〇月に市参事会によって出された規定とともに皇帝マクシミリアン二世によって確認された。四月の規定では、ユダヤ人からのあらゆる種類の債務契約の一年以内の破棄、ユダヤ人とストラスブール住民とのあらゆる種類の商取引の禁止が決められた。ただし、パンやワインなどの食料品の現金による取引は例外とされ、また、この規定の中でストラスブール住民の多くがユダヤ人による貸し付けを受けていることを事実として認めている(20)。この規定は一五八二年、一六二一年にも当時の皇帝によって再確認された。

市内で商業活動をするユダヤ人に対しては、市内に入る際にペアージュ・コルポレル péage corporel Juden-Leibzoll と呼ばれる人身通行税が、一五世紀初頭から彼らだけに課されていた。このことに加え、一六三九年の市の規則では、ユダヤ人はアムマイスターの許可を得た場合のみ、市内に市の護衛人を伴って入ることができるが、夜間滞在は禁止され、市壁の閉門を知らせる合図とともに退出することとされた(21)。その一方で、一六四八年には、ユダヤ人が不法におこなっていたとして非難されていた市内の馬市での馬の取引が彼らに認められるようになった(22)。

一六六一年にも、ユダヤ人との商取引に関する規定が出され、改めてユダヤ人と住民とのあらゆる種類の商取引が禁止されたが、食料品、馬、家畜に関しては現金取引のみ例外とされた(23)。一六六八年には宝飾品の取引も認められるようになった(24)。

したがって、併合前のストラスブールにおけるユダヤ人の処遇は次のようにまとめられよう。ユダヤ人の市内滞在は日中に限られ、夜間には市外に出なくてはならず、市内の居住は認められなかった。原則的にユダヤ人とキリスト教徒が商取引をすることは禁止されたが、食料品や馬など、一部の商品は例外的に認められた。こうしてみると、ストラスブールはユダヤ人に対して大幅に制限を課している一方で、とくに日用品の取引に対するストラスブール住民の需要はかなりあり、この点を市側も無視できなかったことがうかがえる。

こういった状況は、基本的にはストラスブールがフランス領になっても変わらなかった。市は、降伏条約の内容に即して、対ユダヤ人政策においても併合前の状況を保持しようとした。一七〇〇年の市参事会の命令では、「記憶すべき時期以降すでに規定され、それを永遠のものであるとしたいゆえ、ユダヤ人男性女性は何人も家屋の購入あるいは賃借によって市内や郊外に定着することはできず、また市民としての権利を獲得することもできない、ということをわれわれは再度規定し、命令する」と述べられている[25]。同様の規定はその後何度も出されており、一貫してユダヤ人の経済活動を制限しようとしている[26]。また、一七五七年に、国王国務会議によって、市参事会が一六六一年に出した規定が承認され、併合前からの対ユダヤ人政策の継続が確認された[27]。このようにして、革命の勃発まで反ユダヤ的な政策は続くのであるが、それでもフランス領になったことでその政策に例外を認めざるをえない状況が生じるようになっていく。それはどういうことであったのか見ていこう。

(2)　ユダヤ人の市内居住

先述したように、ストラスブールはユダヤ人の経済活動を大きく制限し続けた。また、市内居住の禁止も、降伏条約の内容に根拠があるとして継続した。しかしながら、例外的にユダヤ人の居住を認めざるをえない状況が、ストラスブールがフランス領になったことで発生する。

併合後フランスの国境地帯としての重要性が高まったアルザスには、軍隊が駐留することになった。ストラスブールは、軍事都市としてもアルザスの中心であり、先にも述べたが有名な築城の名手ヴォーバン Sébastien le Prestre de Vauban によって、要塞 Citadelle が一六八一年から急ピッチで建設された。ただし、この要塞は市参事会の管轄外にあった。そして、フランス政府は駐留する軍隊のための軍馬や糧秣を必要としていた。ここにそれらを調達できるユダヤ人が求められるようになった状況が発生し、彼らの居住を認めたくない市当局側に対し、彼らを供給商として利用するために居住を認めさせようとする王権による介入がおこなわれるようになったのである。アルザスでの軍馬等の調達に対するユダヤ人の利用価値は、三十年戦争直後からすでに指摘されており、前節で取り上げた地方長官のドゥ＝ラ＝グランジュは一六九七年に「とりわけ馬を扱うユダヤ人について、彼らは戦時には有益な存在であり必要な存在ですらある」と述べている(28)。アルザスは湿地が多いせいでよい牧草地に恵まれず、そこで飼育された馬もあまり発育がよくなかったようである。ユダヤ人は、スイスや神聖ローマ帝国の各領邦などへ行って馬を調達することができたのであった(29)。

ストラスブールにおいても、一六八九年、市参事会は国王代官に対して、要塞での馬市に女性や子供まで含むユダヤ人が殺到していて市の通りにまで襲いかかりそうに状況をひどく悪化させているので、彼らを法に従って早急に追い出してほしいと要請している(30)。このとき国王代官は、司令官はこの馬市は安価であるとして気に入っているから刺激するのは得策ではないと答えており(31)、参事会の要請を斥けているようである。

戦争が起こると、ドゥ＝ラ＝グランジュが述べたとおり、ユダヤ人供給商に対する需要は高まった。知られている最初の例は、一七〇二、三年ごろ市内居住を許可された数名のユダヤ人であるが、この時はスペイン継承戦争の最中であり、彼らは軍馬の供給商であった(32)。

一七四三年、ブリーン Moyse Blien というアルザスの中規模都市ムツィック在住のユダヤ人商人がストラスブール市内居住の許可を得た。この時はオーストリア継承戦争がおこなわれていたので、やはりアルザスに駐留する軍隊への物資の供給は重要な問題であった。ブリーンもまた、軍隊への供給商であり、他の四人の仕事仲間、ヴェイル Jacob Baruch Weyl、マイエール Aaron Mayer、レーマン・ネッテル Lehmann Netter、リップマン・ネッテル

Lippmann Netter(33)とともに滞在が認められたのであるが、なぜそれが可能になったのであろうか。それは、ブリーンの滞在を強力に後押しする人物がいたからであり、市参事会も妥協せざるをえなかったからであった。その推薦者とは、当時の外務大臣であった国務卿ダルジャンソン侯 René Louis de Voyer de Paulmy d'Argenson であり、彼は一七四三年五月一五日付の市参事会へ宛てた書簡において、以下のように述べている。

……私は当市のポリス規則によってすべての住民はユダヤ人といかなる商取引もしてはならず、違反した際には住民に対して二〇〇リーヴルの罰金とユダヤ人に対して債権の没収が取り決められていることを知っているが、この取引は現在の情況において閣下への奉仕において必要不可欠であるので……閣下の軍隊がドイツにいる間、そして将来において重大な影響をもたらさないことを条件として、閣下はあなた方に当該のブリーンとその同僚のためにこの規則を緩和することをそのご意志として通知すべしと私に命じられた……(34)。

いくら戦時中だからといえ、ダルジャンソンのような大物がなぜブリーンの居住を後押ししたのであろうか。その理由の一つは、ブリーンが単なる商人ではなく、総代理人と呼ばれるアルザスユダヤ人共同体の俗人リーダー格を務めていたことにもある（後述）。さらに、彼の活動は広範囲にわたるものであり、プファルツなどに所領をもつ大貴族リナンジュ＝ダボ家（ライニンゲン＝ダグスブルク家）に大規模な貸し付けをおこなっていた(35)ほか、当時の国王代官やエス＝ダルムスタート家（ヘッセン＝ダルムシュタット家）、あるいは連隊長レベルの軍人などにも貸し付けをおこなっていた(36)。おそらく、これらの活動は、オーストリア継承戦争遂行の中心的存在であったダルジャンソンにとって、有益なものになると考えられていたであろう。

この介入により、市参事会はブリーンに対し、市内に事務所を構えることを許可した。ちなみにブリーンらが事務所として使用した建物として、貸し付け先のリナンジュ＝ダボ家の所有していた古い邸宅が年五〇〇リーヴルの家賃そして修繕費と引き換えに提供された(37)。それでも、市参事会は家族と一緒に住むことや「シナゴーグを建てる」(おそらく礼拝をすることであろう)ことは禁止した。また、このケースはあくまで例外的な措置であると強調した(38)。ところが、翌一七四四年になると、ブリーンは要塞内の家族との居住が認められるようになり、これは地方副長官の推薦で司令官によって実現されたのである(39)。あくまでブリーンに限ったケースであり、前例にはしないことが定められたものの、要塞内の居住に関して市参事会は異議申し立てをすることができなかったのである。ただし、戦争が終結した一七四八年には、ブリーンらはストラスブールには居住しておらず、彼らの居住許可はあくまで例外的なものであったことは事実である。

このようにして、ユダヤ人のストラスブール市内居住が一時的にではあれ認められたのであった(40)。その背景には、フランス領になったことで、国境都市として軍事防衛が重要な課題になったなか、ユダヤ人供給商の存在が必要とされたことがあげられる。そして、彼らの居住を実現するために王権側からの介入がおこなわれたのであった。ただし、ストラスブールはこの介入を受け入れたものの、あくまで例外的な措置にとどめたのであり、また、ブリーンの活動規模の大きさ、アルザスの有力者との知己関係の広さゆえに彼の市内居住が認められた点も否めない。すなわち、彼だからこそ特権的な立場を享受できたのであって、ユダヤ人共同体としての状況にはほとんど変化はなかったといえよう。それでも、ユダヤ人側から見れば、このことはストラスブールでの自分たちの本格的活動を可能にしうるかもしれない前例となったのであった。

四　セール・ベールの市内居住・財産所有をめぐって

(1)　アルザス・ユダヤ人共同体の中心的存在、セール・ベール

アンシアン・レジーム末期になると、ユダヤ人の市内滞在と財産所有をめぐる問題は、ブリーンの時以上に深刻なものとなった。当時共同体の指導者となっていたセール・ベールは、ストラスブール市内に本格的拠点を構えるため市内居住を認めてもらおうとしたが、市は拒否し続け、この問題は長期化した。このことはいかなる意味をもったのか、また、なぜセール・ベールはこのような行動をとったのか。まずここでは彼の居住要求以前の略歴について概観することで、その答えを探ってみたい。

彼はおそらく革命前のアルザスにおいてもっとも著名なユダヤ人であるといって間違いない。この時期のアルザス・ユダヤ人について叙述された文献には、必ず彼についても論じられている[41]。また、後の世代の著名なアルザス・ユダヤ人は、系図を遡っていくとセール・ベールに何らかの関係があることが多い。彼自身の多彩な活動と合わせて、彼のユダヤ人共同体指導者としての影響力の強さが感じられよう。

図4－1　セール・ベール（1726–1793）の肖像
ストラスブール歴史博物館（エリザ財団からの委託）所蔵，D.88.2006.1.1（筆者撮影2015年2月12日）

セール・ベールは、一七二六年、プファルツのドゥ＝ポン（ツヴァイブリュッケン）公領の小村、メーデルサイム（当時はフランス領）に生まれ、彼の

父親はアルザスやロレーヌに所領を持つエス＝ダルムスタート方伯、ドゥ＝ポン公、ナッソー（ナッサウ）公らに仕えるいわゆる富裕な「宮廷ユダヤ人」であった。セール・ベールの前半生はほとんど知られておらず、おそらくある時期から父の仕事を手伝っていたと思われる。軍隊への供給商として彼の名が知られるようになったのは一七五〇年ごろからのようであり(42)、完全に表舞台に登場するのは、一七五六年に七年戦争が勃発したときである。セール・ベールは、フランスとオーストリアとの同盟、いわゆる「外交革命」を実現させた一人であり、外務大臣や陸軍大臣にもなったショワズール公 Etienne-François de Choiseul から、戦時中のフランス軍に対して軍事物資を供給するよう依頼されたのであった。ショワズールは当時在ウィーン大使であったが、おそらくセール・ベールの活動ぶりを知る機会があり、依頼したのだと思われる。セール・ベールは、一七六三年の七年戦争終了までフランス軍への軍資調達を任されていたので、ショワズールからの信頼は厚かったとみてよいであろう。戦後、セール・ベールは、ショワズールからの直接の依頼かどうかは定かではないが、ストラスブール騎兵隊への調達も任されるようになった(43)。

おそらく七年戦争時のセール・ベールの活躍は、アルザス・ユダヤ人共同体内でも大きな意味をもったといえよう。というのは、七年戦争後の一七六四年、共同体の総代理人 préposé général de la Nation juive en Alsace の一人、それも四人いるうちの長として選出されたからである。この総代理人とは、宗教・道徳面における共同体の指導者であるラビとは違って、世俗面における共同体の指導者的存在であり、供給商や銀行業を営む富裕ユダヤ人が務めた。セール・ベールより先にストラスブール市内の居住を要求したブリーンもまた、先述したように一七四六年から一七五四年までこの任を務めており、彼が借りたリナンジュ＝ダボ家の邸宅は総代理人が話し合いをおこなう場にもなった(44)。総代理人の選出はおそらく共同体自体でおこなったが、地方長官にも正式に承認される存在になった。すなわち、自分たち共同体に関する問題を話し合うのみならず、地元住民ともめごとが起こった時に地方長官との間で折衝役を務めたり、ユダヤ人にも課されたカピタシオン（人頭税）の徴収を監督する役を担ったりしたのである(45)。

セール・ベールがストラスブール市内の居住、そして市内での業務活動を本格的に考えることができるようになったのは、以上のような事情が背景にあったとみなすことができる。そして、その前段階として、このころ、彼はストラスブールに隣接するビシャイムへ拠点を移した。ビシャイムはストラスブールへの近さゆえ市内に居住できないユダヤ人が住む場所として一八世紀初頭以降成長していった町であるが、この移転は、彼が自分の業務の遂行のために、少しでもストラスブールに近いところに拠点を持ちたがったからであろうことは容易に頷けよう。

(2)　市内滞在要求の過程

セール・ベールが最初にストラスブール市内の居住を要求したのは、一七六七年のことであった。彼が同年八月五日付で市参事会に宛てた請願書によれば、このころ、ビシャイム近くの町ヴィンツェナイムでとくにユダヤ人を狙って襲撃する事件が発生し、自分たちの家が襲われる可能性も非常に高いので、その年の夜の時間が長い一冬の間だけ市内に避難することを許可してほしい、ということであった(46)。

ところが、セール・ベールの総代理人としての影響力の強さを重く見た市参事会は、彼の市内滞在によって多くの貧窮したユダヤ人が殺到する恐れがあるとして、この要求を退けた。すると、彼はショワズールに便宜を図ってもらうよう動いたのである。これを受けて、ショワズールは一二月、市参事会に対し市内滞在を認めるようはたらきかけをおこなったものの、市から回答がなかったので、翌年一月にも再度手紙を出している(47)。その結果、市参事会は、一七六八年五月、以下の六項目を条件としてセール・ベールの市内滞在を許可するに至った。

1　妻子、奉公人とともに冬の間のみ市内で家屋を賃借できる

2　滞在期間は市参事会が決定する
3　市内に事務所を設けることはできない
4　外国ユダヤ人に対する住居の提供、シナゴーグの建設を禁止する
5　奉公人は可能な限り自宅内に住まわせる
6　家畜を屠殺する際には残った部分を肉屋に廉価で提供する(48)

この内容から見て、市はあくまで特別な措置として仕方なくセール・ベールの滞在を許可したのであって、彼が市内で本格的に活動をするのは阻止しようとしていることがうかがえよう。ところが、どうやら一冬のみならず、結局セール・ベールはその後もストラスブール市内にとどまっていたようである。というのも、一七七〇年から一七七一年は凶作の年であったが、この時、セール・ベールは当時の国王代官ドティニー Charles-François d'Autigny により小麦をドイツ側から買い付けるよう依頼されたからである。セール・ベールはこの業務の遂行に努めたようであるが、彼の主張によれば、市参事会は小麦の質が悪いと主張したり、期日を設けて期限内に依頼されたすべての小麦を調達しなければ、すべて彼自身の買い取りにすることを決めるなど、彼の業務は好意的には受け入れられなかった(49)。しかし、この小麦の提供自体については、彼はドティニーに伝え、さらに政治権力者、すなわち、当時アルザス総司令官を務めていたコンタード元帥 Louis Georges Erasme de Contades と、ショワズールの後任(50)として陸軍大臣になったモンテナール侯 Louis François de Monteynard へも自分の働きぶりを申し立てたのである。コンタードは、モンテナールが自分に述べたこととして市参事会に同じ内容を伝え、国王はセール・ベールが季節ごとに居住地を変えることを望んでおらず、国王の意図は一年中彼が市内に滞在することであると伝達した。これに対し、市参事会は、あくまで一定期間の滞在しか認めようとしなかったものの(51)この抵抗は無駄骨に終わり、セール・ベールが市内から出ていくことはなかった(52)。それどころか、彼は、したたかにも滞在拠点として、ちょう

ど同時期の一七七一年、ドゥ＝ポン伯が国王軍副指揮官ドゥ＝ラ＝トゥーシュ Charles-Joseph de la Touche に売却した邸宅、リボピエール館 Hôtel de Ribeaupierre をドゥ＝ラ＝トゥーシュから秘密裏に購入していた(53)。

一七七五年三月、彼は国王ルイ一六世から帰化特許状 lettre patente de naturalité を授与された。「何年も前から現在まで、軍務と公益に関する業務を引き受け、先の戦争〔七年戦争〕と一七七〇～七一年にアルザスを襲った飢饉の際にわれわれと国家への大いなる奉仕のために見せた情熱」(54)が授与理由であり、やはり彼の供給商としての業務が重要視されていたことがうかがえよう。そして、セール・ベールとその子供に対し「生来の臣民、帰化した臣民が享受している権利、能力、免除、利益、特権が与えられる。この結果、当該のセール・ベールは、購入、贈与、遺贈、相続によって、性質がいかなるものであれ、王国内のすべての財産、動産、不動産を獲得し、所有することが可能」(55)になった。この帰化特許状の内容が、セール・ベールのストラスブール滞在・財産所有の要求において大きな意味をもつようになるのである。

(3)　セール・ベールと市参事会との対立

一七七五年三月にセール・ベールに授与された帰化特許状について、一七七六年四月、市側はこの法的無効を主張した。その理由を、国王代官ドティニーは以下のように述べている。すなわち、ストラスブール市民になるには二〇あるツンフトのどれかに所属しなければならず、市参事会員やアムマイスターなどとして市政に参加できるのも当然市民だけである。ユダヤ人であるセール・ベールはツンフトに所属する資格がないので、彼の市内居住は認められず、財産所有権もない、というものであり、市参事会も同様の主張をした。また、ドティニーは、セール・ベールが市内に来ることによって、他のユダヤ人も引き込むことにつながり、彼らのおこなう「高利貸し的で時折詐欺的でもある活動」が広まってしまうことにもなるとの懸念も示している(56)。

ところが、セール・ベールは市内から出ていくどころか、さらに業務規模を拡大していくのである。まず、一七七七年と一七七八年には彼は二人の婿に対して市内で家屋を賃借し、それは十三人会にもあくまで一定期間の賃借という条件で認められた(57)。また、この頃にはアルザスのみならずプファルツ、ロレーヌ公領、三司教領、さらにはブルゴーニュにまで彼の支店があった。そして、ビシャイムの本宅に加え、パリにもどのような形態であったかは不明だが、住まいがあったようである(58)。おそらくこの時期には市参事会も事実上セール・ベールの市内滞在を黙認していたとみてよいであろう。それゆえ、この状況を思わしくないと考える市とセール・ベールとの間の関係は、次第に険悪化していったのであった。

婿の家族も市内に住むようになったころ、セール・ベールの住居の周辺に住む隣人から、セール・ベールが家屋内の一部をシナゴーグとして使用し、とくに一七七八年末からは金曜夜と土曜の午前に彼の一族がやって来て礼拝をし、その祈りの声はあまりにもうるさく、「四軒先の家まで聞こえてくる」ほどである、という苦情が市宛に出された(59)。これを受け市による家宅調査がおこなわれ、市参事会はセール・ベールに対して抗議した(60)。翌年一月、セール・ベールは市参事会宛に、反論文書を提出している。その中で、彼は「ストラスブールでは、〔ユダヤの〕法によって規定されている朝と夜の祈禱を家族内、すなわち妻、子供たち、婿とその家族たちでおこなっているだけであり、いかなるよそ者 étranger も認めておらず、そしてシナゴーグで祝うべきユダヤの祝日の際には自分と家族はビシャイムへ赴く」(61)と容疑をはっきりと否定している。さらに、一七七一年の食糧不足の際に自分が小麦を調達したことや、婿たちが「国王の業務」を遂行していることについても触れることで、自分の重要性を主張している。コンタードにもとりなしを頼んだ結果、結局家族以外のユダヤ人を入れずシナゴーグのような体裁をとらない条件で、家族とともに自宅で礼拝をすることが許可されるようになった(62)。

一七八四年、彼が名義借りをしていたリボピエール館のもとの所有者であったドゥ＝ラ＝トゥーシュが死亡した。これを機に、セール・ベールは実際には自分が所有していることを明らかにし、帰化特許状の内容を根拠にそれを市に承認してもらおうとした。つまり、帰化特許状において王国内のすべての財産の獲得が可能と明記されているので、当然ストラスブール市内の不動産の購入は有効であると主張したのである。そして、このときも当時の陸軍大臣セギュール侯 Philippe Henri de Ségur に助力を求めた。セギュールはセール・ベールの側に立って何とか事態の収拾を図ろうとし、調停役として国王代官ジェラール Conrad Alexandre Gérard に白羽の矢を立てたのであるが、これは失敗に終わった。一七八六年八月二〇日付のジェラールからセギュール宛の書簡では、以下のように述べられている。

……貴殿がこの点について声高に私に説明されようとしたやり方に基づいて、私は市参事会を和解の道にもち込むように様ざまな試みをおこないました。この点に関する私の大いなる努力は無駄骨に終わりました。……この性向を見て、閣下、私はこの係争は行政的方法よりも対審で扱うべきだという考えに達しました。この形態によって双方があらゆる説明をする手段が与えられ、どちらも苦情をいう権利はなく、とりわけストラスブール市参事会はこれによって市民の非難から守られることでしょう(63)。

そして、この後はセール・ベールとストラスブール市双方が弁護人を立て、請願書を国王顧問会議に出し合う、といった状況になったのである。

セール・ベールは、改めて帰化特許状の有効性を主張している。この特許状はアルザス最高評定院、パリとナンシーの高等法院にも登録されたので、ストラスブール市がそれは無効と申したてることはできないはずだとも述べた(64)。また、市側の態度は1．国王主権に対する反抗である、2．国益より自分たちの利益を優先する利己主義的なものである、3．反ユダヤ的であり非人道的である、として明確に市を非難している(65)。そして、中央政府の重要人物に直接はたらきかけをおこなうことも怠っていない。例えば、彼は一七八七年五月に事実上の財務総監に就任したブリエンヌ伯Etienne-Charles de Loménie de Brienneに何度か市参事会へのとりなしを頼んでいる。一七八六年五月二二日付の書簡では、「市参事会の要請は、一七七五年三月に陛下の御意で頂戴いたしました開封勅許状〔帰化特許状〕の恩恵を私から剝奪しようとしているので、私にとって最も重要なことは閣下が彼らの意図と先述した勅許状の名において私が享受すべき特権をご説明くださることであり……」(66)と述べられている。

これに対し、市側は一七八六年九月一日付の国王国務会議への市参事会による請願書の中で次のように述べている。

請願者〔市参事会〕は、一般に勅許状によって与えられた愛顧は国王の善意でなされた思いがけない賜物でないかどうか、あえて検討しないであろう。それ〔愛顧〕は王国のその他のところで効力をもつと考えられるので、市内でそれを施行させることはストラスブール市の基本法に反するということを彼ら〔市参事会〕は明らかにするだけである。一四世紀以降、ユダヤ人は危険とみなされるきわめて強力な理由をこの市に与えてきた……(67)。

さらに、市参事会は、一五三〇年以来数度にわたってユダヤ人と市民との商取引を制限する規則を出しており、これはフランス領になって以後も降伏条約の条項によって継続されることが保障されているのだとして、ストラスブールが享受してきた特権を強調している。一七八七年九月六日付の同じく国王国務会議への請願書では、市参事会は以下のように主張した。

〔国王国務〕会議は、五〇年近く前からコルマールの議会〔最高評定院〕がストラスブール市に帰属する法についてのあらゆる裁判権を奪われていることを知らない。それ〔国王国務会議〕はこの都市〔ストラスブール〕が独立した存在で、アルザスの他の土地から切り離されていることを知らない……(68)。

また、アルザス全体でユダヤ人が増加していることを受け、ストラスブール市内にセール・ベールの「侵入」を正式に認めたら、ユダヤ人が激増し、市内に悪影響を及ぼすとして、ユダヤ人そのものに対する警戒心も強く示している(69)。市は、セール・ベールが帰化特許状を獲得できたのは、ユダヤ人であることを隠していたからだとさえ主張しており（セール・ベールは、国王は自分がユダヤ人であることを承知していたからこそ市民権と同等の資格をもつ帰化特許状を特別に与えたのだと反論）(70)、ユダヤ人だけは市民として受容できないという市側の態度がうかがえる。

セール・ベール側は市が請願書を出すたびに反論文書を提出しているのであるが、その中でもかなり強く自分の意見を主張している国務内務会議(71)への意見書をみると、その内容は以下のようにまとめられている。まず、セール・ベールは何年も前から軍事物資の供給などで活躍し、国家に大いに貢献しているので、他の王国臣民と同様の恩恵を受ける権利があり、それが一七七五年の帰化特許状として授与されたということ、次に、市参事会は国王が市内に臣民を居住させることを許可する権利を持っていることに反対できるはずはなく、反対すれば国王の主権を侵害することになり、したがって市にセール・ベールを排除する権利はないこと、さらには市参事会のユダヤ人一般に対する非難はセール・ベールの評判には何の影響ももたないこと、などである。そして、「セール・ベール氏は、ここではストラスブール市参事会が主張する規則やいわゆる特権について議論しない。国王主権の意思を含む公共の法に基づく登録によって授与された開封勅許状を強調するだけで十分である」として、国王より授与された帰化特許状は都市の法や規則より優先される特権であるという認識を変えていない(72)。

このように、双方の意見は対立したままであったが、セギュールやブリエンヌがセール・ベール側についていたことなどでセール・ベールに有利な決定が政府から出されるのではないかという噂があったようで、ジェラールは市の立場を考慮し、一七八七年一二月二八日付のブリエンヌ宛の書簡においては、国王は、「神聖ローマ帝国時代に認められ一六八一年の降伏条約によって確認された特権を侵害するために絶対的な実権を行使されることはお望みにならないだろうと信じます」(73)として、市の反応を無視した政策をとらないように王権側を牽制している。結局、その後正式な決定はないままであり、セール・ベールは市内に滞在し続け(74)、そのうち革命が勃発してしまったのであった。

五　対立が意味したもの

以上、アンシアン・レジーム期の王権による地方統治の実態を探るため、セール・ベールのストラスブール市内滞在・財産所有の要求とそれに対する市の反応、そしてセール・ベールの行動の背後にある王権の介入を中心に述べてきた。これまでの分析から、次のようにまとめられるであろう。

ストラスブールはフランスに併合された後でも、ほかの政策と同様、対ユダヤ人政策に関しても既存特権として神聖ローマ帝国時代の法規定を維持することができ、彼らの市内居住の禁止、市内での商業活動の大幅な制限など、反ユダヤ的な態度を継続した。ところが、フランスの国境都市として軍事的重要性が高まったことを背景に、王権によってユダヤ人供給商の利用価値が見出され、市は戦時に限って彼らの市内滞在を認めざるをえなくなった。この措置はあくまで例外的なものだったのであるが、セール・ベールの登場によってこの状況は大きく変化する。彼も軍隊へ物資を供給する大規模卸売商であったが、市内滞在が許可される契機は直接戦争とは関係がなかった。また、彼は市内滞在にとどまらず、実は帰化特許状が授与される前に不動産を購入していたが、授与後は改めて特許状の内容を根拠としてその有効性を主張したのであった。これに対して、市は都市固有の法や諸権利が優先されるとして、この特許状はストラスブールにおいては無効であるとし、ストラスブール市民ではない彼の要求を認めない姿勢を取り続け、両者の対立は長期化した。

実際には、セール・ベールは先にも述べたように市内から追放されず居住し続けたので、事実上、都市特権として享受していたこれまでの政策が王権側から崩されていたといってよいであろう。セール・ベールの不動産購入が明らかになった一七八四年は、ペアージュ・コルポレルの廃止と、アルザスユダヤ人に対する一般規則をその内容とする二つの法令が出された年でもあった。すなわち、この時期はユダヤ人共同体全体の統治政策が本格的に取り組まれた時期であり、さらにいえば、この二つの法令が定められた経緯においてはセール・ベールも積極的にかかわっていた(75)。したがって、国王政府からの彼に対する信頼はかなり厚かったと思われる。このような事情も、セール・ベールが市内での活動を継続できた理由になったであろう。

いずれにせよ、ユダヤ人の市内での活動をめぐっては、国境都市としての軍事的重要性と深い関連があり、王国政府、市当局ともそのことはよく認識していた。王権側が国益のためにユダヤ人の利用価値を認め特権を与えたのと対照的に、ストラスブール側にしてみれば長い間周縁的存在として排除してきたユダヤ人に対して特権を認めることは耐え難いものであった。セール・ベールの市内での活動に対しては、ある程度王権側の介入が功を奏したかたちだったが、市としてはその後も反ユダヤ的な立場をずっと堅持し続けたのである。

［注］

(1) この点については、とくに内田日出海「都市共和国ストラスブールにおける王権と自治の領分――対立から融合へ

（1681–1790年）」鈴木健夫編『地域間の歴史世界——移動・衝突・融合』早稲田大学出版部、二〇〇八年、一二七〜一七一頁を参照。

（2）Chauvard, Jean-François, "Petite querelle juridictionnelle autour des droits d'émigration, de citoyenneté et de souveraineté à Strasbourg à la fin de l'Ancien Régime ", in Chauvard, J.-F. et Laboulais, I., *Les fruits de la récolte. Etudes offertes à Jean-Michel Boehler*, Strasbourg, 2007, p. 313–332.

（3）フランス革命の時期、フランス全体では約四万人のユダヤ人がいたといわれ、多くの文献では、そのうち二万二五〇〇人ほどがアルザスに居住していたと述べられている。例えば、Blumenkranz, Bernhard (éd.), *Histoire des Juifs en France*, Toulouse, 1972, p. 166 ; Benbassa, Esther, *Histoire des Juifs de France*, Paris, 1997, p. 108などを参照。

（4）例えばVogler, Bernard（éd), *Nouvelle Histoire de l'Alsace. Une région au coeur de l'Europe*, Toulouse, 2003, p. 149–151 ; 市村卓彦『アルザス文化史』人文書院、二〇〇二年、一九四〜一九六頁参照。

（5）一三五四年に結成された都市同盟であり、一三五六年に皇帝カール四世によって正式に保護を受けるようになった。この一〇都市とはアグノー、ヴィサンブール、オベルネ、ロサイム、セレスタ、コルマール、テュルカイム、カイゼルスベルク、マンステール、ミュルーズ（ただし一五一五年にスイス連邦に加わったため脱退、代わりにランドーが加盟）であり、外敵の侵入や都市内の問題に対して互いに協力し合うことになっていた。Vogler, Bernard（éd), *La Décapole. Dix villes d'Alsace alliées pour leurs libertés（1354–1679)*, Strasbourg, 2009では、結成以降一六七九年の解体まで都市別にその歴史がまとめられており、これは管見の限りデカポールについて最も詳細にまとめられた文献である。

（6）プロテスタントとカトリックが混在している町村において、七世帯以上のカトリックがいれば、同一の礼拝堂の共同使用権をカトリックにも認めさせるもの。

（7）都市の顕職の大半をカトリックとプロテスタントとで任期を交代させる制度。

（8）Vogler, *Nouvelle Histoire...*, p. 156.

（9）ストラスブール併合の過程については、市村前掲書、二一七〜二二二頁参照。また、降伏条約の全文については、内田日出海『物語 ストラスブールの歴史』中公新書、二〇〇九年、一二九〜一三一頁参照。

（10）諸機関の詳しい管掌については、内田『物語 ストラスブールの歴史』、六六〜六九頁参照。

（11）Livet, Georges, "Royal Administration in a Frontier Province : the Intendancy of Alsace under Louis XIV", in Hatton, R.（ed.), *Louis XIV and Absolutism*, London, 1967, p. 185.

（12）例えば、改宗者に対して兵士への宿の提供や税の支払いが三年間免除される、親の同意なしに改宗できる年齢を一四歳から七歳に引き下げるなどした。Sonkajärvi, Hanna, *Qu'est-ce qu'un étranger ? Frontières et identifications à Strasbourg*（*1681–1789*）, Strasbourg, 2008, p. 84-85.

（13）*Ibid.*, p. 84.

（14）Vogler, *Nouvelle Histoire...*, p. 163.

（15）ストラスブールからのユダヤ人の追放は、文献によって一三八八年、一三八九年、一三九〇年と様ざまであり、実際は何年だったのか、筆者は一次史料で確認できていない。

（16）Oberlé, Raymond, *Juifs d'Alsace et Alsaciens. Heurs et malheurs d'une cohabitaion aux XVII*^{e} *et XVIII*^{e} *siècles*, Strasbourg, 2003, p. 50-51.

（17）ユダヤ人の経済活動の実態については、例えば、Kaplan, Debra, *Beyond Expulsion. Jews, Christians and Reformation Strasbourg*, Stanford, 2011, p. 71-79を参照。

（18）Archives nationales（以下AN）, K1142; O^{1}598; Blumenkranz, *op. cit.*, p. 140.

（19）*Idem.*

（20）*Idem.*

（21）AN, K1142; O^{1}598; Loeb, Isidore, "Les Juifs à Strasbourg depuis 1349 jusqu'à la Révolution", *Annuaire de la société des études juives*, 2, 1883, p. 144. なお、このペアージュ・コルポレルはアルザスの他都市でも導入されていたが、一八世紀後半にはほぼストラスブール市内に入るユダヤ人にのみ課されていた。

（22）AN, K1142 ; Blumenkranz, *op. cit.*, p. 140.

（23）AN, K1142 ; Archives municipales de la ville de Strasbourg（以下AMS）, VI378/13 ; Blumenkranz, *ibid.*, p. 141; Loeb, *op. cit.*, p. 148.

（24）AN, K1142 ; O^{1}598 ; Blumenkranz, *ibid.*, p. 141; Loeb, *op. cit.*, p. 148.

（25）Oberlé, *op. cit.*, p. 61.

（26）一七一六年に信用取引が禁止され、一七二八年には食料品と馬を除くすべての商契約が禁止された。一七三八年、指定された宿屋に限って市内で一晩だけ宿泊することが許可されたが、一七五〇年に、アムマイスターの特別許可がないと宿泊できなくなった。AN, K1142 ; Blumenkranz, *op. cit.*, p. 154.

(27) AMS, VI378/13.

(28) Raphaël, Freddy et Weyl, Robert, *Regards nouveaux sur les Juifs d'Alsace*, Strasbourg, 1980, p. 18.

(29) Oberlé, *op. cit.*, p. 105–106.

(30) *Ibid.*, p. 57.

(31) *Ibid.*, p. 57–58.

(32) *Ibid.*, p. 62 ; Anonyme（Levylier, Roger）, *Notes et documents concernant famille Cerfberr recueillis par un de ses membres*, t1, Paris, 1902, p. 8.

(33) 彼らもまた富裕ユダヤ人で、銀行家や軍隊への供給商などとして活動している。ブリーンと彼らとの間は単なる仕事上の同僚にとどまらず、子供同士を結婚させるなど、姻戚関係もある。Raphaël et Weyl, *op. cit.*, p. 24.

(34) AN, K1142; O^{1}598; Anonyme (Levylier), *op. cit.*, p. 41.

(35) Raphaël et Weyl, *op. cit.*, p. 28.

(36) Sonkajärvi, *op. cit.*, p. 115. 彼の供給商や金貸しとしての活動については、Daltroff, Jean, *Le prêt d'argent des Juifs de Basse-Alsace（1750–1791）*, Strasbourg, 1993, p. 88–95を参照。

(37) Raphaël et Weyl, *op. cit.*, p. 28.

(38) Sonkajärvi, *op. cit.*, p. 114.

(39) *Ibid.*, p. 115.

(40) また、正確にいつかは不明だが、ブリーンの居住が認められたのと同時期、別のユダヤ人銀行家レヴィ父子 Raphaël et Michel Lévy が一時的滞在を認められた。ストラスブールのカトリック銀行家ディートリッヒ Jean Dietrich と協力して武器の供給をおこなったのが認められたかたちで、彼らの一時的滞在につながったようである。Loeb, *op. cit.*, p. 149–150 ; Blumenkranz, *op. cit.*, p. 153.

(41) これらの文献については、川﨑亜紀子「アルザスユダヤ人問題再考――セール・ベールの活動を中心に」内田日出海・谷澤毅・松村岳志編『地域と越境――「共生」の社会経済史』、春風社、二〇一四年所収、七五頁、註2を参照。

(42) Sonkajärvi, *op. cit.*, p. 119.

(43) Ginsburger, Moses, *Cerf Berr et son époque*, Guebwiller, 1908, p. 5.

(44) Raphaël et Weyl, *op. cit.*, p. 30.

(45) Blumenkranz, *op. cit.*, p. 162–163.
(46) AN, K1142 ; $O^1$598; Anonyme（Levylier）, *op. cit.*, p. 9.
(47) AMS, AA2380; AN, K1142 ; $O^1$598; Anonyme（Levylier）, *ibid.*, p. 10–12.
(48) AMS, AA2380.
(49) AMS, AA2307 ; Ginsburger, *op. cit.*, p. 9–10.
(50) ショワズールはポンパドゥール夫人の後にルイ一五世の寵妃となったバリー夫人の不興を買い、一七七一年に失脚している。
(51) AN, K1142 ; $O^1$598; Anonyme（Levylier）, *op. cit.*, p. 48; Ginsburger, *op. cit.*, p. 10–11.
(52) Ginsburger, *ibid.*, 1908, p. 8 ; Sonkajärvi, *op. cit.*, p. 119.
(53) ドゥ＝ポン伯はこのセール・ベールによる購入を知っていたといわれている。AN, K1142 ; Oberlé, *op. cit.*, p. 69.
(54) AMS, AA2383; AN, $O^1$598; Anonyme（Levylier）, *op. cit.*, p. 49.
(55) *Idem.*
(56) AN, K1142; Sonkajärvi, *op. cit.*, p. 120–121.
(57) もっとも、近隣住民の抵抗が強かったようで、婿のために賃借した家屋のうち一棟についてはあきらめ、セール・ベールは別の家屋を賃借した。もう一棟についても、その後居住していた婿自身が別の家屋に移った。Oberlé, *op. cit.*, p. 69–70.
(58) Blumenkranz, *op. cit.*, p. 180.
(59) Neher-Bernheim, René, "Cerf Berr de Medelsheim et sa famille", *in Saisons d'Alsace*, 55–56, 1975, p. 51.
(60) Oberlé, *op. cit.*, p. 73.
(61) AMS, AA2381.
(62) Neher-Bernheim, *op. cit.*, p. 52.
(63) Lémann, Joseph, *L'entrée des Israélites dans la société française*, Paris, 1886, p. 132–133 ; Anonyme（Levylier）, *op. cit.*, p. 20.
(64) AN, $O^1$598; Anonyme（Levylier）, *op. cit.*, p. 73.
(65) Anonyme（Levylier）, *op. cit.*, p. 16–18.
(66) *Ibid.*, p. 62.

(67)　AN, O^{1}598; Anonyme (Levylier), *op. cit.*, p. 63–64.

(68)　AN, O^{1}598; Anonyme (Levylier), *op. cit.*, p. 80.

(69)　AN, O^{1}598.

(70)　AN, K1142; O^{1}598; Anonyme (Levylier), *op. cit.*, p. 58.

(71)　地方長官からの報告を検討する会議で、財務総監が長を務める。この時は事実上の財務総監であったブリエンヌが長を務めている。

(72)　AN, K1142.

(73)　AN, O^{1}598; Anonyme (Levylier), *op. cit.*, p. 21; Lémann, *op. cit.*, p. 134.

(74)　全国三部会を招集するためにまとめられた嘆願書 cahiers de doléances のうち、ストラスブールの第三身分から出された嘆願書の中で、「ユダヤ人に関するこの都市の特権と特別の地位が確認され保持されるように、その結果この民族〔ユダヤ人〕に属するどんな個人も、いかなる口実の下でも居住権や財産所有権を獲得できないように、そしてセール・ベール氏に授与された開封勅許状のこの都市での施行に対する市参事会の反対に基づいて、このユダヤ人〔セール・ベール〕とその家族は閣下に奉仕する業務はもはやないので、国王への奉仕によって彼が獲得した一時的な滞在を将来控えさせるように〔してほしい〕」と述べられており、この時点でもセール・ベールが市内に滞在していたことは確実である。*Les cahiers de doléances de la Basse-Alsace, textes et documents réunis par Robert Steegmann*, Strasbourg, 1990, p. 137. 一七九〇年にも、市は国民議会にセール・ベールの処遇について言及している。Loeb, *op. cit.*, p. 160.

(75)　前掲拙稿、五九〜六六頁。

第二部　ネットワークと周縁

第五章　大坂渡辺村皮商人の交易ネットワーク
——九州を中心に

阿南重幸

一　皮の交易ネットワーク

江戸時代の長崎における中国・オランダ貿易を皮切りに、九州各藩の被差別部落と大坂渡辺村皮商人との皮革流通を介した交易ネットワークの実態が次第に明らかになってきた。ここでいう大坂渡辺村とは、西日本一帯から履物（雪踏《せった》など）や太鼓などの材料となる牛馬皮を集積し、製品化、販売にいたる過程に携わった江戸時代の被差別部落である。つまり、牛馬皮の扱いに対する独占的な権利をもったがゆえに、彼らは対外貿易（中国・オランダ・朝鮮・琉球）を含んで、九州各藩における牛馬皮の流通を広く担いえたのである。これらの事実は、従来「閉じられた部落」をイメージしていた私たちにとって大きな驚きをもって迎えられたといえる。と同時に、彼らは「皮革」という商品をもって江戸時代の経済や流通に多大な貢献をしていたのである。

筆者が部落史にかかわりをもった三十数年前は、「差別の厳しさと、貧しい生活に喘いでいる」部落史が強調され、しかもそのイメージは、現在の被差別部落像に重ねて語られることさえあった。小・中学校の教科書でも「差別された人びと」がいて、差別の悲惨さを語ることによって、その理不尽さが訴えられていた。部落史研究が全国各地でおこなわれるようになったのは、一九七〇年半ばから八〇年代にかけてであるが、筆者もこの研究に取り掛かった時やはり「差別」をあげつらうことでよしとしていた。しかし、各地で地域部落史の研究が進んでいくと、もっと違った部落史像に出会うことになった。「生産と労働の歴史」が提唱され、各地に設立された研究会（所）などが研究集会を持つようになり、そこでは「多様な」であるとか「藩域を越えた」あるいは「農業化」「皮革産業」など、「差別や貧困」というスタンスでは捉えられない部落史が語られるようになった。

こうした各地の部落史研究の流れの中で、筆者の関心は長崎を窓口とする対外貿易へと向かった。従来も、輸入皮革類に触れた研究があったがやや具体性に欠けていた。しかも、いわゆる「鎖国」の下でそれらの輸入はなくなったとさえいわれた。しかしそうではなかった。その過程で永積洋子編『唐船輸出入品数量一覧』に出会ったことは幸いであった。同書には、中国船が毎年おびただしい皮革類（鹿・牛・鮫等）を長崎に運んでいたことが数量的に示されていたのである。しかも、輸入牛皮に関連して、長崎・大坂の皮商人（かわた）に優先的に牛皮が渡され、入札もおこなわれていたことがわかった。ところが、鹿皮・牛皮を中心とする皮の輸入は中国船、オランダ船とも享保年間を境に次第に衰えていた。そこで、九州各地の皮流通に関する研究や史料にあたっていくと、宝暦年間（一七五一〜）頃から、大坂渡辺村皮商人が九州のいたるところに登場したのである。つまり、輸入皮に代わって国内産の牛馬皮を取引するネットワークが形成されようとしていたのである。

本章では、江戸時代の皮（おもに牛・馬）の流通について、長崎でおこなわれた中国・オランダ貿易、九州諸藩、琉球（鹿児島）や朝鮮（対馬）との貿易などから、九州を中心とする皮の交易ネットワークの実態を明らかにしようとするものであるが、ひとまずその核となる渡辺村について概略を述べることにする。

二　渡辺（役人）村とは？

天保一三年（一八四二）、大坂奉行阿部遠江守に報告された「諸色取締方之儀に付奉伺候書付」に、大坂は「世俗諸国の台所と相唱え」(1)とある。ならば、大坂の渡辺村は「皮の台所」といえようか。この「書付」には、五畿内・西国・中国・山陰道筋から大坂「えた村」(2)に廻着した牛馬皮が一ヶ年一〇万枚ほどであり、近年は「遺作」（凶作）などにより七万枚となったとある。この「えた村」とは後に述べるように大坂にあった被差別部落である渡辺村を指すのだが、江戸時代西日本における皮革の最大集積地であったことがわかる。

また、文久二年（一八六二）に書かれた「役人村由来書」には、「慶長年中断罪御用相勤め」とあり、警刑吏役として市中の警察業務にかかわったことや、「和漢革問屋」として都合一二軒のものが「年々長崎表へ諸革類入札買い取りに罷り越、長崎町方に旅宿仕り、買取（候）義に御座候」と長崎貿易に加わったことを伝えている(3)。

この和漢革問屋に関して「西浜町に関する資料」(4)には、「（慶長年間の頃）堺浦に往来して外国人と貿易し唐物を大阪市にひさぎ傍ら皮革の販売をなしぬ、（略）元和元年徳川氏の代となりしより先に唐物を販売せし者は長崎港に往来し、和蘭、支那の両国人と貿易して盛んに唐物を大阪にひさぎ尚皮革を兼業とすること前に同じ、時人これを長崎問屋と称せり」と紹介し、岸辺屋三右衛門・河内屋吉兵衛・大和屋四郎兵衛・明石屋助右衛門・備中屋吉左衛門・日向屋仁右衛門・住吉屋与宗兵衛・豊後屋太右衛門・淡路屋孫右衛門・讃岐屋治郎兵衛・大和屋与四郎・池田屋七郎右衛門、の一二人の名前を挙げている。

ここでいう慶長期・元和期に堺や長崎で貿易にかかわったとする長崎問屋の真偽や実態は明らかにされていない。しかし、のちに述べるように、延宝元年（一六七三）に定められた輸入品（牛皮）の割り振りに大坂・長崎の

「かわた」が数えられており、単なる由来書として片付けられない内容であり、まして、後年皮集荷のために九州諸藩に出入りする渡辺村商人の屋号を見ると、長崎問屋のそれと多くが重なっているのである。

ところで難波村にあった渡辺村は、元禄一一年（一六九八）木津村字七反嶋に所替えを命じられたが低湿地であったため、同一四年再度所替えを願い出て木津村字堂免に移転しこの場所が定住地となった（宝永三年・一七〇六）。彼らは元々難波村にあった座間神社のキヨメ集団として、清掃や斃牛処理、皮革加工などの仕事をしていたとされ、神社の移転と共に元和年中難波村内に移ったとされる(5)。木津村時代の渡辺村は移転前の人口八四〇人（元禄五年）に比べると、正徳三年（一七一三）には二三四一人と三倍弱と急激に増え、およそ一〇〇年後の寛政一二年（一八〇〇）には四四二三人とあり、天保三年（一八三四）には五一二三人である。江戸時代のとくに中期は全国的に人口動態が停滞期とされ増減があまり見られなかったことに比べると、この村特有の人口動態が示されており興味深い(6)。

嘉永六年（一八五三）成立の「守貞漫稿」には、当村に太鼓屋又吉・岸部屋平吉という富豪のものがおり、その他中富の者数戸ある。家宅壮麗にして巨万の金を蓄え、皮革の類を諸国に漕《そう》して大賈《あきな》いをしている、と記されている(7)。

三　長崎の中国・オランダ貿易に見る皮商人

(1)　鹿皮・牛皮の輸入

長崎には、いわゆる「鎖国」にありながらもおよそ享保年間（一七一六〜三五）のころまで、鹿皮・牛皮・鮫皮などの皮革類が中国・オランダ貿易において大量にもたらされた。先の『唐船輸出入品数量一覧』には、「唐船輸入

図５−１　東アジアの皮革流通

＊永積洋子編『唐船輸出入品数量一覧』に掲載された「唐船に関係ある地名一覧」地図を参考に日本を含め作成

品年度別目録」（寛永一四年〈一六三七〉〜宝永元年〈一七〇四〉）、「唐船輸入目録—唐船貨物改帳—」（寛永一八年〈一六四一〉〜天保三年〈一八三二〉）が収録され、それぞれ輸入品を一覧にしている。この「目録」は、「元の文章そのままの翻訳であり、船別の目録の合計ではない」と注記されており、単純に年度ごとの合計は危険を伴うが大まかな数量をつかむことはできる。

皮革類は、鹿皮・牛皮・鮫皮・水牛皮・虎皮・羊皮・犀皮・はるしあ（ペルシア）皮など多種であり(8)、例えば、慶安元年（一六四八）では、カンボジア船一隻、大泥（パタニ）船一隻、交趾（コウチ）船五隻、南京船

表５－１　天和２年（1682）皮革類の輸入

品名	数量	出港地	出典
牛皮	42	広東船	1682. 6. 26. (v. o. c. 1377)
牛皮	33	東京船	1682. 6. 29. (v. o. c. 1377)
牛皮	1548	シャム船	1682. 6. 30. (v. o. c. 1377)
鹿皮ヤマウマ	1034		
鹿皮アタマ	41		
鹿皮第二種	346		
鹿皮第三種	3169		
牛皮	11070	バタビア船	1682. 7. 19. (v. o. c. 1377)
鹿皮ヤマウマ	1829	シャム船	1682. 7. 20. (v. o. c. 1377)
鹿皮アタマ	980		
鹿皮第二種	505		
鹿皮第三種	639		
牛皮	1622		
牛皮	2646	バタビア船	1682. 8. 5. (v. o. c. 1377)
鹿皮ヤマウマ	1810	シャム船	
鹿皮第二種	4694		
鹿皮第三種	6699		
牛・水牛皮	900		
鹿皮ヤマウマ	5818	カンボジア船	
鹿皮第二種	25954		
鹿皮第三種	324		
牛皮	1383		
鹿皮ヤマウマ	55	台湾船	1682. 8. 11. (v. o. c. 1377)
鹿皮第二種	54		
鹿皮第三種	60		
牛・水牛皮	4054		
鹿皮ヤマウマ	58	広東船	1682. 8. 17. (v. o. c. 1377)
各種鹿皮	118		
牛皮	885		
鹿皮ヤマウマ	2020	シャム船	
鹿皮第一種	335		
鹿皮第二種	1449		
鹿皮第三種	784		
牛皮	2241		
鹿皮ヤマウマ	1717	台湾船	1682. 8. 23. (v. o. c. 1377)
鹿皮第一種	2264		
鹿皮第二種	4740		
鹿皮第三種	2378		
牛皮	15		
鹿皮ヤマウマ	2290	台湾船	1682. 8. 28. (v. o. c. 1377)
鹿皮第一種	2430		
鹿皮第二種	4322		
鹿皮第三種	1743		
牛皮	27		
牛皮	1035	シャム船	1682. 9. 4. (v. o. c. 1377)
鹿皮ヤマウマ	1070		
鹿皮ヤマウマ	49	コウチ船	
鹿皮第一種	112		
鹿皮第二種	26		
鹿皮第三種	148		
牛皮	833		
鹿皮ヤマウマ	2101	台湾船	1682. 9. 8. (v. o. c. 1377)
鹿皮第一種	2369		
鹿皮第二種	4000		
鹿皮第三種	1703		
牛皮	10		
鹿皮ヤマウマ	1837	台湾船	1682. 9. 24. (v. o. c. 1377)
鹿皮第一種	1310		
鹿皮第二種	1622		
鹿皮第三種	550		
鹿皮ヤマウマ	9	台湾船	1682. 9. 27. (v. o. c. 1377)
牛皮	3		
鹿皮ヤマウマ	177	シャム船	
鹿皮第一種	14		
鹿皮第二種	147		
鹿皮第三種	193		
牛皮	394		

＊「唐船輸入目録—唐船貨物改帳—」（永積洋子編『唐船輸出入品数量一覧』より牛皮・鹿皮などを抽出した）

二隻、高州船・漳州船・福州船八隻で、各種鮫皮一一五〇枚、鮫皮三六〇〇枚、各種鹿皮五万四〇〇〇枚、大鹿の皮四二〇〇枚、牛皮一万五〇〇〇枚等々である。時代を五〇年ほど遡る先の「西浜に関する資料」で「（元和年間）長崎港に往来し、和蘭、支那の両国人と貿易して盛んに唐物を大阪にひさぎ」とあったが、この時代長崎には、数千枚から数万枚にのぼる牛皮が輸入され取引がおこなわれていた。また、天和二年（一六八二）でも、表5-1のように、広東船二隻、シャム船六隻、台湾船六隻などで、鹿皮九万八〇九六枚、牛皮二万八七四一枚が輸入されている(9)。

またオランダ貿易でも、時代が下がるが宝永期（一七〇四〜）から正徳四年（一七一四）までのオランダ船・中国船の積荷を収録する「唐南蛮貨物帳」の宝永六年（一七〇九）「阿蘭陀船四艘売立帳　丑九月二一日」に、はるしあ皮三〇三九枚、水牛角六八九二本、山馬皮一万一六七三枚、鹿皮一万三四八〇枚、こびと皮一一六一枚、牛皮一四五八枚とあり、このうち牛皮一枚の値段が一一匁弐分壱厘余りとされ、合計金額が「銀一六貫三五〇目壱分」とある。さらに、正徳二年（一七一二）には、バタビア船・シャム船で四隻の入港があり、牛皮は二三二五枚が輸入されている(10)。しかし、これら大量の皮革類の輸入は享保期を境に極端に減少していく。実はこのことが、国内皮革業の活性化を促すのである。

(2)　輸入牛皮と「かわた」の権利

内閣文庫が所蔵する「唐阿蘭陀商法―第六　五ヶ所并諸国商人の人数分限高の事」は、仕法貨物商法(11)の開始時寛文一二年（一六七二）六月、奉行所（二三代長崎奉行牛込忠左衛門）は長崎に到着した商人たちの従来の取引実績もしくは資本金の調査をおこない、全国商人を五区分（長崎・京・大坂・堺・江戸と支配下の商人）し、資本高により大中小三等級の商人に分け、翌延宝元年（一六七三）の輸入購入高を決定したものである。このうち「長崎商人」

の項には、商人五四一二人が挙げられ、また、「外に」と区別された二一五人が記されその中に九人の「長崎かわた」が含まれている。すなわち「一九貫二一六匁三分四厘　長崎かわた九人　是は牛皮にて被下候」である。ここには、鮫屋（四三人）伽羅《きゃら》（香木）屋（二八人）菓子屋（四五人）錫屋（三人）切皮屋（五四人）裁売《たちうり》（一二人）子年牛皮目利（一〇人）織物屋（一人）などが「外に」と区別され挙げられており、「右の品々家職に仕り渡世送り来り候者どもそれぞれの貨物を願い申し候故、吟味を遂げられ、その者ども家職になる貨物色々とらせ申され候」と但し書きが付けられている。また、菓子屋には砂糖（五七四斤）が、錫屋には錫（三〇〇〇斤）が織物屋には白糸（五〇斤）が渡され、かわたには一九貫余りに見合う牛皮が渡されている。これらは商人というよりも職人たちの取り扱い実績である。これらの分限高は、長崎商人に割り当てられた「銀高一万一四四貫余り」には含まれておらず、「家職に渡世する」二一五人は長崎商人のみの仕法である。ただし、牛皮に関しては、大坂商人の項で「外に二〇貫二〇〇匁　但牛皮にて被下候厠貨物」とある。この「厠」は「かわや＝かわた」であり、長崎同様牛皮が渡されている。ここでも、大坂商人の分限高に入っていない。両所のかわたの牛皮購入高は合計すると、四〇貫四一六匁余りとなる。前項のオランダ船で牛皮一枚の値段が一一匁弐分壱厘余りとあったが、単純に当てはめると、三六七四枚程度となる。

時代は下がるが、約百年後の寛政三年（一七九一）の改正貿易仕法に基づく長崎会所の会計明細書「長崎会所五冊物二　唐船商売荷物元払等大意訳書付」(12)には、次のような記録がある。

一　穢多共牛皮持渡高一〇歩一買請の儀は、一ヶ年御定高には御座無く、年分一〇艘持渡次第牛皮惣高の一〇歩一、前々より元値段にて買請仰付られ、相残分五ヶ所商人并惣穢多共入札仰せ付けられ、払代銀は、荷渡当日より五〇日限会所へ相納め申し候、尤も近年持渡これなきに付、前々持渡候年々平均の積りを以て、左の通り相立置申し候、年分一〇艘持渡高の積、元代一八〇目程、

一　元代銀一八匁程
　牛皮持渡高一〇歩一、穢多除高一枚六歩の積り、
　　但、これは年々牛皮持渡高元買直段、平均一枚に付一一匁二分五厘の積り、

これを要点整理してみると、①「穢多」が輸入される牛皮の一〇分の一を元値段で買い取るという仕方は、一年間の定高ではなく船一〇艘のそれである。②残った一〇分の九は五ヶ所商人と「惣穢多」が入札すること。③近年は牛皮の積荷がないので以前輸入した量の平均で見積もっておく。④一〇艘の持渡高の見積りは元代銀で一八〇目であり元代銀は一八匁程となる、牛皮一枚六歩として三〇枚である。したがって、平均した牛皮の持渡は三〇〇枚となる。⑤ただしこれは買値段であって、平均で一枚一一匁二歩五厘である。

実は先ほどの仕法貨物商法の時代、中国船・オランダ船が長崎に入港し、その積高（指値価額）が銀二〇〇〇貫目に想定した場合の割振りを示す史料が残されている(13)。二〇〇〇貫と想定された荷物は、「除物」（九貫五五〇匁―四・八％）「三ヶ一除物」（宿町・付町―中国船の船宿）（六四貫四八三匁三三―三二・二％）「会所にて入札売払」（六三％）と三種に分けられ、このうち、「除物」九貫五五〇匁のうち、「大坂長崎穢多共」へは、「三百目　是は牛皮持渡の分穢多共に買せ候」とある。これは、「除物」のおよそ三％を目安としており、鹿皮の場合「七百目　革屋共　是は新橋町毛皮屋共七歩半元値段にて買せ候。但鹿皮一万枚の時七百五十枚一枚に付一匁積り」(14)がおよそ七・五％であるので、同じように考えてよいと思われる。

さてこの二つの史料を比べてみると、輸入された牛皮のうち、前者が一〇％であるのに対し、後者は三％である。ということは、延宝時代から寛政時代にかけてかわたが元値（原価）で買い取る率が増えたことを示しており、また残りの牛皮は五ヶ所商人とともにかわたが入札するという仕法が継続していることもわかる。

また、享保元年（一七一六）に成立したとされる『崎陽群談』には、

一　牛皮出銀　是は多くは穢多へ買取候而出銀故、前々より御運上には不相納候事

とあり、入札された牛皮の多くがかわたに渡っていることがわかる(15)。

以上、輸入牛皮とかわたの関わりを記述してきたが、ここに渡辺村という名が出るわけではない。あくまで、大坂かわや・長崎かわた・大坂長崎穢多という記載である。しかし、前節「渡辺村（役人）とは?」で述べた和漢革問屋の実態を想起させるのである。

ちなみに、幕府がおこなった市場調査である正徳四年（一七一四）の「従諸国大坂江来ル諸色商売物員数并代銀寄」には「和毛革　四八〇六枚」とともに「唐革　二万一五〇三枚」と記されており、大坂に運ばれる革（皮）は輸入革（皮）が国内産の四倍を超えている(16)。また同年の「従大坂諸国江遣候諸色商売物員数并代銀寄帳」は、諸国に流通する加工された革製品として、雪踏が五九万七四八〇足を数えその銀高は実に一一七四貫二四五匁である。雪踏の製作は部落の独占産業であり、大坂のかわた村に大いに潤いを与えたと思われる。ほかに皮革製品として、革羽織（三一八九）革頭巾（一八〇八）革足袋（五万九五四四足）などが記されている。

四　九州諸藩で活躍する渡辺村皮商人

さて、前節では中国・オランダ貿易において大量の牛皮が輸入され、被差別民であるかわたが役割をもったことがわかったが、なお、渡辺村との直接のつながりを確認することはできなかった。しかし大坂・長崎のかわたが輸入皮に関して輸入牛皮の一割を輸入原価で買い取る権利を持ち、残りは入札とされるがその大半をかわたが取得したこともわかった。さらに、寛政三年（一七九一）には「近年持渡高無之二付」であり、享保期（一七一六～三五）

を境に皮革類の輸入が途絶えたことが明らかにされた。正徳四年（一七一四）大坂に持ち込まれた革（皮）は唐革二万一五〇三枚、和毛革四八〇六枚であった。国内品の四倍を超える唐革がなくなればこれを材料とする雪踏産業には大打撃であることは容易に想像できる。渡辺村皮商人はいったいどこから、皮革類を仕入れたのであろうか。筆者の関心は、国内に向けられ、とりわけ九州の皮革流通の研究に目を通すと、大坂渡辺村皮商人の屋号である大和屋・明石屋・豊後屋・太鼓屋・岸辺屋・河内屋等々の名がおよそ宝暦年間（一七五一～六三）あたりから、九州の諸藩で次々と確認されたのである。

渡辺村皮商人は、中国・オランダから撤退を余儀なくされ、国内市場の開拓を迫られ、その集荷体制を確立していくわけだが、ここでは九州諸藩におけるその実相を叙述し、また朝鮮や琉球との貿易にも簡単に触れることにする。

(1)　豊後府内藩と渡辺村商人

現在の大分県は、八藩七領と称される小藩分立の地で、豊後府内藩は石高二・二万石の大分市を中心とするほんの一部分である。府内藩の「かわた」村は、井蕪村・明珍村の二村のみである。大分県立先哲史料館に保存される「府内藩記録」を見ると、府内から大坂へ、あるいは大坂から府内へ両所で行き来があることがわかる。府内から大坂へは、元禄二年（一六八九）猪頭村（後の井蕪村か）惣兵衛の上坂から始まり、宝永五年（一七〇八）には京都本願寺参り、延享四年（一七四七）にも同様の記録、この間井蕪村惣兵衛など商事での上坂願いが度々出されている。記録にはその内容について記載がないので何用なのかは定かではないが、宝暦一一年（一七六一）には井蕪村与兵衛が、大坂問屋豊後屋喜左衛門方で五年の売り子奉公を願い出ていること(17)、また天明六年（一七八六）には、大坂渡辺村平兵衛が皮商売のため井蕪村清兵衛方に滞在している(18)ことなどを見ると、皮を売り捌くルートの開拓または商売事の行き来であったことは容易に推察できる。なお宝暦一一年六月には、「私共仲間」京都七条銭座与一、丹波福知山治郎左衛門の二人が商売代物（品物）などを調えたいということで井蕪村伊八方に逗留もしている。また、天明七年（一七八七）には、明珍村から「大坂仲間方」へ登りたい旨願いが出され、明珍村と渡辺村との取引が初めて現れる。

こうした商事は寛政三年（一七九一）、大坂町奉行所から豊後国大分郡井蕪村皮多・同国同郡明珍村皮多への問い合わせからも知ることができる。つまり、近年牛馬皮が高値になり、皮細工の品も高値で職人たちが難渋している。当表（大坂）で売り出している「穢多村皮問屋」を呼び出して糾したところ、登り皮減少のためとわかった。一〇年前に比べると三歩の一になっているというが、皮荷物は外の品物と違い豊凶に関わらないはずであるが、登り皮減少は確かか、というものである(19)。このことから、寛政三年の時点で井蕪・明珍両村が皮販売のルートを確保していたことは明らかである。

このように、皮革を媒介とする経済圏や流通網は、現在我々が認識している以上に大きく広く存在したことは疑いない。

なお、府内藩には豊後屋・明石屋・太鼓屋・池田屋が姿を見せ、最終的には太鼓屋が皮問屋の座を獲得する。また、牛皮は、大坂渡辺村商人からの前貸し（先納銀）を在地の皮物問屋（井蕪村・明珍村）が受け取り、その見返りとして大坂に送られるシステムである。しかし、返済が滞り度々訴訟沙汰になっている。なかでも、文政三年（一八二〇）一一月井蕪村の岸兵衛は一三二貫余り、同村団助も一三貫余りの滞銀が生じ、太鼓屋の仲介で一〇年賦の支払いが命じられている。現在の貨幣にすると一三一貫とは二億円（銀六〇匁を一〇万円とする）を超える額であり、相当な商取引があったことがわかる。

(2) 豊前小倉藩と渡辺村商人

文政一〇年（一八二七）一一月、田川郡筋奉行岡庭勇左衛門から大庄屋に宛て出された「御用廻文」（六角文書）には、文化一四年（一八一七）領内かわたから牛馬皮を大坂表に直登したいとの願いが出されている。これは牛馬皮を集める際に「冥加銀少々宛差出し候様相成候」となり、以前と違い「及難渋候間」と資金繰りに困ったからである。この時点で許可は引き延ばしとなっていたが、

先年より相極候大坂皮問屋大和屋三郎右衛門方より、此度少々致出銀、以前之通御領中六郡共に同人方一手に為登方申付呉候様歎出候間、此度詮議之上同人方へ改て皮問屋申付候に付、先日触書を以申達置候事に候

とあり、文中「先日触書」も同じく「御用廻文」に記されている(20)。ここにおいて、「大坂直登」が認められ、大和屋の一手買いが決定されている。しかし、「以前之通り」であることや「改て皮問屋申付」からすれば、実際は、それ以前から大坂商人が皮問屋として出入りしていたことがわかる。文政三年（一八二〇）仲津郡大橋村皮多平右衛門他が、役人村十軒町岸辺屋九兵衛から前金返済が滞り訴えられており、同五年にも同様の記事が見える。また、同三年には、河内屋弥兵衛・福田屋栄作が田川郡から皮荷物を持ち出したことで襲われる事件が起きた。これからすると、大和屋に皮問屋が決定される以前は岸辺屋・河内屋・福田屋など小倉藩領内に入り込んでいたことがわかる。「触」には、「非法の皮抜け売り等致さざる様、堅く相守るべく候」ともあり、皮直登を大和屋に一元化することで抜け荷を防止する意図があった。また、小倉魚町一丁目山本小兵衛に牛馬皮問屋を申し付け、「牛馬一体の儀は同人の差図を受け」とあることから、天保三年（一八三二）小倉町伊崎屋熊次郎が「牛馬皮取締方」を許されていることと同一であり、その役割は、「皮問屋を兼ねながら牛馬皮売買に関する取締や、抜け荷防止のような警察的役目を負っていたもの」とされる(21)。

天保一二年（一八四一）二〇年以上続いた大和屋は座方を引き上げられ、一時企救郡今村庄屋に「当分世話」を、

同年一一月大坂太鼓屋目代太郎兵衛に仮売り支配が申し付けられる。その際、座方は北方村とし、世話方に同村庄屋進藤忠三郎が指名されている。翌年には、これまで小倉角屋弥三七扱いの鹿皮・小道具まで、太鼓屋手代に任された。以降、嘉永四年（一八五一）田川郡から、北方村を通さず郡内へ会所を立て大坂へ皮の直登をしたいとの願いが出るが、結果については定かではない。ただし、翌年「中村平左衛門日記」に、企救郡・田川郡・上毛郡は落ち牛馬ならびに小道具・鹿皮ともに、大坂役人村太鼓屋又兵衛の一手買いが、京都・仲津・築城三郡は外方の者に申し付ける、とある。以降、記録には、太鼓屋の仲津郡大橋からの鹿皮・小道具類の積み出しに関するものが多い。

(3)　筑前福岡藩と渡辺村商人

福岡藩で皮商人の動きを見ると、大坂土佐堀淡路屋七兵衛、同所渡辺役人村革問屋大和屋弥四郎・三郎右衛門・善右衛門が、宝暦八年（一七五八）那珂郡堀口村革多七人を革荷物仕入銀二〇七貫三四〇目余りの返済が滞ったとのことで、奉行所に訴えた一件が記録に残る。この記録は「革座御取建并進退之次第書抜」（『筑前国革座記録』所収）に記されているもので、文化年間革座を受け持つ柴藤が、文政一〇年七月に御記録所から「皮座之始末尋有之に付書上」たものの控とあり、皮革生産や皮流通の経緯が記載されている。これを見ると、府内・小倉藩で見た大坂渡辺村商人からの先納銀というシステムがすでに行き渡っており、金額の多さ、訴え出た商人が四人であることなどを見ると、かなり以前から取引がおこなわれていたことが推察できる。

この史料では、宝暦年間に突如「滞銀」という形で渡辺村商人が登場しており、福岡藩でのそれ以前からの経緯については何も触れられていない。福岡藩では、慶長一〇年（一六〇五）播州室津の孫左衛門が早良郡内野村熊崎に居住「御用滑皮相仕立」とあり、牛馬荒皮はすべて熊崎に持ち寄ることが触れられている。その後熊崎では、

「御国内は申すに及ばず、近国にて荒皮残らず買い入れ滑《なめし》立て、御用皮の外は両市中革細工人衆へ売り払い、その外旅売り等も仕居り申候に付、追々革商売仕、繁昌相成り」とあり、慶長一〇年以降熊崎が皮革生産及び商売を手広く続けたと記されている(22)。

福岡藩ではその後、かわた村である辻・金平と熊崎が革座を受け持つが、辻・金平の革座は渡辺村商人出雲屋への借銀を返済することができず、文化六年（一八〇九）博多商人柴藤増次が借銀の肩代わりを申し出、革座を請負うことになる。ここにおいて、革座はかわたから町人の手に移ったのである。

翌年渡辺村出雲屋六右衛門は金平村庄屋方を訪れ、柴藤増次と交渉し、負債銀の返還について取り決めをしている。

文化八年（一八一一）柴藤は、大坂皮問屋を海老屋善右衛門とするが、「すべて毛付の皮類は平町家では取り扱わない作法」のため御産物と届け、町方問屋から渡辺村岸辺屋吉郎右衛門に売り渡すことを条件に、同年一二月郡奉行から革座請持の許可が下りている（翌九年四月には、渡辺村住吉屋喜右衛門に代わる）。

この時柴藤は、薩州・対馬の登せ皮商売と伊予での例を出し、平町家海老屋を問屋にしたい旨の願いを出した(23)。

かくして、文化九年（一八一二）柴藤への免状が下付され、柴藤革座が誕生する。文政一〇年（一八二七）柴藤革座と熊崎は、入合買い先の範囲を次のように取り交わしている(24)。

今般依熟談荒皮買入下受差免候に付、双方取替し約定之事

一　筑後国　一円
一　肥後国　一円
一　豊後国　一円

一　肥前国　　佐賀御領
　　　　　　　対州御領

但、唐津領御領并怡土郡之内御領・中津御領・対州御領は皮座引切買
右皮座・熊崎入合買に相極、右の所々にて相集候皮、一先ツ座方へ持出改を受候て、村方へ持込申儀に候得
共、夫にては便利不宜に付、先皮座の節は皮壱枚に付六銭壱匁二分充受取、直持込致来候通り、此節は壱ヶ年
に銀壱貫百弐拾五匁充受取、直持込指免候条、右之銀年々四月・十月両度に受取可申事

天保六年（一八三五）柴藤は革座を取り上げられ、熊崎に革座が申し付けられているが、翌々年には再び柴藤へ移っている。この間、文政七年（一八二四）熊崎のかわたが大坂播磨屋清兵衛と抜け荷をおこない、皮荷物は座方（柴藤）に渡される事件が、また天保一三年（一八四二）役人村明石屋伊右衛門が熊崎と組み、唐津藩を経由して皮の抜け荷を企てるが差し押さえられる事件が起こっている。この時、河内屋・讃岐屋も関与している。

以上筑前福岡藩の皮流通について、大坂商人との関わりを主に概説してきた。福岡藩の場合は、町家商人が革座の請負を巡って度々登場しており、他藩ではみられなかった特徴がみえる。また依拠する史料の多くが柴藤革座の記録であることからして、致し方ないことであるが、宝永年間から宝暦までの解明が進むと、大坂皮商人の足跡がもっと明確になると思われる。

(4)　肥後熊本藩と渡辺村商人

細川氏は寛永九年（一六三二）加藤氏に代わり豊前小倉から入封する。二年後の寛永一一年（一六三四）郡中法令を集めたとされる「井田衍義《せいでんえんぎ》」(25)には、「在々に死に候牛の皮、その主に遣わされ候間、その主取り申す儀、かはたニはかせ申すべきも、その主勝手次第仕る由御意候間、その意得られ、御百姓申渡さるべき候」という文言が見

える。江戸時代中後期には、多くの藩でかわたが入手に特権をもった牛皮ではあるが、寛永年間少なくとも熊本藩では、牛の飼い主に死牛処理の権利があり、かわたに買わせてもよいし勝手次第とされた。この仕法がいつまで続いたのか明らかでないし、藩が皮の取引にあまり関心を持たなかったのか、それ以降皮に関する動向を示すものはほとんど見ることができない。時代を下がった天明三年（一七八三）福岡藩の革座（辻・金平）と熊崎の間で荒皮直売の場所を、宝暦九年（一七五九）の取り決めを確認するかたちでおこなっている。すなわち、筑後・肥後・豊後・肥前が挙げられており、大雑把な枠組みではあるが、肥後の皮は福岡藩の革座と熊崎が集荷していたことがわかる(26)。寛政七年（一七九五）には、国中の革類を旅人が買い入れることは、差し止めてもらいたいという願いが熊本市中のかわた村から出されており、牛馬皮の買い付けに他所の者が入り込んでいたことがわかる程度である。

しかし、文政時代を境にして皮のあつかいに慌しさが見えてくる。文政元年（一八一八）の「覚帳頭書」に出雲屋武吉・百次郎が「府中西唐人町革細工人」として登場するが、この人物のもつ屋号は、渡辺村に古くからあり、福岡藩には役人村出雲屋として出入りしているので渡辺村出雲屋の可能性もある。なぜなら、市中のかわた村はこの出雲屋武吉から前銀を受け取っており、また「大阪負銀内済につき、御国用残革類直売願いの事」(27)とあり、どうも仲買人的な性格をもっているからである。

天保一五年（一八四四）藩は、革細工人が使うなめし皮を、今度大坂（役人村）河内屋七右衛門に引き受けさせ、直対で受け取るようにとの達しを出した(28)。この河内屋七右衛門の屋号は先に見た「和漢革問屋」（摂津役人村文書）の一つで、天保一三年（一八四二）役人村明石屋伊右衛門が熊崎と組み唐津藩を経由して抜け荷を企てるが失敗し、この件に河内屋も関わっている。さらに翌年御郡七ヶ所のかわた村に皮集所を置き、藩への御用滑革・細工用滑皮・河内屋七右衛門という三つの流通システムを作っている(29)。このような流通システムの整備は、他藩で渡辺村商人が何人も入り込み、百姓の密売が横行した背景がある。

また幕府領である天草には、松橋のかわた仲間が四〇人ほど入り込み、斃牛馬の皮剝ぎを納屋一九ヶ所でおこなっている(30)。郡中で一ヶ年に牛馬皮およそ一〇〇〇枚余り取れること、茂次衛門が集荷した皮を大坂に送り商売をしている事、同人は肥後「えた」仲間一番の徳者にて店も建て居り、とある(31)。すなわち、天草では松橋のかわた茂次衛門が、集荷した年間一〇〇〇枚あまりの皮を直接大坂に送っていたが、さきの流通システムの確立の後、河内屋七右衛門にその権利が移ったのである。

(5) 日向延岡藩と渡辺村商人

延岡藩では天保五年（一八三五）に、「中町宮崎屋定次郎方え諸皮拵《こしらえ》之候様、御沙汰下さるべき」として、家を建て皮会所に極める、との「手控」が残されている。この時皮流通の詳細は明らかではないが、嘉永六年（一八五三）には、御城附、宮崎、高千穂の村々に殯《ひん》牛馬皮買入のとき、「小前の者、取り隠さず売り渡し候様」との通達が出ている。これは抜け荷等の懸念か、皮集荷の一元化を徹底している(32)。

明治二年（一八六九）、「牛馬皮方覚」が太鼓屋吉三郎から延岡御内用方へ出され、大坂での入札状況や船代などの明細が記されている。男牛皮二〇枚が伊勢屋光次郎に代金二五両余りで落札され、重皮三五枚は明久に四三両余り、馬皮三二枚は住吉が一〇九両余りで落札など、総計三三九両五〇文の取引がおこなわれている。また、太鼓屋吉三郎が大坂に運ばれた牛馬皮を仕切り、明久・住吉・岸部屋・池田屋・伊勢屋・井筒屋等に入札させていることがわかる。このうち、太鼓屋は勿論、住吉屋、岸部屋、池田屋は江戸時代から続く渡辺村皮商人の屋号である（明久は明石屋久兵衛と思われる）。

明治三年には、延岡郡方御内用会所から大坂の太鼓屋又兵衛へ「右は肥後支配肥後屋丈右衛門船松若丸」で積み送った荷物で、牛馬皮四七俵（二七〇枚）・鹿皮一一俵（二六〇枚）・さる二枚・たぬき二枚・いの皮一枚・馬毛四四筋・牛筋二掛、〆五九俵、とある。

先の「牛馬皮方覚」から日向から大坂渡辺村までのルートを示してみると、つぎのようになる。

村々（皮の集荷）→皮方会所→船にて搬送→蔵屋敷（大坂）→太鼓屋（売り支配？）→入札→皮商人（渡辺村他）

またこの逆のルートで、前借銀が支払われることになる。

以上、日向延岡藩の牛馬皮の流通経路について、与えられた史料から概括してみたが後述する薩摩藩と同様非常に具体的で、流通構造がよく示されている。

(6)　薩摩藩と渡辺村商人

渡辺村商人の薩摩での皮取引を示す史料が、『大阪の部落史　史料編　近世3』(33)に収録された。大阪歴史博物館所蔵で「大阪歴史資料コレクション」に分類されるこれらの史料は五点で、

①「薩摩藩の牛馬皮類仕法の変更にともない売支配に吉田喜平次支配人嘉兵衛ら、買請人に渡辺村の榎並屋宗助らを指定する」（文政二年六月、44―史料番号以下同）

②「薩摩藩牛馬皮類仕法により、大量の皮・小物類が大坂に入っている様子がわかる」（文政三年四月、45・46）

③「唐物仕法に準じた薩摩藩牛馬皮・小道具仕法が作られ、渡辺村売渡しまでの具体的実態が記される」（年不詳、47）

④「薩摩藩牛馬皮運送の船頭・水主多数が員数外の皮を持ち込み毎回兵庫津風呂谷村へ売り渡していたことで逮捕される」（文政七年一一月、48）

とそれぞれ説明が附され、薩摩・大隅・日向、琉球などで集められた牛皮がどのようにして大坂渡辺村の皮商人たちへ渡っていくのかが示されている。このうち③（47）は年不詳ではあるが、その内容から同時期のものとされ、きわめて具体的に牛馬皮類が大坂に廻送される際の取り決めが記され、これを図式化すると次の通りである。

薩摩・大隅・日向・琉球島々出産の「牛馬皮」
「牛角・牛馬爪・馬尾・馬髦根（たれがみ）」（小道具類）
↓
薩州御国元一手に相集
↓
於薩州船積上方為登
↓
大坂蔵屋敷（新家蔵所へ水揚げ）
↓
御蔵屋敷御役人衆御開封、御改め（→公儀へお届け）
↓
唐物方御与力衆掛り　東西御同心衆　糸割符惣年寄衆
唐薬問屋年行司衆五人　薬種仲買衆　行司衆　惣会所物書衆
右御人数御立合御見分成し下され滞りなく相済み候後
↓

渡辺役人村へ売渡申し候、尤も代銀掛け出しの事

薩摩藩では、薩摩・大隅・日向・琉球島々から牛馬皮類と牛角・牛馬爪（小道具類）などが集荷され、船で大坂蔵屋敷へ運び、御公儀に届けた後、唐物方御与力衆掛り他の見分の後、渡辺村に売り渡す仕組みである。

薩摩六十箇村の部落では、渡辺村商人から「登り荷物見込みを以て」前金を貸付金として事前に渡され、その分の牛皮を集荷し皮会所に納めた。また、年間の「荷物登高船数」を八、九艘から数艘とし、代金一艘につき、およそ平均一万二、三〇〇〇両と見積り、「右の通り凡そ見積に候得共、海上三百里も相隔て候遠国の儀に付、返々変化これあり候得共、凡そ見積かくのごとく御座候」と、海上遭難の心配であろうか、危惧が示されている。

なお、明治二年（一八六九）藩内産物には、牛馬皮二万枚が挙げられている(34)。

(7)　琉球その外島々より出産の牛馬皮

薩州御国元には、薩摩・大隅・日向と「琉球その外島々」出産の牛馬皮が集められた。慶長一四年（一六〇九）に島津が琉球を侵略した後、同一六年（一六一一）の記録には、沖那波・けらま・与部屋・久米・やえま・宮古等の島々から毎年納められる「物数の目録」の中に上布六〇〇〇端（さつま上布、宮古・八重山で生産される上等の麻布）等と並んで「うしの皮二百枚」が数えられている(35)。道の島と称された奄美諸島では、馬尾・牛馬皮・馬爪・牛角及び鶏卵等が畜産品としてあげられ、馬尾や牛馬皮は藩が買い上げたとされる。また、大島では文政一〇年（一八二七）牛馬皮取締役場を立て、同一三年には間切横目牛馬皮掛を置いた。また天保財政改革の際は、「産物方に付属して、琉球島々の牛馬皮を大坂に売り出し」た、とある(36)。また、先の「大坂歴史資料コレクション48」には、薩摩から砂糖や皮革などを大坂に積み登った亀吉丸という船が途中兵庫に立ち寄り、風呂谷村「えた」三人に

「琉球牛皮・道の島牛皮・地方牛皮」を売り渡したということで抜け荷の疑いで捕らえられている。このように、鹿児島藩は、早くから奄美や琉球からも牛馬皮を輸入しており、その流通経路や、集荷の方法など今後の研究が待たれる。

(8) 対馬の朝鮮貿易と渡辺村皮商人

薩摩藩は琉球や奄美諸島から牛皮を買い集め、大坂に積み登っていたが、対馬もまた朝鮮貿易において幕末期年数万枚の牛皮を輸入し大坂に送っていた。朝鮮からの牛皮輸入開始時期は寛政年間（一七八九〜一八〇〇）とされ(37)、『筑前国革座記録』には「対州様、従朝鮮国年々数万の牛皮御取集被為成、御産物と唱、大坂表へ積登、繁栄被為在候」とあり、輸入牛皮の大部分が大坂に廻送されたことがわかる。

「朝鮮交易覚書」(38)には、輸入された牛皮を含む商品の扱いについて、「一体の出入勘定且牛皮・木綿外の品々をも両家の引請に示談仕り候間」とあり、両家とは加嶋屋作次郎・近江屋楢之助で、両者が「一体の出入り勘定」で牛皮・木綿などを取り扱ったことが記されている。これは前項で見たように、福岡藩で柴藤が革座を請けた際、薩摩や対馬の例を参考にあげ、「問屋は平町人の者に御座候」とあるから、大坂に廻送された牛皮は町人身分である両者が窓口となり、その後渡辺村商人の手に渡ったものと思われる。

なお、嘉永四年（一八五一）の「御出入積別帳」では、「銀七六五貫目　牛皮三万枚」が見積もられており、端薬種類や木綿など総額銀一三七五貫目の五五・六％を占めている。また、安政二年（一八五五）にも、牛皮は三万五〇〇〇枚が見積もられており、対馬の朝鮮貿易における牛皮取引が交易の重要な位置を占めていたのかがわかる(39)。

また、釜山にあった対馬藩の対朝鮮通商の窓口である「倭館」（東莱倭館）では、都中と呼ばれた貿易商人が牛皮

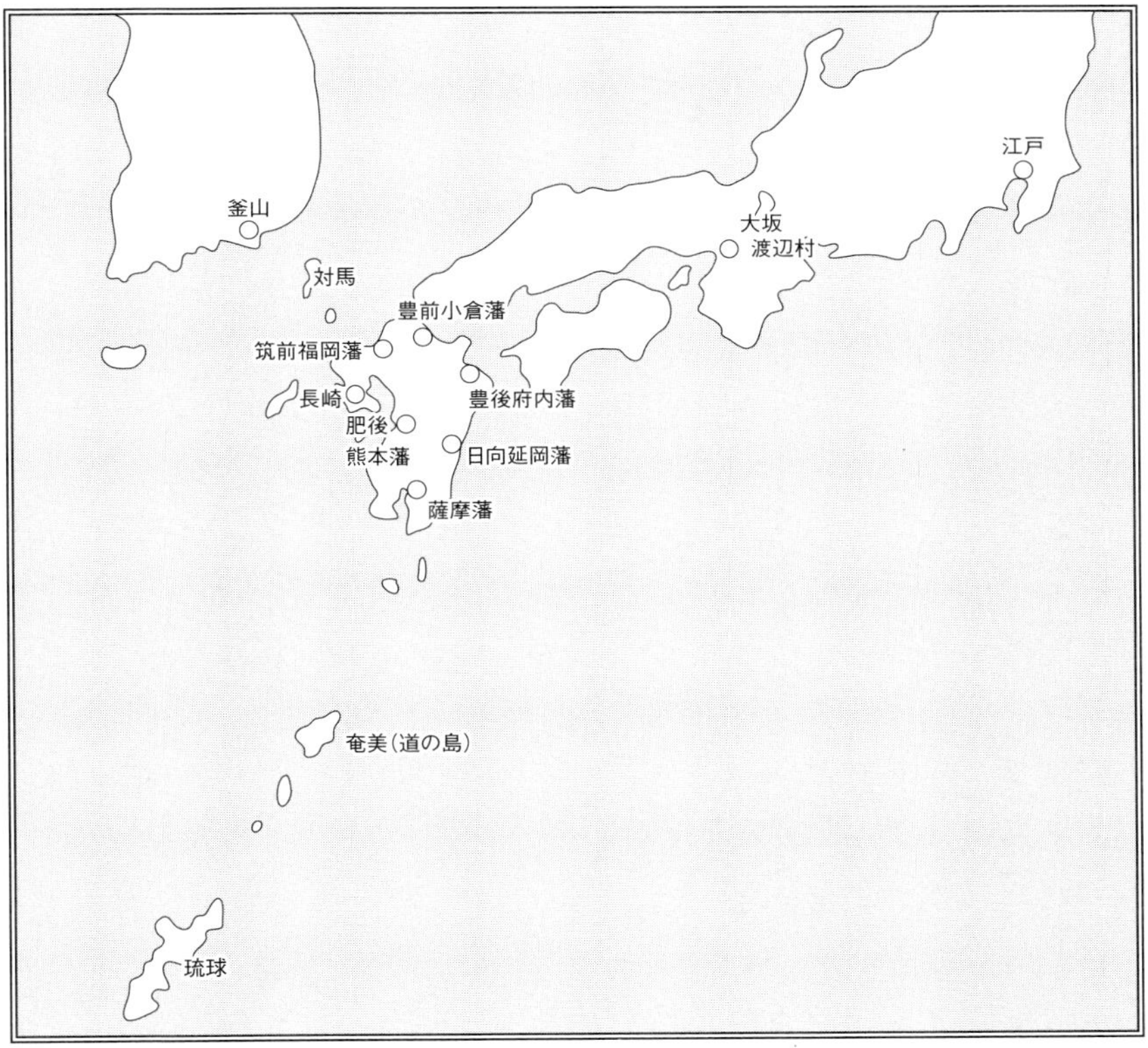

図５－２　九州諸藩，奄美・琉球，釜山（朝鮮）と渡辺村

の朝鮮国内での流通を握っているが、牛皮の生産構造や朝鮮の被差別民である「白丁《ペクチョン》」との関連については不明である(40)。

さて、対馬藩は逼迫状態になった財政打開策として殖産を図るため、寛政元年（一七八九）紙漉き職人などとともに、飛地であった肥前田代領から雪踏職人（かわた）の招致をおこなった。対馬ではそれまでかわた（えた）身分とされる人びとは存在しなかった。つまり産業振興策のために部落が形成されたことが実証される特異な地域である。ところで、その手続きを整えるための口上書に、「尤も御国皮ばかりにて不足の分は朝鮮より皮取り寄せ候義、御免仰せ付けなされ」(41)とあり、すでに雪踏産業を振興する前提として、朝鮮からの牛皮輸入が念頭にあったことがわかる。

なお、寛政元年に招致された雪踏職人は、斃牛馬の皮剝ぎという行為への百姓の反感や、雪踏の生産が軌道に乗らず寛政八年（一七九六）残らず田代へ帰郷を申し付けられた。しかし文化一〇年（一八一三）再び招致され、ここでも、「皮の儀、朝鮮出且田舎にて斃れ牛馬の皮売り渡し候て」と朝鮮牛皮の使用が目論まれている(42)。したがって、朝鮮から輸入された牛皮の大方は大坂に廻送され販売されるが、対馬での雪踏生産が軌道に乗り材料皮が不足した場合の目論見として朝鮮皮を当てにしていたのである。

五　「かわた」の身分的特権

筆者はすでに『被差別民の長崎・学』(43)において、長崎貿易とかわた身分の人びととの関わりを述べ、享保期を境に輸入皮革が極端に減少した後、渡辺村皮商人が豊後府内藩・豊前小倉藩・筑前福岡藩のかわた村と先納銀（前銀）という形態で取引をおこない、牛馬皮を集荷している実態を明らかにした。本章では、そのありさまを簡潔に記述し、あらたに、肥後熊本藩・日向延岡藩・薩摩鹿児島藩・奄美・琉球の動向を加えた。さらに、対馬藩については、二〇一〇年NPO法人長崎人権研究所より発行された『対馬の朝鮮貿易と被差別民』の成果を盛ることができた。先の拙著では、長崎貿易と瀬戸内圏に面する北部九州がフィールドとされたが、本章では、肥後そして南九州が加わりさらに、琉球・奄美からも牛皮が集荷されていることを明らかにし、また、対馬のより詳細な皮を媒介とする金額的にも膨大な商取引の実態も明らかにした結果、大坂渡辺村のより広範な交易ネットワークの存在を呈示できたかと思う。

「牛馬皮の流通は強い身分制的制約のもとに存在」(44)したわけだが、そのことは裏を返せば牛馬皮流通における「かわた」の特権という優位性を示している。むしろそうであるがゆえに、渡辺村皮商人の九州一円における進出がありえたのではなかろうか。福岡藩において、柴藤が革座を請負う際に、「すべて毛付の皮類は平町家では取り扱わない作法」のため御産物としたことはそのことを端的に示しているが、なお皮は最終的には渡辺村に行かざるをえなかった。牛馬皮市場についてはあくまで、身分的特権に保護されたのである。

それにしても、大坂渡辺村皮商人が江戸初期は対外貿易を通して、以後は九州のほぼ全域を琉球・朝鮮をも対象に市場を開拓していることは、驚きの連続であった。むろん彼らは九州のみを市場としていたわけではない。中国・四国、近畿一円でもまた、交易ネットワークを形成しているのである。

〔注〕

(1)「諸色取締方之儀に付奉伺候書付」『大阪市史』第五巻、大阪市、一九一一年、六七三〜六七五頁。
(2) 江戸時代の被差別部落民をさす名称の代表的なものは「えた（穢多）」であるが、この名称は蔑称として多く使われているので、ここではできるだけ近世初期に使用されていた「かわた」（皮多）呼称を使うことにする。
(3)「役人村由来書」摂津役人村文書『日本庶民生活資料集成』第一四巻、三八八頁。
(4)「西浜に関する資料」『盛田嘉徳部落問題選集』社団法人部落解放研究所、一九八二年、三六三頁。
(5) 寺木伸明「摂津国西成郡下難波村時代の渡辺村と木津村への移転」『太鼓・皮革の町　浪速部落の三〇〇年』解放出版社、二〇〇二年、四〜一七頁。
(6) 中西義雄「都市部落の生成と展開――摂津渡辺村の史的構造」『部落問題研究第四輯』部落問題研究所、一九五九年。なお、江戸時代の被差別部落の多くは多分に人口増加の傾向にある。
(7)『近世風俗志（守貞漫稿）（一）』岩波書店、一九九六年、三三四頁。
(8) 輸入された皮革類について、山脇悌二朗『長崎の唐人貿易』（吉川弘文館、一九七二年、一三一〜一三三頁）、に次のように説明されている。

山馬鹿皮、『和漢三才図会』は「野馬」の字を当て、馬の絵を入れてあるが、『本草綱目啓蒙』は、両者を別物としている。その皮は厚く、肌のきめは密でない。裘《かわごろも》・足袋をつくる。

こびと鹿皮、牝には牙があるというから、鹿ではないようである。その皮肌は、すこぶるこまやか・なめらかであってレンズを磨くに用いる。足袋をつくった。

みとり鹿皮、牝には牙があるというから鹿ではないようである。その皮は軟美であって、裘・陣羽織・ズボン・鉄砲を入れるズック・足袋・手袋などをつくるに珍重された。

はるしあ皮、ペルシア産の皮革。「はるしあ」はペルシア。彩色したなめし革であって黒・黄・紅・緑・赤の五色がある。

なお、このうち、こびと鹿皮・みとり鹿皮は鹿ではないとされるが、二〇〇二年福岡で開催された第七回全国部落史研究交流会での報告に際し、松井章氏（京都大学）より、両種はスリランカからボルネオに生息するホエ鹿ではないかとのご指摘をいただいた。

また、山脇同書には、「す皮で輸入された牛の皮も少なくない。これは中間品であって、丹殻《たんがら》でなめしていたらしく、長崎と大坂の「かわた」は、これを専業にしていたものであった」と、「かわた」の役割に触れている（二四四頁）。

(9)「唐船輸入目録――唐船貨物改帳」永積洋子編『唐船輸出入品数量一覧』創文社、一九八七年。

(10) 石田千尋「近世日蘭貿易品の基礎的研究」『長崎談叢』長崎史談会、一九八四年。

(11) 仕法貨物商法とは、寛文一二年（一六七二）〜貞享二年（一六八五）におこなわれた貿易仕法で、五ヶ所商人から選ばれた目利役評価額を参考に長崎奉行が価格を決定した。

(12)『長崎県史』史料編第四、一九六五年、六五頁。

(13) 中川忠英『長崎記』東北大学付属図書館狩野文庫蔵。

(14) 新橋町毛皮屋とは、被差別民ではなく町人身分である。この時代、鹿皮は原則として「かわた」の領分ではなかったとされる。

(15) 牛皮出銀とは、「掛り物」という関税のことで、元禄一二年（一六九九）には、輸入牛皮の「掛り物率」は「十四割」とされた。

(16) 脇田修『近世封建社会の経済構造』御茶の水書房、一九七八年、三一九頁と第83表を参照。

(17) 宝暦十一年（一七六一）「郡方日記」（御用留）六月八日「府内藩記録」甲96。

奉願覚

井蕪村与兵衛と申す者年四拾五、宗門ハ真宗善巧寺門徒にて邪宗門類族にても御座無く候を、大坂問屋豊後屋喜左衛門と申す者当巳年より酉年まで五年売子奉公に雇い申したき由申候、与兵衛も参り申したく願い奉り候、船の儀は沖濱町半六船近日出船仕り候間、乗船仕りたく存じ奉り候、御慈悲を以て願いの通り仰せつけられ下され候はば有難く存ずべく候、尤も先元にて不届き成る儀仕り申す間敷候間、此れ宜く仰せ上げられ下さるべく候、以上

井蕪村

巳六月　　与三郎　印

(18) 天明六年（一七八六）「日記」（御用留記）六月十四日「府内藩記録」甲154。

一　同日井蕪村頭清兵衛と申す者方へ大坂渡辺村平兵衛と申す者、此度革商売罷り下り申候、右の者当年中滞留仕らせたき段願□、森源兵衛差し出し候故、勝手次第申し渡す

(19) 寛政三年（一七九一）「御用留記」十二月十三日「府内藩記録」甲172。

大坂御町奉行様御尋ねの由、左の御書付御渡し候に付、明珍村へ之を申し付く

豊後国大分郡井蕪村皮多　伊八
善兵衛
吉兵衛
同国同郡明珍村皮多　金兵衛

近年牛馬皮高直にて皮細工の品高直相成り、職人共難渋候に付き、当表にて売り出し候穢多村皮問屋共呼出し相糺し候処、国々より登り皮減少致直段高直に相成り候旨申し立て、十ヶ年以前登り皮と見合度、戌年登り皮三歩一に相成り候の旨之を申し候、弥右申し立て候通りに候哉、皮荷物の義は外品と違い豊凶に拘わらざる品に付格別減り申すべき筋とも相聞かず候得とも、弥右村々より差登らせ候牛馬皮三歩一にも相減じ候の義相違これ無きや

(20) 田川郡六角家文書『北九州部落解放史資料近世5』、二六頁。

領中落牛馬皮類の買い集め方について触れ出し

御領中落牛馬皮類、先年より大坂大和屋三郎右衛門一手に買い集め方申し付け候段、触れ出しこれ有り候の処、近年郡々穢多共の内、心得違いの者これ有り、他領の者へ内通を致し、猥に他所抜け売りの儀取り行い候次第相聞え、不届の事に候、これに依り、此の度先年より触れ出しこれ有る通り、いよいよ以て、大和屋三郎右衛門一手に買い集め方申し付け候

条、聊も非法の皮抜け売り等致さざる様、堅く相守るべく候、尤も、三郎右衛門買い集め方直段、他国の売買其の時の相場に引き合わせ候様致すべき段、同人へ申し付け置き候間、其の段は穢多共一統安心を致すべく候、なお又、小倉魚町壱丁目山本屋小兵衛と申す者へ、当所牛馬皮問屋取り計らひ方申し付け置き候条、牛馬一体の儀は、同人の差図を受け、第一右売買筋の儀に付き訴状がましき義一切申し出ず、徒党の義なお以て相慎み、聊も上御面倒筋に相成らざる様致すべく、此の旨堅く相守り、もし違背に於ては重過たるべく候、よって触れ出し件の如し

亥十一月

岡庭勇右衛門

別紙の通り、此のたび御郡々共に触れ出しを致候間、田川郡へは別紙の趣、早々穢多共へ申し触れ候様、其の節々へ申し付けらるべく候、以上

十一月十二日

田川郡

大庄屋中

(21) 松尾隼一「豊前地方における皮革生産と小倉藩のかかわり」『部落解放史・ふくおか』第二三号、一九八一年、五一頁。

(22) 「早良郡内野村熊崎穢多組頭中、乍恐御願申上ル口上之覚」『筑前国革座記録』上、福岡部落史研究会、一九八一年、二四二頁。

(23) 『筑前国革座記録』上、一五三頁。

御国中殞牛馬皮大坂表商売方の儀、問屋海老屋善右衛門申合、追々彼之地にて相調子申候処、九州にて薩州・対州の登せ皮商売の儀、問屋は平町人の者に御座候、御奉行所は唐物一同の御届に相成候故、諸国類例には難相成由に相聞へ申上候、都て毛付の皮類は平町家にて取扱候事は不相成御作法の由に御座候、右に付諸国一統に渡辺の者共夫々請持買取申候諸品、町方商売向は御奉行所へ一切御届け御座候由、御国方産物の品商売に相成候趣は一通リ御届け御座候得は、町方問屋方よりも其旨御届願指上、御聞届相済候以後は聊も御国登せ皮無指支商売向出来仕候由、既に御蔵屋鋪御役人様より天満御与力大森十次兵衛様へ御内分御聞合被仰付候処、予州松山より御産物の品御届ケ相済居申候類例の趣、委細御達に相成候書付写取置候間、則別紙奉入御覧候、誠に恐多御願に御座候得共、右此類例を以事々御取行被仰付、町方問屋より御奉行所へ御願申出御聞通相済候節は、渡辺岸辺屋吉郎右衛門と申者へ申付、兼て同人承引仕居候儀に付、速に事整御国向登せ皮商売方において公私少も指支筋無御座候、前段奉願上候通皮荷物御国の御産物御届に相成候様、乍恐何卒奉願候通乍恐急速に御免許奉蒙度奉願上候、以上

(24)『筑前国革座記録』中、一九八二年、一三二頁。
(25)「井田衍義《せいでんえんぎ》」藩法研究会『藩法集』7、熊本藩、創文社、一九六六年。
(26)革座・熊崎については、「筑前福岡藩と渡辺村商人」参照。そこでは、文政一〇年（一八二七）の柴藤と熊崎の取り決めを記しているが、内容は同じである。
(27)「覚帳頭書」文政四年、永青文庫。
(28)「急度申触候」熊本大学所蔵、『熊本県未解放部落史研究 第二集』一九七五年、九三頁。
(29)「機密覚」熊本大学所蔵、『熊本県未解放部落史研究 第二集』一九七五年、九〇頁。
(30)「参考資料」（「牛肉一件口書控」）松下志朗「近世社会における肉食について」『部落解放史・ふくおか』第九号、一九七七年、一二三頁。
(31)「別綴史料」松下前掲、二六頁。
(32)平田公大「日向における皮革について――延岡内藤藩を中心に」『部落解放研究くまもと』第五三号、二〇〇七年。ここで紹介される史料はいずれも、「牛馬方覚」明治大学図書館所蔵「内藤家文書」である。
(33)大阪の部落史委員会編『大阪の部落史』第三巻史料編近世3、部落解放・人権研究所、二〇〇七年。
(34)『鹿児島県史奄美抜粋』名瀬市史編纂委員会、一九六三年。
(35)松下志朗「南九州の慶賀とその周辺」『近世九州被差別部落の成立と展開』明石書店、一九八九年。
(36)『鹿児島県史』鹿児島県、第二巻、一九四〇年。
(37)塚田孝「アジアにおける良と賤」『アジアのなかの日本史Ⅰ　アジアと日本』東京大学出版会、一九九二年、二五四頁。
(38)『対馬の朝鮮貿易と被差別民』NPO法人長崎人権研究所、二〇一〇年。「宗家文書」（記録類Ⅲ　朝鮮関係c－6）には、嘉永六年から安政三年までの朝鮮との貿易に関する記録が収められている。同研究所は、解読会で本史料の解読に取り組んだ。
(39)橋口和孝「近世末期のおける対馬藩の皮革貿易について」前掲『対馬の朝鮮貿易と被差別民』、八～九頁。
(40)金東哲「19世紀の牛皮輸入と東莱商人」（尾道博訳）日本文理大学商経学会『商經學會誌』第二三巻第二号、二〇〇五年。
(41)「天明八年　御国産仕立方／諸職仕据方　段々より申上帳」前掲『対馬の朝鮮貿易と被差別民』、一〇四頁。
(42)「御郡奉行毎日記」前掲『対馬の朝鮮貿易と被差別民』、一一五頁。

(43)　拙著『被差別民の長崎・学』NPO法人長崎人権研究所、二〇〇九年、には「貿易都市長崎と『かわた』集団」、「江戸期――皮流通と大坂渡辺村商人」が収録されている。

(44)　塚田前掲、二七八頁。

[参考文献]　のびしょうじ『皮革の歴史と民俗』解放出版社、二〇〇九年、ほか。

また、図5-1、図5-2は、西岡由香氏に作成していただきました。記して感謝申し上げます。

第六章　近代ヨーロッパにおけるサヴォワ人の移民ネットワーク
――イメージと実態

尾崎麻弥子

一　サヴォワ人移民の「周縁性」とネットワーク

北サヴォワ地方は、一三世紀からはサヴォワ公国、一七二〇年からはサルデーニャ王国、一八六〇年より現在のフランスの東端に属し、古くはジュネーヴ共和国およびスイス盟約者団に属するヴァレーと境界を接し、現在はスイス連邦の隣に位置している。サルデーニャ王国の中心地は北イタリアのピエモンテであり、首都は一六世紀よりトリーノにおかれた。サルデーニャ公国の一部となるサヴォワ地方は、この遷都により政治的中心地から外れた。地理的にはアルプス山脈の西端に位置しており、国家という枠組みにおいても自然地理的な条件においても多かれ少なかれ「周縁」に存在していた。また、土地も貧しく産業が乏しいことから、中世から一八世紀後半までの間、多くの住民が移民としてその地を出なければならなかった。移民が滞在していたフランスを始めとするヨーロッパの多くの都市において「サヴォワ人」とは貧しく、都市の「周縁」に位置する存在であった。とくにフランス中心部において実際のサヴォワ地方はあまりに遠く、移住してきた一部の人びとと接した経験をもとにイメージが作られていた。

本章ではこうしたサヴォワ人のイメージと実態について、移民のネットワークという観点から検討したい。はじめに「（マーモットの籠を持つ）ヴィエル弾き」「煙突掃除夫」を中心とした、フランス国内でサヴォワ人のイメージとして把えられているエピソードについて述べ、フランス中心部におけるサヴォワ人の周縁性について分析する。そこで題材にされているのは主に子供たちであり、「貧しいが健気な子供たち」というステレオタイプが描かれている。こうした描写の中から、パリを中心としたフランスの都市におけるサヴォワ人の周縁性のイメージ、およびフランスにおけるサヴォワ地方の周縁性（実際のサヴォワ地方に対する心理的距離）について明らかにする。

しかし、当然のことながらこうした「イメージ」は地元の、そして移出民全体の実態には必ずしも一致しているとはいえない。サヴォワ地方はたしかに貧しい山岳地帯であるが、ジュネーヴとの地理的近接性により独自の経済体制を保持していた。また、実際の移出民は子供たちに限られたものではなく、青年・成人男性も数多く存在した。また、職業も砥師、金物屋、菜園の種売り、そして行商人などが存在した。季節労働、日雇い労働、石工などの存在も無視できない。サヴォワ出身の家系の中では、一八世紀末から一九世紀にかけてバイエルンの政治的指導者になったモンジュラ Montgelas（1）などが、成功した移住者の例として取り上げられている。

サヴォワ地方史家のメーストル Maistre とエース Heiz の研究（2）は、最も意欲的な移出民の例として商業移民を取り上げている。一口に商業的な移民といっても煙突掃除夫がそれだけでは生計が成り立たないために副業としておこなっていたケースも存在し、その実態は、浮浪者に近い貧しい行商人から、裕福な卸売商人まで多岐にわたっていた。成功した商人は、ヨーロッパ各地で商業をおこない、出身地の村の教会などへ多額の寄付をした例が残っている。こうした成功の背後にあるのがネットワークの存在であった。

したがって本章の後半においては、この点について、メーストルとエースの研究に依拠しつつ、サヴォワ人移民たちの血縁・地縁関係者とのネットワークおよび現地商人との結婚戦略などによる結びつきの事例を取り上げ、サヴォワ地方の周縁性と移民のネットワークの関係について検討し、サヴォワ出身商人のネットワークに固有の特徴を明らかにしたい。

二　サヴォワ地方の政治・経済的概要と移民

本節では、サヴォワ地方の政治・経済的概要を簡単に説明する。その際に、まず政治的支配権の変遷について述べ、次に自然条件と経済圏について概観する。そして最後にこうした政治的経済的条件と移民との関係について考察する。

サヴォワ地方を統治した政治権力の推移は、ごく簡単に列挙すると次のようになる。

一五世紀〜一七九二年　サヴォワ公国〜サルデーニャ王国（一貫してサヴォワ家による統治）
一七九二（九八）〜一八一四年　フランス革命勢力〜第一帝政による占領・併合により、フランス領へ（モンブラン県、レマン県（一七九八〜）として再編）
一八一四〜一八六一年　サルデーニャ王国へ復帰（王政復古）
一八六一年　フランスへ併合　地方行政単位はオート＝サヴォワ県、サヴォワ県

サヴォワ公国の首都は元来現在のサヴォワ県の県庁所在地にあたるシャンベリであったが、一五六二年よりトリーノへと移り、国の政治的中心地は北イタリア・ピエモンテとなった。そのため一六世紀よりサヴォワ地方は政

治的には周縁性を帯びるようになった。ましてや併合後のフランス国家にとっては中心地であるパリから物理的にも非常に遠く、フランスへの併合が遅かったことから心理的な距離も大きく、二重の意味で辺境であった。

地理的条件としては、サヴォワ地方はアルプス山脈の西端に位置する。地域東端にアルプス山脈の最高峰であるモンブランがあり、東部へ行けば行くほど高地となり、西側が低地となる。北端にはレマン湖があり、レマン湖を通って流れるローヌ川の支流のアルヴ川およびイゼール川沿いに小都市・村が点在する。移民の主な出身地は、基本的には東側の山岳地帯の小都市・小村であった。

産業については、「基本的に農業的」(3)であり、工業といえるものはほとんど存在しなかった。低地では穀物生産もおこなわれたが、高地では牧畜・林業が中心で、それらの産業は労働集約性が非常に低いものであった。こうした労働集約性の低さが人口流出の背景となった。すなわち、山岳地帯の斜面、耕作に適さない土壌、冬の寒さなどといった自然状況と、その結果としての貧困と相対的な過剰人口という理由により、住民の多くがその地に留まって生計を維持することが困難であり、このことが低地の都市への移住の主な要因となっていた(4)。

三　移出先におけるサヴォワ人のイメージ

移民の移住先での実態を正確に把握することは大変困難である。彼らは必ずしも定住するわけではなく、さらに移動を重ねるケースも多く、また、移住先で記載されている実態が、本当に典型的なケースなのかということを判断することは難しいからである。しかし、移住先で彼らがどのように描写されたかを検討することによって、彼らがどのようなイメージを持たれていたかということを探ることは可能である。本節では、移出先のいくつかの都市

図6－1　マーモットとヴィエル

出典：Guilard, Pierre Marie Thérèse Alexandre, *Le petit Savoyard*, Paris, A. Lemerre, 1897. Musée d'Ethnographie, Genève 所蔵

において「サヴォワ人移民」に対して抱かれていたイメージについて検討する。サヴォワと同じく相対的過剰人口による移民が多かったフランスのオーベルニュ地方出身の移民はカフェで働くことが多く、パリなどのフランスの大都市において「オーベルニュ人」というとカフェの店員、オーナーが想起された(5)。それと同様に、サヴォワ人のイメージといえば、「ヴィエル弾き」であり、「煙突掃除夫」であった(6)。「ヴィエル弾き」とは、「ヴィエル」と呼ばれる竪琴を引く大道芸人のような存在である。彼らは、アルプスに生息するマーモットというリス科の動物を連れていることでよく知られている。マーモットはサヴォワ地方やスイスでもよく絵葉書などで取り上げられているアルプス山脈を象徴する動物の一つでもある。

セバスチアン・メルシエ Sébastien Mercier の『タブロー・ド・パリ』において、以下のように記されている。「（サヴォワ人移民の中には）手廻し琴（ヴィエール）を抱きかかえて、鼻にかかった声でそれにあわせて歌う者もいれば、全財産としてマーモットを入れた箱を持ち歩く者もいる。幻灯機を背負って巡回する者もいて、晩になると手廻しオルガンを鳴らして来訪を知らせるのだが、その音色は沈黙と暗闇の中で聞くといっそう心地よく、感動的だ」(7)。

図6－1は、背景に山岳地帯が描かれており、出身地であるサヴォワ地方を今まさに離れようとする場面が描か

れている。男の子は大事そうにマーモットを抱え、出発を促そうとしているようにみえる女の子はヴィエルを抱えている。そのほかにほとんど荷物を持っていないようである。このような出発の場面、家族との悲しい別れの場面もまた、サヴォワ移民のステレオタイプな物語のイメージとしてよく描かれるものである。

煙突掃除夫については、パリなどには、アオスタ渓谷などの、サヴォワ公国の領内であったピエモンテ地方の山岳地帯や、スイス・イタリア語圏のティッチーノ出身の煙突掃除夫もたくさん存在したが、彼らはいっしょくたに「サヴォワ人」と呼ばれることが多く、サヴォワ出身者のイメージが強かった。前述のメルシエは、サヴォワの煙突掃除の少年について、以下のように描写している。「八歳の子供が、かわいそうに目隠しをして、頭に袋をかぶり、ひざと背中を使って、高さ五〇ピエの狭い煙突の中を登っていく光景は、まことにむごたらしいものである。危険な頂上まで出なければ、息もできない。それから登ってきたときと同じようにしてまた降りるのだが、老朽化した漆喰のために、もろい足場が少しでも崩れるようなことがあれば、墜落して首を折る危険があるのだ。口を煤でいっぱいにし、ほとんど息もできず、まぶたも開けられないような様子をしながら、危険と労苦の代金として、「五スー」を要求する。パリの全ての煙突はこのようにして掃除されるのであるが、管理者たちがこの不幸な子供たちを組織化したのは、子供たちのわずかな給料からさらに上前をはねるためにすぎない」(8)。この煙突掃除夫の組織について、ブローデル Braudel は次のように述べてい

図６－２　煙突掃除夫

出典：Lithograph de Bernard et Frey, Le ramoneur, paru dans “L'Artiste” tome 13, 1837. Bibliothèque munisipale, Chambéry 所蔵

る。「サヴォワ地方出身者は郊外に住んでいて組長つまり老サヴォワ出身者が指揮をとっていた。年端のゆかぬ子供たちが自分でやっていける年齢になるまで組長が彼らの会計係にして後見人だったのである」(9)。小さな体で煙突の中を通り抜けることができるということから子供が多く、一つ一つの煙突の掃除は個人でおこなわれていたとしても、労働は組長に束ねられた団を基盤としておこなわれ、労働は非常に過酷であったことがわかる(10)。

図6-2の煙突掃除夫は、煙突の上に登って街を見下ろしている。帽子を高く上げて仲間に合図をしているようにもみえる。腰と足にロープをつけ、もう片方の手にはこてのようなものを持っており、これで煙突内部の汚れを落とすと考えられる。煙突掃除夫の絵には顔が煤で黒くなっているものも多くみられる。また、掃除に使う道具としては図6-2のようなこての他に「エリソン（はりねずみ）」と呼ばれる熊手のような道具もよく用いられている。

ヴィエル弾きと煙突掃除夫はしばしば兼ねていた(11)こともあり、双方とも子供の例が多く挙げられている。また、行商人を兼ねていた例として、一七一六年に、フランスにおいてルイ一五世に対して、「既存の商人たちとの争いにより商業活動が困難な状況にあるが、煙突掃除だけでは生活できないため、小物の行商を許可してほしい」という嘆願書が提出された事例がある(12)。

行商人については、『パリ職業づくし』においては「何も製造しないが、何でも売る」といわれている。貴族を相手に羽振りのいい商売をする者がいる一方で、「担ぎ屋」と呼ばれる、商品を背負うか、前に吊るした箱に入れて抱えるかして、地方を行商するものがいたという。彼らの姿はワトーの絵画などに描かれており、この絵がしばしばサヴォワ人を象徴するものとして用いられた(13)。そのイメージは放浪者と近く、「小間物商」と呼ばれ、ボタン、靴の留め金、えり留め、指輪、首飾りなどを売っていた。

図6-3（次頁）の行商人の絵画(14)では、大きな箱を背負い、片手にもう一つ小さな箱を持っている。この中にたくさんの小さな商品を入れて運んでいたものと考えられる。

と指摘している。

メーストルはエスプリ・コロンEsprit Colombという人物の記録が、こうした画像の示す行商人の姿と一致すると指摘している。彼は一七四〇年に南サヴォワのヴァロワールValloire(15)で生まれ、フランスのノルマンディーで行商をおこなっていた行商人であった。ノルマンディーのポントーボーPontaubaultという村の居酒屋兼宿屋で一七七九年一〇月に死亡した。家族も債権者も現れなかったため、居酒屋の主人が財産目録作成のために背負箱を開いたが、ボタン、靴下留め、ロケット、手鏡などの小間物が出てきた。また、ヴィエルのヒゲや木製の笛なども入っており、それらもまた商品であったと考えられる(16)。

こうした子供達・行商人がパリなどの大都市に実際に存在し、都市住民が彼らを目にしたことは事実であろうが、その生活の実態は必ずしも明らかにされていない。メーストルを始めとする出身地の地方史家はこれを「一面的なイメージであり、移出民の一部しか捉えていない」と評価している(17)。すなわち、都市の住民にとって、実際の地域であるサヴォワ地方に対する物理的な距離に由来する無知、およびそこから派生しての移民に対する心理的距離が存在したといえる。そして、もともとの出身地における生活を想像することなく、いわゆる「ステレオタイプ」を作りあげたのである。ステレオタイプは実態を表していないとは必ずしもいえないが、往々にして実態はより多様なものである。

図６－３　行商人
出典：Musée Bonnat, Bayonne 所蔵

四　サヴォワ人移民の職業と行き先の推移

実際にサヴォワ地方から移動した移民の職業は、前

節で示した、移住先で想起された「ステレオタイプ」なイメージに近いものから、こうしたタイプに当てはまらないものまで様ざまな段階が存在する。前節で示した職業以外には、次のようなものがある。

まず、使用人、床磨き人、粗毛工など、日雇い労働者に近い職業がある。これらの職業は主に近隣に移住する。つぎに、研師・金物屋・菜園の種売りなどの小商業を伴った遍歴の職業がある。これらは行商と並んで遍歴の職業であり、周辺農村を回って時には古い刃物や金物を回収するなどの物々交換を含む商売をする。さらにサヴォワ地方の一定の村からは石工の移動がある。これは農閑期の出稼ぎの性質が強い。また、その移動は建築需要に非常に左右され、需要があるところへはどこへでも移動していた。最後に商人であるが、前節であげた貧しい行商人から次節であげるような本格的な商業をおこなう商人と、様ざまな段階があった[18]。

彼らの行き先に関しては、ヨーロッパ各地（一九世紀には南米へも移住する者が出てきた）であったが、大きな流れとして一七世紀～一八世紀半ばまではドイツ語圏が多く、一八世紀後半からはフランス語圏が多かった[19]。一六一四年の北サヴォワの山岳地帯、フォシニー地域の一二の集落からの移出者の移動先は、次のようになっている。

ドイツ（アウクスブルク、シュパイアー、ミュンヘン、ニュルンベルク、ヴュルテンベルク）　一二七人
スイス　六〇人
サヴォワ地域内部　一七人
ピエモンテ　七人
フランシュ＝コンテ　五人
ウィーン　五人
ロレーヌ　四人

その他・不明　二二人　（合計二四七人）(20)

この史料はすべての集落を網羅しておらず、さらに移出先で定着したかさらに移動したかも追跡することができないため、この数値で趨勢を判断することは不可能であるが、北サヴォワの山岳地帯のいくつかの村からドイツ語圏への移動の流れがあったことは明らかだといえるであろう。

そして一八世紀後半からフランス方面への移出が増えることになる。フランス革命からナポレオン期には減少し、一八二〇年ごろ再び増加した。一八四三年のサヴォワ地方全体のパスポートの記録によるとその行き先は、約三分の二がフランスで三分の一がスイス（その四分の三はジュネーヴ）であった(21)。

一七世紀のドイツ語圏への移住は受け入れ地の要因が大きいと考えられる。例えばアルザスでは三十年戦争後、戦争による人口の激減の埋め合わせとして、移民の受け入れが奨励された。アルザスは神聖ローマ帝国に属する領邦・都市の集まりからフランス領へと所属が変わったため、とくにカトリックを信仰しフランス語を話す移住者が優遇された。一六六二年から移民に対する寛容な政策が実施され、フランス語を話す移入者に免税と無償での市民権の取得が認められた。ロレーヌでも同時期に免税での商業が認められるなどの優遇措置がとられた。

しかし一八世紀になるとアルザスでは、現地商人との不和から移民への風当たりが強くなった。一七四〇年、アルザスにおいては、現地商人の訴えにより、行商に関する以下のような政令が出された。「領地内の数多くの外国人や定住しない人びと、サヴォワ人、イタリア人、他の小間物商やユダヤ人は都市の周縁を遍歴し、粗悪で質の悪い商品をもたらして都市や農村で行商をおこない、しばしば銀を手に入れ国外に流出させる〔そのため〕外国人の行商は各市町村当局の特別の許可なしには認められないこととする」(22)。

もちろんこうした受け入れ先の政策の変化だけがドイツ語圏方面からフランス語圏への移出先の変更をもたらしたとはいえないが、このような事例は、ドイツ語圏での受け入れが徐々に厳しいものとなっていたことを示している。出身地であるサヴォワ地方全体も、一八世紀末のフランス革命による革命勢力とナポレオン体制によるフランスへの併合、さらに一九世紀後半におけるナポレオン三世のフランスへの併合へと地域経済がフランスの影響を多かれ少なかれ受けることとなった。比較的遠方へ移住する際の移住先の選択においてもこの影響も無視できないものであったであろう(23)。

五　移出先におけるネットワーク

本節では、メーストルらの研究が明らかにしたいくつかの具体例の中から、ネットワークの特徴をあきらかにしたい。サヴォワ人移民がネットワークを形成する方法はいくつかあるが、一つには、親戚関係のつてを頼りにする方法である。商業へ参入する最初の入り口であった徒弟修業においてもそのような例がみられた。また、商業を拡大するにあたっては中世ヨーロッパにおいてすでにおこなわれていたパートナーシップや合資会社などの方法で結社を作ることも重要であったが、その際も親戚および同郷人のネットワークが重要な役割を果たした。また、新たな親族関係を形成するための結婚も重要な戦略であった。本節では、メーストルらの研究に依拠しながら、ユガール家、フォンテーヌ家およびビトー家の三つの事例をあげて、親戚・同郷者のネットワークの形成、結社の様子、および結婚戦略について検討する。

(1)　ユガール家の事例

はじめに、ユガール家の事例を取り上げる。一六八八年にフォシニー地域のシオンジエ Scionzier(24)に生まれたクロード・ユガール Claude Hugard は一七歳で出発してフライブルク＝イム＝ブライスガウへ行き、その地ですでに市民権を取得していた母方のおじのガスパール・バタール Gaspard Battard の店で徒弟修業をおこない、そののち店員として働いた。徒弟修了証明書にはシオンジエ司祭やガスパールの従兄弟のフライブルクの商人の立会いがあったことが確認されている。徒弟修了書に書かれていたことは以下のようなことである。

（書き手ガスパール・バタールは）一七〇五年の聖ジョルジュの日から一七〇九年の同日まで四年間引き受けたことを証明する。彼は四年間勤めた後さらに一年私のもとで店員として働いた。クロード・ユガールは卸売業とともに小売業・および商人団体にかかわるすべてのことを学んだ。徒弟における四年間、彼は比類なき誠実さと熱意をもち、店員としての一年間においても彼が必要とされているところではどこでも怠けた様子は見せなかったし、売買の帳簿を熱心に付けていた。彼は控えめだが誠実で順応性があり、神への畏怖と信仰を表明し、かつ明朗で愉快な人柄である(25)

以上のように、親戚であるバタールのもと、徒弟修業を無事に終え、修了証明書が出された。このように、徒弟修業の際に、都市にすでに定着している親戚を頼って移住するということは、有効な移動の方法の一つであったと考えられる。

クロードはその後も三年間バタールの店で店員として働き、さらにストラスブールの別の店で数年間働いた後、南ドイツのシュタウフェンで食料品店を開店した。その際出身地に一時帰郷し出生証明書をもらっているが、この点については後述する。一七四四年にはフランス王との取引がなされたが、その際にフランス語を話せることが有利にはたらいたということが示されている。そのことは、以下のような財産証明書によってわかる。

シュタウフェン市民であるユガールは王の取引のために継続的に雇われており、彼が話すフランス語により彼に課されている取引に従事するために馬を必要としている。その馬を養うのにごくわずかな飼料しか与えられないということがあってはならないし、その馬に触れることも許されない(26)。

アルザスでは、フランスへの併合後、フランス語を母語とする移住者を奨励したということはすでに述べたとおりだが、アルザスの中心都市であったストラスブールにおいてもそのようなフランス語話者優遇策は盛んにおこなわれていた。ユガールの初期のストラスブールへの定着においても、フランス語を話せるということが有利にはたらいたであろう。さらに、南ドイツのシュタウフェンに移動した後も、フランス王との取引をおこなうためにフランス語が話せるユガールに対して馬を融通する措置がとられたことなどからも、彼の商業の成功の背景には、フランス語が話せることが重要であったであろうことがわかる。

図６－４　ユガール家の紋章

出典：Maistre, Chantal, Gilbert Maistre, Georges Heitz, *Colporteurs et Marchands savoyards dans l'Europe des XVIIe et XVIIIe siècles*, Académie Salésienne, Annecy, 1992, p. 99.

クロードはまず親戚のところで徒弟修業をした後に、それほど遠くない都市で自らの商業を開始し、商業を軌道に乗せていた。また、彼は、アラビア数字の「４」と描写する十字架の一種の下に自らのイニシャルを用いた商標を使用していたが、この商標はサヴォワ出身の商人が非常によく使用していたものである。

図６-４は、手紙の封に使われたと思われるクロード・ユガールの商標である。数字の「４」にみえる矢印の下にさらに横線が引かれ、その下にハートが描かれ、周りが月桂樹のような草で囲まれている。

図６-５（次頁）は、ドイツのシュタウフェンの墓地にあるクロード・ユガールの墓標であるが、図６-４でみられたものと同様の数字の「４」の下にイニシャルが配置され、周辺に草の模様が刻まれていた(27)。

その他の親戚関係としては、兄弟の一人のピエール Pierre はサヴォワ地方に残っていたが、もう一人のピエール＝フランソワ Pierre-François はコンスタンツへ移動した。そこには従兄弟がすでに定着していた(28)。

以上のように、ユガール一族が定着しもっぱら商業活動をおこなっていた場所はフライブルク、ストラスブール、シュタウフェン、コンスタンツと、それぞれの距離もそれほど離れておらず、主に南ドイツからアルザスにかけてのそれぞれの、交通の要所といえるような都市であった。兄弟のピエール＝フランソワも従兄弟のいたコンスタンツにまず移住したことからも、こうした親戚のネットワークを利用しそれを拡大していったということがわかる。

(2)　フォンテーヌ家の事例

次に、親戚関係のネットワークを利用して結社した例としてフォンテーヌ家の事例を取り上げる。

図6－5　クロード・ユガールの墓標
出典：Maistre, C., G. Maistre, et G. Heitz, *op. cit.*, p. 102.

北サヴォワ、フォシニー地域のマグラン(29)出身のマラン＝ジョゼフ Marin-Joseph とセバスティアン・フォンテーヌ Sébastien Fontaine による通称「フォンテーヌ兄弟」の事例である。父親ジャン＝フランソワ・フォンテーヌはすでにスイスのヴァレー地方で金物屋を営んでいたが、息子たちはマグランの同郷人と結社を結び、毛織物商品、小間物、金物、食料品を販売しシエール Sierre(30)に店舗をもった。農村でも行商をおこない、現金の代わりに古い金物や牛・ヤギ・狐の皮を収集するという方法をとっていた。このようなやり方は農民に出費を抑えさせながらも商品を売るという点で有効であったという。受け取った古い金物はアラシュ出身のヴァレーの金物屋デュクリュ Ducrue などへ、皮は加工されシオンやマルティニーなどヴァレーの小都市で売却された。一七五七年に社員五人、資本金一一・七七四リーヴル（サヴォワのリーヴル）で、フォンテーヌ兄弟会社が設立された。会社では委託商人を利用し、ヴァレー地方全体で商業を拡大した。親族ではなかった若い社員の独立と同年に兄の息子が入社した(31)。

以上のように、フォンテーヌ家の移住先はスイス、アルプス地方のヴァレーでありサヴォワから比較的近く、その地はフランス語、ドイツ語併用地域であった。取引は家畜の皮を利用した皮革産業が主で農民が相手であったこと、父親は金物屋であったことから、この事例は前節で述べたローカルな遍歴商人の性格が強い。しかし、このように比較的小規模であったと考えられる商業においても、親族同士のネットワークを利用した結社がおこなわれていた。また、親族でない同郷人もその中に含まれていたが、非親族は後に独立しその後すぐに別の親族が入社するなど、社員間の距離の取り方についてもうかがうことができる。

(3)　ビトー家の事例

最後に、移出先における現地商人との関係と結婚における戦略について述べる。一七世紀のストラスブール(32)とバーゼルにおける、一族で興した「三兄弟会社」で知られるビトー家の事例である。

南サヴォワの山岳地帯タランテーズのモンタニー(33)出身の商人ジル・ビトー Gilles Bittot は、ストラスブールへ移住し、ストラスブール商人ゲオルグ・ヘルベック George Herbeck の娘バルバラ Barbara と結婚した。一五七六年に養父ヘルベックの仲介でストラスブール市民権を獲得した。兄弟のアントワーヌ Antoine はのちにストラスブールで合流したが、そこでフランクフルト人女性と結婚した。成人した五人の子供のうち、長女マリー Marie はストラスブールの市民権を取得したフランクフルト商人のヨハン・ヴァイツ Johann Weitz と結婚し、次女アンヌはバーゼルに定着したサヴォワ人商人と結婚したが死別し、同じくバーゼル在住のサヴォワ人と再婚した。ジルの三人の息子ジャン Jean、ダニエル Daniel、ギヨーム Guillaume の三兄弟の興した会社が「三兄弟会社」である。

また、このビトー家の親戚筋に当たるエーム(34)出身のクロード・ビトー Claude Bittot もまた一五七一年にストラスブールの市民権を獲得した。ストラスブール市民の娘アニエス・アール Agnès Aal と結婚し、子供が八人いた。娘六人のうち四人がバーゼル商人と結婚し、残った娘のうちひとりはサヴォワ出身でストラスブールに定着した商人と結婚した。末の娘はストラスブールの有力商人と結婚した。娘婿たちは三兄弟会社の社員となった(35)。

三兄弟会社は非常に大きな会社で、顧客はハンガリーやチェコにも及んでいた。そしてここには多様な親族ネットワークと結婚戦略を見ることができる。移住者自身が移住先の有力商人の娘と結婚し、義父の助けにより市民権を得たのみならず、娘たちを現地商人たちと結婚させ、さらに親族のネットワークを拡大させた様子がうかがえる。さらに、移住先に定着したサヴォワ人商人とも一部の娘を結婚させていたことから、現地の商人だけでなく同郷人とのつながりも維持し、多様な親族ネットワークを形成していたことがわかる。

それでは、出身地との関係はいかなるものであったであろうか。次節では、比較的遠距離に移住し定着した商人と出身地とのつながりについて検討する。

六　出身地とのつながり

出身地とのつながりについてまずあげられることは、第一世代が移出先での結婚や市民権取得のため、出生証明書を得るために、一旦故郷に帰ったり故郷と連絡をとったりするケースである。前節の(1)で例としてあげた、クロード・ユガールがシュタウフェンの市民権を得るために出身地で発行してもらった出生証明書には、以下のように書かれている。

クロード・ユガールの先祖はこの土地で最も古い家柄である。彼は高名でつねにカトリックを信仰し、いかなる恥辱にあったことも、犯罪のもとで告訴されたこともない。結婚もしておらず、まったく自由な状況にありすべての課税から免除されている[36]。

また、家族への仕送りや出身地で運用して利益とするため、移出先で儲けた現金を本国へ送る例があった。いくつかの商人の家の遺産目録の中で金利もしくは債権で現金の運用があったことが示されている。また、出身地に新しく住居を建設する例もあった。最も明らかなかたちで残っているのが、教会への寄進である。成功した商人は主に晩年に教会に財産や絵・彫刻を寄進し、時には新しい教会を建設し、墓を生前に出身地に作ることもあった。

前節の（2）で述べたヴァレー地方で成功したフォンテーヌ兄弟の出身地はマグランのロンジェ Rongé[37]という小集落であったが、ジャン＝フランソワ・フォンテーヌのちにマグランの別の小集落のサエル Saxel に家を建てた。マラン＝ジョゼフもまたサエルに家を持っていたが、家の隣に礼拝堂を建立し、その礼拝堂に「4」という数字とマラン＝ジョゼフのイニシャルの書かれた印が示されていた。

図6-6（次頁）はマラン＝ジョゼフ・フォンテーヌが建立した礼拝堂の一部である。聖像の手前の格子に横棒が入るかたちになっているが、上部に数字の「4」が入っているようにもみえる。その下にハートが描かれ、その下の格子の部分に「マラン（＝ジョゼフ）・フォンテーヌ」のイニシャルである「M」「F」が記されている。

サヴォワ地方の遺産目録の研究をおこなったシドル Siddle は、こうした寄付の地域経済に与えた影響を、「多くの商人は、通っていた教会に寄付をおこない親族とともに自らの地位を高め、余生を楽しむための保証を求めた。

このことによって、地域共同体の経済構造を変化させることもあった」(38)、として、非常に高く評価している。

また、メーストルは移住先で成功した「移民のスター」の存在が、次の自発的・積極的な移動を誘発したと指摘している(39)。出身地への様ざまな寄進や商標の示された墓や家屋は、その象徴であったというのである。その典型的な例が、一七世紀に商人の移住が非常に多かったサランシュ盆地における、当時マインツで商業活動をおこなっていたピエール・ビュルニエ Pierre Burnier の例である。ビュルニエは一六九一年にコルドン(40)（サランシュ盆地の小村）付近に新たな小村を作り、そこに教会と学校を建設させるために六〇〇〇フロラン(41)の寄付をおこなった。そのことにより、当時ほぼすべてのサランシュの住民がビュルニエの商業が盛んで成功していたことを知り、彼の存在が住民の新たな移動の試みへの大きな誘因となった(42)。

また、非常にまれなケースであるが、移住先から出身地に技術をもたらしたとされる例がある。こうした移民の家系の例として、バラルー Baralloux 家があげられる。バラルー Baralloux 家はもともとスイスのヴァレー地方の家系であったが、一八世紀には北サヴォワのクリューズ盆地に居住していた。この一族のクロード・バラルーという人物とクロード＝ジョセフ・バラルーという二人の人物が、懐中時計の発祥地と呼ばれる南ドイツ・ニュルンベルクおよびジュネーヴを通じて時計の技術を取得し、クリューズ盆地のサン＝シジスモンという村の集落で工房を開いたことが、この地域における時計部品製造の発祥であったといわれている(43)。クリューズ盆地に

図6-6　マグランのサエルにあるマラン＝ジョセフ・フォンテーヌ寄進の礼拝堂

出典：Maistre, C., G. Maistre, et G. Heitz, *op. cit.*, p. 104.

おいては、時計部品製造業が初めは農村工業のかたちで、のちに一部専業化する形で発達し、このことにより住民の流出が減少するようになった。技術移転のみならず、雇用を創出し住民の移動を減少させたという意味で、この事例は重要なものである。

七　サヴォワ人移民の特徴

以上のように、本章では、サヴォワ人のイメージと実態について、移民のネットワークという観点から検討した。

まずサヴォワ地方の周縁性についてであるが、サヴォワ家という有力な政治権力の出身地であったにもかかわらず、一六世紀以降政治的な中心から外れた国家の周縁であり辺境に属していた地域であったこと、そして地形・気候面において山岳地帯で非常に厳しい冬という農業に向かない条件の下にあったという点で二重の意味で周縁であったといえる。

さらに、ヨーロッパ諸都市で想起された「ヴィエル弾き」や「煙突掃除夫」のイメージは、はじめに述べたとおり、都市におけるサヴォワ人の周縁性を示すとともに、パリなどの大都市に属する人びとの視線におけるサヴォワ地方の周縁性（実際のサヴォワ地方に対する心理的距離）とを示したものである。ヨーロッパの大都市にとってサヴォワ地方とはほとんど行くこともなく縁の薄い地域であり、そこで暮らしていた人びとの実態について想像することは困難であった。

しかし、サヴォワ地方は貧しい山岳地帯であり、住民は生活を維持していくために移動を強いられていたが、移民たちは条件によって様ざまな行き先を選択し、様ざまな職業をおこないながら、行き先、そして親族や同郷人、現地人とのネットワークを形成して生き延びてきた実態があった。

商業的な移民には煙突掃除夫の副業や浮浪者に近い貧しい行商人から裕福な卸売商人まで様ざまな存在があったが、多くの商人が親戚関係および同郷者とのネットワークを利用していた。血縁・地縁関係者とのネットワークおよび現地商人との結婚戦略は移出先の複数の都市を網羅するかたちで及び、現地商人と同郷人と両方に娘を嫁がせるなど複雑な形態で、ある種のリスク分散をおこなっていたといえる。また、出身地との関係も、地元の教会への寄進などのかたちでおこなわれ、出身地の経済にも影響を及ぼした。

以上のように、サヴォワ地方出身の移出民たちは、出身地域の周縁性、また、移出先での自らの周縁性をうまく利用してネットワークを形成していたということができる。

ここで、同様に周縁性を利用して商業活動で成功したといわれるユダヤ人商人やプロテスタント商人との違いを指摘しておきたい。まず両者とのもっとも大きな違いは、宗教的迫害の有無である。北サヴォワにもっとも近い大都市であるジュネーヴがカルヴァン派プロテスタントの中心地であったにもかかわらず、サヴォワ地方は宗教改革の波を押さえ、カトリックのままにとどまった。クロード・ユガールの徒弟証明書に彼が敬虔なカトリック信者であることが示されていたり、多くの成功した商人による教会への寄進の例があったりすることから、敬虔なカトリック教徒がほとんどであったことがわかる。移出先も南ドイツ、フランスとカトリック地域が多いため、大きな軋轢はみられなかった。一部ドイツやスイスのプロテスタント地域への移住の際に市民権を獲得する際に改宗したケースもあったが、基本的にはカトリック文化圏の中で職業を実践していたと考えて良いであろう。多くの高業移住の例があげられた一七世紀の、アルザスにおいては、地域当局がカトリック住民を多く入植させようとした政策に乗るかたちで移住がおこなわれていた。

次に言語についてであるが、サヴォワ地方はフランス語のローヌ・アルプ方言を話す地域である。南ドイツで商業活動をおこなったクロード・ユガールが、フランス王との取引をおこなうのにフランス語が話せるということが有利にはたらいたという例があった。ドイツ語圏へ移住し、フランス語が使えることを利用して商業を有利にしたということは、自らの周縁性をうまく利用したということがいえるであろう。もちろんドイツ語圏で商業活動をおこなうにはドイツ語を覚えなければならないが、その際にも親戚関係のネットワークがあることや同郷人とのネットワークがあることが有利にはたらいたと考えられる。

最後に、歴史上に名を残したユダヤ人商人やプロテスタント商人と比較すると、いかに「成功した商人」といってもサヴォワ人移民の商業規模や移住先および出身地に対する経済的影響力は少ないと考えざるをえない。絶対的な人口の少ない貧しい山岳地帯からの移民の総数は、ユダヤ人商人およびプロテスタント商人とは比べ物にならないほど少ない。そこには地域の周縁性による限界があったといわねばならないだろう。

しかし、まさにそのことにより、この地域独自の特徴が現れるのである。ヴィエル弾きや煙突掃除夫はステレオタイプな、都市住民の中で「異質な」存在であり、目に付きやすかった。しかし実態はより多様であったことはこれまで見てきたとおりである。しかしその多くはユダヤ人商人など比べて特徴の薄い目立たない存在である。しかし、これまで見てきたようなネットワークや様ざまな戦略を利用して、いわば「マイノリティの中のマイノリティ」のような存在として、たしかに生き延びてきたのである。

［注］

（1）　サヴォワ地方出身のモンジュラ家で、バイエルンの政治家として活躍したのはマクシミリアン＝ヨーゼフ・モンジュラ伯爵 Maximilian Joseph Garnerin, Count von Montgelas（ミュンヘン、一七五九〜一八三八年）である。Guichonnet, Paul, 《Une famille savoyarde au service de la Bavière: les Mongelas》, in *Mémoire des l'Académie des sciences, belles-lettres et arts de Savoie*, Chambéry, Série 7, t. 5, 1991, p. 75–105.

(2) Maistre, Chantal, Gilbert Maistre, Georges Heitz, *Colporteurs et Marchands savoyards dans l'Europe des XVIIe et XVIIIe siècles*, Académie Salésienne, Annecy, 1992.

(3) Guichonnet, Paul, *La Savoie du nord et la Suisse. Neutralisation. Zones franches*. Chambéry, Société Savoisienne d'Histoire et Archéologie, 2001.（内田日出海・尾崎麻弥子共訳、『フランス・スイス国境の政治経済史――越境、中立、フリー・ゾーン』昭和堂、二〇〇五年）。

(4) 拙稿「山岳地帯と移民――一八世紀サヴォイア地方・フォシニー地域の事例」『早稲田経済学研究』第50号、二〇〇〇年、八三～九四頁。

(5) Maistre, C., G. Maistre, et G. Heitz, *op. cit.*, p. 1-9.

(6) 例えば以下の著作には、様ざまなエピソードが図版とともに示されている。Dejammet, Monique, *L'album du petit ramoneur Savoyard*, Montmélian, La Fontaine de Siloé, 2000.

(7) ルイ＝セバスチアン・メルシエ『十八世紀パリ生活史――タブロー・ド・パリ』（上下）（原　宏編訳）岩波書店、一九八九年、二二九頁。

(8) 前掲書、二二八～二二九頁。なお、引用中の「五〇ピエ」は約一六・二四メートルである。

(9) フェルナン・ブローデル『物質文明・経済・資本主義――十五―十八世紀　I日常性の構造1』（村上光彦訳）みすず書房、一九八五年、二二五頁。

(10) スイスのイタリア語圏であるテッチーノ出身のミラノの煙突掃除夫について、団を作っての活動について描いた物語として、リザ・テッナー『黒い兄弟』（酒崎進一訳）福武書店、一九九五年、がある。そこでは団のメンバーのあいだの絆は強く、かれらは強い友情で結ばれていたことが示されている。

(11) Dejammet, *op. cit.*, p. 14-24.

(12) Dejammet, *op. cit.*, p. 33-37.

(13) Dejammet, *op. cit.*, p. 48; Maistre, C., G. Maistre, et G. Heitz, *op. cit.*, p. 20.

(14) この絵画はサヴォワ人行商人を描いたワトー（一六八四～一七二一　フランスのロココ絵画画家）の絵画の一つといわれる。

(15) サヴォワ地方南東部の小村。人口も少なく主要な産業もない山岳地帯の農村であったが、現在はスキー場として多くの観光客が訪れている。

(16) エスプリ・コロンの背負い箱の中身は次のように記録されていた。「錫製、銅製、その他の金属製のカフスボタン四五対、錫製、銅製の靴下留め四一対、その他の金属製の靴下留め三対、ホック三対、襟の留め金二対、銅の指輪二個、銅の装飾付きのロケット五個、ケース付き手鏡三個、肩掛け三枚、日常用のロザリオ七個、柘植製その他の木製の櫛二〇個、象牙の櫛二個、二つの飾り釘の入ったナイフ八本、肉切りナイフ一本、日常用のナイフ一本、はさみ一対、銃の発火用の引き綱一本、鉄製のフォーク三本、鉄製の胡桃割り一個、ねじ切り一個、木製用具入れ七個、ムーシュ（ヴィエルの三番目の弦）一本、呼び子二個、木製のファイフ（笛）一個、はさみ入れ三個、ボール紙製のかぎタバコ入れ一五個、角製のかぎタバコ入れ一個、古い指輪入れ一個、ハタキ一本」および商品を並べるための一枚半の大きな亜麻布を加え、総額一五リーヴル相当であったと見積もられた。Maistre, C., G. Maistre, et G. Heitz, *op. cit.*, p. 18.

(17) *Ibid.*, p. 7.

(18) *Ibid.*, p. 13–18.

(19) *Ibid.*, p. 39.

(20) Letonnerier, G., "L'émigration des Savoyards", *Revue de Géographie Alpine*, t. 8, 1920, p. 560–562.

(21) Maistre, C., G. Maistre, et G. Heitz, *op. cit.*, p. 39.

(22) Dejammet, *op. cit.*, p. 14–24.

(23) この点に関してはメーストルらも同じ見解である。Maistre, C., G. Maistre, et G. Heitz, *op. cit.*. p. 197.

(24) シオンジエ Scionzier は北サヴォワ、フォシニー地域の東部、クリューズ盆地の小村である。

(25) *Ibid.*, p. 96–101.

(26) *Ibid.*, p. 31.

(27) *Ibid.*, p. 100–103.

(28) *Ibid.*, p. 100–103.

(29) マグラン Magland は北サヴォワ、フォシニー地域のアルヴ川流域の小村で、近くにはナンシー＝シュル＝クリューズ、シオンジエ、アラシュなどの村があるが、いずれも移民を多く送り出していた地域である。

(30) シエール Sierre はスイス、ヴァレー地方のフランス語圏とドイツ語圏の境に位置する小村である。

(31) *Ibid.*, p. 45–52.

(32) アルザスでの受け入れ状況については四節を参照。

(33) モンタニー Montagny はアルベールヴィル近くの小村で、一八世紀末から開発された炭鉱があった。
(34) エーム Aime はタランテーズ地方東部の小村である。最大高度二五八九メートルの高地。
(35) *Ibid.*, p. 29–36.
(36) *Ibid.*, p52.
(37) ロンジェ Rongé は小村マグランの中の小集落。後に出てくるサエル Saxel も同様である。
(38) Siddle, D. J., "Migration as a Strategy of Accumulation. Social and Economic Change in Eighteen Century Savoy", in *Economic History Review*, 1997, p. 16.
(39) Maistre, C., G. Maistre, et G. Heitz, *op. cit.*, p. 28.
(40) コルドン Cordon は北サヴォワ、サランシュ盆地、モンブランのふもとの小村。
(41) 約一万二〇〇〇リーヴルに相当。
(42) *Ibid.*, p. 147.
(43) Maistre, C., G. Maistre, et G. Heitz, *op. cit.*, p. 92. および拙稿「近代スイスの時計産業と部品製造業——一八・一九世紀のジュネーヴと周辺地域の事例」踊共二・岩井隆夫編『スイス史研究の新地平　都市・農村・国家』昭和堂、二〇一一年、九六〜一一九頁。

＊ 図6-4から図6-6に関しては、出版元である Academie Salésienne の L. Perrilat 氏および著者の Chantal および Gilbert Maistre 氏より図版掲載の許可をいただいた。謹んで感謝の意を申し上げる。

第七章　行商と古着商

――近世江戸とアムステルダムの都市内商業における周縁性の比較考察

杉浦未樹　小林信也

一　商業職種と周縁性

地域を問わず、中近世の都市内小売の仕組みには、「周縁的 marginal」と表現される職種が出てくる。このマージナルという語は、多様な意味を含み、単純に貧しいということを指す場合もあるが、その本質は、「取るに足らない」ことにあろう。日本語で「周縁」というと、制度やしきたりの際（きわ）の部分をさす。『近世身分制社会と周縁』を論じた一連の研究に代表されるように、既存の社会からみればアウトキャストとしてはみ出す弱者でありながら、フロンティアとして新しい地平を拓きうる存在の意味合いが含まれるかもしれない。しかし、「マージナル」の語がつくとき、あまりそこにフロンティア的側面はなく、むしろ「取るに足らない」がゆえに、研究史上もながらく軽視されてきたことをも含む。一九八〇年代ごろまでは、中近世ヨーロッパの都市内商業において、富裕な都市エリートの国際貿易と対比させて、都市内小売そのものが「マージナル」と位置づけられ、それを受けて、商業研究においても、都市内小売は「それを研究しなくても成立する職種」とみられてきた。加えて、都市内小売は、取引場所や、扱う商品の範囲、扱う商人について、規制が幾重にも施されて成立していた。実際に都市で営まれている小売の一部は、こうした法制に照らせば違法（イリーガル）であったり、非公式（インフォーマル）とされるものであり、そうした職種は同時代から「周縁的」とみなされてきた。その代表的なものは、行商や街売り（peddlers, hawkers, street sellers）および古着売（secondhand clothing sellers）であろう。

近年、行商が流通上大きな役割を担ってきたと修整されて久しく、フォンテインのトランスナショナルなネットワーク論、そしてイギリスのスパフォードの研究が大きく貢献し、「取るに足らない」存在というよりも、都市内小売の規制があるなか、フロンティアを切り拓き流通拡大に貢献した存在と位置づけられ始めた(1)。ベルギーとオランダのネーデルランド（低地地方）史の行商研究では、中心とされるか、正統とされる職種を設定し、それに対し行商が一定の役割をはたしていたという論調も散見されるが、むしろ行商が都市の不可欠な要素であることは、通説となりつつある。同時に、これまでその周縁性と結びつけられて考えられてきた、「移民であること、規制外であること、店舗とリンクしない、女性が多い」、などといった行商の「マージナルさ」の根拠となる特徴が、なぜそのようになったのか説明しきれなくなっている。

そこで、あらためて必要となるのは、こうした小売り職種における「周縁性」が、どこから生じているのかを全体構造から解明し、また「周縁性」という理解がこれまでの歴史分析にどのような影響を与えてきたかを考察することである。ダニエレ・ファン・デン・ホイフェルは、近世ヨーロッパにおける行商を見る二〇一二年の総括的な論文「影で売る Selling in Shadows: Hawkers and Peddlers in Early Modern Europe」において、ストリートセラーへ研究関心が低いことと「マージナリティ」との関係について次のように述べている(2)。

自分の分析では、近世的のインフォーマルな街売りへの関心が低いことには二つの原因があると考えている。一つめは、行商も訪問売りも即座に「マージナリティ」と結びつけられることだ。遍歴商たちが、前工業段階のヨーロッパにおいて「マージナル」ではなく不可欠であったと証明しようとするあまり、「闇で商売する」ことが、そこに携わっている人びとや経済全般に対して、正確にどのような意味をもっているのか、ということに注目が行かなくなってしまった。

ここで、彼女は、周縁性ということを抜きに、多様な行商（街の売り歩き）について、そのありかたを研究する必要がある、と示唆している。この場合、行商が焦点となっているが、それに限らず古着商など、マージナルとされてきた職種について、同じことがあてはまるであろう。

しかし、同時に注意すべきは、ほかの地域では、そもそもここで周縁的かどうかが議題となっている行商や古着商はそもそも、北西ヨーロッパほど周縁的とは考えられていないことである。例えば、近世江戸の同じ時期の都市内商業を対比すればある小売職種の対象が老人・若者・女性など社会的弱者に限定されたり、他資本に従属したりという「周縁化」のプロセスがあったとしても、近世ネーデルランド諸都市の行商や街売りに課せられる「周縁性」と、とても同列とはいえない。ファン・ホイヘル氏の論考は、周縁性と結びつけてしまった研究者の意識を刷新すべきだと訴えるが、そのためには近世ネーデルランド諸都市と近世江戸の二つを対比させて、都市内小売の構造のなかで、何が異なっているのか、あるいは異なっていないのか見極める必要があるだろう。

本章の目的は、近世江戸の流通構造と対比させて、中近世ネーデルランドの行商と古着商の周縁性がどこから生じているのかを明らかにすることである。第二節では行商を、第三節では古着商とその市場のありかたに着目する。それぞれの節で、ヒトと場の側面にわけ、ヒトの側面では、店舗商に対する行商、仕立屋に対する古着商と対比させ、また場、つまり空間としては、第二節では週市や店舗などの定常施設にたいする「路上（ストリート）」、第三節では通常の新品流通に対して、「セカンドハンド品（中古品）流通の場」がどのように展開していたのか、双方の側面から周縁性について考察していく。また周縁的とされる人びとが構成するつながり（ネットワーク）が、全体においてどのような構成要素となっており、全体にどのような影響を及ぼしているのか、にも注意していきたい。

二　街売（行商）とストリート・マーケットの展開の比較

(1)　河岸、市場、街売り——江戸における「振売」の場合

江戸の流通機構は、一七世紀当初から急速に形成された。江戸外から河岸まで荷が運ばれ、それらが舟に積み替えられて各町の河岸まで運ばれる。町とは河岸＝問屋であり、そこに当該商品の入荷に対して独占権をもつ仲買が参加し、荷は、仲買らの常設の表店へと引き取られる。これら「見世売り」は、振売への卸売りを独占している。これらに対応して「振売」があり、同じ町の裏店や近辺に居住し、見世売りからの卸買を独占していた。振売が都市内の小売権を占有し、町の内外において非常設店舗や売り歩きで、市内の商品分配を担っていたのである。吉田伸之氏によれば、こうして、仲買・店舗・卸売であるところの「見世売り」と、非常設店舗／行商・小売であるところの「振売」はともに不可分の関係で結びつけられていたとされる。しかし、その一方で、一七世紀後半を境として一部では「大きな変革」を迎えた。三井呉服店のような新たな商人資本が入荷から小売までを一括して取り扱うことを目指し、個別に機能が明瞭に分化していた「見世売」と「振売」の在り方が変容し、「存在基盤を奪われ、あるいは没落し、あるいは有力商人の下に従属する」ことになった。そうして、「振売」は「見世売」に吸収

されていく。そしてその後は「振売という語は事実上形骸化し、棒手振りと同義のものとして認識されるに至った」という。棒手振りとは、棒の両端に担いで市内を回る行商であり、ここにいわば「振売」の「周縁（マージナル）化」の過程が示される(3)。

こうして、一六五九年に江戸の「北方」において出された町触では、「振売」は弱者が営める最後の生計手段として、五〇歳以上か、一五歳以下の者が優先的に従事すべきだ、と明記し、人数を登録している。杉森氏によれば(4)、この町触れは、その「北方」という範囲が江戸のどこを正確に指したのかが不明という問題点はあるが、登録された振売は六〇〇〇人に及び、そのうちの半分以上が五〇歳以上であった。もっとも振売が扱っていた商品を見ると、布、古着、古布、絹、髪結い、茶、帳面売りなどが人数の多い職種であった。各種織物や古着など、振売も商品によって特化している。さらにこれらに相当数がいたことから、条例が意図したような生活弱者の生計手段とは限らず、広範囲な消費品の定常化した流通職種であったことが示唆される。都市内主要流通商品である織物や古着や茶などの都市内流通において、振売はこの時点でも重要な役割を担い続けていた。

吉田氏のいうように、そうした振売は、当初の状態よりも、他商人に従属したかたちであったかもしれないが、江戸末期に至るまで、都市内主要流通商品において、振売が多数存在したことは、一八〇五年に作成された熈代勝覧、後に示す一八三七年に出された守貞漫稿からも明らかである。熈代勝覧が示す日本橋の町は、棒振や、通りに座って市を展開する者、軒先で商売する者、商売用とみられる荷物を別の場所へ運ぶ者などに溢れている。次に比較するネーデルランド諸都市で発令されたような、「街売 street selling」「売り歩き peddling」「訪問売り vending」に対する禁止は存在しない。江戸では都市内小売自体が、周縁化する現象がそこにあったとしても、街路は主要な売る場としてあり続けたのである。

(2) 河岸、市場と行商――アムステルダムの場合

これに対して、アムステルダムを始めとして低地地方の都市でも、商品の大半は海路や河川・運河路を通して運ばれ、河岸に至る。しかし、そこで商品は二手に分かれる。すでに商人や代理商が注文している商品と、定期市（週市・日市）に行く商品である。前者については、河岸から専用の船で乗り付けられ、一部は町中心部にある衡量所で仕分けされ、検定をうけたあと、商人や代理商の倉庫に行く。商人はそれについて、取引所で大口取引をはかってもよいし、店舗やオフィスで売ることもできる。成立した取引に運搬が必要ならば、都市内なら小舟、都市外ならば定期航行便 Beurtveer を利用するのが一般的であった。

一方、後者については、週市の場所と曜日時間がきまっており、小舟で直接市場の専用河岸にいたるか、途中で専用小舟に積み替えるかして週市まで荷を売り手が持ってくるのが常であった。これらの商品の売り手はあらかじめ市場の売り台料を支払っており、場所は固定されていた(5)。魚市場などは、市場内の販売は、登録した女性に独占されており、商品を運び込んだ漁師や商人が売ることはできなかった。

また市場内、市場外への商品の運搬には、都市の雇用である専用の市場運搬人が存在していた。例えば、魚市場は非常に細分化しており、「小さい魚、大きい魚、河魚、農民の持ち寄る魚、鮭、ニシン、えび、燻製・塩漬けニシン、ユダヤ人の魚」ほかに分類され、干魚がすべて別市場となっていた。こうした細分化の傾向は、市当局の管理強化の目的からだけ生まれたものではあるまい。場所が手狭なため、何らかの細分化をせずにはいられなかったこと、また商品種を細分して特定することで、遠くからも売り手や買い手を引き寄せる効果もあったであろう。実際に、魚市場の売り手となる漁師たちや、チーズ市場での売り手は、広く他州からもやってきた。しかし、細分化の背景として最も大きいのは、それぞれの商品の運搬経路が異なっていたためであり、それぞれの市場に対して外からの売り手、市場内での売り手、そして買い手までに対応する、運搬経路が設計されていたのである。実際、主

要商品の市場は商品別に細分化するだけでなく、ほぼ毎日開催されるものとなっていた。

この場合、市場は卸売り専用ではなく、市内の家庭から切り身や少量を買いに行くのに使われた。細分化・大規模化しようとも、市場が卸売に専門化することはなかったのである。市場で大量の物資が購入され、都市内の別の市場や店舗で売られる体系的な仕組みはなく、むしろそれは避けられていた。この点が、河岸に隣接する市場がもっぱら卸売機能を果たしていた江戸とは大きく異なる。また、江戸の場合は河岸での市場取引は仲買に限られ、購入したものが店舗でまたほぼ卸売として振売に売られていたわけであるが、この市場から購入したものを店舗が大々的に売るということも、例外はあるにせよ稀であった。その場合の店舗は小規模で、ポットハウス pothuis といって家屋を道にせり出させたところを賃借し販売するか、半地下にいたる階段で売るといった仮設か半常設的なものが多かった。

当時の婚姻登録簿には、婿の職業として、魚商 viskoper は安定して登場している。魚市が大々的にあるわけであるから、この商人は市場から卸す店舗商であるように思われる。しかし、上に説明したように、これらの商人は大口買いであった。これらの商人はあらかじめ都市内外の顧客の受注をとっておき、それらの魚をとりそろえるため、市場に入る前に交渉するか、市場での競りに参加した。その後は店舗で売るより、魚市から直接顧客に届けたと考えられる。一六世紀までは商人は週市の開催される日には週市でも売り、その他の日には取引所やオフィスで取引をおこなっていたが、一七世紀に至ると、市場で売る商人と、こうした大口買いの商人とは別れていき、魚商 viskoper の記載も減り、他商品も扱う大口商を指す、コープマン koopman へ吸収されていった。その意味では、これらの市場は都市外への卸売機能は果たしていたかもしれないが、大口・小口を含めた広汎な小売機能をもっていたのである。

拡大していく都市の中で、専売的に商品を扱う市場が小売機能を果たすことは決して容易ではない。ネーデルランドの諸都市が江戸ほど大きくはなかったことがその前提となろう。二〇万都市となるアムステルダムにおいても、それは変わらない。その一方で、流通システムとして、ネーデルランド都市の市場は、江戸や日本の都市でみられたような「振売」の登場を避けるようにして発展したことも確かである。ネーデルランド都市の流通は、市場が卸売化し、見世売と振売との関係を生じさせる方向にはいかず、市場拡大した場合でも、市場への商品供給自体は都市内商人に限らずオープンにし、その一方で、市場で販売する行為、そして市場から商品を運ぶ行為は徹底的に管理し、そのための従事者を非商業職種として配置したのである。

再び、魚市を例にとると、市場で売るのは「魚売り婦 visverkoopster」と呼ばれる女性たちに限られた。この名称は、前述の魚商 viskoper の女性形であるが、職務が異なる。彼女らは、魚を市場外で売ることを禁止されたが、付近の売り歩きは可能であった。しかし、都市内で魚の切り身などを廃棄することはゆるされず、必ず市場に戻ることを義務づけられるなど、市場へ帰属することがはっきりしていた。市場から都市内の家庭のどこへでも、専用の運搬人が陸路・水路で商品を運んだ。買物客たちは、自分で商品を持ち帰ってもよいし、こうした運搬人を利用し、都市で別用をすませてから家に帰ることもできた。

したがって、市場で仕入れた商品を扱う都市内小売たちは、こうした市場の小売機能と競合せざるをえず、補完的な側面を強くもつか、あるいは市場の規則をほぼ否定するかたちのものとなった。アムステルダムでは市場はオープンな広場でおこなわれていた。魚市場の一部や精肉市場は、衛生上の統制する理由から、屋内ホールを建て、卸競りが組織的に徹底されていった。しかし、これらは例外的で、指定場所の付近で売ることが定められていただけで、一本通りを越えた場所所や、橋のたもとや、裏通りなどまで商品を持ってきて、衛星状に市場がたつことはあった。そして付近での売り歩きは、なかば是認されていたと考えられる。この延長上に、上に述べたような半常設的な仮設店舗が置かれることがあった。

図７－１　アムステルダム17世紀後半の野菜市場の絵
Gabriel Metsu, Plantaardige Markt in Amsterdam, 1661. ルーヴル美術館所蔵

その典型的な例は野菜市場であろう。野菜は、一六世紀末までは、豆類を主体とする都市民の食事においてあまり摂取されなかった。しかし、南米との接触からもたらされた「じゃがいも」市を皮切りに、都市近郊野菜栽培が、他に先駆けて展開し、一七世紀半ばになると、アムステルダムでは、公式名称上、魚市同様、「にんじん、キャベツ、じゃがいも、カリフラワー」などに細分化して野菜市が展開していた。こうした野菜は、新しい商品であるために、売り手は一六二一年までは魚売りのようなギルドに統合されておらず、また規制のないまま、あらたな流通網が急激に発達したといえよう。例えばジャガイモ市では、朝早くから舟が専用の河岸へとつめかけ、商人や船漕ぎや運搬人の喧噪のなか、隣接の地下倉庫に商品が直接運びこまれていたという。地下倉庫には、そのままカウンターがあり、商人たちがやりとりできるようになっていた。これなどは、まさに、江戸の河岸から見世売りまでの発展に近い。結果、そこから商品をひきとった商人たちが、都市内の自らの基盤とする場所で、野菜市をひらくようになり、野菜市は都市内各所でひらかれるようになった。それぞれの場所へ直接運搬される商品と、他から入手した商品を組み合わせて売られるようになったと考えられる。

これに対し、当局は管理に乗り出し、プリンセン運河沿いに野菜市を集中化させようとする。都市外からの野菜売りは出身地域ごとに、売り場を区分された。魚市と同様に、早くから各市場から家庭には運搬人が小舟で運ぶようになっていたが、問題となったのは、買主が帰宅するまで積み荷ごと家の前の水路に小舟を停泊させていたことである。これが水路交通の妨げとなっていたため、野菜市場では、運搬人が都市の役人に帰属するようにして、積み荷はついたら即座におろし、小舟は立ち去るよう指定する都市条例を発布した(6)。

図7-2　18世紀ごろのアムステルダムの野菜売りの女性　Hermanus Petrus Schouten, De Opgang naar de beurs, 1799. アムステルダム市立古文書館所蔵

統合された野菜市は、あまりにも大規模であり、小売機能をそこへ集約することはとても無理であった。そこで、あらたに野菜市で公式な販売人と認定される「野菜売りgroenteverkoper/koopster」が設定され、新しい専門ギルドがつくられた。これらの商人は、魚市のように、市場内での販売も引き受けたわけであるが、野菜を市場から購入し、市場外で売ることが公認された。市場を仕切るマルクト・メースターの監督を受けつつも、野菜が売れ残らないようにという配慮もあり、市場外で販売したと考えられる。野菜売は市場からまず商品を購入しなければならなかった。それは市場の朝の競りで決められるような市場価格にそっていた。野菜売りたちは、野菜を組み合わせて、売りやすくした。具体的には、手押し車でいくつかの野菜

を組み合わせて売り歩き、さらに歩道にはみ出したポットハウス Pothuizen や半地下や店先で野菜を売る形で展開していたと考えられる。野菜売りのほとんどが女性であったのに対し、野菜市場を統括するマルクト・メースターや、その運搬や港を統括するハーフェン・メースターは歴代男性であった。

こうした女性らは、マルクトに直結する「振売」であると解釈することができよう。しかし、その構図は問屋から仕入れる見世売や振売が存在するのとは違い、卸仲買商が成長しないもとでの、見世売＝振売という状態であり、その場合、こうした職種の規模の成長には限界がみられたと解釈できる。大阪や江戸の青物市場には問屋が集い、仲買とともに青物の流通を担ったのに対し、アムステルダムでは野菜原産地側の商人や農民たちが大幅に参加するかたちで市場が展開したといえよう。

(3)　店舗と行商の関係

一方、市場がなく、店舗商が発達した商品もあった。では、こうした商品を扱う場合、見世売と振売の関係で、行商が発達したのであろうか。筆者は別稿で、婚姻登録簿などの戸籍史料を用いて、一七世紀に拡大するアムステルダムにおいて、店舗商として拡大していくのは、市場をもたない商品の専門商であったことを証明した(7)。その中でも際立って人数が多いのは、ワイン商であった。ワイン商は数ある商品別の専門商のなかで唯一、貿易など大口を扱う商人、より狭い国内流通を扱う中口の専門商 wijnkoper、一杯や瓶一本などで提供する専門小口売 tapper が〆分されるよう条例で定められていた。その意味では、江戸の問屋—仲買—小売、あるいは見世売—振売との関係と比較しやすい。

ここで、ふたたび吉田氏の「振売」の論考にもどり、江戸においては三井呉服店をはじめとした商人資本が形成されるにあたって、振売が商人に従属していった様子を、詳しく見ていこう。三井呉服店は創業当初は、見世売—

振売の関係の中に入り込み、界隈の呉服屋仲間の間で呉服物の卸をして互いに競って売買をおこなう、町見世の一つとして営業を始めた。町見世は武家屋敷に直接売る屋敷売とは分化していた。そして、卸売に特化した町見世に対し、「呉服物を競り買いで仕入れ、江戸や周辺諸国でこれを振売＝小売して歩く」、「聖商」すなわち振売の呉服屋が存在した。この時期の三井の帳簿から、三井が独立した商人である振売に、売り物を直接預からせ小売をさせる専属契約を結ぶ、「脇売」をさせていることがわかる。しかしこのような専属化にもかかわらず、三井は売子を介す販売を「無用」のものとしてすでに嫌っていたことが指摘される。そして、その後、三井は、本来は振売（聖商）によって独占されていたところの、店前の庇下という前店・下店と呼ばれる非常設的な場で売るという「前売」を自らがおこなうことを皮切りに、小売行為に浸食し始める。振売とは、町内ではこうした庇下の前売り、町外では「橋の上、橋詰、河岸端、広小路、辻々」などの公的な場で売る「脇売」が保証されており、成り立っていたが、「前売」に進出することで、三井などの商人資本は、後者の「脇売」をも自らの配下でおこなうようになり、振売全体の独立性が浸食され、それらの卸売として機能していた町見世、さらには、町見世と分化していた屋敷売の存立基盤まで揺るがし、流通構造を変えていったと位置づけられている。

つまり、江戸の場合、まず卸売―小売が関係として直結しつつも、双方が独立した商人であり、これに対して製造から小売までを一貫してとり行う商人資本が登場して、関係が崩れたということになる。振売が衰えたからといって、行商が消えていったわけではない。むしろ、この商人資本＝三井呉服屋の配下が、より遠方にもいたる、より効率的な都市外・都市内への行商網をつくっていった可能性もある。そこまでは吉田氏の研究も触れていないが、大いに考えられることである。そうするとイギリスやアメリカにおいての一八世紀以降拡大するような、トレーズンマン Tradesman やチャップマン Chapman と同じ構造が成立したことになる(8)。

それでは、アムステルダムでも、このような見世売―振売との関係があり、商人資本が登場することによって、行商が再編成されるということが起こったのであろうか。

まず、上述のワインを見よう。日本では酒類において、生産地である上方では、造り酒屋が自分の販売所をもち小売もおこなう動きが出てきたという。一方、江戸のような消費地では、仲買―小売（見世売―振売）の区分が保たれた。ワイン分配地・消費地であるアムステルダムのワイン流通の、上述したワインコーパーとタッパーの関係に対応する。違いは、ワインコーパーもタッパーも独立した商人ではあるが、その開始からして卸売―小売の直結した関係では結ばれていなかったことにあった(9)。ワインコーパーとタッパーの間は単純に扱う量の大口・小口によって区別されていて、ワインコーパーの経営は、都市内外の個人が望めば、定期便航行システムや運河網に輸送してもらう、大口の小売もおこなうことで成り立っていた。ワインコーパーとタッパーは卸売―小売の関係で密接に結ばれていなかった。都市当局が苦心をはらったのは、このワインコーパーとタッパーが兼業しないよう、軒を連ねないことであった。したがって、江戸でいう、タッパーが振売として、ワインコーパーの「前売」や脇売を引き受けるという関係は当初からみられなかったのである。両職種は、ワインコーパーが「二〇リットルから一〇〇（ときには三〇〇）リットルまでの量」、タッパーが「瓶・水差しなどの入れ物にいれ、片手で持ち運びのできる量」を扱う商人として、別の顧客網をもっていた。

それでは、ワイン消費が高まるなかで、ワインコーパーが、三井のような商人資本として、自らの経営を拡大していく気運はあったのであろうか。常設店舗内の販売に閉じ込められていては、経営が成立しなくなってくる事情は、ワインコーパーにとっても同じである。三井が庇下や店前という非常設の場を開拓していったように、ワインコーパーも店舗をこえた非常設の取引の場所として、オークションとそれに伴う軒下の試飲会を展開した。むしろ、アムステルダムのワインコーパーの場合、こういった非常設の場を開き、倉庫さえ確保できれば自らの店舗は必ずしもいらなかったということに特徴があるといえるだろう。江戸の見世売に託されたような、通り隣の表店との卸売用の競りは、大規模には取引所で、小規模にはこのようなオークションを通じてなされた。ワインは当時、搬送可能になったとはいえ、一年以内に消費されねばならなかった。ワインコーパーの役目とは、入手したワインの味を見極め、不良品は酢づくりやブランデー用へと選別し、ワインとして売る分にも多品種をブレンドしたり甘みを加えたりしてその年の商標を作りだすことであった。売りだすときにはオークションを告知して、その前に試飲会をひらき、大口の小売の顧客を募った。この試飲会は商取引の場にも頻繁に使われる居酒屋兼宿屋やカフェ、あるいは店前の庇下でおこなわれた。こうしたオークションの参加客について、ヴェゲナー・スレースヴェイクが分析をおこなっているが、買い手に多いのは同格のワインコーパーであり、タッパーは少数か大変まれにしか登場しなかった(10)。こうしたオークション活動だけをおこなうワインコーパーがいたとしても、やがては他ワインコーパーからもワインを購入し、商品の取り揃えを増やした常設店舗をもつワインコーパーが存在したと考えられる。これらのワインコーパーは、都市内外の取引をさらに進め、直接、ボルドーのワイン代理商と交渉し、あるいはその製品であるブレンド・ワインを国外の顧客に売るなどの拡大も遂げていった。しかし、そこでタッパーの小口売を統合したり、ブレンド・ワインを荷物に、諸国をまわる配下の行商が生まれたりする動きはなかったようにみえる。そこはタッパーとワインコーパーという量による規制が働いていたし、行商にめぐらせるよりも、定期便輸送網を使って顧客や商人同士に商品を届けたほうがずっと効率的だったからと考えられる。ワインコーパー同士の商品交換、そして大口顧客へむかって、アムステルダムのみならず都市間で、定期便輸送網をつかって商品販売がおこなわれていた。

それに対して、アムステルダムの商業職種の中で、行商網が展開したのは本屋である。これについてはサルマンの研究があるが、彼によれば、本の行商が、アムステルダムの本商人に従属したとはいわないまでも、それと密接に結びつくかたちで、ネーデルランドの各都市部を中心に街売・訪問売をおこなっていた(11)。さらにこの本の行商は、フランス・ドイツ・スイスなど、ネーデルランドの地域を超えて、やはり都市を中心としたトランスナショナルな行商ネットワークの一部を形成していた。その構図は後述する古着商にも重なる。

この節の結論を述べると、江戸とアムステルダムの流通構造を比べた場合、その構造の出発点は同じであるが、江戸では、問屋、仲買（卸）、小売がそれぞれ独立した機能をもつ業者（ヒト）として分けられ、小売である振売には、店舗という「私的な」常設取引の場を与えない。その他の通りをはじめ「公的な場」を開放するかわりに、小売である振売には常設取引の場を与えないことが徹底された。それに対して、アムステルダムは問屋から仲買、仲買から小売という卸機能は市場（いちば）や取引所やオークションという非常設・常設の場に託し、ヒトに機能を託した店舗という私的な常設の場でおこなわない方向で展開した。そうして、ヒトに機能を託すのは同レベルの商人間の貿易か、大口・小口の小売になった。大口と小口売間の仲買（卸）小売関係は必ずしも明確ではない。市場がある商品の場合、小売たちは通り・橋・街角・庇下・軒下などの「公的な場」への活動が認可されたが、その成長には限界があり、市場のコントロールを受ける小規模な商業職種となった。一方、市場のない商品の場合、商人たちの取引はなるべく私的な店舗の中でおこなわれるように統制され、非常設のオークションなどの手段に訴えるときも、屋内でおこなわれることがほとんどであった。このような店舗間の商品の交換はさかんにおこなわれており、本では、都市店舗を結ぶかたちで、行商のネットワークが展開していったのである。しかし、このように行商が大々的に展開することについては、本固有の商品の特徴が作用していた。それは耐久性があることや販売にあたっての専門知識が必要であるということになろう。何よりも、都市内・都市外への分配に輸送や運搬システムが発達しており、ヒトが売る場が規制されているなかで、わざわざ個人が手に持ち行商して歩くことにメリットを見出さなければならなかった。したがって、振売と比べると、行商がマージナルにみえるのは、市場から都市内分配を担っている輸送・運搬システム、そして都市内から都市外への運搬網があり、それとは抵触しないところで行商が活動したからといえよう。

三　古着商と古着市場の展開の比較

(1)　中古品・再流通品の再定義

古着商や古着市場の「周縁性」を考察するためには、中古品、再流通品の意義を捉えなおす必要がある。まず、通常、中古品の流通およびその市場は、新品の流通や市場が主流であるのに対し、それとは切り離されて存在すると想定されてきた。その見方は、商業組織の法規を見ると一層強まる。中古品流通は、主に盗品や紛失品を取り締まる理由で登録された。江戸の八品商のリストがこれにあたり、古着従事者もその中におかれ、一八世紀と一九世紀の登録簿がいくつか残る。ネーデルランドでも、古着商や中古商が登録され、ギルドをもつ際に、同業者の権利を守るというギルドの通常目的のほかに、盗品流通を防止する目的をもった。とりわけ、古着・中古品市場に向けられた指令は、盗品規制のほかにも、ペスト流行時には市場を停止させるなど、通常の市場以上の強いコントロールが施された。これと呼応しあうのが、同時代文献の古着市場の記録である。江戸でも、ネーデルランドでも、古着や中古品市場のにぎわいは、都市の活気を示す景観の一環として紹介されているが、他の市場にはない「インフォーマル」さが、前面に出される。これが中古品流通は特殊であるとの切り離しをさらに強調している。

しかし、中古品流通が新品流通とは切り離されて存在していたということは、実際の流通においては、幻想にすぎない。まず、当時の製造品に関して、未使用品という完全な新品を発注できる層は、ごく少数であり、衣服をとってみれば、大多数の人にとっては、新品服を仕立てる回数は人生で数回に限られた。したがって古着こそが衣服消費の大半を構成していた。人びとはモノを捨てなかったし、修理して使い、衣服や布もはしきれであるとしても再利用した。ネーデルランドの大半の地域において、仕立屋は、最も人数の多い職人に数え上げられる。これだけの増加を可能にしたのは、新品注文ではなく、むしろ衣服の修理と、中古品を含め他の流通品への交換があり、それで生計をたてられたからだと考えられる。

ここで重要なのは、中古品と一口にいっても、多様な段階があることである。そこに流通をかけあわせれば、その段階はさらに複雑になる。すなわち、誰かの使用品が売り払われたもの、捨て値で回収されたもの、物々交換で出されたもの、修理されたもの、作り直されたもの、あるいは新品として売られたが売れ残った未払い品等々の多様な品が「再流通品」としてそこに含まれる。

「消費革命」と呼ばれる一七〜一八世紀の流通と消費の拡大の動きは「新品」消費がもっぱら注目されてきたが、最近になって何人かの消費史家が指摘するように、その拡大は、こうした再流通品の流通と消費の拡大でもあった。新品流通が拡大するのを、「中古品＝再流通品」流通が支えたのである。「成功の言説―一八世紀パリにおける準奢侈品（Semi-Luxury Goods）のマーケティングと流通―」と題する論文において、コクリーが指摘するのは、拡大する小売店が新品だけを扱ったわけではないことである(12)。「準奢侈品 Semi-Luxury の大きな供給源は、拡大する製造業のみならず、貴族や宮廷役人などの上層エリート、そして人びとの間の物々交換であった。上層エリートは、単に不用品の払い下げをおこなうのみならず、自分たちの使用品の質や価値をよくわきまえ、とりわけ商人に対して、支払いやローンの担保に使った。また、準奢侈品を獲得しようとする層も、現金でこれを購入するだけでなく、信用買い、物々交換を駆使しながら、消費を拡大していった。商人はそれらの中古品を新品とは別の流通として扱ったわけではなく、上層エリートの担保品、修理品、リメイク品、未払い品、物々交換品といった「多様な中古品」を統合して、新品を組み合わせて、全体として「流通・販売可能な商品」を作りだす要となっていったのである。この媒介者としての役割を担ったのは、新興の衣類小売店であった場合も、古着商や古着市場そのものである場合も、仕立屋である場合も、流通にのらずに個人同士が物々交換している場合もありえ、それらは補完・協働しあう関係でもあった。ロッシュの指摘する一八世紀のパリの古着商 fripier のありかたは、コクリーのいう柔軟な服飾品商店のありかたに近似する(13)。同様に、パムハウゼンの仕立屋・縫い子・古着商の職分研究からみれば、一七～一八世紀のオランダ諸都市における仕立屋と古着商のありかたにも、この観点から、協働関係がみられる(14)。ある地域の古着商や古着市場の役割を理解するうえで重要なのは、再流通の役割を誰が担っていたかを明らかにしたうえで、古着商や古着市場を位置づけることであろう。

さらに、新品と中古品の切り離しのほかに、もうひとつ中古品流通に対して暗黙になされる想定がある。それが流通の末端にあたり、ローカルな流通にとどまるという見方である。ところが、中古品＝再流通品は、端的にいえば「使える」商品、すなわちすぐに使用できる価値をもつことが保証された製造品であり、遠隔地交易に適していた。ロンドンとアムステルダムを共通して、古着市場や古着商といえば、家々を訪問する古着回収と、古着市場や売り歩きの中で完結しているようにみえて、遠隔地交易は容易にみえてこない。皮肉なことに、古着流通の周縁性を際立たせるユダヤ商人の活動を通してのみ、古着が遠隔地交易品であったことが伝わってくる。ユダヤ人に対する一般的な規制は比較的寛容であった。とはいえ、両都市のユダヤ人は仕立屋を始め多くの職人業や商品販売業から除外されていた。その中で、古着は取引の許されていた数少ない商品であった。ロンドンは古着の大口取引の中心地となっており、ナガールの研究によれば一八世紀には衣類や絨毯の中古品が、ベルギー、フランス、とりわけオランダへと輸出されていた(15)。後には南米にも多数の古着供給がなされる。それらの供給を取りまとめた者として記録にあらわれるのは、ロンドンのラザルス・ヤコブス Lazarus Jacobs、パリのサミュエル・ウォルフ・オッペンハイマー Samuel Wolf Oppenheimer、フランクフルトのヤーコプ・シュロス Jacob Schloss といった、イギリスをこえたヨーロッパ各地のユダヤ系の富裕商人であった。このことは、古着のヨーロッパ内取引に関して、トランスナショナルなネットワークが組織されていたことを示す。このネットワークに対して、ロンドンの古着流通の末端が呼応しており、ナガールの同論文の指摘にあるように、一八世紀末のロンドンへの旅行者の記録によれば、当地のユダヤ人の古着売り歩き hawker は、海外輸出向けに古着を回収していたという(16)。拡大する古着遠隔取引に従事していたのは、ユダヤ人に限られないことは、一九世紀にパリでもロンドンでも拡大していく取引所において、実に二〇〇〇人から三〇〇〇人のディーラーが出入りしていたことからも推察されるであろう(17)。

同時に、古着の需要先、流通先も世界各地へと拡大していた。一八世紀の「フランス」風趣味は、オランダ、ロシア、中南米、アフリカの一部へと世界的に広まっていたことが確認され、それらの地域では、フランスからの衣服は新品のみならず古着が間違いなく取引対象となっていた(18)。その他にも、オランダ・イギリス・フランスでは東インド会社をはじめとした貿易会社の船員・兵士・奴隷（強制労働従事者）・奉公人に対して、大量の既成服が供給され、それらは従業員にとっては換金可能財産であり、航海先、定住先や本国で再流通していた(19)。これらの流通に関する研究はまだあまりおこなわれていないが、ユダヤ人に限られず、衣服商、仕立屋、船員、奉公人といった人びとが、トランスナショナルに繋がりあいながら、その供給がなされていたと考えられる。

(2)　江戸の古着流通と古着市場

このように中古品流通は新品流通と連動しあい、さらに、地域を超えたネットワークをも展開していた。それでは、古着商や古着市場はその中でどのような役割を果たしていたのであろうか。上節で述べたように、北西ヨーロッパでは、中古品流通に仕立屋や衣服商が関わっており、古着商や古着市場の役割がみえにくい。対照的に、江戸では、史料が少ないながらも、古着流通における従事者数と関係性が、ある程度可視化できる。その理由は三点あろう。第一に、衣類の構造上の違いもあわさって、仕立屋の役割が大きくないことである。第二に、商業従事者への統制の強さである。第三に、吉田氏や杉森氏や小林氏の研究のおかげで、古着流通や異なる古着市場の展開が、構造的に整理されていることも重要な要素であろう(20)。すなわち、近世において古着流通と古着市場がどのように機能を拡大し役割を分担しあえるのかを、江戸の展開は如実に映し出すといえよう。ここでは、これまでの古着の研究を参照・統合しながら、第一に古着流通従事者の分化と全体における繫がり、第二に古着市場の機能分化について整理していく。

表７－１　1723年の八品商帳簿にあらわれる主要職種

	職種種類	地区毎の組数	人数
質屋	1	253	2,731
古着買，古着売関連	13	277	3,027
古道具屋	1	209	2,335
唐物屋	1	15	128
小道具屋	4	56	605
古鉄売買	2	176	1,904
古貨幣売買	3	10	104
合計	25	996	10,834

出典：質屋古着屋等人別帳提出令，1723（享保８）年２月14日，東京市史稿，産業11-0915質屋古着屋其他組合設置令，1723（享保８）年４月21日，東京市史稿　産業編11-0928［戸沢　1982年］

江戸の古着流通構造は、不明な点も多々残るが、人数・組織構造が比較的明瞭に推測できる。それは一七二三年と一七七四年に中古品流通に携わる八品商の登録がなされたことに負うところが大きく、加えて明治期の一八七八年にも人数が数えられている(21)。

八品商の構成は、上の表のような分野にわかれていたが、これらの商品によって職種が区別されたばかりでなく、市場、販売チャネルや店舗集積の所在地も異なっていた。一七二三年には、全体で一万八三四名が登録されており、一七の大きな地域別のグループと九九六の組によって編成されていた。このうち、古着関係は、全体の二八％を占め、（三〇二七名、二七七組）最大のグループであった。一七七四年にはその数は三九五〇名へと増加していた。明治期には八品商の登録総数は二万五三九五人にのぼり、三〇以上の分野にわかれていた。古着関係者は以前、最多人数を擁し、全体の二〇％（五〇七六名）を占めた。その内訳は着物取引

（四五四六名）と中古洋服取引（五三〇名）にわかれる(22)。

この登録簿の展開からわかるのは、古着売買が一八世紀初期から一九世紀末期にかけて多数の商業従事者をやとっており、多数の職種が成立していたことである。一八世紀の初めには、古着買（古着を集める）、集まった古着の洗濯・リメイク（修理・加工）、古着売について別職種が成立していた。これに、江戸外からの供給、あるいはそれへの供給を担う問屋、江戸内分配を担う仲買―振売という構造が結びつく。さらに、商品ごとの区分、市場ごとによる区分も重なりあう。この後者二つについては史料には出てきやすいが、繋がりが不透明で、本章ではそれらの機能をなるべく明らかにしてきたい。

江戸は一七世紀の成立以来、巨大な古着供給元であると同時に消費先であり、すぐに日本全体の古着分配のチャネルとなった。古着は江戸市内か、江戸外から運ばれた。江戸外は大阪を始め上方からの供給が中心であったが、江戸周辺地域からの供給（地周り）もあとには増加していった。吉田氏や杉森氏の分析では、これらの供給は中心的な富沢市場へと集結した(23)。

古着買は江戸のあらゆる世帯から、武家、寺社、町家の区別なく集めた。質屋も古着の重要な供給元であった。古着買が常設店舗をもつことはあまりなく、通りが活動の場で、小さな倉庫を借りることもあった(24)。古着買は、着物を扱ったが、ときに履物の一部分や端切れも扱った。一方、ぼろについては、別に紙屑ひろいなどの職種が成立しており、一七七三年のリストでは五四人を数える。古着買いは一七二三年に一四〇七名、一七七四年には二〇四三名登場する。彼らは古着売へ商品を直接売らず、富沢市場近くにいる地古着問屋へ古着を一括して売った。問屋に古着を託す前に、古着買いが着物の洗濯と、ときには流通できるようにリフォームを施した。吉田によれば、洗い張りは通常洗い女や仕立職に託されたが、一七七四年のリストでは、七四名が洗い・乾かし・リフォームの専門職として登場する。

問屋の手に渡った古着は、江戸内か江戸外へ卸売された。問屋の数は、古着商売の拡大にもかかわらず限定され一八五一年の江口屋の『古着問屋旧記』によると一七〇六年に八、一七二五年に五、一八六二年には三と徐々に減少した(25)。彼らはいずれも大商人であり、一八四一年の四問屋の商品の年間資産価値は、それぞれ、一万両から二万両に及んだ。これらの商人は江戸古着を東北への販売を担う「旅人（りょにん）」と呼ばれる旅商人へ卸したが、一九世紀後半になると、大坂ほかの上方諸都市からの仕入れとそこへの供給を担う、下り古手問屋となっていった。江戸市内への供給は、仲間として統合された仲買が、富沢町の朝市を始めとする市場で、卸売から小売へと売った。この仲買の数を特定するのは難しい。一七二三年と一七七四年のリストでは他職種と統合されており、推測として少なくとも一七二三年には二三八人、一七七四年に六四人が活動していたといえる。富沢の朝市では、江戸市内で集められた古着も、上方から流入した古着もともに扱われ、江戸市内への販売には「古着売」、その他への販売には旅商人に売られた。

古着売は一七二三年には一一八二名、一七七四年には一五四一名の登録があるが、ここには、店舗、床店、振売、訪問売りなど、様ざまなタイプの商人が含まれたと考えられる。一六九〇年に出版された人倫近図彙では、古着売りと古切れ売は別々に取り上げげられた。訪問売には、竹馬や天秤棒といった特別な道具も発達した。これらの古着売は、朝競りがおこなわれる市場の周辺に集積し、北西ヨーロッパのように販売形態を統制されることなく、自ら販売形態を選択しながら古着を売っていた。一九世紀初めの江戸の買い物案内では七か所が古着売が主に集まる場として登録されているが、吉田氏の四谷に関する研究では、江戸の地区それぞれに古着売りが集う場所があり、江戸中に拡散していたと考えられている。

その中でも際立った存在となるのが、富沢と柳原土手の二か所である。双方とも中心市場であるが、これまでの研究は吉田氏のそれを始めとして、二つの市場を上下関係にみて、富沢が公的に指定された中心市場であったのに対し、柳原土手は自発的かつ非公式に発生した市場であり、富沢より下級の古着を扱うとみてきた。吉田氏の見解をあらわした図が示すように、柳原は古着卸流通には関与しないところにおかれた。しかし、それならばなぜ柳原土手は中心性を得るにいたったのであろうか。次に両市場の機能に違いが発生したことを説明する。

富沢市場については、盗人鳶沢が、徳川家康のかつての盗人へ生業を与える命を受け、古着市場を開いたという伝説が残る。江戸市内でも最大の朝競りがおこなわれ、取引所のように古着商が集った。上述のように、遠距離古着交易の問屋も、古着買いから収集する問屋もここに集中するばかりでなく、一七二四年から、富沢町では町内で売る者に、特別な許可を義務づけており、町には、常設の小売店舗が軒を連ねたと考えられる。これらの店前では振売が前売をおこない、店裏の通りには多数の着物やふとんを修理・下請けする職人たちが居住した。さらに古着買の倉庫が町外に並び、そこでも古着取引がおこなわれるというように、多層的な古着取引がおこなわれる場であった。

さらに重要なことは、富沢町は初めから呉服取引と関わりがあったことである。杉森氏の研究によれば、三井越後屋は創業時（一六七三年）から、富沢市場を売れ残り品の販売先と考えていた。三〇年後の一七〇六年の記録では、富沢町では他呉服屋も未払い品を販売しており、こうした商品を積極的に購入し再販することで利益を見込めると主張している。その根拠として富沢の商人は、資本を質屋などからの借り入れに頼っているため、安価にこうした商品を販売していることをあげている。このように、一七世紀中には富沢町は未払い品を呉服屋同士が交換しあう取引の要になっていた。越後屋が取引している富沢の古着商は、小資本に限られず、大商人も多数含む広汎なものとなっていた。一七四〇年の取引帳簿には富沢の一七の大資本の商人の名前があがっていた。

呉服商との取引の増加に呼応するかのように、一八、一九世紀の間に富沢町の呉服商の数も増大した。一八五一年に富沢は江戸町内でもっとも呉服問屋の数が多く、一七にのぼった(26)。この背景には、流行に敏感な消費者が集い、古着や未払い品のリメイクを可能とする、熟練した技術をもつ職人がいたことが考えられる。富沢町で、古着や準新品を安価に購入し取り揃えを増やし、最新流行にあわせてリメイクをすることができた。呉服商が古着問屋を兼ねていた例も珍しくなかった。

対照的に富沢町が本来独占していたところの古着売買そのものは町から離れていった。一七八二年には富沢町で販売許可を得ている古着売が隣町境で販売していることを、富沢町が抗議している。本来の古着取引は、町定の町内を少し外れた自然発生的な場でもおこなわれるようになったのである。富沢における古着売買の集約度は減少していく。吉田氏や杉森氏の研究では、古着買やその問屋、および呉服問屋が富沢町に集中していたことを強調しているが、相対的なものである。しかも、一八五一年のリストに現れた一四〇七名の古着買のうち、富沢町の者は六％［八五名］である。富沢町の古着問屋の数も一八世紀中に八つを数えたものが、一九世紀半ばには三つに減少した。反面、呉服問屋は富沢町に一〇九のうち一六が集中し、隣町らをあわせれば、この地区に五〇％以上となっていた。さらに古着売りはまったく富沢町に集中しておらず、一八五一年に古着売りが一〇以上存在する二〇町のなかに数えられていない。この時点で古着売の多い町は南北に拡散しており、古着市場が江戸内部に散在する仕組みになっていた。ここから、富沢は当初、吉田氏の強調するような、各流通経路の古着卸売が接合される中心市場であったとしても、その後次第にいったん新品流通から外れたものの、またそこへ戻る可能性をもつ商品、すなわち未払い品、リメイク品、修理品の流通が発達し、その結果ますます新品呉服流通へと近づいていったと考えられる。

しかし、ここで疑問が生じる。富沢町が古着売にとって古着を仕入れる場所ではなくなっていたとしたら、古着売はどこから古着を得ていたのか。そこで、注目したいのが柳原土手である。一八三一年に出された江戸繁盛記においては、この市場は「弊の弊なる」古着を扱うとある。この書では富沢町が「卸売を結束させ、古着だけではなく新品もあわせて、立派な古着を流通させる」市場であるのに対し、柳原土手は、「そこで商品にならないくたびれはてたものが送られる場」であり、数ある江戸の古着市場でも「最底辺ランク」に位置づけられている。この表現が頻繁に引用され、小林が注目するまでは、柳原土手について、商品は、壊れやすく、低品質で、どこのものかもわからないという側面や、値段つけも詐欺同然、といった古着取引のインフォーマルな要素が強調されていた。つまり、正統的な富沢にたいし、周縁的と位置づけられる傾向があった。

柳原土手はまた、期せずしてできた、自然発生的な市場であり、場所も長い土手沿いに毎日仮設される床店がならぶという、ストリート・マーケットに近いものであった。八つのエリアに分かれ、一八世紀初めから幕府の許可を徐々に得ていった。興味深いのはこれを縮小・抑圧しようという姿勢が幕府にみられなかったことである。床店数は明らかではないが、明治初期に柳原土手の再興が促されたときに五五〇の場数の申請があり、往年でもおよそ五〇〇程度の床店が並び、そのうち一〇〇〜二〇〇が古着関係であったと推測される。柳原土手の古着商売についての最初の記述は一七三〇年代にさかのぼる。富沢には問屋、仲買から振売までのあらゆる層の商人が集まったのに対し、柳原土手では、限られた史料から一八三〇年代の床店の所有者をみれば、裏店層の振売りがほとんどであった(27)。

古着流通において、この柳原が富沢町に匹敵する中心性をもっていたことは、一八六五年に古着商人住吉屋が当時の東京市長に対して柳原古着市の復興を申し出た報告書から、読みとれる。この報告で、柳原土手の往年の繁栄ぶりが明かされているからだ。住吉屋は富沢町と柳原が二大古着市となったが、富沢がより高級な衣服を扱うにつれて、柳原がより安価な衣服を扱うようになり、人気も高まったとしている。報告書の中には、柳原の古着取引が玄人向けであったことも述べられている。毎日朝市が床店前の路上でひらかれた。買い手は、一方では、江戸内の振売、店舗商を含む古着小売（市中見世）と、旅周りの古着商であった。それに加えて、柳原町の床店同士の取引

(「互ニ売買」)があった。この市場に関しては、組は編成されなかった。床店料をはらった人はみな朝市の買い手、あるいは市場での売り手として参加できた。この仕組みは町定による町内取引とは異なるものであった。さらに、一八世紀中には、古着買が古着売をすることが多くなっていったことを考えるときに、従来富沢町などの問屋が古着買から古着をとりまとめていたものが、柳原土手の朝市において古着買が直接売るようになったという要素が大きいのではないかと考えられる。

報告書において、住吉屋は市場ではどんな種類の古着布も売りさばけたと述べる。スポットでおこなわれる競りと恒常的な競りがあった。商品価格は個別取引のうちで決定してよいが、商品の価値は通常その朝の市で評価づけられており、いくつかのクラスに分類されていた。たとえば、ボロと評価づけられたものは樽にまとめられ、郊外のボロ市へとおくられた。それ以上の価値があるものは、個別に評価されいくつかのランクにわけられた。中古品流通において、商品の評価分類が中央で集中的になされることは重要な意義をもつ。街売りのような資本の少ない商人も、在庫を抱えず手離し、毎日商品をいれかえて取引ができることが可能になったと考えられる。古着を売る地場のない古着買いであっても、柳原に古着を持ち込み取引することによって、古着売へも参入できた。また、富沢町や他町内の店持・店借であっても、柳原に床店をもっているケースも確認できた。従って富沢の古着は準新品・高級品流通、柳原はそれ以下と完全に流通がわかれていたともいえない。むしろ、二つの市場の、古着流通にとって不可欠であった機能を行き交いできたことで、古着売買が大々的に実現していたといえるだろう。

重要なのは、こうした意味での幅広い中古品を流通させること、つまり、再流通の基盤を作り上げることにあった。江戸の古着商と古着市場の展開を整理すると、以下のような再流通の基盤が形成されていることがわかる。第一に、市民の使用品の回収メカニズムを作ること、第二に修理品を売るメカニズムを作ること、第三に未払い品を新しい流通チャネルを乗せ売り直す仕組みを作ること、そして第四に古着の遠隔地交易網を作り上げることである。富沢市場も柳原も、ともにこのメカニズムを作り上げる上で、ヴァイタルな役割を果たしていた。古着市場が、これらのメカニズムを作る上で大きな役割を果たしていたのが、江戸の特徴といえよう。

(3) パリにおける古着市場と古着商

これに対して、北西ヨーロッパのパリ・ロンドン・アムステルダムに共通しているのが、仕立屋・衣服商・古着商・古着市場や取引所が交錯しあって、再流通がなされていた点である。古着商や古着市場の存在は、アムステルダムよりも、江戸と同様の大都市のパリやロンドンで強くみられる。この三都市に共通して、古着市場や古着商について、同時代から言及が残るが、研究史では、パリについて、ロッシュが古着商について整理をおこなっているほか、ペローが『衣服のアルケオロジー』においてタンプル市場の詳細を述べている(28)。以下、それらを概観すると、まず、古着商は、フランス独特の「フリピエ fripiers（古着商）」の呼称があり、仕立屋から独立した形で一三世紀から同業組合が存在し、一五四四年に国王認可を得ている。フランス服飾史家の角田奈歩は、仕立屋と古着商が別ギルドを編成するということが、パリの特徴だと指摘する(29)。この時点から、古着商 fripiers は、仕立屋になれないユダヤ人の職業という認識があった。一七七六年以降に同業組合の再編成が起こった際に、古着関係の職業は「男性服仕立工、店舗または露店での衣装・衣服古着商」同業組合と「街路・市等不定地で売買する古着商、古物商」という「自由職業」に分かれて編成された。つまり、一方では、仕立屋と古着商が同一ギルドに編成され、他方では、売り歩きの古着商については他の中古品販売とともにギルドが必要とされない職種として二層化されたのである。角田は、この時点での仕立屋と古着商の統合を、「作業が類似するゆえの合理化」とおく。この統合が衣服生産と流通規制に与えた影響は大きく、それまで仕立屋にゆるされていなかった既成服の加工（染色や洗濯）が可能となり、またあらゆるタイプの古着の販売をすることが可能になり、古着商には、最終的に仕立屋の新品服を売ることも可能となったと考えられる。仕立屋は、それまで原則は生地を扱うことが許されず、顧客の持ち込み生地を仕立てるだけであった仕立屋が、衣服の新品を既成服のように仕立て、古着を修理したり、未払い品として提示することで、売り直すことも可能になったことになる。しかし、この古着商と仕立屋の協働がどのようなものであったのかは法制上からは浮かび上がりにくく、むしろ、仕立屋との再流通メカニズムにかかわらない「街路・市等不定地で売買する古着商、古物商」の方が、純粋な古着商の表象として現れるようになったと考えられる。

一方、一九世紀に入って拡大した、古着市場タンプルでは、富沢や柳原と同様に、卸売商による競りが毎日おこなわれ、区分ごとに、五ジャンルにわかれる古着取引がおこなわれた。タンプルは柳原同様に、元は修道院の囲い地という特殊な場であり、パリ市および城外区では通常認められないような様ざまな特権が認められていた。貴族邸宅が多いマレ地区には隣接していたものの、服飾品・生地小売店や仕立屋の多かった地区からはかなり外れており、その点で富沢とは異なる。一九世紀初めになると、この市場への管理は厳しくなり、他の広場で売られていた古着の古着商も統合され、巨大な専用建物も建てられ、一一時から一四時までは取引所が開かれ、商品量によって相場が変動した(30)。相場を決めるような元締め的な古着商は中央の建物の二階に住みこんでいた。市場の区画は第一に、パレ・ロワイヤル（王宮）区画があり、これらは貴族ほか富裕層の使用品が販売され、近隣に店舗を持つ裕福な小売商と卸売商らが統括した。この点は富沢市場に近い。第二は「フルール（花）区画」であり、ここでは、庶民に向けて流行品ではない実用品が売られた。汚れたシャツにいくばくかの貨幣を添えて綺麗なシャツと交換するといった物々交換も、この区画の取引例としてあげられている。江戸では、このレベルは柳原に近い。第三が「ピュス・ヴォラン（飛ぶ蚤）区画」である。ここは屑屋が供給する「あらゆる種類の古鉄と不潔な、別に回収されるボロとの判別が難しいような古着」が扱われていた。これも、ボロ拾いと衣服回収が区別された江戸のありさまと呼応する。第四の「フォレ・ノワール（黒い森）区画」は皮製品の残骸を売る区画、そして第五に、それらとは別に「ロトンド内」に兵隊用の衣類、場末の劇場やサーカス用の扮装衣装を扱う場があった。ロトンド内は同業組合の影響外とされ、債務者が逃げ込むと取り立てもできないという特殊な治外法権地域であった。ここで、年市のように軍服や舞台衣装などの非日常性をもつ古着が売られたわけである。

このタンブル市場の区分けは、当時のパリにおいて様ざまな古着のジャンルが成立していたことを示している。ここで重要なのは、仕立屋や衣服商がほかで中古品流通を担っていながらも、これだけの規模の古着市場が展開していることである。古着市場内の区分わけは、富沢や柳原やぼろ市といった江戸の古着市場の区分とよく対応しているとみられながらも、店舗の未払い品や、修理品といった、とりわけ富沢市場を拡大させた分野は仕立屋や衣服商が、古着商とも結託しながらも、独自に流通させており、ここに出てくる古着はそのなかで「古着市場」のジャンルの中で売られるにふさわしいもの、あるいは別の流通のなかで売れ残ったものに限られたと考えられるのである。筆者は、このことが、北西ヨーロッパの「古着商」や「古着市場」を「周縁的」なものと位置づけられる背景にあると考える。

(4) アムステルダムの古着商と古着市場の「周縁性」の起源

こうした点をふまえたうえで、パリやロンドンや江戸の半分以下の人口サイズの、アムステルダムほかのネーデルランド都市における古着商や古着市場のありかたを検討する。アムステルダムほか、ネーデルランド諸都市の古着流通は、前提条件が、江戸、パリ、ロンドンとは異なっていた。まず、これら三都市に比べ大都市でないがゆえに、古着の都市内供給源ははるかに狭かった。とりわけ宮廷や政府も発達せず、役人・貴族層という供給源が狭く、古着流通の重要な流れの一つとなっていた、貴族の所持する多数の衣服を再分配することは主流とならず、またそれに向けた消費チャネルや製造業も発達していなかった。したがって、近世期において、パリでみられたような、大がかりな取引所とでもいうべき古着市場の展開はみられない。

近世期、古着商が数ある小売職種の中でも周縁的＝マージナルとされる理由は、そもそも婚姻登録簿や市民権登録簿や徴税簿といった基本的な戸籍史料に出てくる頻度が少ないからである。十数名が登場するのが、女性に限定された名称で、マージナルさが強調される中古品取扱人 uitdraagster である。女性の仕事は通常登録されないなかで、これは女性職種として上位にのぼる。また、膨大に存在する財産目録には、衣服の評価者として多数の中古品取扱人 uitdraager が登場するため、これが確固とした職業となっていたことがわかる。その一方で、本来、古着売を指す古着商 oudklerenkoper は、戸籍史料にあらわれるのは数名に限定される。例えば、一六〇一年から一七〇〇年のアムステルダムの婚姻登録簿には、仕立屋の初婚婿の仕立て屋 kleermaker が六四一四名登場するのに対し、古着商は実に二〜三名にすぎない。一八世紀半ばには、古靴修理や屑拾いのような「取るに足らない貧しい」職種と同列となっている。他史料では、ユダヤ人街で古着が恒常的に取引されたことが記述される。このほかに古着の存在が確認できるのは、盗品や遺失品からみでの訴訟である。このように、メルクマールとなる中央集権的な大規模な古着取引所がないまま、史料上を単純に解釈すると、近世におけるアムステルダムの古着取引は、都市の周縁的な存在である女性やユダヤ人がもっぱら関わり、盗品や偽物がまぎれる闇の色彩の強いものと、位置づけられてきたと考えられるのである。

しかし、時期を遡って中世後期、一五世紀末ごろからの古着取引の展開をみていくと、近世期になぜこのような状況になっていたのかがみえてくる。逆説的に、ある側面では江戸やパリやロンドン以上に古着流通のネットワークが発達していたがゆえに、史料上は古着売りが、みえにくく（不可視化）なっていたことを示したい。第一に、特筆すべきは、一五世紀末には各地で衣服専用の週市が発達していたことであり、それらを古着商 oudklerenkoper が巡回していた。つまり、中世末期には広域にわたる都市間の古着交換ネットワークが成立していたのである。第

図7－3　古着商 oudklerenkoper の版画
作者不詳，Jan de Lange 出版の1822–1849年版画集コレクション，59図の一部　アムステルダム国立博物館所蔵

二に、都市内では、ロンドンやパリとは異なる古着回収システムが、死亡・破産した者の競りからの回収という形で発達していた。ここで発達する職種が中古品取扱人 uitdraagster であった。

オランダの古着流通研究は、一九九〇年代以降に二つの論文が発表され、少なくとも都市法やギルド関連の記述はサーベイされたところである。一つは、アムステルダム王立美術館のキュレーターである、デュ・モルティールが一九九一年に諸都市のサーベイをおこない、主だった都市の古着商に関する記述を総括した(31)。さらに、先に掲げたビビ・パンハイゼンが仕立屋の機能とギルド区分を論じた博士論文において、各都市の古着商ギルドの展開を追い、とりわけデン・ボッシュ 's Hertogenbosch のギルドについて報告している(32)。ここでは、彼女たちが調査した史実をもととしながら、本章で展開してきた文脈から、異なる解釈を与えることを試みる。

中世初期から都市が拡大した南ネーデルランドに対し、ホラントの諸集落は早いもので一三世紀、多くは一五世紀半ばに都市特権を得ている。衣服の取引は都市成立時には展開していたと考えられる。各都市の平均的な人口は一〇〇〇人から五〇〇〇人、最大でも一万人程度であるが、各都市間を結ぶ衣服の取引が市（いち）を通しておこなわれていた。一四世紀には大都市を中心に、古着商ギルドが、ユトレヒト（一三四七年）、ドルドレヒト（一三六七年)、ミデルブルフ(一四三〇年)、ベルヘン・オプ・ゾーム(一四九八年)に成立している(33)。ドルドレヒトの一三六七年の規定は、「古着売り」と「新品の服売り」を区別しており、古着取引でギルドを組んでいたことがわかる(34)。これらの都市は最長六週間続く年二回の年市などが開催され、取引の場となっていたが、一五世紀半ばになるとさらに頻繁になっていった。当時人口数千人と考えられる、毛織物工業都市ライデンでは、一四四八年に、「中古品取扱人 uitdraagers」ほか、使用品・衣服他を売る者は水曜日と土曜日に公共の市場で売ることができると決定されている。つまり、この程度の都市でも、週二回定期的に衣服の市があった。

古着商 oudklerenkoper は、これらの市を遍歴し、通りを売り歩く職業であった。市には、もうひとつの古着売職種、中古品取扱人 uitdraagster も参加した。長い距離を行き来するのも習慣化しており、一五三〇年に古着商が、北ネーデルランド最大であるベルヘン・オプ・ゾームの年市において、三五キロ離れたアントウェルペン出身の女から古着を購入していた記録が残る(35)。図7-3は古着商 oudklerenkoper を版画であらわしたものであり、「私は、街路を練り歩き、古着を買うために、あちらこちらを遍歴することで生業をたてている」と刻まれている。

ここで重要なことは、「古着商 oudklerenkoper」という遍歴商人層が確固として存在したというより、仕立屋・衣服商・衣服繕い・中古品取引人が混然となったかたちで、「古着商 oudklerenkoper」が営まれていたことであろう。アントウェルペンで一五七三年に出されたプランテイン Plantijn の辞書を見ると、「古着商 oudcleercoper」は「すでに着用されたか、修理されたか、裁断された衣服のリメイク・修理・再裁断をおこなう者 hersteller, oplapper of opknapper van gedragen, gesleten of versleten kleding」であり、古着商、仕立屋、衣服繕いと重なる、と示している(36)。これは「古着商」が衣服の修繕から再流通にのせるためのあらゆる処置を自らおこなったことを示すばかりでなく、仕立屋や衣服繕いとの境目も曖昧で、相互に行き来もできたのではないかと考えられる。

こうした古着商に対し、一六世紀後半以降になると二つの統制が加わる。第一は古着商の市民およびギルドからの排除であり、第二は仕立屋や他職種との職分規定である。まず、北ネーデルランドの都市全体で、古着商独自のギルドは一六世紀中には成立しなかった。一七世紀中の唯一の例外が一六三一年に「宮廷都市」デンハーグで成立したギルドで、さらに一八世紀には一七五〇年にデン・ボッシュでのギルドの成立を例外とする。とくに、アムステルダムでは、一六世紀の間に古着商 oudklerenkoper は、ギルドに編成もされなければ、市民権も禁止する職種として位置づけられていた。一五七〇年にアムステルダム都市は古着商 oudklerenkoper が市民権を獲得するのを禁止した。一五三一〜一六〇六年の市民権登録簿には六人の古着商（内、三人は古着商女性）しか登場しないが、同時期に仕立屋は六七七名登場する。しかし、市民権の禁止はともかくとして、この背景に小売り職種全般のギルド統制が弱まっていたことも考慮しなくてはならない。アムステルダムの小売商人ギルドは、一五七〇年前後には大クラーメル・ギルドが形骸化し、一七世紀半ば以降にいくつかの専門商がギルドを編成しなおすが、主だった商人の半分はギルドに編成されない。とりわけ、その大半をしめていたことであろう服飾品の小売りのギルドが再編成されることがなかった。しかし、服飾品が小売りされていたことは間違いない。

第二の仕立屋や他職種との職分も、第一の点を踏まえた上で理解されるべきであろう。これらの職分規定からは逆に、古着商がどのような衣服を売っていたか、がみえてくる。ロッテルダムの仕立屋ギルドが要求したのは、古着商が「四分の三エル（六八・五センチ）以下の長さの布で」リメイクすることであり、アムステルダムの同ギルドでは「他都市の仕立屋につくらせた衣服を販売することの」禁止である。つまり、古着商は、衣服の修繕やリメイクをおこなうこと、さらに中古品だけでなく新品服さえも扱っていたことが前提となっている。そしてアムステルダムの展開がもっとも象徴的であるが、一五九八年に一定額（年一二ギルダー）を仕立屋ギルドに納入し、古着商は自らギルドを組むことはしなかった。仕立屋と職分を明確にして別職種として成立しなおしたというより、金額を納入することで仕立屋ギルドの職分を共有して担うことが確認されたともいえる。両者は行き来が可能だったのである。

　こうして、史料上にはなかなか表れにくくなったとしても、古着商が元来取引する場である、一七〜一八世紀各都市の衣服の市（いち）はいよいよさかんで、前述したライデンの「古着市」は一六四一年の記述に、「従来から「のみ市 Luysmarckt（Luizenmarkt）」と呼ばれたが、あらゆる種類の新しく作られた衣服が、売られている（傍線筆者）」と述べられている(37)。また一八世紀の記述は「この市は、多様な商品の供給を行う……たとえば麻織物、絹織物、毛織物、ズボン、靴、および衣服」となり、布・衣服・服飾品を扱うマルクトとして発達していた。まさに、仕立屋・衣服商・衣服繕い・中古品取引人が混然となったかたちで取引が営まれていた場、それが古着市場、あるいは中古品ののみ市であったのである。

Hier veilt men allerhande goed
Voor elk, die daar van hebben moet:
Hier vindt men bedden, dekens, kleêren;
Men kan zijn huisraad hiér vermeêren.

図７－４　中古品取扱人 Uitdraagster の版画

作者不詳，Jan de Lange 出版の1822–1849年版画集コレクション，59図の一部　アムステルダム国立博物館所蔵

　さて、もうひとつの古着を扱う職種、中古品取扱人 uitdraagster についても、一五、一六世紀から近世期にかけての展開を追っていこう。すでに述べたように、北部ネーデルランドでとりわけ近世期に確立した古着回収システムに、死亡・破産者の家屋競りからの回収が、挙げられる。都市住民は、死亡時・破産時には財産目録をつくり、衣服から家具にいたるまでのすべての所持品をまず評価され、それを競りに出すのが通常であった。その背景に、子供の間の均分相続が基本であり、財産を公平にわけるた

めにも、動産の換金化が必要で、販売後の金額が相続人の中でわけられたことがある。北ネーデルランドでは目録は一六世紀半ばから残るところが多いが、近世期にはいよいよそのシステムが整い、都市・農村にかかわらず史料が残るが、とりわけ都市部の中流・富裕層ほぼ例外なく財産目録をつくり、今も各都市史料館には通常数万から数十万の記録が残る。中古品取扱人 uitdraagster は、この財産目録の作成時から、衣服の評価者として名前がよく登場する。さらに、近世になると、これらはもともと中古品全般を扱っていたのが、次第に衣服に専門化するようになったと考えられる。これは財産目録の作成と売り払いとも関連しあっていたと考えられる。家財道具の競りは、競りマイスターがおこなう必要があったが中古品取扱人も補佐を務め、他中古品取扱人もそこへ買いつけにきた。図7-4は、中古品取扱い人たちがそうして入手した商品を一般に対して競りにかけている場で、「ここでは、あらゆる商品が競りにかけられる。必要としている人が、ベッド、寝具、衣服が入手できる。人々は家財道具を増やすことができるのだ」と説明がついている。

男女のどちらもこの職に就くことができたが、一八世紀までは女性が圧倒的であった。遍歴商として位置づけられた古着商 oudklerenkoper とは対照的に、この職種では一五三〇年に売り歩きが禁止され、店舗売が基本となった。伝染病発生時に統制がとれるためという理由からも、一部の通りに店舗は集中した。多くを稼ぎ出すことも可能で、バルバラ・ヤンス Barbara Jans という、一五四九年に生まれ一六二四年に亡くなった中古取扱人は、死亡時に二万ギルダー以上の財産を残し、五つの家を所有し、その動産を公的な競りで売り払うのに二日を要したという(38)。競りはとりわけ女性のネットワークによって運営されており、個人の古着の購入場としても、中古品取扱人同士の商品の交換の場としても使われていた(39)。当然ながら、この職種も衣服の修繕や修復に携わり、自ら宣誓はするもののギルドは編成せず、古着商同様一五九八年に仕立屋ギルドに一定額を納入することで、権限が重なることを許されていた。

アムステルダムとオランダ共和国諸都市の古着流通を二つの古着商職種から見るとロンドン・パリ、江戸のような大都市とは異なって、階層的に、あるいは中央に集中するかたちで古着市場が展開していなかった。しかし、重要なことは、その状況でも、ここでもまた、幅広い中古品を流通させること、つまり、再流通の基盤を作り上げられていたことである。江戸の展開では、第一に、市民の使用品の回収メカニズム、第二に修理品を売るメカニズム、第三に未払い品を新しい流通チャネルを乗せ売り直す仕組み、そして第四に古着の遠隔地交易網を作り上げることを、再流通の基盤として挙げたが、オランダ共和国もまた、このすべての仕組みを作り出していた。それは、二つの異なったタイプの古着職種のネットワーク、それに衣服商、仕立屋が複層的でありながら、重複しあうなかで展開していたのである。二つの古着職種は、古着流通の大きな網の目の中の一つを形成したものであった。

翻って、古着職種の周縁性は、この二つの古着商職種をもってすべての古着流通と置き換えていたがゆえに、言い換えると、それらが全体の一部でしかないということに注意せず扱ってきたがゆえに生じていたのではないだろうか。軽視されてきたのは、「マージナル」なものへの視座ではなく、むしろ「全体」への視点のほうであると、あらためて提起したい。アムステルダムのこれまでの古着市場や古着商の研究の大半は、別の主体が古着を扱っていることを想定せずに論を展開しており、それらが膨大な古着使用や流通におけるほんの一部、すなわち「周縁」を扱っていたにすぎなかったことが、その周縁性を強める誤解を生みだしていたと考えられる。

四　商業職種の周縁性を生み出したもの

ネーデルランド都市において行商（街売り）や古着商は周縁的とされる。周縁的とされる職種に重要な役割があったことを指摘する研究が増えるにつれ、冒頭に紹介したファン・ホイヘル氏など、周縁的とおくことから離れないと、その役割はみえてこないとの指摘がなされている。そこで本稿は、江戸都の比較で、全体の流通構造を見直すことによって、なぜこれらが周縁的とされるのか、新たな視点を提示したい。

近世江戸の行商や古着商のありかたは、空間的に町定めで規定され、問屋―仲買―振売に分節していた構造があきらかになっており、吉田氏・杉森氏を始めとした研究者の努力で、それらを全体構造の中に位置づけることができる。本章では、この江戸の全体構造を強く意識しながら、ネーデルランド都市における行商・古着商を対比させた。その結果、行商については、近世ネーデルランド諸都市内で江戸市中にくらべ行商が限定した役割しか果たさなかったのは、市場から都市内分配を担っているのが輸送・運搬システム、そして都市内から都市外への運搬網があり、それとは抵触しないところで行商が活動したからであることを指摘した。

古着商については、まず古着流通は、新品―中古品―ぼろ―ゴミというように、使用度によって順次くだるリニアな構造だけではとらえきれないことを述べた。新品と接触する流通として、未払い品、リメイク品、修理品があげられる。別に古着を古着として売る流通が存在し、様ざまなタイプの「古着流通」があり、また各流通局面で新品と中古品とが混ざり合うこともあったことを指摘した。そのうえで、江戸では、古着市場が拡大し、機能の分化や集中をおこしながら、こうした流通の結節点を編み出していた。一方、北西ヨーロッパでは、仕立屋、衣服商、古着商やほかの職種が重なり合いながら、これらの流通に参加しており、一つの古着職種、古着市場は、広義の一断面に過ぎない。かわりに、江戸では広汎には存在しなかった仕立屋は、既成服を販売・修理を引き受ける点で、古着商といってもよく、古着商も修理・新品服販売をおこなっていた。しかし、大都市ではないアムステルダムやオランダ共和国の都市でも、内外にネットワークを編みながら中世末期より古着流通は営まれてきたのである。

このように、行商ならば、その売り歩く空間（通り・都市内外をつなぐ流通路）の物理的な構成、古着商ならば、新品衣服の仕立て、既成品流通からゴミ収集まで、全体の流通のありかたを見ると、周縁と位置づけられた根拠が明らかになり、それと並んで、流通解明のミッシングリンクがみえてくる。例えば、古着流通を語るには、仕立屋や衣服商らを含めた衣服流通の研究が不可欠である。それを詰めたうえで、構造の中の真に周縁なるものの議論ができるようになるだろう。

［注］

（1） Fontaine, L., *History of Pedlars in Europe*, Duke University Press, Reisssue, 1996; Spufford, M., *The Great Reclothing of Rural England: Petty Chapmen and their Wares in the Seventeenth Century*, Bloomsburry Academic, 1984.

（2） van den Heuvel D., "Selling in Shadows: Hawkers and Peddlers in Early Modern Europe", in M. van der Linden and Lucassen, Leo, eds. *Working on Labor. Essays in Honor of Jan Lucassen*. Brill, 2012, p. 125–151.

（3） 吉田伸之、「振売」『日本都市史入門Ⅲ　ひと』東京大学出版会、一九九〇年。ほかに以下の文献を参照。吉田伸之『近世巨大都市の社会構造』東京大学出版会、一九九一年、吉田伸之「表店と裏店――商人の社会、民衆の社会」同編『日本の近世　都市の時代』、中央公論社、一九九二年、吉田伸之『近世都市の身分構造』東京大学出版会、一九九八年、吉田伸之『巨大城下町江戸の分節構造』山川出版社、二〇〇〇年。

（4） 杉森玲子『近世日本の商人と都市社会』東京大学出版会、二〇〇六年。

（5） アムステルダムおよび北ネーデルラント都市における市場の基礎文献として、Noordegraaf, L., *Atlas van de Nederlandse Marktsteden*, Spectrum/Sijthoff, 1985. M. Wagenaar en R. Kistemaker eds., *Amsterdam Marktstad*, Amsterdam, 1984.

（6） Bakker, Theo, *Markten van Amsterdam*, http://www.theobakker.net/pdf/markten.pdf.

（7） 杉浦未樹「アムステルダムにおける商品別専門商の成長　一五八〇～一七五〇年―近世オランダの流通構造の一断面」『社会経済史学』、七〇（一）、二〇〇四年、四九～七〇頁。

（8） 彼らはよく「二次的、従属的 Petty」と位置づけられるが、「周縁的 Marginal」と位置づけられることはない。

（9） 杉浦未樹、前掲論文。

（10） Wegener Sleeswijk, A., *Franse wijn in de Republiek in de 18e eeuw*, Unpublished PhD Thesis, Sorbonne, 2006.

（11） Salman, Jeroen, *Peddlers and the Popular Press, Itinerant Distribution Networks in England and the Netherlands 1600–1850*, Brill, 2013.

(12) Coquery, N., "The Language of Success. Marketing and Distributing Semi-luxury Goods in Eighteenth-century Paris", in *Journal of Design History*, 17-1, 2004, p. 71-89.

(13) Roche, D., *The culture of clothing*, Cambridge University Press, 1996, p. 349-363.

(14) Pamhuyzen, B., *Maatwerk. Kleermakers, naaisters, oudkleerkopers en gilden*, IISG, 2000.

(15) Naggar, "Old Clothes- Men, 18th and 19th centuries", in *Jewish Historical Studies*, Vol. 31 1988-1990. p. 181.

(16) Naggar, *op. cit.*, p. 180-184.

(17) Roche, *op. cit.*, p. 343.

(18) 例えば一八二〇年代に起こったマダガスカルの王族の洋装化では、古着が大量に使用されている。以上はマダガスカルの織物・服飾史家Sarah Fee氏のご教示に拠る。

(19) 最新の研究として、Lemire, Beverly, "A Question of Trousers. Mariners, Masculinity and Empire in the Transformation of British Male Dress, c. 1600-1800". シンポジウム発表原稿、東京大学東洋文化研究所、二〇一三年。

(20) 杉森玲子「古着商人」シリーズ近世の身分的周縁四『商いの場と社会』、吉川弘文館、二〇〇〇年、杉森玲子『近世日本の商人と都市社会』 東京大学出版会、二〇〇六年、小林信也『江戸の民衆世界と近代化』山川出版社、二〇〇二年。

(21) 一七二三年、七四年の登録の目的は盗品売買の流通を防ぐことにあった。杉森、二〇〇〇年、一五五頁、杉森二〇〇六年三一六頁。一八五一年にまとめられた大日本近世史料　諸問屋再興に触れられている。一八七八年のものは、東京市史稿市街篇六三巻、二三九頁に拠出。明治に入ってからの再編で一八八四年に八品商は法的に古物商へと再統合された。以上について、坂詰智美「明治期の八品商——古着屋・古着商の推移を中心に」専修大学緑鳳学会『専修総合科学研究』一六、二〇〇八年、一八五～一八八頁。

(22) 坂詰、前掲論文、一八五頁。

(23) 杉森玲子、前掲書、二〇〇六年、二八四頁。

(24) 吉田伸之「表店と裏店——商人の社会、民衆の社会」同編『日本の近世　都市の時代』、中央公論社、一九九二年。

(25) 吉田伸之『近世都市の身分構造』東京大学出版会、一九九八年、白石孝『江戸明治大正史　日本橋界隈の問屋と街』文眞堂、一九九七年、白石孝『日本橋街並商業史』慶応義塾大学出版会、一九九九年、とくに二一六頁。

(26) 杉森、前掲書、一六五頁。

(27) 小林、前掲書、一七一～一八六頁。

(28) Roche, *op. cit.*, p. 343。フィリップ・ペロー『衣服のアルケオロジー　服装からみた一九世紀フランス社会の差異構造』（大矢タカヤス訳）、文化出版局、一九八五年。この文献とその内容について、フランス服飾史家の角田奈歩氏にご教示いただいた。この場で厚くお礼申し上げる。

(29) 角田は、その著書において一八世紀後半パリの服の生産・流通・販売にかかわる職種について精緻に明らかにしている。角田奈歩『パリの服飾品小売りとモード商1760–1830』悠書館、二〇一三年。

(30) 角田によれば、一九世紀後半、既製服産業がパリで拡大した後はタンプルも再編成され、新品を売るようになる。角田奈歩、西洋史学会ポスター発表、二〇一四年、五月。この展開は富沢市場の明治期の展開とも重なる。

(31) du Mortier, B., “Tweedehands kleiding in de zeventiende eeuw”, in *Textiel Historische Bijdragen*, vol. 31, 1990, p. 39–59.

(32) Panhuyzen, B., *op. cit.*

(33) *op. cit.*, p. 255.

(34) v. d. Wall, P. H. *Handvesten der stad Dordrecht*, 4vols., Dordrecht, 1770–80, 297. Du Mortier 前掲書に依拠。

(35) Slootmans, C. j. F., *Paas- en Koudemarkten te Bergen op Zoom, 1365–1565*, 3 vols., Tilburg, 1985, vol. III 1477, 1515. Du Mortier 前掲論文に依拠、p. 47.

(36) C. Plantijn, *Thesavrvs Thevtonica lingvae, Schat der Neder-duytsche spraken*, Antwerpen 1573. Du Mortier 前掲書に依拠。

(37) Orlers, *Beschrijvinge der Stadt Leyden.*（Leiden 1641）276. Du Mortier 前掲書に依拠。

(38) van Wijngaarden, Hilde, “Barber Jacobs en andere uitdraagsters”, in *Ons Amsterdam*, 47 1995, p. 58–61; *id.* “Barber Jacobs en andere uitdraagsters. Werkende vrouwen in Amsterdam in de zestiende en zeventiende eeuw”, in *Tijdschrift voor Vrouwenstudies* , 63, 1995, p. 334–347.

(39) van Eeghen, I. H., “Uitdraagsters ‘t zij man of vrouw”, in *Maandblad Amstelodamum*, 56, 1969; p. 102–110; I. H. van Eeghen, “‘Haes Paradijs en de uitdraagsters”, in *Jaarboek voor Vrouwengeschiedenis*, 8, 1987, p. 125–133.

第三部　共生の諸相——周縁を生きる

第八章　信州松本藩領大町組の被差別民の役割と生活

斎藤洋一

一　松本藩領の被差別民に関する貴重な史料

信州松本藩領の被差別民については、信州の被差別民史研究の先駆者である塚田（旧姓万羽）正朋が早くから研究を進めた。それによって近世初頭の松本城下町形成時に安曇・筑摩両郡の「かわた」と呼ばれた人びとへ、城下町へ引っ越してくるようにとの触が出されたこと、「かわた頭」が任命され、藩領内の「かわた」と呼ばれた人びとを統率したこと、皮の上納や城門の掃除などの役が課されたことなどが明らかにされた。その研究の中で、後にみるように主として近世前期から中期にかけての大町村の被差別民の歴史も明らかにされた(1)。

しかし、塚田以外に松本藩領の被差別民に関する研究を進める人はほとんどいなかった。そのひとつの理由は、史料が少なかったからだと思われる。そうしたなか、一九九七年に結成された「輪を囲む会」（その後「松本人権推進古文書研究会」と改称）は、古文書を基に部落差別の歴史を学習しようと、丹念に松本藩領内の関係史料を収集し、学習を積み重ねた。そして、その成果を『松本領内被差別部落の歴史――学習用古文書史料』（一九九九年）、『古文書に学ぶ松本領内の被差別部落』（二〇〇五年。二〇〇八年に第二版）としてまとめた。前者は史料集、後者は研究報告で、市民の貴重な研究成果といえるが、新たに発見された史料はそれほど多くない(2)。

そのような研究状況であったところへ二〇〇三年三月、山本英二によって貴重な史料がもたらされた。山本が『信州大学人文学部人文科学論集』三七号へ「寛政三年信濃国松本藩大町組長吏組頭「永代留書帳」について」と題して「史料紹介」した「永代留書帳」という史料である。くわしくは次に述べるが、信州の被差別民が自ら書き記した史料で、大町村を中心とした地域の被差別民の歴史を具体的に伝えている(3)。

筆者はかつて、この史料に即して大町組の被差別民の歴史を概観したことがあるが(4)、これに関連史料を加えて、大町村の被差別民の役割と生活を再検討してみたい。したがって本稿は、前稿を修正増補したものであることを、あらかじめお断りしておく。

二　「永代留書帳」とは

それでは「永代留書帳」とはどのような史料か。山本の解説をみよう。

「永代留書帳」は、信濃国松本藩大町組の長吏（穢多）組頭を世襲した又四郎・又次郎親子が、二代にわたって書き記した史料である。丁数は、墨付五七丁、表紙と裏表紙は厚手の楮紙で、麻紐・四つ目綴じの竪帳である。

「長吏」と呼ばれた人びとには、松本藩の行政支配単位の一つである「組」ごとに「組頭」という役職が設けられていたこと、その大町組の組頭を務めた大町村又四郎・又次郎親子が二代にわたって書き記したのが「永代留書帳」（以下「留書帳」と略記する）ということになる。ちなみに金井圓が作成した寛文四年（一六六四）の松本藩領図[5]を簡略化して大町などの位置を示すと、次頁図8-1のようになる。

この「留書帳」は信州大学人文学部日本史研究室に所蔵されていて、山本が見出したものだが、この価値について山本は次のように述べている。

　ところで松本藩領における被差別民関係史料は、藩の頭役を勤めた出川の彦太夫家文書が散逸しており、必ずしも良好な残存状況とは言いがたい（塚田正朋『近世部落史の研究――信州の具体像』部落問題研究所、一九八六年）。その点、「永代留書帳」は、これまで判然としなかった松本藩における被差別民の具体像を知るうえで、大変貴重なものであるといえよう。

山本の指摘のとおりであるが[6]、この指摘は松本藩領に留まらない。なぜなら信州の被差別民が自ら書き記した史料は、これまでほとんど見出されていないからである。「留書帳」は松本藩領のみならず、信州の被差別民の具体像を知ることのできる数少ない史料といえる。

それでは、「留書帳」には何年ごろのことが記されているか。「記されている内容年代は、安永八年（一七七九）から天保四年（一八三三）までの五四年間にわたっている」というから、江戸時代中期から後期にかけてになる。ただし「実際に「永代留書帳」が記され始めたのは寛政三年のことであり、安永八年から寛政二年までの記事については、過去にさかのぼって改めて書かれたようである」という。というのは「大町では天明五年（一七八五）と同七年（一七八七）に大火があ」り、「この時、又四郎も被災し、家屋とともに文書一切を失ったと想像される」からだと述べている。

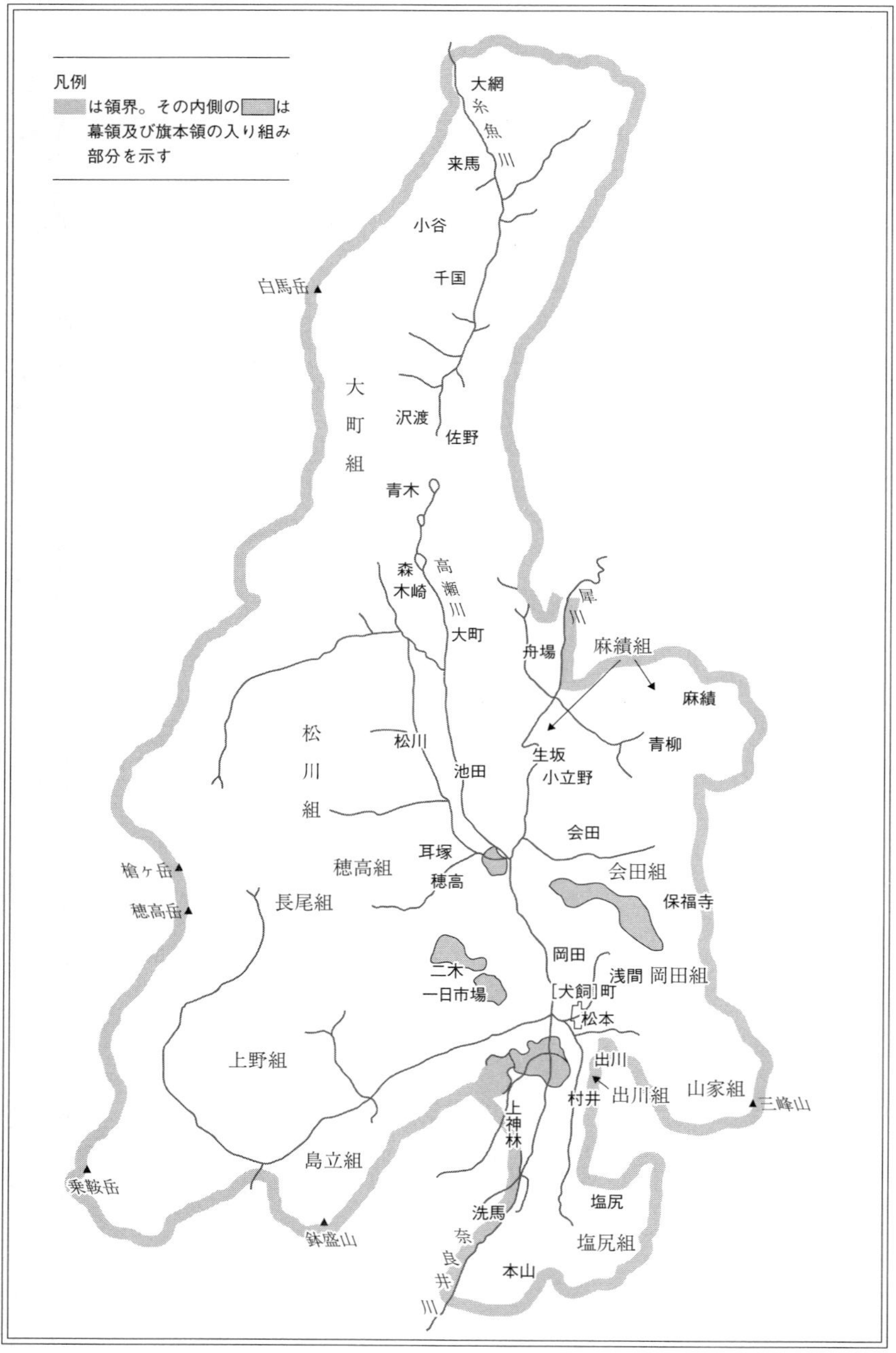

図8－1　寛文4年（1664）松本藩領国図

大町は松本と越後（新潟県）糸魚川とを結ぶ，いわゆる糸魚川街道（大町街道・千国街道）上に位置しており，交通の要衝として栄えた。中世には仁科氏の居館が置かれ，定期市も開かれた。近世には北方の小谷などをふくめて大町組となった　＊金井圓『近世大名領の研究』（名著出版，1981年）所収（16頁の訂正版）の「寛文4年（1664）松本藩領国図」を簡略化して示した

「留書帳」の執筆者については、「又四郎が文政八年正月七日に死去していることから、文政七年（一八二四）以前の大半を又四郎本人が、文政八年（一八二五）以降は、ほぼ又次郎が記したものと推測される」という。五四年間分の大半は、又四郎が記したことになる。

さらに山本は、「これまで信州では、被差別民自身が書き記した古文書は、ほとんど発見されておらず、彼らの識字能力を考えるうえでも重要である。「永代留書帳」には、当て字や誤字がしばしば見られることから、あるいは親から子へと文字が学習されていったのではないかと思われ、被差別民のリテラシーの一端を知りうる」とも述べている。そういう意味からも注目される史料である。

それでは、「留書帳」にはどのようなことが記されているか。山本は次のように述べている。

記載内容は、被差別民の生活全般にわたる多彩なものである。なかでも長吏の旦那場に関する記述が豊富である。又四郎が「寄物」と呼んでいる夏秋二度の貰い受け、それに吉凶の勧進行為や寺院での祭礼に際しての礼物貰い受けなどは、じつに詳細に記されている。また又四郎が組頭として果たした職務や、被差別民が果たしていたさまざまな役負担、たとえば松本城の堀掃除役、太刀取などの仕置役、又四郎の自宅に隣接して設置されていた牢の再建・修理、盗賊の探索などの捕吏役、寺院での回向の時に行なわれた見世物の警護役、といった具体相が逐一記される。なかでも文政八年、松本藩に起こった百姓一揆・赤蓑騒動の鎮圧に出動した際の記述は、臨場感あふれるものとなっている。ほかに又四郎が「小屋者」と呼んでいるものたちの林番や宮番役の記載、「力」と呼ばれる被差別民の存在も知ることができる。

ここに総括的に述べられているように「留書帳」には、「長吏」と呼ばれた人びとが従事した役割を中心に、生活にかかわることなどが記されている。さらに、これまで信州ではほとんど明らかにされていない「小屋者」「力」

などと呼ばれて差別された人びとのことも記されている。「留書帳」は被差別民が自ら書き記した史料であるというだけでなく、その記載内容からも見逃せない史料といえる。

もうひとつ、各組頭が「組頭箱」なるものを持っていたことが知られる点でも関心を引かれる。これに関して山本は、次のように述べている。

「組頭箱」とは、松本藩領内の行政支配単位である組毎におかれていたと推定される長吏組頭によって回り持ちされていた文書引き継ぎ箱だろう（寛政十二年二月八日「覚」参照のこと）。最近とみに進展した史料管理学では、村や町、大名文書の文書管理に関する研究が蓄積されてきたが、被差別民の文書管理については、ほとんど指摘されていない。この点でも「永代留書帳」は興味深い。

本章では、この「留書帳」を中心にして「長吏」と呼ばれた人びとが担った社会的役割と、その暮らしぶりを明らかにするとともに、「小屋者」「力」などと呼ばれた人びとの生活の一端も明らかにしたい。

三　塚田正朋が明らかにした大町村の被差別民

その前に、塚田正朋が明らかにした大町村の被差別民の歴史をみておきたい。塚田が明らかにしたのは、主として近世前期から中期にかけての大町村の被差別民の歴史で、「留書帳」の時代と一部重なっている。したがって、「留書帳」を理解する前提となる。

まず、塚田が『近世部落史の研究』であげている史料と、その史料から明らかになることを年代順に列挙する（同書の各所で述べていることを要約して示す）。

①寛永一一年（一六三四）三月一〇日付「御領分之かわた共、御門掃除致候者之事」という領内の「かわた」に松本城の「南御門・東御門・北御門・馬出シ」の掃除を一ヶ月に三度（二九日・一〇日・二〇日）順番に務めるよう命じた文書に「仁科ノ彦三郎」とみえる。

②慶安二年（一六四九）四月二二日付「大町村田方検地帳」（文化五年の写）と「大町村畑方検地帳」とがあり、「田方検地帳」に、「一、屋敷　弐畝歩　長吏 勘次郎」「一、屋敷　五畝拾八歩　同 彦三郎」とみえる。また両帳から彦三郎が、屋敷のほかに「上田六畝二七歩、中田九畝二七歩、上畑三筆（一畝六歩・六畝二八歩・三畝一五歩）、下畑三反七畝一五歩」を「名請」していたことがわかる。

③慶安二年（一六四九）八月付「安曇郡大町家帳」に「かわた 勘次郎 年四十一」とその家族・馬と、隠居である「次左衛門 年七十八」とその家族（むこ又二郎を含む）・馬が書き上げられている。この合計は一一人（男六人・女五人）とされている。なお、塚田はふれていないが、同じ慶安二年八月付「安曇郡大町家数内訳帳」が別にあり、それには「治左衛門」は「かわた勘次郎父」と記されている。

④寛文一二年（一六七二）の「大町村五人与（組）宗門改帳」には、次のように記されている。

一、又次　　生所大町　　西岸寺
（妻子略）
家来 勘六　　同　　同
（妻子略）
家来 孫七　　　　同
（妻略）
又次家内〆拾四人内 男十人 女四人

長刺（吏）　又次郎（ママ）
同　勘六
同　孫七

⑤宝永六年（一七〇九）三月改訂「大町屋敷絵図」によれば、「松本方面に通ずる「南出入口」に、しかも「柵」とおもわれる構築物の外側に、「御打捨地（除地）」として、それぞれ二畝、五畝一八歩の「屋敷地」をもつ二軒の「長吏」が居住している」。「絵図」には「朱之名　当持主、墨之名　竿請主」という注記があって、慶安二年の竿請主が彦三郎（五畝一八歩）・勘二郎（二畝歩）であり（253頁表8-1は、この記述と異なるが、塚田の記述のままとする）、宝永六年の持ち主が又治・勘六であることが判明する。なお「柵」によって「へだてられてはいるが、「出入口」に、「力屋敷」が位置している」ことも判明する（図8-2参照）。「力屋敷」は「北口」にもみられるから、「力屋敷」は南北両方の出入口付近にあったことになる。

⑥享保一〇年（一七二五）の「大町穢多屋敷并籠屋之図」に「九尺四方の囚獄（牢屋）」がみえる。また、「半之丞」の板屋が、「小十」のそれとともに、「又次分レ」と註記され、「又次」の屋敷地内に設けられている。

⑦明和七年（一七七〇）の「大町村宗門御改五人与（組）帳」では、「又次・勘六（ともに襲名）・半之丞の独立した三軒になって、「三人与（組）」を形成している」。本帳には、「三戸で六組の夫婦をふくむが、おなじ大町の出生同士、同部落内での結婚は二組なのにたいし、のこる四組は配偶者の一方が他村の出生であって、この方が同一部落内婚をはるかにうわまわっている。それも、それぞれ妻が諏訪郡下桑原村（諏訪市）、安曇郡松川組耳塚村（南安曇郡穂高町）、同郡長尾組一日市場村（南安曇郡三郷村）、夫（入婿）が南安曇郡成相組町村（南安曇郡豊科町）となっていて、ひとりは他領から、三人はおなじ松本領内からながら、いずれもかなり遠方から

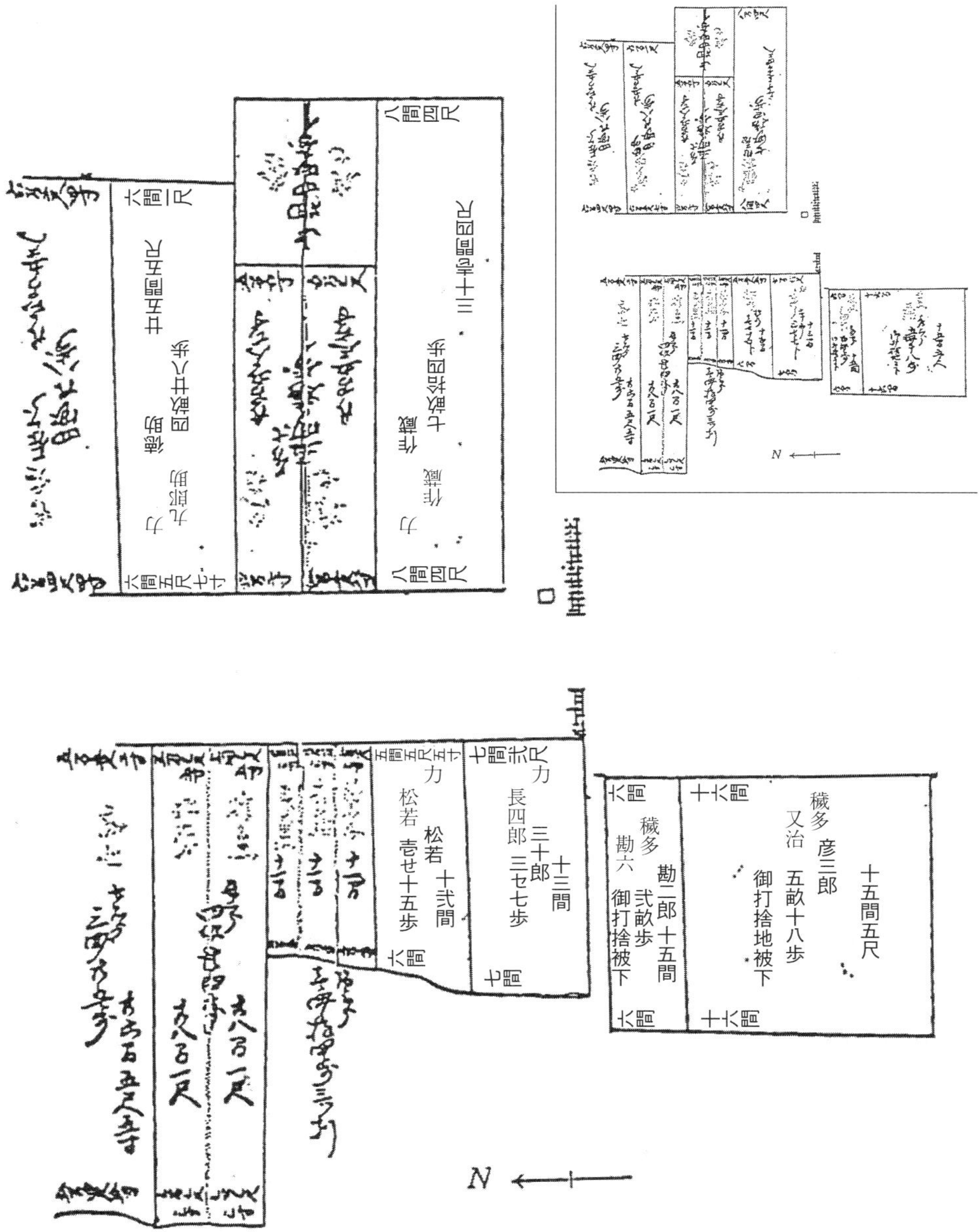

図８－２　宝永６年（1709）３月改訂「大町屋敷絵図」（部分）

右上の図は，塚田正朋『近世部落史の研究』（部落問題研究所，1986年）116頁の図を縮小したもの。下の図はそれを拡大し，被差別民にかかわる文字を解読したもの。墨書（慶安２年当時の持主）をゴチック体，朱書（宝永６年現在の持主）を明朝体で表したである」。

⑧天明五年（一七八五）七月一〇日に、松本の「縄手《なわて》」「上ケ土《あげつち》」などの掃除役が「北筋五ヶ村」にとっては「遠方ニ而甚夕難渋」なので、「五ヶ村願」により「出川之者共」の請負となったとする文書があり、それに渋田見村・池田町村・板取村・下一本木村・大町村がみえる。このとき大町村は「御掃除料」として九〇〇文、「惣普請料」として三七二文を負担することとされている。

⑨文化六年（一八〇九）の「大町村力・穢多持高」によれば、「又次・小十・才次・勘六・弥市の五名が、それぞれ若干の「持高」をもち、あきらかに一戸をなして」いる。このほか天保四年（一八三三）・同九年の史料もあり、これまでにみてきた史料と合わせて、戸数の推移をまとめると、表8のようになる。慶安二年（一六四九）には二軒であった戸数が、文化六年（一八〇九）には五軒に増えている。

以上が『近世部落史の研究』で塚田があげている史料と、それから明らかになったことがらである。くりかえしになるが整理すると、①・⑧からは被差別部落の人びとが、城門やその近くの「縄手」「上ケ土」などの掃除に従事していたこと、しかし、そのために遠距離を行くのは難儀だということから、遠距離の「北筋五ヶ村」では、城下町近くの「出川」の部落の人びとに代金を払って代行してもらうことにしたことがわかる。

②からは、部落の人びとが屋敷と若干の農地を持っていたこと、さらに③からは、馬を持っていたことがわかる。

③・④・⑥・⑦・⑨からは、慶安二年（一六四九）には部落が二軒一一人、寛文一二年（一六七二）には三軒一四人、享保一〇年（一七二五）には四軒、文化六年（一八〇九）には五軒だったことがわかる。その五軒は慶安二年の二軒から徐々に分かれたものだった。

⑤からは、部落の屋敷が大町村住宅地の「柵」の「外」にあったこと、つまり部落の人びとは大町村に住んでいながら、居住地は大町村住宅地の境界の「外」だったことになる。これは中山道や北国街道などの宿場の部落もほ

表8－1　安曇郡大町村「長吏」家系による個数の推移（----線は推定）

不明	慶安2 (1649)	寛文12 (1672)	宝永6 (1709)	享保10 (1725)	明和7 (1770)	文化6 (1809)	天保4 (1833)	同9 (1838)
彦三郎	治左衛門	又次	又次	又次	又次	又次	又次	又次
				(小十)		小十	佐十	佐十
		家来 孫七		(半之丞)	半之丞	才次	才治	才次
勘二郎	勘治郎	家来 勘六	勘六	勘六	勘六	勘六	勘六	勘六
						弥市	弥市	喜十

＊前掲塚田正朋『近世部落史の研究』198頁より転載。縦組を横組に改めた。「治」と「次」は原文のままとした

ぼ同様だったが、城下町などでも同様だった。例えば小諸の部落の人びとは、城下町と川を隔てた加増村に居住していた。また、松本の部落の人びとも、城下町外の小島村に居住していた。

もうひとつ、大町村には「力」と呼ばれた被差別民も居住していた。しかし、その「力屋敷」は南側と北側の柵に近いところではあるが、柵の内側にあった。同じ被差別民であっても、「力」は柵の内側、「穢多」は外側と区別されていたことになる。

このように塚田は数少ない史料を捜し出し、大町村の被差別民の歴史、とりわけ近世前期から中期にかけてのそれを明らかにした（右にみられるように、一部は後期にも及んでいて、「留書帳」の時代と重なっている）。なお、これらの史料のなかには、筆者未見の史料が含まれている。今後それらを閲覧するとともに、ほかにも関連史料がないか調査したいと思っている。

ところで、こうした史実をもとに塚田は、例えば次のように述べている。

　大町は中世以降仁科氏の基盤であり、この地方の物資―麻―集散地として定期市もたっておりますが、近世では松本から越後糸魚川に通ずる糸魚川街道の要衝であり、宿場です。この大町の松本寄り入り口の五日町―中世定期市の名残り―に、近世の初頭、それぞれ五畝一八歩、二畝歩の打捨地（免税地）の家屋敷をもつ彦三郎、勘二郎という二軒の「長吏」がおかれたことが明らかです。この「長吏」の役割が、往来の看視

や近在村々の治安の任にあたった《（あったカ）》ことは、享保一〇（一七二五）年の図に九尺四方の囚獄（牢屋）のみえることからも、明らかで、城下の「かわた町」のいわば縮図化といえましょう。

　ついでながら、この宿場の長吏家屋敷の面積は近世を通じて固定しておることです。享保一〇年にはそれまでの二軒が四軒に増加して、同じ敷地内に板屋の分家がつくられていることがわかります。こんにちの未解放部落がせまい敷地内に家屋の密集しているのも、固定した敷地内に増加する戸口を収容せざるをえなかった近世「部落」の居住制限の名残りでしょう。（一五四頁）

大町村（宿）の近世「部落」の概略が簡潔に述べられている。しかし、よく読むと、いくつか疑問がわいてくる。

ひとつは、近世にはいって、街道が整備され宿場が設置された際に、宿場へ「かわた（長吏）」が「付置」されたと塚田は考えていて、大町がその一例だとしているが（右の引用文でも「長吏」が「おかれた」としている）、これは証明されたことではないのではないか。というのは、塚田自身が「大町は中世以降仁科氏の基盤」と述べているように、仁科氏の時代からすでに大町には被差別民が居住していたとも考えられるからである。じつは塚田は、別なところで「中世以来定住していた「かわた」が長吏に動員された公算が強い」とも述べている。つまり、塚田自身がすでに中世に「かわた」と呼ばれた人びとが大町に定住していたとしているのである。それならなぜ宿場に新たに「付置」されたとするのだろうか、疑問である。塚田の考えでは「かわた」は皮革職人であり、「長吏」は警備役だから、新たに警備役として「付置」されたと主張するのかもしれないが(7)、「かわた」と「長吏」をこのように分けることも疑問に思われる。

　ふたつは、当初から「彦三郎、勘二郎という二軒の「長吏」がおかれた」としていることである。②の慶安二年八月の「大町家数内訳帳」には、隠居治左衛門は「かわた勘次郎父」と記されているから、治左衛門が勘次郎へ家督を譲って隠居したとも考えられる。そうだとすれば、もともとは一軒だったものが、このとき二軒になった可能性もあるのではないだろうか。しかし、現時点ではどちらとも決めかねる。今後の検討課題としておきたい。

もうひとつ、右の引用文にかかわってではないが、塚田は⑦の明和七年（一七七〇）の「大町村宗門御改五人与帳」から「部落」の人びとの通婚圏が広かったことを明らかにしているが、別なところで「このように通婚圏が、一般農民にくらべて、一見広いようにみえるが、実は、逆に通婚圏の狭さをもの語っており、通婚圏の狭小化は、疎外の端的な現れであり、結果にほかならない」と述べている。つまり、通婚圏が「狭小」だったとしているが、これも疑問に思われる。通婚圏が広い・狭いという場合は、婚姻を結ぶ相手の地域（範囲）が広い・狭いということであるから、「部落」の通婚圏は広かったというべきではないかと思われるからである（差別の結果として、広い地域に婚姻相手を求めなければならなかったため）。もっとも、塚田が主張したいことは、「疎外」の結果として、近隣で婚姻相手をみつけることがむずかしかったということかもしれないが、そうだとすれば言葉の使い方を誤っているのではないだろうか。

このようにいくつかの疑問はあるが、塚田によって「留書帳」のいわば前の時代の大町村の被差別民の歴史がある程度明らかにされていた。その後に山本によって「留書帳」が発見され、前期から中・後期にかけての被差別民の歴史を知ることができるようになったのである。

四　「留書帳」にみる大町組の被差別民

(1)　「長吏」身分の人びとが従事した役割

それでは「留書帳」をみることにしよう。その前に「留書帳」の記載例を、短い記事で紹介しておくと、おおむね次のように記されている。

一、天明五年巳七月廿日、御堀近辺御そうじ被仰付候、改而相勤申候、大町組ハ遠方ゆへ、出川役元へ渡し置申候、そうじ・そうぶしん共ニ相渡し置申候、

このように最初に年月日が記され、その後に記事が記されている。この例では、天明五年（一七八五）七月二〇日に松本城の堀の近辺（右の解説で山本は「堀掃除」としているが、右の記事は「御堀（・）近辺」と読むか、「御堀（の）近辺」と読むかのどちらかになる。筆者は「縄手」「上ケ土」が堀の近辺であることから後者と判断した）の掃除を命じられたが、大町組は遠方なので、役元（頭）へ「掃除料」を納めて代行（請負）してもらうことにした。「掃除料」だけでなく「惣普請料」も納めたと記されている。これは、すでに塚田によって明らかにされていたが（前掲⑧）、この記事によってそれが裏づけられる。

このような記事が五四年間分あるわけだが、これらのなかから「長吏」が従事した役割に関する記事、「長吏」の暮らしに関する記事、「小屋者」「力」などと呼ばれた被差別民に関する記事を紹介し、松本藩領の被差別民の具体像をさぐりたい。

そこでまず「長吏」の役割に関する記事だが、目立つのは警備に関する記事である。天明二年（一七八二）五月二三日、大町村新町の大工又右衛門が賊難にあった。又四郎は又右衛門から頼まれ盗賊を詮議（捜索）し、新八・九兵衛が雑物一三〇品を盗み取り、「いな尾沢山入り」に隠したことをかぎつけ盗品を取り戻した（盗品を取り戻したとは記されていないが、文脈からそう読み取れる。以下、史料はすでに山本によって紹介されているので、史料から読み取れる大事なことを要約したり、一部省略して紹介したい。なお、史料を引用する際は読み下し文に改める。その際、ひらがなを漢字に改めるなどする。「留書帳」以外の史料も同様とする）。

同年九月五日夜、大町村九日町の鍛冶屋長左右衛門《ママ》が賊難にあった。このときも長左右衛門から頼まれ詮議した。盗賊は新八・菊之丞・政八の三人で、六〇品を盗み取った。この事件も又四郎が解決し、領主より褒美として「青差三貫文」を八日町左五右衛門の取次でもらった。

天明八年（一七八八）七月二六日夜八ツ時ごろ、松本出川（役元）からの「盗賊御用」で、粂助と又四郎が出勤した。筑摩村道から東を向いて歩いて行くと、柳原の中に盗賊が二人、川原に一人隠れていて、又四郎らをやり過ごそうとしていた。又四郎が川原にいた一人へ挨拶すると、その者は「あき人（商人）」だと答えた。それに対して又四郎が、夜の八ツ時に川原を行く人が商人だとは思えないというと、その者が手向かってきた。さらに柳原の陰から二人が現れ、「両方より真剣にて打ち込み打ち込み」して闘った。しばらく闘った後、三人は逃げ出した。このとき又四郎は、四カ所に傷を負った。御用先でのことだったので（いわば公務災害だったので）、領主へ届けたところ、「御上様より御療治下され」さっそく傷が癒えた。このとき領主より医者が派遣され、薬代も与えられた。また、後に領主より出川の頭彦太夫を通じ、「脇差壱腰」（小刀・小柄ともに）が与えられた。さらに、逃亡した三人が「大坂藤吉、上州桐生又平、上州高崎与四郎」であることが、後日判明したらしく、「盗賊名前」としてメモ書きされている。

これらの記事から又四郎らが、盗賊・盗品の捜索に当たっていたこと、そしてそれは命にかかわる危険な役割であったことが判明する。ただ、この捜索が前二例に明記されているように、被害者から依頼されておこなわれていることに注意する必要があろう。尾崎行也が「近世前期上田領内盗難考」で明らかにしたように、近世前期には「盗難事件は被害者自身またはその関係者」が「盗人や盗難品を発見」し、「当事者および関係者の間で直接交渉が持たれ、盗品あるいはそれに償金を添えて被害者に返却されると、関係者から手形を取って、盗人をその所（藩領域か）から追放することで解決され、その結果が町奉行に報告されて」いた。つまり、「この盗難事件対応では、事件の解決そのものに藩の組織・役人が直接関わっている様子はみられない」という。いわば被害者が自分で解決する方式といえるが、これについて尾崎は、「この対応方式は地域社会における近世以前の慣習が、多少の変化は含みながら、原則的には踏襲されていたのではなかろうか」と推測している。尾崎の推測は、戦国時代の「自検断」の慣習を想起すれば妥当な推測といえよう。そして尾崎は、こうした方式が改められ、幕府や藩が盗賊に「警察権を以って臨む姿勢を示した」のは明暦期から寛文期、つまり一七世紀後半ではないかと指摘している(8)。右の大町村での盗難事件対応は、この時期よりだいぶ後になるが、被害者が直接又四郎へ盗賊・盗品の捜索を依頼していることから、依然としてこうした慣習が生きていたことがうかがえるように思われる。

もっとも、三例目は出川の役元からの出動要請で「盗賊御用」に出動している。これは藩からの要請にしたがって役元から出動が要請されたものとみられる。それゆえに、又四郎はいわば公務中に負傷したことから届けが出され、それを受けて藩によって治療が施され、後に脇差が褒美として与えられたのではないだろうか。

こうしたことの延長で「長吏」は、百姓一揆の鎮圧にも動員された。松本藩における百姓一揆のひとつに、文政八年（一八二五）に起こった「赤蓑騒動」と呼ばれる一揆がある。中川治雄によれば、次のような一揆である(9)。

現大町市の北にある佐野坂峠以北の白馬岳山麓の四ケ庄と呼ばれる佐野・沢渡・飯田・森（現北安曇郡白馬村）に半プロ化した貧農層が、鋤鍬を武器として村役人や豪農層を打ちこわしつつ、糸魚川街道にそって南下し、安曇平一円に風雲を巻き起こした農民一揆である。その激烈な打ちこわしを伴った広域行動、藩兵の兵火による鎮圧などの様相からみて、村方騒動を越えた、まさしく「世直し一揆」の先駆的な特徴を示すものである。

中川による赤蓑騒動の評価については異論があるかもしれないが、これによって一揆の概要は知ることができる。山本が述べていたように、「留書帳」には、この一揆の経過がくわしく記されているから、「留書帳」は赤蓑騒動研究にも役立つが、それはいま措いて、「長吏」に関するところだけみよう。

一二月一九日夜、一揆勢が大町へ押し寄せてくるという知らせが小谷より大町へもたらされる。これに対して大町陣屋では、「混乱いたし」ながらも「固めの用意」をする。すなわち一陣は大庄屋栗林五郎右衛門と人足三〇〇余人、二陣は庄屋勘兵衛と人足三〇〇余人、三陣は庄屋治郎右衛門と人足三〇〇余人、四陣から七陣は組頭と人足三〇〇余人、八陣は長百姓と人足三〇〇余人とし、以下一二、一三陣までの鎮圧体制を整えた。

こうしたなかで「長吏」身分の人びとは、「私どもは二陣勘兵衛様に付き」と記されているから、庄屋の配下として二陣に加わったことになる。そして、「みなみな目つぶし用意、石ばい（灰）小袋に入れこれを持ち、また人足目印に黒綿かむり、上に白手ぬぐいにて鉢巻いたし、白刃・鑓または竹鑓・六尺棒てんでんに、そのほか得物・刃物携え三間橋へつき、所々にて松葉・春木を持ちて、かがり火たき相待ち」ていたが、一揆勢は来なかった。手前の千国村関所で止められてしまったからだった。そこで明け七ツ時に大町陣屋へ引き取った、という。

これによれば鎮圧側では、目つぶしを用意し、人足であることがわかるように目印をつけ、手には鑓・六尺棒などを持ち、大町組木崎村三間橋に陣取り、かがり火をたいて一揆勢を待っていたこと、しかし、一揆勢が来なかったことから大町陣屋へ引き取ったことになる。

結局この段階で一揆は瓦解し、以後は一揆参加者の捕縛・処罰になる。その中に「長尾組堀金村長吏弥惣次・武右衛門」の二人が役元（頭）に捕らえられたように読める記事がある。そのとおりだとすると、二人は一揆に参加していたことになるが、明確ではないので指摘のみに止めておきたい。他方、鎮圧側に加わった大町村の五人は「大町村下村へ大庄屋栗林五郎右衛門様より御手当として金百疋、組頭又治御渡し、右村五人にて頂戴仕り候」と記されているから、大庄屋から金一〇〇疋＝一〇〇〇文を手当として与えられたことになる。なお、この記事から

「長吏」たちが「下村」と呼ばれていたことも判明する。

こうした役割のほかに、信州の「長吏」身分の人びとは祭礼などの際の警備にも従事した。「留書帳」には以下の記事がある。享和元年（一八〇一）（三月）一二日より一七日まで大町村の弾誓寺において回向があり、「この節、操り芝居ども大小屋三つ、このほか見世物あり、それにつきお礼として」鳥目三〇疋・蕎麦粉一袋が又四郎へ、鳥目二〇疋・蕎麦粉一袋が彦三郎へ、鳥目一〇疋・蕎麦粉一袋が小重郎・喜七・喜十へ「御使僧をもって」与えられた。「もっとも、翌日和尚軒別に御礼にお出でなられ候」という記事である。

芝居小屋が設置され、見世物もあるということでにぎわいが予想されたことから、寺から又四郎たちへ警備が依頼され、それが無事にすんだところで寺から礼の金品が与えられたのである（警備に従事したとは記されていないが、文脈から警備に従事したことは明らかであろう）。ここで注目されるのは、寺が使僧をもって礼をした翌日に、和尚が「長吏」の家を軒別に礼に回ったという末尾の一文である。警備に従事してもらったのだから、礼をするのは当然かもしれないが、礼をした翌日に、さらに和尚が軒別に礼に回ったというのは、丁重な礼の仕方に思われる。寺にとって大事な回向が無事すんだことから、このような礼がおこなわれたのであろうか。そうだとすれば、「長吏」身分の人びとも、地域社会にしっかり位置づいていたといえるのではないだろうか。なお、ほかの地域でもこのような待遇がみられるか知りたいところである。

文化一〇年（一八一八）三月一二日より一八日にも（弾誓寺で）回向があり、「軽業・見世物そのほか大小屋・茶屋まで小屋数三拾八軒」という大にぎわいがあり、「前後首尾よく村中相勤め」たことから、寺より礼として鳥目五〇疋・茶一斤を又四郎・彦三郎が、鳥目三〇疋・茶半斤を喜十・半之丞・小十が与えられている。また、文政七年（一八二四）三月一二日より一八日まで（弾誓寺で）回向があり、「小間物・見世小屋七拾弐、見世物のぞき・用弓ともに大小屋拾四、このうち料理茶屋一つ」という大にぎわいがあり、礼として寺より青銅五〇疋・茶一斤が又次・彦三（郎）へ、青銅三〇疋・茶一斤が喜十・才次・小十へ与えられている。なお、このときには「下村五人にて、如来前へ蓮花両花にて差し上げ申し候」とも記されている。「長吏」身分の五人が如来へ蓮花をささげたことも知ることができる。

この二例には、和尚が礼に回ったとは記されていないが、礼の金・品は与えられているから、「長吏」身分の人びとがにぎわいの警備に当たったことがわかる。なお、文政一三年（一八三〇）の三月一六日より一八日まで大町村南原六角堂の入仏開帳がおこなわれた際にも警備に当たったようで、又次・勘六が青銅四〇疋、儀助・佐十・才次郎が青銅三〇疋を与えられている。なお、二人と三人の金額の違いは、本家筋と分家筋によるものと思われる。

もうひとつ紹介したいのは、享和三年（一八〇三）の記事である。それによれば、大町組小谷五人衆の惣代として組頭役が一人大町村へきて、最近小谷郷中がなにかと物騒なので、大町村の「長吏」五人のうち一人に「張り番」として小谷へ出張してほしいという依頼があった。張り番をする場所は「越後海道つばくら岩」で、扶持として籾一〇俵・ひゑ一〇俵を与えるという話だった、という。「つばくら岩」がどこかわからないが（大糸線南小谷駅の近くと聞いたが、まだ確認できていない）、大町村と小谷は相当離れている。そういう所から「張り番」として出張してほしいという依頼があったということは、小谷は大町村「長吏」の旦那場であったと考えられる。そうだとすると大町村の「長吏」は、現在の大町市から小谷村にいたる相当広い地域を旦那場にしていたことになる。ちなみに旦那場とは、「長吏」身分の人びとが警備や斃牛馬の処理などを担当した領域をいうが、くわしくは拙稿「信州の旦那場と一把稲」(10)を参照されたい。

なお、旦那場であれば、警備のために時々小谷を巡回していたはずだが、このときはそれではまにあわない、張り番として常駐してほしいということになったと思われる。ということは、相当「物騒」な状況だったと推測される。だから、籾一〇俵・ひゑ一〇俵を扶持として与えるという好条件が提示されたのではないだろうか（「長吏」の収入に関するデータがあまりないので断言はできないが、籾一〇俵・ひゑ一〇俵は相当な好条件だと思われる）。

この例から、張り番として出張することを要請されることもあったこと、そのようなときには好条件が提示されたことがうかがわれる。

以上にみてきたように、「長吏」身分の人びとは、さまざまな警備に従事していた。しかし、「長吏」身分の人びとが従事した役割はこれだけではなかった。紙数がないのでくわしくは述べられないが、享和四年（一八〇四）正月二五日には心中者の「死骸の取り捨て」を命じられている。文化五年（一八〇八）七月二〇日には、喧嘩をして殺人を犯した者が打ち首にされるが、その太刀取りを命じられている。天保四年（一八三三）は不作で、大町村では村民以外へは米を売らないことにした。そのため村の出入口の番を命じられている。同年一二月には、先に四ケ条新田村で殺人があったときに「出役」した勘六・才次郎・儀助へ藩主より手当として銀一片が与えられている。犯人の捜索に当たったのであろうか。寛政六年（一七九四）・文化六年（一八〇九）・同一〇年・同一三年には牢屋を普請している。牢屋の管理にも当たっていたと思われる（当然、牢番にも従事したと思われる）。

以上をまとめると、「長吏」身分の人びとは、掃除・警備・処刑などの役割に従事していたことになる。

ちなみに、塚田が紹介した享保一一年（一七二六）の松本藩の「口上ニ而申渡覚」では、「掃除」「革役金の上納（藩が必要とするときは皮の上納を命じるが、それ以外は金に換えて上納せよ）」「詮議・仕置きの手伝い」「火消し」「胡乱なる者の吟味」が部落へ命じられている。松本藩領の「長吏」身分の人びとは、こうした役割に従事したことになる。なお、ここでは牢屋番は勤めるに及ばないとされているが、この牢屋番は藩の牢屋番のことと思われる(11)。

また、元禄一四年（一七〇一）の「大町村村定」には、次の記事がある(12)。

一、昼夜長吏相廻し申す儀は、乞食・非人、其の外不届き者抔参り、忍び居り申す儀もこれ有るべく候に付、相談の上相廻し申し候、左様に仕り候上は長吏ども勝手にも成り候様に、町中より扶持方あてがい申すべく

候事

これによっても「長吏」身分の人びとが、「乞食、非人、そのほか不届き者など」の警備に昼夜当たっており、それに対して大町村から「扶持」が与えられたことが判明する。なお、警備に関しては、明治五年（一八七二）一月から六月までの「大町村会計総代日誌」にも、次の記事がある(13)。

一、穢多名義廃止の処、当年限り三拾両に而大町村に而召し抱え、是までの通り都而下役相勤め候事
但し、三月・十二月、夫銭に而給金相渡す事

これによれば、前年のいわゆる「解放令」によって「穢多・非人など」の身分が廃止されたことから、部落の人びとを「下役」として使い続けることができなくなり、改めて大町村が「給金」を支払って部落の人びとを「下役」として雇用したことがわかる。その主な役割は大町村の警備だったと思われる。これらの史料から、少なくとも元禄一四年以降明治初年まで、大町村住宅地の柵の外に位置づけられていた「長吏」身分の人びとが、大町村にとって必要欠くべからざる役割を担っていたことを知ることができる。

(2)「長吏」身分の人びとの暮らし

「留書帳」には「長吏」身分の人びとの暮らしぶりを伝える記事も多い。ここでは、筆者が注目している記事から順に紹介したい。

文政四年（一八二一）八月二一日、又四郎・又次郎親子は、大町村の大社若一王子大権現の社前へ家内安全のため、一尺三寸の鉄輪の太鼓を献納した。これに対し、神主はじめ世話役（氏子総代のようなものか）ほか社内中の人

が立ち会って、拝殿において又四郎親子へ御神酒・吸い物がふるまわれ、その上で神主が祈禱をし、太鼓の打ち始めがおこなわれた。その際神主から「又四郎の家（内）安全のところ、毎朝祈る」と言われた、という。

「長吏」身分の人びとには太鼓の製造に従事している人びとがいたから、そのつてで又四郎親子は太鼓を入手し、大町村の大社である若一王子大権現へ献納したと思われるが、それへの対応が破格ではないだろうか。ほかの地域でも、太鼓を献納した例はあると思われるが、そのようなときに、「拝殿において御神酒・吸い物をふるまわれ」「家内安全を毎朝祈る」などと神主から言われた例があるだろうか。知りたいものである。

なお、この記事の後には、「願主」として又四郎孝道の姓名・年齢が記され（姓は山本の配慮で伏せられている）、花押が据えられている。その隣には、又次郎の姓名と年齢が記されている。姓を持っている「長吏」は各地にいたが、「長吏」が花押を据えている例は数少ないのではないか。これもほかに例があれば知りたい。

文政八年（一八二五）四月三日、「御上様御百年御祝儀」（藩主戸田氏が松本へ入部して一〇〇年の祝儀）がおこなわれ、領分一同が献上物をささげた。これに対して藩から領分一同へ「御酒」が与えられた。この酒は「長吏」へは与えられなかったようだが、大町村九日町庄屋ら三人から酒三升が与えられ、「村じゅう打ち寄り、白山大権現の庭にて御酒開き申し候」と記されているから、白山社の庭へ集まり、みんなで酒を飲んだことになる。この場合、藩から直接酒は与えられていないが、庄屋らから与えられているから、「長吏」身分の人びとも戸田氏入部一〇〇年の祝儀の恩恵に浴したといえよう。なお、地域内に白山社があったことも、この記事から知ることができる。

文政一〇年（一八二七）七月二四日には、その白山社の普請がおこなわれ、本社拝殿（九尺二間）が出来している。その費用は又治・喜十・佐十・才次郎の四人で出し合ったようだが、その際美濃国羽栗郡松本村正本院なる人物も一人分を寄進している。ただ、残念ながら正本院がどのような人物かはわからない（宗教者であることはうかがえるが）。

なお、このとき右の五人で大灯籠を三つ奉納している。また、「当村女連中」と「百文一宿屋おみな」とで、「戸張」を寄進している。「百文一宿屋」についてくわしいことはわからないが、その名称からして低料金の宿屋と推測される。下層身分とされていたらしく、「長吏」「小屋者」「力」身分の人びとと関わりがあったが、ここでは一宿屋の（おそらく女房である）「おみな」が「長吏」身分の女性たちと一緒になって「戸張」を寄進している。女性たちもグループで寄進していたことが知られ、興味深い。

ところで右の正本院であるが、切久保村金比羅大権現へ一尺二寸の太鼓、大町村南原六角堂観世音へ長さ五尺に二尺の大灯籠を二つ、弾誓寺観音堂へ長さ五尺に二尺五寸の大灯籠を寄進している。また、白山社の幕の制作代金の調達の世話もしている。なお、その幕を仕立てたのは、「長吏」身分の女性たちであった。このようなことをおこなっている正本院とはどのような人物か知りたいと思っている。

文政一三年三月一五日には、「青銅五十疋、当村中より南原六角堂開帳の節寄進仕り候」と記されているから、「長吏」身分の人びとが五〇〇文を六角堂へ寄進したことが判明する。また同年二月二一日から二二日まで大町村八日町大神宮の遷宮があったが、「右両日遊び申し候」と記されている。「長吏」身分の人びとがその二日を「遊び日」（休日）としたことも知ることができる。「長吏」身分の人びとも「遊び日」をとっていたことが知られる点で貴重に思われる。

これらの記事から、「長吏」身分の人びとが信仰心にあつかったこと、男性だけでなく女性も寄進をしていたこと、信仰にかかわって生活を楽しんでいたこと、などがうかがわれる。

このことから「長吏」身分の人びとともある程度経済力があったのではないかと推測されるが、それについてはどうかというと、「留書帳」で目立つのが「合力（又四郎は「かうりよく」「こうりよく」「合力」と記している）」に関する記事である。例えば安永八年（一七七九）一一月六日、大町寄合所において又四郎は、それまでに金一両九六七文を借用していたが、残らず「御貰い」、「役元借用皆済」としてもらった、という記事がある。その記事の次に、このとき二九文を申し受け、締めて一両一貫文「御合力申し受け候也」と記されている。大町村から額面上は一両一貫文を「合力」してもらい、それまでの借金一両九六七文を返済したことにしてもらったことになる。

寛政二年（一七九〇）一二月には、「大町大庄屋坂井忠兵衛様・栗林七郎兵衛様御慈悲を以て、大町組惣合力申し受け候」と記されている。この場合は、大町村ではなく大町組全体で「合力」してもらったことになる。この記事から、それを「惣合力」と呼んだことも判明する。

では、その内容はどのようなものかというと、「両度火災」とあるから、山本英二の指摘する天明五年（一七八五）と同七年の火災とみられるが、それによって難渋し、「家作致さず候につき、惣合力仰せ付けられ候」と記されている。火災で家が焼けてしまったが、再建する金がなく、再建できないでいたものと推測される。そこで大町組全体から「合力」をつのったところ、一一両三分四匁の金が集まった。その金を村役元で「借用勘定」（借金整理）してくれて、残った四両二分で田地質物を返済してくれたという。これによって又四郎は、借金の整理ができ、そのうえ質に入れていた田地がいくらか戻ってきたことになる。このことから又四郎は「又四郎身に取りて、大高恩に御座候、末々までこのこと忘れ申す間敷く候」と、その記事の末尾に記している。

なお、家作に関していうと、それから四年後の寛政六年正月二六日、野口村庄屋・大町村庄屋などの世話で材木・板・立木などを与えられ、「家作成就」している。このとき又四郎は四〇歳であった。ちなみに、同年に牢屋を再建したことは、先にみたとおりである。

これらの「合力」も要求して与えられたものかもしれないが、又四郎の側から明確に合力を要求している例もある。例えば天明二年（一八七二）二月一一日、「当番御庄屋元へ拙者罷り越し、御頼み申し」たことは、「私こと数代御当所に下役仰せ付けられ」務めてきた。そして、町方の用事まで果たしてきたが、それに対する「徳分」がない。水呑百姓の「おんぶん（恩分カ）」もない。そこで、「一切に寄せ物願い」をしたけれど、「新方（新法カ）」だからという理由で、永代は認められず五年という年期を設定され「寄せた」。ところが、そのころ「大凶年」だったため、さらに五年の「寄せ物」を願い、「都合拾年寄せ申し候」という記事がある。これによると、困窮したときには、又四郎の側から願い出て、許可を得て「寄せた」（寄付を募った）ことになる。この記事の後には、「またまた難渋御座候節は、御願いのところ仕り申すべく候と申し、相止め申し候」と記されているから、困窮したときには、改めて「寄せ物」を願い出ることになっていたことになる。これが可能だったのは、「長吏」身分の人びとが大町村・大町組にとってかかせない役割を担っていたからであろう。

戌年としか書いてないので何年のことかわからないが（前後の記事から天明期前後と推測される）、「閏田村合力申し受け候ところ、穀等高値の時、大麦壱石弐斗・小麦壱斗、村方より役元へ寄せ置き、私へ御渡し下され候、その後もだんだん閏田村は大恩これある村、旦那場と申しても粗末に致す間敷く候」という記事がある。「合力」を要求したところ、閏田村の役人が村人から集めて渡してくれたことが判明する。それに対して又四郎は「大恩」のある村だから、「旦那場」といっても粗末にしてはならないと記している。東信州・北信州では、「長吏（穢多）」身分の人びとは、旦那場から「一把稲」と呼ばれるものを与えられていて、それが生活をささえていたが(14)、この記事をみると大町あたりでは旦那場の意味が少し異なっているように思われる。今後検討したい。

これらの「合力」に関する記事をみると、「長吏」身分の人びとは裕福であったとはいえない。というより、常にぎりぎりの生活状態にあったようにみられる。しかし、困ったときには「合力」がおこなわれることになっていたようだから、いわば最低限の生活は保障されていたといえるのではないだろうか。

もうひとつ目立つ記事が、田畑の受け戻しに関する記事である。細かい経過は省くが、文政五年（一八二二）一二月一三日、五〇年前の午年（年数が合わないが、安永三年＝一七七四年カ）に売り払った田地を七両二分で買い取った。これで田地は残らず又四郎が受け戻し、茂四郎へ渡す、という記事がある。これは文政七年正月に又四郎が記した記事で、この翌年に又四郎は死去するので、死去するまでに質入れした田畑をすべて受け戻し、子である茂四郎へ譲り渡そうと努力していた様子がうかがわれる。その面積の合計を示すことはできないが、上田一反二畝一四歩とか、一反二畝二歩、中畑一反八畝一四歩などの数字がみられるから、ある程度の田畑は持っていたといえよう。またこの記事は、五〇年前に質入れした田地を受け戻したということだから、いわゆる質地受け戻し慣行を裏づける史料にもなろう。

　このほか関心を引かれた記事を簡単に紹介しておくと、天明元年（一七八一）一二月七日、領内の牛馬の皮値段が定まったという記事がある。皮値段などを「長吏」身分の人びとが管理していたことが知られる。

　寛政四年（一七九二）、又四郎は何か問題を起こしたらしく、組頭役を取り上げられているが、翌春には組頭へ「帰役」した。このとき、「領内中同役（組頭一五人）連署」で酒二樽を祝儀として与えられたという。組頭間に連携があったことがうかがわれる。

　翌寛政五年五月一六日、頭である「出川彦太夫殿先祖弐百年起《（忌）》・百五拾年起・百年起等相勤め、御領分年寄・組頭ふるまい」があり、頭の家へ出向いた、という。頭の家では、先祖の二〇〇年忌・一五〇年忌・一〇〇年忌などを営んでおり、そこへ年寄・組頭が招待されたことになる。なお、この記事から「年寄」なる役職があったことも知ることができる。

　また、すでに山本が指摘していることだが、寛政一二年（一八〇〇）二月八日の記事から「組頭箱」なるものがあって、文書管理をしていたことも判明する。

　享和三年（一八〇三）一〇月三日、又四郎は出川役元へ出頭し、博奕をした罪で五〇日の手鎖・戸締めとされ、喜十は博奕の宿をした罪で五〇日の戸締め・叱りとされた。一一月二五日に許されたが、このとき又四郎は組頭役から取り放され、悴安次郎が見習い役とされた。文化六年（一八〇九）一二月八日、出川頭元で皮役寄合の節、茂四郎へ年寄役・組頭役ともに命じられた（安次郎と茂四郎との関係は不明）。

文政六年（一八二三）三月一二日、領分の「長吏」身分の人びとが「出川頭彦太夫を相手取り、出入りを始め、何卒出川支配を逃れ」たいと願い出たが、大町村の「長吏」身分の人びとはこの争いに加わらなかった、という(15)。しかし、なぜ大町村だけが加わらなかったか、その理由はわからない。

これらの記事は断片的なものが多く、くわしいことはわからないが、「長吏」身分の人びとのさまざまな動向をうかがうことができる。

(3)　「小屋者」「力」などと呼ばれた人びと

「留書帳」には、大町組に居住していた「小屋者」「力」などと呼ばれた人びとのことも記されている。これらの人びとのことは、これまでほとんど明らかにされていない(16)。ここでみてみよう。なお、「小屋者」は、「小屋頭」という記述もあることから、ほかの地域の「非人」身分に相当すると思われるが、「留書帳」の記述にしたがい、ここでは「小屋者」と表記する。

文化三年（一八〇六）九月二九日、大町組高根新切村辰五郎は諸用があって大町村へ行き、その夜帰宅途中、御堀村石橋のあたりで大町村高見町武右衛門と口論し（喧嘩になり）、左の高腕と右の頬骨を打ちくだかれ、気絶した。気絶しているうちに金五両一分が紛失した。そのうえ体が喧嘩をした場所から二丁ばかり動かされ、何者かが帯を解き、肌を探して金を奪った。このことが悴の万太郎から又四郎へ訴えられた。

この記事では、なぜ辰五郎の被害が万太郎から「長吏」である又四郎へ訴えられたのかわからなかったが、文化一四年（一八一七）の記事から万太郎が「小屋者」であることが判明した（ということは辰五郎も「小屋者」）。だから辰五郎の被害が又四郎へ訴えられたのであった。

そこで又四郎がこの事件の処理に当たることになるが、又四郎はまずこのことを大町村庄屋へ届け、喧嘩相手は高見町武右衛門であると伝えている。そのうえで一〇月四日早朝、松本出川の役元へこの事件について願い出ている。指示を仰ぐためだったと思われる。すると、大町村役元の指図で大町村五日町房右衛門が二四日夜八ツ時に出川まで追いかけてきた。村としても放っておくことはできなかったのであろう。

二人はしばらく出川へ差し留められるが、房右衛門は村役人と相談するために一度大町村へ戻った。そして相談の結果をもって二七日夜再び出川へやってくる。しかし、紛失した金のことはいっさい分からず房右衛門は大町村へ戻った。その後又四郎も帰宅して大町村役人衆と「たびたびかけあい、ついに怪我人へ薬代として金三両、役元より受け取り、辰五郎へ相渡し、双方ともに又四郎内済取り扱い、十一月十七日」済ませたと記されている。

又四郎は、辰五郎が負傷し、金を奪われたのは、犯人が分からない以上、村に責任があるとしたのであろう。村から三両を薬代として受け取り示談にしている。これによって又四郎が「小屋者」が被害を受けたときに、その回復に尽力していたことがわかる。

しかし、この事件から判明することはそれだけではない。その記事の後に辰五郎が持っていた五両一分がどういう金か記されているが、そこには九月一九日に金一両を「野口村長五郎殿より受け取り申し候」というように、いつ、だれから、いくら受け取ったかと、もともと所持していた金が記されている。そして、そのうち金一分を「大笹村兵三郎殿に九月二九日貸し」と記されている。このことから、野口村長五郎などから受け取った金は貸していた金を返してもらったものとみられる。しかも、その名前には「殿」が付けられているから、村人だと思われる。ということは、辰五郎は村人らに金貸しをしていたと考えられる。それでうらみを買ったかどうかはわからないが（あるいは、辰五郎が金を持っていることが知られていたのかもしれない）、この記事から金貸しをしていた「小屋者」がいたことが判明する。

文化九年（一八一二）七月一六日、大町村の一宿屋の庄屋元（「一宿屋と庄屋元」とも読めるが、いまはこう理解しておく）より又四郎へ依頼があった。右の一宿屋亭主与市が新田組の「小屋者」の世話をしていたところ、下の「力」である円蔵方で、原村七兵衛子勝五郎・作兵衛子太吉・高見町万助子要左衛門・五日町「力」村助子久三郎の四人に打たれた（乱暴された）のでなんとかしてほしい、と。

そこで又四郎は出川の役元へ、このことを願い出た。すると役元では捨てておくわけにはいかないと、詮議したうえで、大町村西岸寺を頼んで示談にしてもらった。そのため又四郎が間に入り、四人から膏薬代として金二分と銭三貫六五〇文を出させ、与市方へ大町村じゅうの「小屋者」を残らず呼び寄せ、その席でこのようにすると申し渡し、右の金を与市へ渡した。

この記事と一つ前の記事から、「小屋者」「力」がからんだ事件に関しては、「長吏」が処理することになっていたこと（最終的には出川の役元で判断することになっていたこと）がうかがわれる。また、塚田が述べていたように、「力」は大町村の南出口と北出口の近くに居住していたが、この記事から南出口近く（松本方面）の「力」が「五日町力」、北出口近く（越後方面）の「力」が「下の力」と呼ばれていたことが判明する。もうひとつ、一宿屋が新田組の「小屋者」の世話をしていたということから、一宿屋と「小屋者」「力」とが近い関係にあったこともうかがわれる。

文化一四年（一八一七）、高瀬川の北方は川北というが、この川北の八人の「小屋者」が、新田町までは遠方なのに、新田町の「小屋頭」の命令で五月と秋の両度新田町まで行って「見舞いと相勤め」なければならず（「見舞い」という名目で勤めなければならなかったようだが、何を勤めなければならなかったのかはわからない）、困っていると又四郎へ訴えてきたので、又四郎が出川の役元へ願い出て、今後は惣代として二人ずつ勤めればよいことにした、という。

この記事から「小屋頭」が存在したことがわかる。そして「小屋頭」の「取り扱いよろしからず」とあるので、「小屋頭」がいささか恣意的に「小屋者」を使役したのではないかと推測される。そこで「小屋者」から又四郎へ訴えがなされ、又四郎の尽力で改善がなされたものと考えられる。

文政二年（一八一九）二月一六日、池田組正科村房右衛門方に祝儀があった。そこへ柿之木村の「小屋（者）弥助」が行って祝儀を下されたいと願ったところ、「無体に打たれ」、傷を受けた。このことを「一本木村場主友次郎」が出川の役元へ訴え出た。役元は、大町村又次・池田町村小助・松川板取村新太郎へ仲裁に入るよう命じた。そこで三人が房右衛門へ相談し、膏薬代として金一分受け取り、「小屋者」たちを安堵させ内済にした。この際、「小屋者」たちへも今後不埒なことをしないよう、きびしく申し付けた、という。

この記事からは、「小屋者」が祝儀の際に（おそらく不祝儀の際も）なにがしかの物をもらう権利をもっていたことがうかがわれる。また、なぜここに「一本木村場主友次郎」が登場するのかわからないが、「場主」とあるから正科村は友次郎の「旦那場」あるいは「勧進場」だったと推測される。しかし、「小屋者」の「旦那場」あるいは「勧進場」に関しては、今のところ何もわからない。

文政三年（一八二〇）八月、新田組の「小屋者」たちは、四ケ条・小谷へ行き、不埒があったということで、「四ケ条・小谷の稼ぎ年内三度に相定め」られ、はなはだ難渋した。そこで「小屋者」たちは三度に制限されては難渋だと、出川の役元へ訴え出た。これに対して役元では、今後不埒なことをしないよう申し渡し、「先年のとおり稼ぎ」をすることを許した。このことを大町村の五人の「長吏」が打ち寄って「小屋者」へ申し渡した、という。

この記事から「小屋者」たちが四ケ条・小谷へ「稼ぎ」に入っていたこと、しかし不埒をしてその「稼ぎ」を制限されたこと、そこで困って出川の役元へ頼んで制限を解除してもらったことが判明する。

これまでみてきた記事から「小屋者」「力」などと呼ばれた被差別民の具体的な姿が少し明らかになったと思われる。なお、このほかにも若干の記事があるが、断片的で意味がよくわからないので、それらについては今後の検討課題としておきたい。

五　地域社会の一員として

「長吏」身分とされた又四郎・又次郎親子が書き記した「留書帳」を中心に、大町村の「長吏」身分の人びとが担った役割と暮らしぶり、大町組やその周辺の「小屋者」「力」などと呼ばれた人びとについてみてきた。これによって従来知られていなかったことがいろいろと明らかになったと思われる。

それらについては本文で述べたので繰り返さないが、総じて「長吏」身分の人びとが地域社会の一員として社会にしっかり位置づいていた印象を筆者は受けたが、どうであろうか。たしかに差別はあった。しかし、それにめげることなく、主張すべきことはきちんと主張して村人などとわたりあっていたし、また、生活を楽しんでいた様子もうかがえたように思われる。

とはいえ、史料が限られているから、まだよくわからないこともある。とくに「小屋者」「力」などと呼ばれた人びとについては、わからないことが多い。今後さらに調査して明らかにしたい。

終わりに、「留書帳」の写真を快く見せて下さったうえに、種々教えて下さった山本英二さんと、「留書帳」を一緒に読み、種々教えて下さった松本人権推進古文書研究会のみなさんに感謝申し上げる。

［注］

（1）塚田正朋『近世部落史の研究――信州の具体像』部落問題研究所、一九八六年。塚田の研究は、一九六〇年から雑誌『信濃』などに逐次発表されたが、それらは本書にほぼ収録されているので、引用などは本書からおこなう。

（2）松本人権推進古文書研究会が発掘した史料には、「松本一件」と呼ばれる事件に関する史料がある。それは同研究会員の住田正が「「松本一件」関係史料」『水と村の歴史』二二号、二〇〇七年として史料紹介している。また、同研究会員の瀧澤英夫が「いわゆる「松本一件」をめぐって」『水と村の歴史』二三号、二〇〇八年で、「松本一件」について論じている。

（3）『古文書に学ぶ松本領内の被差別部落』でも「永代留書帳」を取り上げている。筆者も、山本から抜刷をもらったときに、「松本藩大町組長吏組頭史料」『信州農村開発史研究所報』八六号、二〇〇三年と題して簡単な紹介をした。また拙著『被差別部落の生活』同成社、二〇〇五年でも若干言及した（二四四～二四五頁）。

（4）拙稿「信州松本藩領大町組の被差別民―「永代留書帳」を中心に―」『部落解放研究』一九四号、二〇一二年。

（5）金井圓『近世大名領の研究――信州松本藩を中心として』名著出版、一九八一年、一六頁。

（6）山本はここで塚田にしたがって「藩の頭役を勤めた出川の彦太夫家」と述べている。これを読むと、彦太夫は「出川」に居住していたと思うのが普通だろうと思う。実は筆者もかつてそう思い、拙著『被差別部落の生活』で「彦太夫が居住する出川町村」と記してしまった（一三二頁）。しかし、これが誤りであることが、松本人権推進古文書研究会の研究で明らかにされたので、ここで訂正しておきたい。同研究会によれば、彦太夫が居住していたのは小島村で、複数の史料から明らかだという（『古文書に学ぶ松本領内の被差別部落第二版』一六～二〇頁）。しかし、史料には「出川彦太夫」「出川役元」などと記されている。この「出川」は何を意味するだろうか。同研究会は「居住地を表す名称ではなく、頭彦太夫家のような、穢多仲間の実力者（権威者）に冠する一種の通称ではないだろうか。あるいは刑場のもつ重みが強く印象されたのかも知れない」と述べている（一九頁）。最後に述べられているように、「出川」には松本藩の刑場があった。その刑場でおこなわれる処刑には「長吏」身分の人びとが当たった。そのことから「出川」＝「長吏」というような理解が広がったのではないだろうか。筆者はいまのところ、このように考えている。

（7）塚田は、別のところで、「宿場の成立に際して、その長吏として配置されたかわたは、いったいどういう人びとだったろうか。宿場のなかには、前掲の例（中山道・甲州道中などの宿場の例の意―斎藤注）でいうと、本海野・大町・麻績・青柳のような戦国土豪の居館のあった所もあり、そこには土豪に奉公したかわたが前々から住んでいて、宿場町となったとき、改めて長吏の仕事を命じられる場合もあったろう」と述べている（一六九頁）。塚田が「かわた」は皮革職人、「長吏」

は警備役ととらえていたことが判明するが、「かわた」と「長吏」をこのように分けることはできないと思われる。

(8) 尾崎行也「近世前期上田領内盗難考」『信濃』五二巻四号、二〇〇〇年、五五頁。

(9) 中川治雄「赤蓑騒動とその性格」『信州史学』二号、一九七四年、七七頁。

(10) 斎藤洋一「信州の旦那場と一把稲」大熊哲雄・斎藤洋一・坂井康人・藤沢靖介『旦那場――被差別民の活動領域』現代書館、二〇一一年。

(11) 塚田前掲書三二四～三二五頁。大町村の部落には牢屋があり（「留書帳」）、小島村の部落にも牢屋があったようだから、その牢屋番は勤めたと思われる。このことから、ここでの牢屋は松本城の近くにあった藩の牢屋を指していると考えられる。

(12) 『長野県史　近世史料編』五巻（二）長野県、一九七四年、二三六頁。

(13) 『長野県史　近代史料編』二巻（三）長野県、一九八四年、九頁。

(14) 前掲拙稿「信州の旦那場と一把稲」。

(15) 塚田によればこの争いは、「かたや頭彦太夫および直属の出川の「えた」と、かたや在方配下の村々「えた」」であり、「係争の種となった問題点」は、「一は前者による皮革商売の独占にたいする後者の営業自由の要求であり、一は死罪人仕置きの太刀取りに関する割当ての不満」であった（塚田前掲書三三一頁）。

(16) 山本英二「近世甲斐国の竹御林と力者」（上）（下）『徳川林政史研究所紀要』三二号・三三号、一九九八年・一九九九年が、甲斐国の「力者」について検討を加えている。それを受けて、関口博巨「近世甲斐の力者と治水・開発――環境と身分」根岸茂夫・大友一雄・佐藤孝之・末岡照啓編『近世の環境と開発』思文閣出版、二〇一〇年、同「弾左衛門支配とその境界――東国の賤民身分と差別」白川部達夫・山本英二編『村の身分と由緒』吉川弘文館、二〇一〇年が、さらに研究を深めている。山本によれば、近世甲斐の力者は、職能からみて、二系統に大別できる。ひとつは、富士川沿いの竹御林のある村に居住し、河川管理に関係した人びと、もうひとつは、臨済宗塩山向嶽寺、浄土真宗等力山万福寺、あるいは窪八幡神社などの寺社に奉仕する人びとである、という。大町村の「力」は、村内に古くからの大社である若一王子大権現社があることからすると、後者にかかわった人びとであろうか。

第九章　米国のムスリム
——共生に向けての移民・少数派の政治参加

泉　淳

一　米国の政治社会とムスリム移民

(1)　課題としての政治参加

本章は、周縁性をめぐる事例として、移民系を中心とする米国ムスリム(1)の政治参加の歴史と課題について論じる。ここでの政治参加は、ヴァーバとナイの古典的な定義を基にして、政府による人選と行動に影響を与える合法的な範囲での様ざまな政治活動の総体と捉えておく(2)。そこでは、公職への立候補、投票、選挙運動、協同的行動、個人陳情などが含まれる。また利益団体や市民社会型ＮＧＯなどの組織活動、抗議行動を含めたアドヴォカシー（問題提言）の実践なども含まれる。ここで、政治「行動」ではなく政治「参加」とするのは、本章で扱う対象が米国内の移民系のムスリムであり、文字通り、彼らが外部から米国社会に「参加」してきた経緯に注目するからである。

国民の政治参加は民主主義の不可欠な要素であり、特定の国民の政治参加の歴史的背景、形態、その課題を検討することで、その国の民主主義の実態を浮き彫りにすることができる。さらに、その国民が多元的な性質を持つ場合、すなわち多民族（マルチ・エスニック）社会や少数派（マイノリティ）や移民を含む社会を形成する場合、それら多元的な要素（集団）の政治参加の状況を分析することは、その国の政治体制の特質や国内・対外政策の形成過程を理解するための重要な要件である。

米国の政治社会における多元的な要素の一つとして、ムスリムの政治参加について議論する意義は、この議論がイスラームと民主主義との関係を考察する際に、一つの重要な視座を提供することにある。これまでに、イスラームと民主主義との関係について、その相反性――イスラームと民主主義は両立しないとの考え――への懸念を中心に、きわめて活発に議論されてきた。これは、冷戦終結によって米ソのイデオロギー対立が収束し、民主主義が実践されているとされる西側諸国にとってイスラームが共産主義に代わる新たな「脅威」として認識され始めたことに起因する。一九九三年のハンティントン Samuel Huntington の『文明の衝突』論は、このイスラーム脅威論を活性化した。さらに二〇〇一年の九・一一テロ事件は、イスラーム脅威論を「イスラーム嫌悪症 Islamophobia」と称されるイスラーム（ムスリム）蔑視に拡大し、イスラームと民主主義との相反性を印象づける決定的な出来事となった。

本章では、イスラームと民主主義を対極に位置づけるのではなく、米国国内の政治社会の場を、両者の接点を探る「実験場」として促える(3)。その際、ムスリムの政治参加を、イスラーム的特質や長所、あるいはムスリムとしてのアイデンティティを保持しつつ、米国で実践される民主主義との調和を可能とする重要な手段の一つとして位置付ける。政治参加という手段によって、自身のアイデンティティの喪失や変更を伴うような同化 assimilation でもなく、反対にアイデンティティ保持のための社会からの孤立 isolation でもなく、多元的な要素の一つとして社会の構成に積極的に寄与することが可能となる。そこでは、移民として政治参加を試みるムスリム側の課題と、こ

図9－1　アイオワ州シーダーラピッズにある「マザー・モスク」と呼ばれる米国で最古のモスク

れを受け入れる米国側の課題との双方が存在するであろう。そして、少数派として米国社会の周縁に置かれてきた米国ムスリムが、米国内での非ムスリム集団との共生の可能性を追求して、思考と行動の両面において様ざまな努力を試みてきたことが明らかになるであろう。

(2) ムスリム移民の変遷

米国へのムスリム移民は、米国建国前からのアフリカ黒人奴隷（その多くはムスリムであった）の流入を除けば、概ね一九世紀末から二〇世紀初頭にかけて、「歴史的シリア」あるいは「大シリア」と呼ばれる地域（現在のシリア、レバノン、イスラエル、パレスチナ、ヨルダンなど）から流入したものが最初である。移民の動機は主として経済的なものであり、多くの者は出稼ぎ労働者として、いずれは帰国することを前提としていた。また移民の規模も小さく、初期の移住先となった米国中西部では顕著なムスリム共同体は形成されず、イスラームの実践や布教にも強い関心が向けられなかった。総じて、初期のムスリム移民は脆弱な生活環境にあり、経済的な動機と必要性から、米国社会への同化（ムスリムとしてのアイデンティティを弱め、米国の生活慣習に合わせること）を選択していった。また彼らは、ほとんどが低い社会経済的地位から生活を始めており、積極的に政治に関わっていくような余裕や関心もなかったと考えられる(4)。

一方で、短期的な出稼ぎに満足しなかったムスリムは、永住を前提に長期的な取り組みを徐々に始めた。二〇世紀の前半、ニューヨーク、ロサンゼルス、シカゴなどの大都市、またはデトロイト近郊のディアボーン[5]などでムスリムは小規模な共同体を形成し始めた。しかし、ムスリム移民の人口が増加するのは、一九六五年の米国の移民法改正を契機としている。この移民法改正によって、それまでの出身国割り当て制度が廃止され、移民の職能重視と家族再統合 family reunification 原則に基づいて、中東や南西アジア（インド、パキスタン、バングラデシュ）から専門知識や技量を持った新たなムスリム移民が増加した[6]。拡大したムスリム共同体において、生活水準のさらなる上昇や移民共同体が抱える問題解決を目指すなどの理由で、米国の社会や政治への主体的な参加への動機が高まっていくのは自然な展開であった。

（上）図９－２　デトロイト郊外ディアボーンのアラブ・ムスリム系が多く住む地区
（下）図９－３　ディアボーンにある北米で最大規模のモスク

　ここで留意すべきは、この新たなムスリム移民らは、初期の移民とは違い、出身地で既に一定の社会経済的地位を獲得しており、米国社会への同化の必要性を強く感じなかった。むしろ、ムスリムとしてのアイデンティティを維持し、多民族社会の一員として機能していくことを望み、さらに何らかの影響力を行使することで米国社会によってその存在が認知されることを求め始めた(7)。

このようなムスリム移民の態度形成における変化には、受け入れ側である米国社会の変容にも要因がある。一九七〇年代以降、米国社会における少数派の統合のありかたは、自身のアイデンティティを弱化・放棄する「同化主義」（メルティング・ポット）から、自身のアイデンティティを保持・強化しつつ参加する「多文化主義」（サラダ・ボウルあるいはモザイク）へと移行したといわれる。このような米国の社会環境の中で、ムスリムとしてのアイデンティティを維持しつつ社会参画することへの障害や抵抗感は、かつてよりも大幅に低下した。また、ムスリム移民が増加するのとほぼ同時期、一九六四年の公民権法の成立にみられるように、黒人を主体とする公民権運動の高まりとその成果として、少数派の権利擁護の概念が拡大した。この展開を間近で見てきたムスリム移民は、米国社会が少数派を包摂する多元主義の国（社会）であるとの認識を強く抱き、このような米国社会の変容を好意的に受け入れていった(8)。

(3)　市民的関与とイスラーム的制約

米国での移民法の改正、多文化主義の浸透、公民権運動の成果など、受け入れ側の環境はムスリム移民にとって好ましい展開をみせたが、移民するムスリム側には米国社会への参画に制約を課す宗教的要因があった。

伝統的なイスラーム法学（神学）では、世界はイスラーム法（シャリーア）が適用されている「イスラームの家 dar al-Islam / the abode of Islam」と、イスラーム法の適用されていない非イスラーム世界である「戦争の家 dar al-harb / the abode of war」に二分されるとの考えがある。歴史的には、前者はムスリム政権の支配領域を指し、後者は非ムスリム（実質的にはキリスト教徒）政権の支配領域を指してきた。ムスリムは「イスラームの家」で生活することが規範とされ、「戦争の家」での生活は例外行為とされる。またムスリムは、前者の中にあることで平和と安定を享受できるのであり、後者を前者に変革する不断の努力、すなわち「ジハード」の実践が期待されている。また、後者の「戦争の家」は「不信者の家 dar al-kufr / the abode of infidels」とも呼ばれ、ムスリムの世界観として忌避すべき対象とされる(9)。

このような議論を認識していたムスリムは、非イスラーム世界である米国に移民するに際して、二つの選択肢があった。一つは米国社会をイスラームの実践が許された「イスラームの家」と捉え、米国の民主主義や多元主義を肯定的に評価し、米国社会への積極的な統合あるいは参加を望むものである。もう一つは米国を「戦争の家」と捉え、米国内での生活に際し米国的文化や価値からは距離を置いて、ムスリムとしての価値、規範、アイデンティティを堅持しようとするものである。前者の立場からは、政治参加に積極的な姿勢が期待できるが、後者の立場からは政治への不関与、さらには孤立（隔絶）の姿勢が導き出される。

いずれの立場にしても、ムスリムの米国への移民は自発的な選択であり、征服や戦争によって強要されたものではない。また、一九六五年以降の移民の特徴として、相対的に高い知識と専門性を持ち、保守的な思想に拘束されない世俗性が強いことが挙げられる。さらに、そもそも米国内にイスラームの伝統的な宗教権威（イスラーム神学者・法学者、モスクや宗教教育施設・制度など）が稀薄であったために、上記のようなイスラームの「伝統的」解釈に束縛されたり、上位の宗教権威者に一元的な行動規範を押しつけられたりすることはなかった。むしろ逆に、ムスリム移民自らが、自分たちの環境に合ったイスラームの解釈と諸制度を、新たに作り出すことに積極的になっていった。

その一例が、北米フィクフ評議会 Fiqf Council of North America の設置である(10)。北米フィクフ評議会は、一九七〇年代にＭＳＡ Muslim Students Association の内部組織として始まり、一九八六年にＩＳＮＡ Islamic Society of North America の下で、現行のフィクフ評議会として改編された(11)。評議員となる資格は、政治的に中立で、伝統的なイスラーム法解釈に精通し、最低五年の米国在住の経験者とされた。現在では七人の執行部と一〇人の評議員により構成されている。イスラーム法と米国の世俗法とのすり合わせが任務であり、「イマーム（イスラーム指導者）は、評議員 councilor というよりも、むしろ相談役 counselor である」と言われるように、米国で生活することを優先して、イスラーム法の柔軟で寛容な解釈を提示している(12)。評議員は、伝統的イスラーム法を尊重するが、これを強要するのではなく、ムスリムが非ムスリムの米国人と同等の文化的生活を送るために、ムスリムの行動にイスラーム的な正当性を付与することを主眼としている。

このような手段により、一九八〇年代以降、様ざまな識者やイスラーム指導者らの議論の過程で、米国のような非ムスリムが多数派でありムスリムが少数派である国で、イスラームを実践することに問題がないことはコンセンサスとなっていった。そこでは、米国社会の多元主義を前提として、いかにして個人としての信仰を維持しつつ生活をするか、自らの居場所をいかに確保するかに関心が移っていった(13)。

さらには、「イスラーム的ビジョンは、移民たちが〔移民先で〕有益で不可欠な役割を果たすためにアッラーに要請されたかのような使命感を与える」とされるように、イスラームが説く社会正義や人道主義を実践し、非イスラームの地を改善しようとするより積極的な動機付けもみられた(14)。

米国ムスリムは、そのアイデンティティを維持しつつも、米国の諸制度を尊重し、これに参加していくという方向を目指した。その際ムスリムは、モルモン教徒のように物理的に孤立した生活様式ではなく、ユダヤ教徒のように社会的にも政治的にも積極的に米国に関与していく方法を選択した(15)。さらにムスリムの多くは、ユダヤ系が米国を「ユダヤ＝キリスト Judeo-Christian」国家と呼ばれるほどに影響力を行使していったことを模範とし、将来米国が「ユダヤ＝キリスト＝イスラーム」国家と見なされていくことを期待して米国社会に参加していった(16)。

(4) 政治参加への積極化

一九七〇年代から八〇年代にかけて、米国社会に概ね適応してきたムスリムは主として経済活動に専念し、政治的には特別目立つ存在ではなかった。ムスリムによる諸組織は出身地（国）やエスニック単位が主流で、ムスリム全体を代表する政治的な組織活動への意識は低く、またその活動もローカルな社会活動に限定されていた(17)。

米国ムスリムの政治的関心を高める大きな契機となったのは、一九八九年に起こった「ラシュディ問題」(18)であった。イスラーム世界で沸き起こったラシュディ批判の一方で、欧米では「表現の自由」を根拠として、ラシュディ擁護の論調が多数派であり、イスラームは理解不可能な前近代的思想として脅威と嘲笑の対象となった。しかし米国ムスリムの観点からは、「表現の自由」を尊重するとしても、米国社会でユダヤ人や黒人を差別する言論が強く否定される一方で、ムスリムに関しては差別が許容されるという不公平の実態が明らかになった。米国社会に同調してきたムスリム社会は動揺し、ムスリムが米国社会において差別対象であり弱者であることを認識した。同時に、世俗的な生活をしていたムスリムも、そのムスリムとしてのアイデンティティを周囲によって再認識させられた(19)。

一九九一年の湾岸戦争は、米国ムスリムの政治面・外交面での無力さを明らかにした。イラクのクウェート侵攻に際して、ほとんどの中東・イスラーム諸国は米国に協力して多国籍軍に加わった。米国ムスリムも、中東で米国が信頼できるパートナーはイスラエルだけであるという歴代米国政権の考えを改めさせるのによい機会だととらえた。また国家（米国）に対するムスリム移民の忠誠を示すよい機会とも考えた。しかし現実には、米国内でイスラーム諸国やムスリムに対する敬意は払われず、むしろイスラーム世界は危険なものとの認識が強まった(20)。

一九九〇年代は、米国ムスリムに対する差別と偏見、あるいは疎外が拡大していく時期であった。一九九三年二月、ニューヨークの世界貿易センタービルでの爆弾テロ事件(21)は、米国ムスリムとテロとが直接結びつけて語られた最初の重大な契機となった。この事件とほぼ同時期に、ハンティントンの『文明の衝突』論が発表され、キリスト教世界（西側諸国）とイスラーム世界との対立が不可避との見解に注目が集まった。冷戦終結後の一九九〇年代は、共産主義に代わってイスラーム（主義）が新たな脅威となるとの認識が強まった。米国のクリントン政権は、表面的にはイスラームとムスリムに対する敬意を示したが、その中東およびイスラーム地域政策の実態は、イスラームとムスリムに対して圧迫的なものとなっていった(22)。

このように内外のムスリムを取り巻く環境が急速に悪化していくなかで、米国ムスリムは差別と偏見、さらには自身の身の安全のためにも、組織的な発言と行動の必要性を強く感じることとなった（政治参加への消極的動機）。同時に、若い世代のムスリムにとっては、ムスリムのアイデンティティを保持したまま米国社会に適応し、米国社会を改善することに貢献できるという自信も強まっていた（政治参加への積極的動機）(23)。その結果が、一九九〇年代のムスリムによる市民社会型組織の活性化であった(24)。

そして、二〇〇一年の九・一一テロ事件は、米国ムスリムに決定的なインパクトを与えた。このテロ事件以降、米国ムスリムに対する社会的な圧力だけでなく、政治的な圧力も強くなった。特に、テロ対策として制定された「愛国者法（USA PATRIOT ACT）」に代表される差別の制度化を進めたブッシュ政権の国内政策は、一九九〇年代にも増してムスリムに危機感を抱かせた。このような状況の中で、ムスリムは、自身の権利擁護と存在の正当性を米国社会に対してだけでなく、政治や政治家に対してもアピールするという、より積極的な政治参加に取り組まざるを得なくなった。米国のムスリム組織は、社会問題に対処する互助的組織から、政府の政策に直接提言するアドヴォカシー型の組織へと性質を進化させていった。

二　イスラームと政治参加

(1)　リベラルなイスラーム

ムスリムが政治参加する動機として、①自身の権利擁護のため、②ウンマ（世界全体のムスリム共同体）が抱える問題解決のため、③イスラームの知啓を社会的正義や政治的責任の向上のために活用すること、の三点が指摘されている(25)。①は米国内のムスリム個人あるいはムスリム共同体を対象とする差別、偏見、様ざまなハラスメントへの防衛行動である。②は海外の同胞ムスリムが抱える諸問題（パレスチナ、アフガニスタン、シリアなど）の解決に向けて連帯しようとする動機である。特に「テロとの戦い」によってイスラームの問題がグローバル化したことで、この動機の重要度は高まったといえる。③は①と②を包摂する、より普遍的な価値を求める行動であり、その対象はムスリムやイスラーム世界に限定されるものではない。

出稼ぎをはじめとする経済的動機による移民から始まり、イスラーム的な制約を克服することで社会参画を可能とし、内外のムスリムに対する差別的な環境に対処していこうとするプロセスは、上記三点のムスリムの政治参加の動機に対応する。そこでは、個人から社会への関心の拡大、あるいは利己的な動機から公共の利益を求める行為へと、ムスリムの政治参加の動機の性質の変化がみられる。

前節で、一九八〇年代末以降にイスラームとムスリムに対する批判や差別の高まりとともに、ムスリムが自身の権利擁護と存在の正当性を主張せざるを得ない状況が生まれてきたことを指摘した（上記①に相当）。しかし、ここでムスリムが自己防衛だけに力点を置けば、ムスリムの団結は促される一方で、ムスリムの孤立も避けられない。既ムスリムとしての存在が鮮明になればなるほど、これを批判する側も差異を強調することで攻撃も容易になる。

に「イスラーム嫌悪症」が拡大する環境で、排他的 exclusive に自集団の利益擁護を図るには困難が伴う。そこで米国ムスリムは、世俗的な社会正義や公共善の実現という、より包括的 inclusive で政治的にリベラルな思想を目標設定していった。ここにおいて、ムスリムとしての市民参加や政治参加する動機と、米国の一市民として行動する動機との接点がみえてくる[26]。

また、「イスラームの家」論にみるように、伝統的に非イスラーム社会への参加に消極的であったムスリムにとっては、イスラームの信条やムスリムとしてのアイデンティティを維持しつつ、米国の政治に積極的に参加を可能とするような根拠 rationale が必要とされる。ここで重視されるのが、リベラルなイスラームという概念である。

リベラルなイスラームとは、イスラームの柔軟な解釈に基づき、コーランをはじめとするテキストの解釈に拘泥しない、イスラームの持つ基本的な価値や規範――社会的・政治的には、正義、慈悲、寛容、非抑圧、諮問的政府（=民主主義）など――を重視する。敷衍されたイスラームの基本的な価値や規範は、現代の非イスラーム社会においても社会正義や公共善（政治面でのリベラリズム）と一致し、政治参加への根拠がイスラーム的にも確立されるのである[27]。

チュニジアのイスラーム主義政党ナハダ党首で、二〇一一年一月のチュニジア政変後に亡命先から帰国を果たしたラシッド・ガヌーシー Rachid Ghannouchi は、既に一九九三年の時点で「イスラーム政府でなくとも、公正な政府はイスラーム政府に近いと考えられる。なぜなら、公正さはイスラーム政府における最も重要な特徴であり、公正さこそが神の法だと言われるからである。」と述べており、人権擁護と民主主義確立のため、ムスリムが民主主義を志向するリベラルな世俗的集団と連帯する必要性を説いている[28]。

(2) リベラル・ムスリムの主導

二〇〇一年の九・一一テロ事件以降、リベラルなイスラームのありかたについて、具体的には西側社会においてムスリムがどのように共生していくのかという深刻な課題について、その答えが模索されている。このような議論をリードしているのが、米国ムスリムの指導者や知識人達である。彼らは、米国の多元主義とイスラームを適合させるべく、イスラームのリベラルな解釈を適用し、市民参加や政治参加を呼びかける。

カリフォルニア大学法学部教授でイスラーム法学者であるカーレド・アブ・エル・ファドル Khaled Abou El Fadl は、イスラームをリベラルに解釈する米国ムスリム知識人の第一人者である(29)。彼は、ワッハーブ派などのイスラーム保守派を批判し、対立的な関係にある。彼は、他者が時空を超えて法学的・神学的議論をするには限界があり、「イスラームの家」論などもイスラーム法の解釈は時代によって流動的であるとし、今日では不適切で非現実的な議論とする(30)。自由、公正、諮問的手続きの約束された政府が機能するなどのイスラーム的な規範が実現していれば、そこはムスリムが少数派であっても「イスラームの家」であり、ムスリムの居住と市民的・政治的参加は正当化される。実際問題としては、伝統的なイスラーム的規範と非イスラーム的な（多くの場合、世俗的主義的な）現実との間で「バランスをとる」ことが重要だとしている。

ムクテダー・カーン Muqtedar A. Khan もリベラルなイスラームを提唱する者の一人である。カーンは、移民ムスリムにとっての米国のイメージとして「民主主義としての米国 America the democracy」と「植民地主義としての米国 America the colonial power」との二面があることを指摘する。前者を重視する者を米国的価値観を共有する民主派ムスリム Muslim democrat とし、後者を重視する者を米国的価値観を拒否する孤立派ムスリム Muslim isolationist とした。そして、前者の最大の成果として、リベラルなイスラーム解釈の実践をあげ、彼らが様ざまな機会（出版物、講演、コンベンション、金曜礼拝など）を通じて、一九七〇年代以降、米国とイスラームに対する新しい理解をするように促してきたとする(31)。

その際に重視されたのがイジュティハード ijtihad である。イジュティハードとは、「独立した思考、理性的判断」を意味し、イスラーム法学においてコーランなどの（抽象的な）典拠から特定の（具体的な）法規定を導き出す行為である。カーンは伝統的には法学者に限定的な行為であるイジュティハードを、現代社会におけるイスラームのリベラルな解釈として再定義した。「民主派ムスリムは、正義、宗教的寛容、文化的多元主義というイスラームの原則を強調する。そして、自由、人権、寛容の尊重という西洋の価値観を、これらを正当化するイスラーム的起源に前例を見いだすことでイスラーム化した」。カーンは、このようなイスラームのリベラル的解釈に従って、米国でのムスリムの政治参加は単に許されるものではなく、むしろ積極的に政治参加すべきものとの結論を示している(32)。

フェイサル・アブドュル・ラウフ Feisal Abdul Rauf は、イスラームが理想とする価値と米国が理想とする価値が一致するという、非常に親米的な考えを提示する。彼は米国を「イスラーム法が政府に求める諸原則を、明確に具体化する制度を持つ国」とし、米国はイスラーム法に基づいた国 a sharia-compliant state であるとさえいう(33)。このようなリベラルなイスラームを提唱する者は、イスラームの持つ価値観と欧米の非イスラーム文化圏の価値観との共通性に注目し、両者の親和性を強調する(34)。これによって、ムスリム移民は非イスラーム圏でもムスリムのアイデンティティを維持しつつ新環境に適応可能となるからである。米国でムスリムに関する情報発信のありかたとして、大学教授、イマーム、ムスリム知識人らによる、このようなリベラル派の発言が幅広くおこなわれ、影響力を持っているといえる。米国におけるムスリムの政治参加は、このようなリベラル派がリードする思想的議論を経た上で、正当性を獲得していったといえる(35)。

(3)　保守的ムスリムの存在

リベラルなイスラームの解釈を支持し、政治参加を肯定するムスリムがいる一方で、依然として米国を「戦争の家」と捉え、米国的文化や価値からは距離を置いて、ムスリムとしての価値、規範、アイデンティティを堅持しようとするムスリムもいる。リベラルなイスラームの対概念としての保守的なイスラームは、コーランをはじめとするテキストを重視する思想であり、イスラーム復古主義、あるいは原理主義とも呼ばれる。この立場からは、非ムスリム国家での政治参加は否定される。ただし、理由は宗教的なものだけではなく、米国政治文化への不慣れ、一般的な同化への抵抗、英語の語学力不足もありうる。また、出身国での政治参加の経験と知識の不足は大きいと思われる。多くのムスリム移民の出身地である中東や南アジア諸国のほとんどが権威主義体制であり、自由で公正な選挙などの政治経験が乏しいからである[36]。

米国ムスリムの中で、市民参加や政治参加に否定的な見解を持つ保守的なムスリム集団は、米国ムスリムの中でもさらに少数派の集団である。一例として、イスラーム伝統派集団とされるタブリーギー・ジャマーアト **Tablighi Jamaat** は、そもそも世俗国家（非イスラーム国家）の正統性を認めておらず、したがってそこでの政治に関わること自体を想定しない非政治的 **apolitical** な態度を示す[37]。

また、イスラーム国家建設を目標とし、現行の世俗的な政治制度を否定するヒズブ・アル・タフリール **Hizb al-Tahrir**（解放の党）は、孤立派の典型的な主張を展開している。すなわち、米国をはじめとする西側諸国は「不信者の地」であり、参加すべき対象ではなく、「イスラームの地」に転換させるべき対象とみなす[38]。

その他、サウジアラビアを起源とする保守的イスラーム集団の筆頭とされるワッハーブ派は、依然として古典的な二元論にこだわっているが、この派の信奉者が米国内でどの程度存在するのかは明らかではない。

このようなイスラーム保守派は必ずしも米国内で組織化されておらず、また主要なメディアや論壇などにも登場しない。しかし、「民主主義や資本主義経済は不信者の制度である」といった極論がインターネット上に拡散しているのも事実である(39)。そして、このようなごく少数派のイスラーム保守派の主張は、イスラームの危険性を煽り、「イスラーム嫌悪症」の拡大を助長している(40)。結果的に、民主政治との親和性を訴えるリベラル派ムスリムの主張は、このような「イスラーム嫌悪症」の中でかき消されてしまうことになる。リベラル派ムスリムは保守派ムスリムの過激な主張を払拭するために積極的な意見表出に取り組んでいるといえるが、受け入れる側の（非ムスリムの）米国社会は、イスラームに対する全般的な不信からは脱却できていないのが現状であり、その克服が課題となっている。

(4)　ムスリム一般の関心と行動

政治参加に関して、イスラーム指導者や知識人ではなく、一般的な米国ムスリムはどのように考えているのであろうか。九・一一テロ事件以前にCAIRが行った調査(41)では、「ムスリムは米国の諸制度に関与すべきである」との問に、強く賛成（七七％）、賛成（一九％）、反対（二％）、強く反対（二％）と回答し、「ムスリムは政治過程に参加すべきである」との問に、強く賛成（七二％）、賛成（一七％）、反対（六％）、強く反対（五％）と回答しており、政治参加について圧倒的多数が賛同している。ただし、ムスリムの内部で若干の差異があり、イスラームをテキストに従い厳格に捉える者（参加に強く賛成六〇％、概ね賛成一八％）は、イスラームを柔軟に解釈する者（強く賛成七九％、概ね賛成一四％）よりも参加意識はやや弱い。このように、一定の保守的志向も存在するが、米国ムスリムの多数派は、米国の社会および政治参加に肯定的な態度を示し、リベラルなイスラームの解釈を支持しているといえる。

また、同じ調査の中で、イスラームに関わる決定をおこなうとき、どのような方法が最も適切か、との問に対し、「コーランとスンナを直接参照し、その目的や現代的な状況を考慮した解釈に従う」（七一％）、「コーランとスンナを直接参照し、文字通りの解釈に従う」（二一％）、「特定の学派 madhab の確立された見解に従う」（六％）と答えている。「特定の学派」の支持が少ないのは、一般の米国ムスリムが「特定の学派」そのものや、その見解に必ずしも精通していないからであると思われる。ここでは、米国ムスリムの七割程度は、イスラームの伝統的な解釈に拘束されず、現実的な対応を選択していることがうかがえる。

ピュー・リサーチセンターによる別の調査(42)によると、敬虔なムスリムであることと米国のような近代社会で生活することとの両立について、回答者の六三％が支障はないとしている。また、ムスリム移民と米国の生活習慣との望むべき関係について、四三％が米国の習慣に合わせるべきとするが、二六％が米国社会から距離を置くべきと回答している。信条を維持しつつ米国の近代的（世俗的）社会に適応し、同時に一定の距離を保つというバランス志向があるといえる。このピュー・リサーチセンターの報告書の副題「概ね主流派 mostly mainstream」が示すように、現在の米国において、イスラームをリベラルに解釈する者が多数派であり、米国の政治社会制度に参加することにはほぼコンセンサスがあると考えられる。

また、米国内に二〇〇〇箇所以上あるとされるモスク（あるいはイスラミック・センター）の存在は、リベラルなイスラームの普及に貢献している。別の調査によると、モスクでの礼拝や社会活動に積極的なムスリムは、イスラームは米国の民主的な政治制度と親和性が高いと考える傾向が強いことが指摘されている。したがって、モスクに通うことが急進主義思想やテロの温床となるとの懸念に反して、少なくとも米国のモスクはムスリムの社会参加や政治制度への統合を促進する機能を持ち、穏健でリベラルなイスラームの普及に貢献する側面が強い(43)。

三　政治参加の実際

(1) 選挙への関与と公職への立候補

米国の大統領選挙に関しては、予備選挙も含めて選挙戦に出馬したムスリムはこれまでにいない。しかし、注目すべき点は、過去の大統領選挙において米国ムスリムはその結果に影響を及ぼすべく、ムスリムの連合組織が特定の候補者への投票を呼びかける「ブロック投票」を試みたことである(44)。

米国ムスリムの指導者層は、二〇〇〇年選挙の際、社会的な保守性を共有し、移民やムスリムに対する差別的な制度の改正にも言及した共和党ブッシュ候補への投票を呼びかけた（ムスリムの約七割がブッシュに投票）。一転して二〇〇四年選挙では、「テロとの戦い」や「愛国者法」の制定など、内外のムスリムに関わるブッシュ政権の政策への批判として、民主党ケリー John Kerry 候補への投票を勧めた（ムスリムの約八割がケリーに投票）。二〇〇八年選挙では、ブッシュ政権に対する批判と、マルチ・エスニックな経歴とリベラルな政治志向を持つオバマ Barack Obama に対する期待からオバマへの支持が集まった（ムスリムの約九割がオバマに投票）。この中で、九・一一テロ事件の後の選挙となる二〇〇四年と二〇〇八年では、米国ムスリムに対する差別的な社会情勢の中で、ムスリムの政治活動、特に特定候補者に対する支持行動は、むしろその候補者によって敬遠されるという事態になった。特に二〇〇八年選挙では「オバマはムスリム」という一部の誤認を利用し、「オバマ支持＝イスラーム急進派のテロに弱腰＝愛国的でない」という反オバマ・キャンペーンが対立候補によって展開された(45)。

この構図――イスラームに親和的な態度は、非米国的であるとの見方――は、米国ムスリムがどのレベルであれ政治参加する際に、きわめて大きな制約要因となっている。既に触れたように、参加する側のムスリムとしては、リベラルなイスラームの解釈を通じて政治参加への宗教的拘束を克服したものの、受け入れる側である米国における政治参加へのハードルが九・一一テロ事件以降、格段に高くなったという状況である。

政治的に厳しい環境の中でも、米国の政治的公職で最も高い地位にあると考えられるのが、キース・エリソンKeith Ellison（ミネソタ州、民主党）とアンドレ・カーソンAndré Carson（インディアナ州、民主党）の二人の連邦下院議員である。二〇〇七年から連邦下院議員となったエリソンに関して注目すべき点は、下院議員当選後の就任式（二〇〇七年一月）の際に、多くの議員が用いる聖書ではなくコーランに手を置いて宣誓したことである。賛否両論があったが、初めてムスリムが連邦議員になったという事実は大きく報道された(46)。

両者に共通するのは、移民系少数派やリベラルの支持層が厚い米北部州内の中心都市部（それぞれミネアポリスとインディアナポリス）を選挙区としていることである。公職活動に際して、エリソンとカーソンはともに、ムスリムとしてのアイデンティティを前面に出して政治活動をしているわけではない。むしろ、民主党、少数派、リベラルという側面を強調する。ムスリムを前面に出すことは米国の政治環境からリスクを伴うのと同時に、もとより「ムスリム票」だけで当選することは困難であり、彼らの選挙区の特性から少数派・リベラル・黒人票に力点を置くのが集票アウトリーチ戦略として合理的である。

図9－4　演説するエリソン議員，後方に立つのはカーソン議員　ISNA 年次大会（2008年，オハイオ州コロンバス）にて

ただし、両者ともにムスリムのアイデンティティを放棄しているものではなく、時には全米のムスリムを代表する政治家として行動し、移民系や黒人系を問わず、米国ムスリム全般からの尊敬と支持を集め

図9-5　ワシントンDCにあるイスラミック・センター（モスク）

ている[47]。

　また、州議会レベルになると、ムスリムが政治的公職に就くケースも多くみられ、その数は増えつつある[48]。そこでは、民主党員が大勢であり、女性の進出も顕著であり[49]、移民系と黒人系が混在している傾向がみられる。その他、政治的公職に立候補するムスリムの総数は明確ではないが、落選候補者も含めればその数はかなり多いと思われる[50]。

　共通する点としては、選挙戦に際して、または各人の公式ウェブサイトにおいても、そのほとんどがムスリムであることを前面には出していない。その理由は、エリソンやカーソンと同様に、選挙区での集票アウトリーチ戦略にある。あるムスリムの州議会議員（女性）は、「自分の地域を良いものにしていくことの重要性は、イスラームの延長である。エリソンやカーソンと同様に、私は圧倒的にムスリムの少ない地域から選出されている」と述べている[51]。このように、イスラームあるいはムスリムを前面に出した政治参加の形態（アイデンティティ政治）は、選挙戦術として必ずしも有効な手段でもなければ、反ムスリム的な社会情勢からも現実的な手段でもない。結果として、公職を目指すムスリムは、「ムスリムの利益」ではなく、「イスラーム的規範が示す社会全体にとっての利益」を強調することが趨勢となっている。

(2)　ムスリム有権者の投票行動と政治志向

米国ムスリムに関するギャラップ社の調査（二〇〇九年実施）によると、ムスリムの六四％は有権者登録しているが、これは他の宗教集団との比較――プロテスタント（九〇％）、カトリック（七六％）、モルモン教徒（八二％）、ユダヤ教徒（九〇％）、米国人全体（八一％）――では最も低い値となる。この理由について同調査は、ムスリムの平均年齢が低いこと、新しい移民が多いため市民権獲得が進んでいないことを推測している(52)。

オバマを選出した二〇〇八年大統領選挙に関する二つの出口調査から、米国ムスリムの中でこの選挙で初めて投票した者の割合はそれぞれ一七％と一三・六％という値を示している(53)。他の大手による出口調査によると、米国人全体で、この選挙で初めて投票した者は投票者全体の約一一％を占めるとしている(54)。したがって、ムスリムの有権者登録の割合は低いものの、投票するものの数は現在進行形で拡大しており、今後はムスリム投票者の割合は他の宗教集団と同程度にまで拡大していくものと推測できる。

米国ムスリムの政治志向について、過去におこなわれた複数の調査から、その一般的な傾向は明らかになっている。一例として前出のピュー・リサーチセンターの調査（二〇〇七年）を参照すると、政党帰属意識は、民主党（六三％）、共和党（一一％）、その他（二六％）と民主党支持が圧倒的である。イデオロギーとして、保守的（一九％）、中道（三八％）、リベラル（二四％）と拮抗しているが、米国人一般（保守的三四％、リベラル一九％）と比べると保守的とリベラルとの数的関係が逆転している。また、政治面では「大きな政府」に賛成（七〇％）、「小さな政府」に賛成（二一％）、となり、実質的にはリベラルが保守を圧倒している。一方では、社会的な側面では保守性を強く示し、同性愛、妊娠中絶、ポルノ、遺伝子工学などに否定的であり、その点ではキリスト教やユダヤ教の保守派と大差はない。政治・経済的にはリベラルであり社会的には保守的であるという二面性が米国ムスリムの特徴である。別の観点で見れば、政治・経済的には少数派、移民、弱者に共通する志向を示し、社会的には宗教的保守主義・右派に共通する志向を示すといえよう。ただし、米国ムスリムの多様性を考慮すれば、一時点での一元的な捉え方には留保が必要であろう。

なお、有権者としてのムスリムは増大傾向にあろうと推測したが、政治的なまとまり（凝集性）が高いわけではない。二〇一一年のギャラップ社による新しい調査によると、全国的なムスリム組織で自身の利益を代表していると思うものがきわめて少ないことが指摘されている(55)。例えば、全国年次大会では数万人の参加者があるＩＳＮＡでも約五％、ムスリム差別の問題で貢献しているＣＡＩＲでも一〇％であり、これらの組織がムスリムに圧倒的に支持・期待されているとはいえない。したがって、ムスリム有権者は、個々の利益や考えに基づいて政治参加をおこなっており、一元的な管理下にあるわけではないといえる。

(3)　政治的公職活動の限界と課題

米国におけるムスリムの政治参加に関する分析で、ヨーロッパの他の民主的国家と比較して、米国連邦議会ではムスリム議員の比率がかなり低いことが指摘されている(56)。米国では下院にエリソンの一名のみ（カーソンは二〇〇八年より下院議員）である一方、カナダ、ＥＵ諸国の議会やＥＵ議会など米国議会よりも小規模であってもそれぞれ数名のムスリム議員が存在する。イギリスでは上下院合わせて一〇名を超えている。

この差異の理由として、小選挙区制度（過半数の票獲得を必要としない、相対的多数票獲得者の一名のみの当選）、大きな選挙区、キリスト教保守派とＡＩＰＡＣ American Israel Public Affairs Committee など親イスラエル・ロビー組織の連携による反ムスリム・キャンペーンの展開という複合的要因が挙げられている。一般的に、小選挙区制は比例代表制と比べて強い候補が勝ちやすい構造を持っており、少数派の支持候補には不利である。しかし、例えばエリソンは、州の中心的都市部（ミネアポリス）に選挙区を持ち、したがって選挙区は小さく、少数派やリベラル派が集まりやすい傾向にある（カーソンも、都市部のインディアナポリスに選挙区を持ち、同傾向にある）。一方で、選挙区が大きくなり、人口が大きくなると、非ムスリムの数が必然的に多くなり、最近の「イスラーム嫌悪症」の傾向を抑えることができずムスリム候補にとって不利に働く。比例代表制度を選挙制度に取り入れていない米国において、少数派が議席を獲得することは構造的に困難となっている。

この状況のなかで、ムスリムの権利擁護のためには、米国ムスリム自身が組織化し、両党の中で政治的に活発になる必要がある。しかし、現実は既に述べたように、ムスリムとしてのアイデンティティを強調して政治参加することは、ムスリム候補者にとって必ずしも合理的な選挙戦術とはならない。また、今後は連邦議会ではなく、よりローカルなレベルでの公職への立候補と参加が現実的な路線であり、それが契機となり全国レベルへの拡大となっていく可能性はある。前述のように、各州内の州議会レベルでムスリム議員が複数存在していることは、この傾向を示している。ただし、「他の少数派からの議員と同様に、立場、態度、支持、イメージを規定する上で、宗教は時間と共にその重要性を弱めていくだろう。」と指摘されるように、またエリソンやカーソンが、必ずしもムスリム人口が多いわけではないがリベラル色の強い選挙区から当選を果たしていることからも、今後ムスリム議員の増加があるとすれば、それはムスリムとしてのアイデンティティ政治の結果ではなく、社会正義や公共善といった、リベラルな政策主張が評価された結果と考えるべきであろう。

四　今後の展望と課題

本章で提示したのは、国家の周縁部に位置せざるを得ない、比較的新しい層である移民系のムスリムが、旧来の保守的な思考に修正を加え、リベラル志向の市民という普遍性を獲得することによって政治参加を拡大し、国家の中心部に対して発言を強めていく試みの一端である。そこでは、周縁にある人びと（少数派）が周縁で孤立するのではなく、周縁者のアイデンティティや信条を十分に享受しながらも、中央（多数派）に対して政治的リベラリズムの実践に向けて働きかけていく能動的な姿勢がみてとれる。

政治参加という手段は、民主的な手続きが保証されている現代の国民国家において、周縁部にある人びとの意見を反映するための有効な手段となりうる。米国が「イスラームの家」でないとしても、そこで多元主義と信仰実践の自由が保証されている限り、移民したムスリムにとって意見表出のための政治参加は、むしろ当然とるべき行動様式だといえよう。

しかし、移民先となる米国におけるムスリムの政治参加は、法的な制度としては他の市民と同様に保証されているものの、「イスラーム嫌悪症」の拡大にともない、厳しい現実に直面している。この背景に九・一一テロ事件の影響は大きいが、この事件が発生しなかったとしても、「文明の衝突」論に象徴される一九九〇年代以降のムスリム移民に対する警戒感と差別の拡大は避けられなかったであろう。九・一一テロ事件は、リベラル的解決策によって歩み寄るムスリムと、これを拒む「イスラーム嫌悪症」の拡大した米国社会とのコントラストを明確にしたに過ぎない。

米国社会のムスリムの受容に関して、現在のムスリムとかつてのカトリック教徒の経緯との類似性を指摘する者もある。現在、様ざまな困難に直面している米国ムスリムだが、かつてのカトリック教徒がそうであったように、時間とともに徐々に受け入れられ、いずれは米国の大衆宗教 public religion の一つになっていくだろうとの楽観論である(57)。一方で、米国内でのキリスト教、特に保守派は優勢であり、その保守的な排他主義と反イスラーム的な思考様式を考えると、米国内でのムスリムの立場は容易には改善されないであろうとの見方も強い(58)。

移民として参加してきたムスリムの側は、米国を「戦争の国／不信者の国」と見なす伝統的なイスラーム法学を否定し、信仰実践に制約を課さない宗教的に自由な米国を、あらたな「イスラームの国」と位置づけ、これを受け入れた。さらに、イスラーム法を柔軟に解釈するリベラルなイスラームを米国内のイスラーム指導者や知識人が推進し、ムスリム市民一般の中でもリベラルなイスラームの実践が主流となりつつある。しかし、このようなムスリム側のリベラル的解決策の提示にもかかわらず、受け入れ側である米国社会には、ムスリムの受容に依然として大きな障害が存在している。

このように非対称的な関係が構造的なものになりつつあるなかで、留意すべき点として、移民二世や三世の比較的若い世代のムスリムに不満とストレスが高まっているとの指摘がある(59)。米国ムスリムの若い世代は政治参加への意識が高く、同時に、ムスリムとしてのアイデンティティを強く持ち、イスラーム的慣習の実践にも積極的である傾向も指摘されている(60)。また若い世代の方が、米国では宗教的な多元主義が「認められて当然」との意識が強く、結果的に疎外感や失望感が強くなる可能性が高い。この傾向は、ムスリムの政治参加が拡大する一方で、一転するとムスリムの利己的な主張と急進主義に陥り、リベラル的解決策の放棄に至る危うさを持っている。九・一一テロ事件以降の米国は、民主主義の後進地域とされる中東・イスラーム諸国において民主化を促進することを一つの重要な政策課題と位置づけた。しかし、振り返って足元を見れば、既に米国国内において、米国ムスリムの扱いに関して、米国自身の民主主義の正当性と包摂性が試されてきていることにも留意すべきである。

米国におけるムスリムの政治参加に限界があるとすれば、それはイスラームの宗教的制約やムスリムの態度の問題だけでもなければ、単に米国の小選挙区制度の問題だけでもないであろう。米国ムスリムが提示する諸問題は、今日の米国における多元主義の受容の限界を示すものであり、移民、少数派、差別やハラスメントの対象となる弱者など、周縁者を内包する現代の国家と社会に共通する克服すべき課題となっている。

［注］

（1）米国ムスリム（米国に在住するイスラーム教徒）の人口は、米国の国勢調査に宗教・信条についての調査項目が設けられないため、推計値でしか把握できない。一部のムスリム系組織は六〇〇～七〇〇万人と推計するが、やや誇大された値である。ピュー・リサーチセンターは、約二三五万人（二〇〇七年推計）、約二七五万人（二〇一一年推計）という値を提示しており、概ね妥当な値と考えられている。*Muslim Americans: Middle Class and Mostly Mainstream*, Pew Research Center, May 2007; *Muslim Americans: No Signs of Growth in Alienation or Support for Extremism*, Pew Research Center, August 2011.

（2）Sidney Verba and Norman H. Nie, *Participation in America: Political Democracy and Social Equality*, Harper and Row, 1972, p. 2-3.

（3）同様に、米国におけるムスリムの歴史を「イスラームと西側 the West」という二項対立の構図で捉えるのではなく、ムスリムと非ムスリムとの相互作用の歴史として捉えるものとして以下を参照。Kambiz GhaneaBassiri, *A History of Islam in America*, Cambridge University Press, 2010.

（4）Aminah Beverly McCloud, "Islam in America: The Mosaic," in Yvonne Yazbeck Haddad, Jane I. Smith, and John L. Esposito (eds.), *Religion and Immigration: Christian, Jewish, and Muslim Experiences in the United States*, AltaMira Press, 2003, p. 160-161; Jane A. Smith, *Islam in America* [2nd ed.], Columbia university Press, 2010, p. 50-65; GhaneaBassiri, *op. cit.*, p. 138-164.

（5）ディアボーン Dearborn にはフォード自動車本社があり、二〇世紀前半の自動車産業の発展がムスリムを含むアラブ系移民の吸引力となった。

（6）同移民法改正によるムスリム移民の増加についての公式の統計資料は不在だが、ある調査によると、米国ムスリムの移民時期について、一九七〇年以前が一二%、七〇～七九年が二五%、八〇～八九年が三六%、一九九〇年以降が二四%となり、一九七〇年代以降に移民した者が八割以上となる。したがって米国内の移民集団の中で、ムスリムは比較的新しい移民集団と位置づけられる。*Project MAPS: Muslims in American Public Square*, Center for Muslim-Christian Understanding, Georgetown University, Spring 2002.

（7）M. A. Muqtedar Khan, "Constructing the American Muslim Community", in *Religion and Immigration*, p. 179-182.

（8）公民権運動では、キング Martin Luther King, Jr. 牧師による運動が主流であったが、マルコムX Malcolm X や Nation of Islam などの黒人系ムスリムとその組織も重要な一翼を担った。したがって、政治的権利獲得のための政治参加という観点では、移民系のムスリムよりも黒人系ムスリムの方が一歩先んじていたといえる。なお、中東やアジアからの移民系ではなく、黒人系のムスリムは、米国ムスリム全体の中で約三割を占めるとされる。*Muslim Americans: A National Portrait*, Center for Muslim Studies, Gallup, 2009.

(9)　ムスリムの世界観としてしばしば言及される、このような世界の二分論は、コーランやスンナ（預言者の言行）に明示されているものではない。この二分論は、一一世紀以降のキリスト教徒による国土回復運動（レコンキスタ）が展開するなかで、イベリア半島に残されたムスリムの立場についての解釈が定式化されたものである。また、イスラーム諸法学派の間で、これら概念についての見解に相違もある。Jocelyne Cesari（ed.）, *Encyclopedia of Islam in the United States*, Vol 1, p. 170–173; Omar Khalidi, "Living as a Muslim in a Pluralistic Society and State: Theory and Practice," in Zahid H. Bukhari et al（eds.）, *Muslim's Place in the Public Square: Hope, Fears, and Aspirations*, AltaMira Press, 2002, p. 43–46.

(10)　「フィクフ fiqh」とは、イスラーム法学 jurisprudence を意味する。コーランとスンナに基づくイスラーム法の解釈論であり、実際には神意を推し量って法律上の問題に判断を下す行為である。

(11)　ＭＳＡは、一九六〇年代前半にムスリム移民の若手学生が結成した組織。ＩＳＮＡは、北米の各種ムスリム組織による連合組織で北米最大のムスリム組織。現在、ＭＳＡはＩＳＮＡの若手付属部門として機能している。

(12)　Yusuf Talal Delorenzo, "The Fiqh Councilor in North America" in Yvonne Yazbeck Haddad and John L. Esposito（eds.）, *Muslims on the Americanization Path?*, Oxford University Press, 2000; Karen Leonard, "Organizing Communities: Institutions, Networks, Groups," in Juliane Hammer and Omid Safi（eds.）, *The Cambridge Companion to American Islam*, Cambridge University Press, 2013.

(13)　Yvonne Yazbeck Haddad and Robert Stephen Ricks, "Claiming Space in America's Pluralism: Muslims Enter the Political Maelstrom," Abdulkader Sinno（ed.）, *Muslims in Western Politics*, Indiana University Press, 2009, p. 18–22; Karen Isaksen Leonard, *Muslims in the United States: The State of Research*, Russel Sage, 2003, p. 87–89. また、一九八〇年代後半に、「戦争の家」に代わり「契約の家 dar al-Ahd」あるいは「布教の家 dar al-Dawa」の概念を提示し、そこでの生活を承認するイスラーム指導者もいた。

(14)　Larry A Poston, *Islamic Da'wah in the West: Muslim Missionary Activity and the Dynamics of Conversion to Islam*, Oxford University Press, 1992, p. 31–45.

(15)　Khan, *op. cit.*, p. 178.

(16)　Yvonne Haddad, "The Shaping of a Moderate North American Islam: Between 'Mufti' Bush and 'Ayatollah' Ashcroft," in Ron Geaves et al（eds.）, *Islam and the West Post 9/11*, Ashgate, 2004, p. 98.

(17)　Kathleen M. Moore, *The Unfamiliar Abode: Islamic Law in the United States and Britain*, Oxford University Press, 2010, p. 39–40.

(18)　インド系イギリス人作家であるサルマン・ラシュディ Salman Rushdie が一九八八年に出版した *The Satanic Verses*（邦題『悪魔の詩』）が、イスラームとムハンマドを冒瀆するものであるとして、各国のムスリムがラシュディを強く非難した。当時のイランの最高指導者ホメイニ Khomeini 師は、ラシュディに死罪を宣告するファトワー（法学裁定）を出し、ラシュディは身を隠す事態となった。

(19)　Haddad and Ricks, *op. cit.*, p. 20–21; Leonard, *op. cit.*, p. 46–47; GhaneaBassiri, p. 329–332.

(20)　Haddad（2004）, *op. cit.*, p. 99–100; GhaneaBassiri, *op. cit.*, p. 332–337.

(21)　同ビルの地下駐車場で爆薬を積んだ車が爆発し、死者数名、負傷者多数を出した事件。盲目のイスラーム急進主義者でニューヨーク在住のオマル・アブドュル・ラフマーン Omar Abdul Rahman が首謀者となり、ラムジ・ユーセフ Ramzi Yusuf が爆破の実行犯となる。両者ともに終身刑で服役中。

(22)　泉　淳「イスラーム復興と米国のイスラーム地域政策」『イスラーム世界研究』京都大学イスラーム地域研究センター、第4巻、1・2号、二〇一一年。

(23)　Khan, *op. cit.*, p. 187.

(24)　その代表的なものとして、MPAC（Muslim Public Affairs Council）一九八八年設立、AMC（American Muslim Council）一九九〇年設立、CAIR（Council on American-Islamic Relations）一九九四年設立などがあげられる。

(25)　"Zahid Bukhari on Muslims in American Politics（2000）," in Edward E. Curtis IV（ed.）, *Encyclopedia of Muslim-American History*, vol. II, Facts on File, 2010, p. 464–467.

(26)　Andrew F. March, *Islam and Liberal Citizenship: The Search for an Overlapping Consensus*, Oxford University Press, 2009, p. 242–258.

(27)　イスラーム創生期以来、リベラルなイスラームの系譜は多岐にわたるが、近現代に限定すれば、一九世紀後半のアフガーニー Jamal al-Din al-Afghani やアブドゥフ Muhammad Abduh に代表される、イスラーム改革運動にその源流をみることができよう。リベラルなイスラームの系譜については以下を参照。Charles Kurzman, "Liberal Islam and Its Islamic Context," in Charles Kurzman（ed.）, *Liberal Islam: A Sourcebook*, Oxford University Press, 1998, p. 3–26.

(28) Rachid Ghannouchi, "The Participation of Islamists in a Non-Islamic Government,"（1993）in Kurzman, *op. cit.*, p. 89–95. ガヌーシーは、かつて米国でのＩＳＮＡ全国大会の場で、米国は「不信者の地 bilad al-kuffar」ではなく、「開かれた国 bilad al-maftuha」であり「信仰実践の地 dar al-da'wa」であると述べ、米国ムスリムにもリベラルな思想的影響を与えている。Sinno, *op. cit.*, p. 19.

(29) Khaled Abou El Fadl, "Islamic Law and Muslim Minorities: The Juristic Discourse on Muslim Minorities From Second/Eight to the Eleventh/Seventeenth Centuries," *Islamic Law and Society*, Vol. 1, No. 2, August 1994, p. 141–87; Khaled Abou El Fadl, *The Great Theft: Wrestling Islam from the Extremists*, HarperCollins, 2005, p. 48–49.

(30) 二〇世紀初頭、オスマン帝国支配下にあったボスニア＝ヘルツェゴビナがオーストリア＝ハンガリー帝国に併合された。この時、オスマン帝国のイスラーム法学者が、ボスニアのムスリムは「イスラームの家」に移住しなければならないと告知した。この告知に対して、当時エジプトにいたイスラーム改革主義者ラシード・リダー Rashid Rida は強い批判をおこなった。移住せよという教条的で非現実的な判断に対する批判と、もはやイスラーム的であることが疑わしいオスマン帝国の支配体制に対する批判でもあった。リダーは、移住すべきか否かという「自身の問題について最良の判断をするのはボスニアのムスリムである」とするファトワーを出した。アブ・エル・ファドルは、このリダーの判断を模範として高く評価している。Khaled Abou El Fadl, "Striking a Balance: Islamic Legal Discourse on Muslim Minorities," in Haddad and Esposito（eds.）, *op. cit.*, p. 48–49.

(31) Khan, *op. cit.*, p. 191–193.

(32) M. A. Muqtedar Khan, *American Muslims: Bridging Faith and Freedom*, Amana Publication, 2002, p. 30–31.

(33) Feisal Abdul Rauf, *What's Right with Islam: A New Vision for Muslims and the West*, HarperCollins, 2004, p. 80, 86. 一方で、リベラルなイスラームは米国の非ムスリムに必ずしも受容されるわけではない。アブドゥル・ラウフが主導する宗教間対話 interfaith dialogue 活動である「コルドバ・プロジェクト」（"Park 51"とも称される）は、ニューヨークにあるイスラミック・センター（モスク）を改築して、宗教間対話の拠点とすることを計画した。しかし、同センターが九・一一テロ事件で倒壊した世界貿易センタービルに近接していたため、テロ事件の被害者と反ムスリム勢力（特にキリスト教保守派）が同プロジェクトを急進的イスラーム主義者による「グラウンド・ゼロ・モスク」建設の陰謀として猛反対し、大きな論争を引き起こした。John L. Esposito, "Islamophobia and Muslim Center at Ground Zero," CNN（July 19, 2010）［http://edition.cnn.

com/2010/OPINION/07/19/esposito.muslim.center/index.html].

(34) 米国人ではないが、欧米でのリベラルなイスラームのありかたについて影響力のある発言をしているのがタリク・ラマダン Tariq Ramadan である。ラマダンもまた、「古典的概念と現在の状況との深刻なギャップ」の存在を示し、「イスラームの家」論の硬直性を批判する。ラマダンは、ムスリムが行動の枠組みと指針を得るために、政治・経済分野において、イスラームのメッセージが持つ普遍的でグローバルな諸原則に立ち返るべきであるとする。したがって、政治参加の形態に関して、「私の宗教、私の文化、私のエスニック集団」に力点を置く、いわゆるアイデンティティ政治には反対する。また、米国ムスリムがユダヤ系の政治参加を手本にすることやロビー集団を形成していくことに否定的である。ラマダンは、「我々（ムスリム）の利益を守る候補者やムスリムに投票することの問題ではない。良心に基づいて判断するための客観的な基準を設定することが重要である」と述べ、後述の「ブロック投票」にも否定的であるのが興味深い。Tariq Ramadan, *Western Muslims and the Future of Islam*, Oxford University Press, 2004, p. 62–79, p. 158–173.

(35) ジョージタウン大学のエスポジトは、このような柔軟なイスラームの解釈を提唱する米国の代表的な学者や知識人として、ここで紹介した者以外では以下の諸氏を挙げている。エスポジト自身もこの範疇に入るといえる。Seyyed Hossein Nasr, Ismail al-Farqi, Fazlur Rahman, Abdul Aziz Sachedina, Fathi Osman, Sulayman Nyang, Sherman Jackson, Mahmoud Ayoub. John L. Esposito, “America's Muslims: Issues of Identity, Religious Diversity, and Pluralism,” in Thomas Banchoff (ed.), *Democracy and the New Religious Pluralism*, Oxford University Press, 2007.

(36) Cesari, *op. cit.*, “Politics”, p. 502–503,

(37) Khan, *op. cit.*, p. 182–185. タブリーギーによる米国内での最初の大規模集会は一九八〇年にデトロイトでおこなわれ、八八年のシカゴでの集会では約六〇〇〇人の参加があり、当時としては在米ムスリムの最大の集会であったとされる。Barbara D. Metcalf, “New Medinas: The Tablighi Jama'at in America and Europe,” in Barbara D. Metcalf (ed.), *Making Muslim Space in North America and Europe*, University of California Press, 1996, p. 111–115.

(38) その原理主義的な主張は、同組織のウェブサイト [http://www.hizb-ut-tahrir.org/] で展開されている。同組織は政党のような「組織」というよりは世界各地での「運動」の性格に近い。非イスラーム圏ではヨーロッパ諸国に多いが、米国でも一定の支持者はいるようである。“Hizb ut-Tahrir America Uses Social Media to Promote its ‘Emerging World Order’ Conference,” HuffingtonPost (June 14, 2010) [http://www.huffingtonpost.com/madeleine-gruen/hizb-ut-tahrir-america-us_b_611595.html].

（39）一例として以下を参照。[http://www.khilafah.com/images/images/PDF/Books/Democracy.pdf].

（40）「イスラーム嫌悪症」の包括的な議論として以下を参照。Nathan Lean, *The Islamophobia Industry: How the Right Manufactures Fear of Muslim*, Pluto Press, 2012; Deepa Kumar, *Islamophobia and the Politics of Empire*, Haymarket Books, 2012.

（41）*Mosque in America: A National Portrait*, CAIR（2001).

（42）*Muslim Americans: Middle Class and Mostly Mainstream*, Pew Research Center, May 2007.

（43）Karam Dana, Matt A. Barreto, and Kassra A. R. Oskooii, "Mosques as American Institutions: Mosque Attendance, Religiosity and Integration into the Political System among American Muslims," *Religions* 2011, vol. 2, no. 4.

（44）「ブロック投票」の実態と評価については以下を参照。泉　淳「米国ムスリムと二〇〇四年大統領選挙」（前編・後編）、『東京国際大学論叢』経済学部編、第37号、二〇〇七年、38号、二〇〇八年。

（45）泉　淳「『オバマはムスリム』――二〇〇八年大統領選挙とイスラーム嫌悪症」『東京国際大学論叢』経済学部編、第47号、二〇一二年。

（46）エリソンの宣誓に関する分析として以下を参照。Kathleen M. Moore, *op. cit.*, Chap. 3, "The Qur'an and American Politics", p. 81–101. エリソン自身の回想録として以下を参照。Keith Ellison, *My Country, 'Tis of Thee: My Faith, My Family, Our Future*, Simon & Shuster, 2014.

（47）例えば、二〇一一年三月、キング Peter King 下院議員（共和党、下院国土安全保障委員会委員長）の主導で、米国ムスリムの急進化についての公聴会 "Hearing on the Extent of Radicalization in the American Muslim Community and that Community's Response" がおこなわれた。米国ムスリム諸組織は、この公聴会実施が米国内の「イスラーム嫌悪症」を煽るものだとしてキング議員を批判し、大きな論争となった。注目された公聴会で、エリソン議員が米国ムスリムの立場を強く擁護する証言をおこない、全米的なムスリムの代弁者として評価された。"Domestic Terrorism Hearing Opens with Contrasting Views on Dangers," *New York Time*（March 10, 2011).

（48）"For Muslim Politicians, Running for Office is the American Way" CNN（March 24, 2011).

（49）"On ballots this Nov: More Muslim American Women" AP（October 30, 2008) [http://usatoday30.usatoday.com/news/nation/2008-10-30-2364079832_x.htm].

（50）あるムスリム組織の報告によると、二〇〇〇年に立候補したものの数がピークで約七〇〇名、二〇〇二年には九・一一テロ事件の影響で激減して約七〇名、二〇〇四年には約一〇〇名という数字がある。Abdus Sattar Ghazali, "American Muslims in Politics," [http://ampolitics.ghazali.net/index.html].

(51) Rashida Tlaib, "I Speak for Myself: Serving as a Muslim adnd an American," HuffingtonPost (May 12, 2011) [http://www.huffingtonpost.com/rashida-tlaib/i-speak-for-myself-essay_b_860767.html].

(52) Muslim Americans: A National Portrait, Center for Muslim Studies, Gallup, 2009, p. 47–48, Figure 37 [http://www.gallup.com/strategicconsulting/153572/REPORT-Muslim-Americans-National-Portrait.aspx].

(53) Survey Result: American Muslim Voters and the 2008 Presidential Election, MuslimVotersUSA. com (November 7, 2008) [http://www.muslimvotersusa.com/UsefulLinks/surveyresults.aspx]; American Muslims and the 2008 Election: A Post Election Survey Report, November 7, 2008 [http://www.cair.com/Portals/0/pdf/Post_2008_Election_American_Muslim_Poll.pdf].

(54) CNN Election Center 2008 [http://edition.cnn.com/ELECTION/2008/results/polls/#USP00p1]; New York Times, Election Results 2008 [http://elections.nytimes.com/2008/results/president/exit-polls.html].

(55) "MUSlIM AMERICANS: Faith, Freedom, and the Future, Examining U.S. Muslims' Political, Social, and Spiritual Engagement 10 Years After September 11" (August 2011), Abu Dhabi Gallup Center.

(56) Abdulkader H. Sinno, "Muslim Underrepresentation in American Politics," in Sinno, *op. cit.*, p. 69–95.

(57) José Casanova, "Immigration and the New Religious Pluralism: A European Union/United States Comparison," in Banchoff (ed.), *op. cit.*, p. 74–76.

(58) Robert Wuthnow, "Religious Diversity in a 'Christian Nation': American Identity and American Democracy," *ibid.*

(59) Amney Jamal, "Muslim Americans: Enriching or Depleting American Democracy?," in Alan Wolfe and Ira Katznelson (eds.), *Religion and Democracy in the United States: Danger or Opportunity?* (Princeton University Press, 2010), p. 100–120.

(60) Louise Cainker, "American Muslims at the Dawn of the 21st Century: Hope and Pessimism in the Drive for Civic and Political Inclusion," in Jocelyne Cesari (ed.), *Muslims in the West after 9/11: Religion, Politics and Law* (Routledge, 2010), p. 178–179.

第一〇章　果樹園から
――「土着」と「ディアスポラ」の間に生きるユダヤ教徒

田村愛理

一　二項対立を越えて――恐怖の差別か幸せな共生か？

グローバリゼーションの急激な深化の現状を眼前にして、日本でも近年の政治・社会科学系の研究においては逆にナショナリズムやコミュナリズム等、文化的独自性を重視する研究が増加している。その結果、「多文化的共生」を空論とし、「棲み分け型多文化共生」を現実的解決策とする移民抑制策なども提案されている(1)。イスラーム研究においても、リベラリズムに対するイスラームの不寛容性に注目する研究が増え、従来いわれてきた近代以前の「イスラーム的共存構造」を否定的に再考しようとするリヴィジョニズムが出てきている(2)。

北アフリカ関係でも、モロッコやチュニジアのユダヤ人の受けてきた迫害の恐怖の記憶を軸に、イスラーム世界の共生言説を相対化しようとする一連の研究がある。これら研究の目的は、「キリスト教社会のみがユダヤ人を迫害し、イスラーム世界ではユダヤ人はずっと幸福であった」という事実はないという証明であり、「アラブ＝ユダヤ共生論」はシオニズムやイスラエル国家の否定に連動しており、「キリスト教社会における反ユダヤ主義の犠牲者がアラブの土地でイスラエル国家を建て、伝統的なアラブ＝ユダヤ共生構造を破壊してしまったとする政治的イデオロギーである」との指摘である。さらに、イスラーム共存構造の論拠としてあげられる被保護民《ズィンミー》dhimmī 制度については、井筒の著名な解説を取り上げ、「従属的立場ではあるが非ムスリム（イスラーム教徒）の生命安全・自治を保障した」とする従来の見解は、多数派のムスリムのイデオロギーを余りに無批判に受け入れるものであると批判している。そして、アラブ社会の中にユダヤ社会が下位要素として組み込まれて全体の発展を支えているのがイスラームの「共同体」である以上、このような共生形態は対等なものではないとしている(3)。

確かに、ユダヤ教徒は（キリスト教徒も）ズィンミーとして自治を保障されたが、人頭税《ジズヤ》jizya を払わねばならず、イスラーム世界でムスリムと対等の立場を享受してきたわけではないし、迫害を受けた事もあった。これらの事実をもって、アラブ＝イスラーム世界が民主主義社会の潜在的な敵であるとする論者も多いし、それに対する反論もあり、アラブ＝ユダヤ共生問題は現代イスラーム研究における論争の焦点の一つになっている。しかし、ユダヤ教徒／人に対して、キリスト教社会とイスラーム社会とのどちらがより差別的あったのかどちらがより多くの虐殺をおこなってきたのかを比較して非難しあっても生産的な意味は全くない(4)。再考論者も、ユダヤ人問題の根底は、結局どちらの社会においても彼らがマイノリティであるという条件にあるとし、多様なユダヤ人問題をマジョリティ＝マイノリティ関係の一般性の土俵で議論する必要がある事を提案している(5)。

ところで、マジョリティ＝マイノリティ関係の議論を展開して行く基盤として重要と思われるのは、人間はどのように「自己」と「他者」を認識しているのかという、アイデンティティのありかたである。マイノリティ集団を対象とする研究においては、民族・エスニシティ・宗教・文化などによりその時点で自明とされている既存の集団アイデンティティを前提とし、当該アイデンティティの枠組が古来不変であるかのように当事者たちも思い、研究者たちもそれをそのまま受け入れてしまっている事が多い。しかし、マジョリティ＝マイノリティの関係性について比較研究をするのであれば、その時点でのアイデンティティの基底に分け入り、時代とともに変遷するマジョリティ／マイノリティ双方の集団アイデンティティ形成過程を射程に入れつつ、当事者たちの語りや資料を分析しなければならない。なぜなら、ある時期の宗教の差異に基づくようにみえる集団間紛争の形成過程を調べていくと、社会の中で固定的だと思われている当該集団アイデンティティの実態が時空的な社会経済状況の変化に伴い、水平的（地理的祖国）にも垂直的（身分・階層）にも変遷していくという事実が数多く観察されるからである(6)。すなわち、視点のおき方によって図柄と背景（地）が反転するマウリッツ・C・エッシャーのだまし絵のように、マイノリティ集団だと思われていたものが他の局面ではマジョリティに変換していることも、またその反対の場合もあるのである。

自分が何者であるのかという自己認識は他者の認識に基づいている。すなわち、社会的生物としての人間は、まず自己があり、その上で他者を意識するのではなく、まず他者の認識があり、それとの差異に基づいて自己認識が生まれるのである。そして、文化的・民族的差異であろうが宗教的差異であろうが、何らかの違いに基づいて他者を認識する際には、必ず自他を分ける境界が生じる。その境界のどちら側かに身をおく事によって人びとは自他を規定して行くのである。しかし筆者は、境界のどちら側かではなく、まさに自他を設定する境界の両面に視点をおいて、マイノリティあるいはマジョリティ集団に属するとされる人びとの宗教・文化的ありかたを探ろうと試みてきた。例えば、典型的なマイノリティ＝マジョリティ関係として対立的に取り上げられる、アラブ世界のユダヤ教徒とイスラーム教徒の関係においても、ユダヤ教徒の聖人信仰・護符信仰・慣習とムスリムのそれとは儀礼上の両者の区別が困難なほどの浸透性があり、マイノリティ＝他者であるはずのユダヤ教の土着信仰の祭礼は、いつのまにかマジョリティのイスラーム教のそれと見分けのつかないほど混淆している事実が指摘されるのである(7)。すなわち、自己と他者とは明確に分別できる存在であるというのはわれわれの思い込みで、実際には自他を境界線上ではっきりと線引きし区別することは困難なのである。それでは、人は何故マイノリティという集団アイデンティティを保持するのだろうか？　そもそもマイノリティとされる人びとは本当に少数派という自意識をもっているのだろうか？　社会的にマイノリティとして存在するだけで差別は逃れられないものなのか？　国民国家はその解決策として機能しているのか？　マジョリティ＝マイノリティ関係を考えるという事は、必然的に否応もなく上記のような集団間関係をめぐる諸問題への考察にわれわれを引きずり込んで行くのである。「アラブ＝ユダヤ共生」の可否に関わるシオニズムやディアスポラ解釈、さらにアラブ諸国やイスラエルの国民国家形成もこうした文脈の中に設定し、考察していく必要があるだろう。

以上のような問題意識を内包しつつ、本章では、マグリブのムスリムとユダヤ教徒の信仰シンボルや祭礼の慣習の共有といった外在的な物を対象としてきた筆者の一連の研究を一歩進めて、チュニジアのジェルバ島に住むユダヤ教徒個人の語りから、彼らの自己意識がどのように形成されているのかを探って行きたい。それは、近代ヨーロッパ思考に慣れたわれわれが自明として信じているナショナリティやエスニシティは無論のこと、それらの基盤である個のアイデンティティそのものが所与ではなく、選択的な産物であることを突きつけるとともに、自己そのものが多層的な文化的記憶に基づく多面的存在であることを明かしてくれるだろう。そこには「恐怖の差別か幸せな共生か」という二項対立では一般化できない、複合的で流動的な人間諸集団の様相が現れるであろう。

二　チュニジアのユダヤ教徒——ジェルバ島とエルグリーバ

今日のチュニジア地域では、カルタゴ時代に遡るという複数のシナゴーグ遺跡がチュニス湾岸沿いに発掘されており、ローマ時代に入るとかなりの数のユダヤ教徒が沿岸部のみならず内陸部の諸部族にまで拡がっていたと思われる。七世紀のアラブ侵入の際にイフリーキーヤの諸部族を率いてこれに立ち向かったのはカーヒナと呼ばれた女王であったが、彼女は、ユダヤ化した先住のベルベル（アマジグ）部族出身であったとされている。いずれにしてもこの当時イフリーキーヤの少なからぬ部族がユダヤ教徒となっていたことは確かなようだ(8)。その後の二〇世紀までのイスラームの統治下でユダヤ教徒はズィンミーとして扱われることになる。

イスラーム諸王朝支配下でのズィンミーの取り扱いは、王朝がおかれた時代環境により波がある。チュニジア地域でも、スンナ派のアグラブ朝では、首都カイラワーンを中心としたユダヤ教徒共同体は人頭税を払いつつも大いに栄えた(9)。続いてシーア派のファーティマ朝下でも、地中海からインドに至る交易活動のみならず、医学分野などでも著名なユダヤ教徒が活躍し、スルタンの主治医などを占めていた(10)。しかし、その後の十字軍運動で緊迫したベルベル（アマジグ）系のムワッヒド朝下では、在地のキリスト教徒とともに改宗を迫られたり、黄色の布を頭に被るように強制されている。

ムワッヒド朝から独立したハフス朝の時にも、レコンキスタによる迫害を受けたユダヤ教徒の移住を受け入れるなど、ユダヤ教徒はおおむね安定した環境で共同体を営んでいた。西地中海が激動下におかれた一六世紀には、チュニジア地域はキリスト教徒勢力の度重なる侵略を受け、その度に沿岸地方のユダヤ教徒は殺害されたり奴隷にされるなど甚大な被害をムスリムの人びとともに受けたが(11)、一六世紀末以降オスマン帝国の領土下に入ると再び安定が訪れ、地中海貿易も復興した。

しかし、この安定期にチュニスのユダヤ教徒共同体内部は、スペインやポルトガル出身のスファラディームを主体とするグラーナ（イタリアのレジョルノのアラブ名、現リヴォルノ）系と、トゥアンサ（チュニス）と呼ばれる在地ユダヤ教徒グループに分裂していた(12)。両者は同じチュニスのユダヤ教徒が集住している街区《ハーラ》hāraに居住していても婚姻関係はもちろん、シナゴーグやラビ法廷、畜肉屠殺場まで別にしていた(13)。この党派闘争は、一口にユダヤ教徒といってもその内部は多様であり、アイデンティティがいかに当事者の政治経済的便宜により簡単に分裂／統合するのかという適例であろう。

内部分裂はあったものの、オスマン帝国から自立した一八世紀のフサイン朝以降も、ユダヤ教徒の境遇は安定していた。ユダヤ教徒は商人としてのみならず、チュニジアのアラブ文化にも大きな影響を与えた(14)。このような状況が大きく変化するのは、一八八二年からのフランス保護領時代である。この時代に、フランスのユダヤ教徒共同体は、「世界ユダヤ人同盟」Alliance israélite universelleを組織し、保護領下のユダヤ教徒を啓蒙するためにフランス式近代教育の普及をいち早く展開した(15)。その結果、植民地政府下における都市の近代的職業へのユダヤ教徒の優越性が顕著になった。ユダヤ教徒の一部はいわば、フランス化＝西欧化の代理人となり現地のムスリムと異化された(16)。また、第一次世界大戦後には、ユダヤ教徒にフランス市民権が与えられるようになり、ユダヤ教徒人口の三分の一がフランスのパスポートをもつようになった(17)。第二次世界大戦に入ると一九四〇年一一月からチュニジアの支配は、ヴィシー政権に移管され、さらに四二年一一月から翌年の五月までの半年間チュニジアはドイツ軍に占領され、この間チュニジアのユダヤ人はキャンプに入れられ強制労働に駆り立てられた(18)。

チュニジアは、一九五六年に独立し、共和国として歩み始める。五七年にはラビ法廷が廃止され、翌年自治の中核であったユダヤ評議会が廃止され、六〇年代には社会主義政策が採られた。チュニジアのユダヤ教徒人口は、独立時に全国で一〇万人（当時の総人口は約三四五万人）いたとされ、独立直前の一九五三年でも、首都チュニスの人口四一万人のうち、三万二〇〇〇人がユダヤ教徒であった(19)。しかし、独立後のチュニジアでは、社会主義政策実施時や六一年のビゼルト危機(20)、六七年の第三次中東戦争とアラブ諸国とイスラエルの敵対関係が増幅して行く政治状況の下、ユダヤ教徒のフランスやイスラエルへの移民現象が加速化し、フランス占領下でも発生しなかった規模でのユダヤ教徒大脱出（エクソダス）が起きたのであった。チュニジアのユダヤ教徒人口は、六八年までに七〇〇〇人までに激減した。

いずれにしても、このような移民現象はチュニジアに限らず、バグダードやカイロなど独立直後の中東諸国各地で起こり、第一次中東戦争から第三次中東戦争の二〇年間に、ユダヤ教徒が急激に中東の諸都市からいなくなり、第一次ディアスポラ以来二五〇〇年以上続いていた中東のユダヤ教徒の歴史は消滅寸前となってしまったのである。

現在のチュニジアのユダヤ教徒人口は、全土で一三〇〇から二〇〇〇人程（総人口一一八六万人）の間で諸説あるが、その約半分が南部のジェルバ島に集中している(21)。チュニジアに残ったユダヤ教徒の半分以上が居住しているジェルバ島とはどのようなところなのだろうか。ジェルバ島は、かのオデッセウスが漂着したとされる島の一つであり、現在はチュニジアの名だたる観光地である(22)。島の東海岸はリゾートホテルが建ち並び、中心都市ホウム・スークには土産物屋や洒落たブティックがしきりに観光客を引き込んでいる。この島の最大の特徴は、地中海式とアフリカ砂漠気候の境界にあり、雨量が少なく地下水資源の場所が限られているために、数キロ異なると生産物から民族衣装まで異なるという多様な生活形態が繰り広げられていることにある。島内には同じイスラームでも正統派のスンニーからイスラーム最初の分派ハワーリジュ派の流れをくむがより穏健なイバード派ムスリム、そし

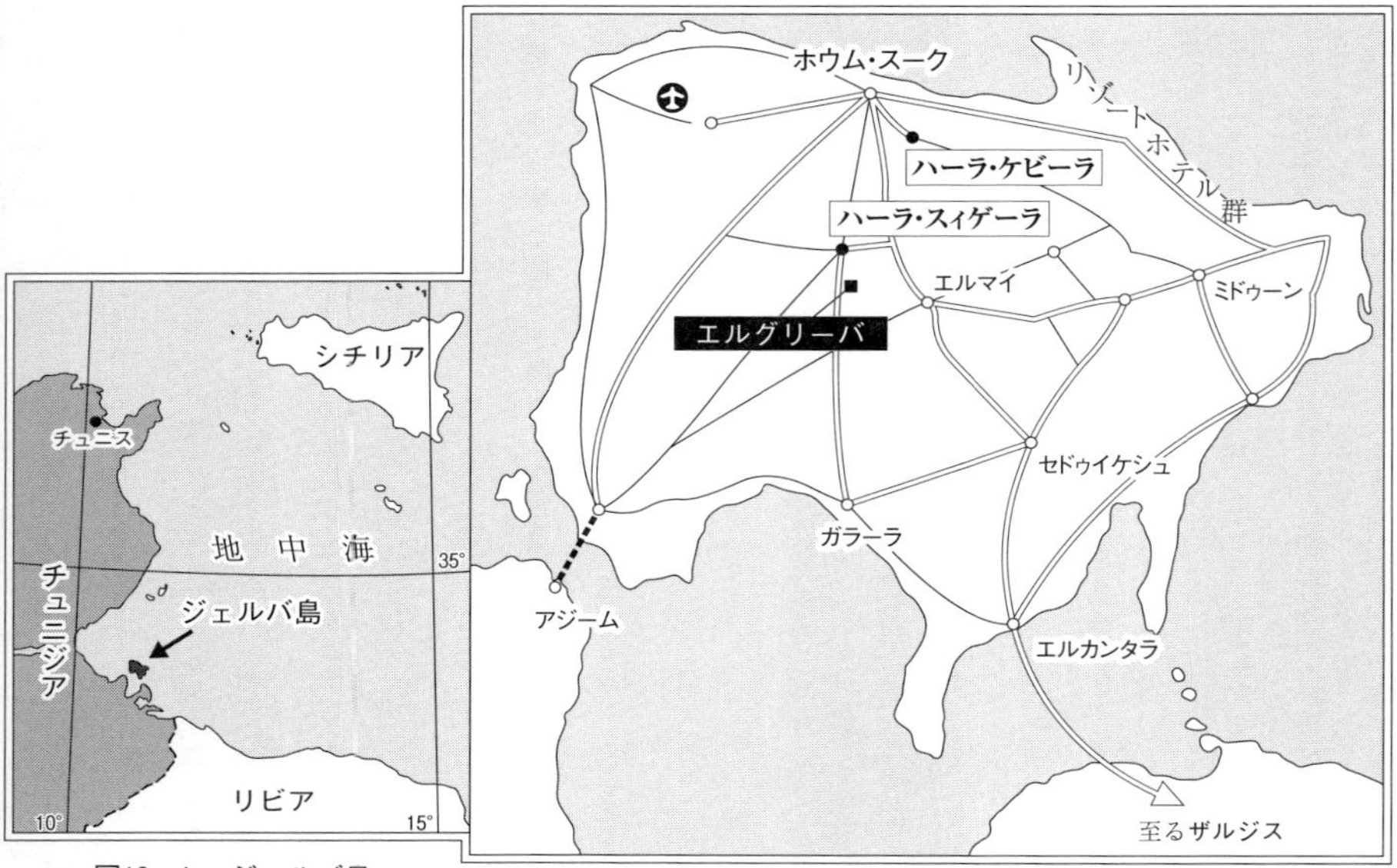

図10－1　ジェルバ島

て世界で一番古いと自称しているユダヤ教徒のディアスポラ共同体までの様ざまな宗教共同体が、アラブ、ベルベル（アマジグ）といった民族的要素により細分化し、さらにそれらがメンゼルと呼ばれる数家族の拡大家族から成る集団を形成し、諸民族と諸宗教と諸生活形態がモザイク状をなして展開されている(23)。

この島のユダヤ教徒は、紀元前五八六年に新バビロニアによってユダ王国が滅ぼされた第一次ディアスポラの時に、地中海に逃れた人々が最初に築いた世界で最古のディアスポラ共同体であると自負している。生活形態として農業に一切縁のない集団で人口の八〇％が、主に銀製品からなる貴金属の加工業と商業に従事している。特にユダヤ教徒の作る銀細工はその技巧と純度の高さで有名である。島には、ハーラ・ケビーラとハーラ・スィゲーラと呼ばれる二つのユダヤ教徒の街区がある。島の中心都市ホウム・スークに隣接するのがジェルバ島のユダヤ教徒の三分の二が居住していたハーラ・ケビーラ（大きな街区）で、現在リアドという地名を持つ地区はハーラ・スィゲーラ（小さな街

（上）図10－2　エルグリーバ入口　2004年のアルカイダのメンバーによるテロで破壊された左壁を修復中
（左）図10－3　エルグリーバの内陣と観光客　正面の壁に銀製の護符が奉納されている

区）と呼ばれ、残りの三分の一が居住していた[24]。居住していたと過去形で書いたのは、ハーラ・ケビーラはともかくハーラ・スィゲーラのユダヤ教徒人口は近年急速に減少しているからである。二つの地区は、ケビーラ地区が西方系、スィゲーラ地区が東方系のラビに属するために伝統的には普段の交流は余りなかった。ハーラ・スィゲーラのすぐ外側、一キロほど離れたオリーブ畑の中に、エルグリーバと呼ばれる大シナゴーグがある[25]。

島のユダヤ教徒によれば、このシナゴーグこそがジェルバ島ユダヤ教徒のみならず、世界のユダヤ教徒の精神的故郷であり、毎年春におこなわれるエルグリーバの大祭には北アフリカやフランス、イスラエルからも、寄進のスカーフを山のように被せられたご神体に触れようと数千人の巡礼が集まる。この祭礼で大変興味深いのは、エルグリーバ伝説および祭礼の構造そのものが極めてユダヤ的であるとともに土着的であるという二重性をもっていることである。島外からの漂着者が死後に霊験あらたかな聖人として祀られ、人びとが廟に詣でるという信仰構造は、実はこの島のムスリムも共有している信仰形態なのである[26]。その意味で、どこの誰とも知れぬ漂着聖女の庵であり、またソロモンの神殿から流れ着いた石礎の上に築かれたという民間説話をもつエルグ

図10－4　エルグリーバ大祭の1コマ　中央の人物の後ろにあるのがスカーフを被せられた御神体

リーバは、ディアスポラ神話をベースにしながらも典型的にジェルバの土着的祭礼でもあるという二重構造をもっているのである(27)。

エルグリーバの首席ラビ、ペレス・トラベルシ師は民間説話を俗説として否定していたが、人びとの信仰の対象が、アラビア語でアルーサ（花嫁）と呼ばれるエルグリーバのご神体であることは祭礼を観れば明らかである。シナゴーグでは、巡礼者が次々と差し出すブハー（イチジクの蒸留酒）を一口飲んで祝福を与えているラビは、既に酔って真っ赤になっているし、向かい側のフンドゥク（宿泊所）の中庭は、ご神体に捧げ被せるスカーフのオークションやアラブ人のアーモンド売りや玩具の出店が出て、子供が走り回って大賑わいである。ヨーロッパから取材に訪れていたジャーナリストも、「ヨーロッパのユダヤ教では、このような土俗的で陽気な祭礼は考えられない」と驚きを禁じえないようだった。ジェルバ島のユダヤ教徒の内面において、このような土着信仰はどのように感得されているのだろうか？　この島のユダヤ教徒の語りから、彼らのアイデンティティのありかたに考察を進めてみよう。

三　果樹園のユダヤ教徒――リンゴさんの語りから

アラビア語で「緑豊かな果樹園」を意味するその名前とはうらはらに、ハーラ・スィゲーラのあるリアド e-Rriadh はジェルバ島の他の町と同じような埃っぽい小さな集落である。先に述べたように、この集落のユダヤ教徒人口は近年も減少し続けている。ともあれ、櫛の歯が抜けて行くように移住していったユダヤ教徒達の屋敷（メンゼル）は、現在はチュニス在住や外国人資本家の手に渡り、そのまま別荘に、あるいはメンゼル式ホテルに改築されている。二〇一二年と一四年の三月に筆者が滞在したのもそのような外国人の経営するメンゼル式ペンションで、インタビューに答えてくれたのもそこに出入りしている五〇代半ばの女性であった。彼女の名前を、リアド（果樹園）からの連想で「リンゴさん」（アラビア語で tuffāha, リンゴはジェルバ島の特産品）としておく。

リンゴさんの家は、ハーラ・スィゲーラで今も使われている唯一のシナゴーグの一つの向い側にある。ここには往時は五つのシナゴーグがあったのだが、人口の減少とともに閉鎖されてしまったのだ。リンゴさんは、チュニジアの習慣に従い、不運をもたらす邪視を追い払うブフール（お香）を焚いて私とアラブ人ムスリムの私の友人を歓迎してくれた。滞在期間中に聞いた話から彼女の半生記をまとめてみよう。

リンゴさんは、緑の国チュニジアの果樹園、ハーラ・スィゲーラに生まれた。彼女の実家の既に亡くなった父母もこの地に生まれ育ったが、一族はもともと東部海岸のサーヘル地方出身である。一七歳の時に結婚して、三人の娘と二人の息子がいる。夫は、時計の修理職人でホウム・スークに時計店を、それからハーラ・ケビーラにブリーク（揚げ物）店も開いている(28)。子供たちのうち三人はフランスで一人はイスラエルで暮しており、今手元にいるのは末の娘だけである。子供の頃は、ヘブライ語学校とアラブの学校（チュニジアの公立小学校を意味している）の両方に通っていた。その後、エルグリーバの祭礼で出会った今の夫と結婚し、夫の出身地のタタウィーン Tatawīn に移った(29)。若い花嫁として迎えられたタタウィーンでは、親戚も隣近所も皆優しくしてくれて最初はとても幸せだった。でも、生活をすっかり変えてしまうある出来事がきっかけでそこを離れざるをえなくなった。

ある年、実家のあるハーラ・スィゲーラに夫とともに帰る事になった。それは丁度、イスラエル空軍が、ハマーマ・ショット Hammām Shaṭ を爆撃した年だった(30)。里帰りする直前、イスラーム教徒のアラブ人の隣人に留守中の家のことを頼みに行った。丁度その家の息子が出てきたので家の事を頼んだら、彼は、冗談めかして「帰ってきた時にあんたの家はそのままかもしれないし、そうでないかもしれないよ。誰にも分からないさ」と言った。仲の良かった隣人の息子だから、てっきり冗談だと思っていたけれど、そうではなかった。留守中に家は焼き打ちにあい、全ては灰燼に帰してしまったのだから。焼き打ちのあった数日後、義理の弟が町の市場で、隣家の息子が夫の革ジャケットを着ているのを見かけた。警察に取り調べてくれるように何度も訴えたが、証拠が不充分だとして相手にしてくれなかった。隣人の親戚が警察にも関係しているので取り合ってくれなかったのだと思う。隣人たちは、放火犯と思われる息子の両親も含めて慰めてくれたのだが。多分、息子はハマーマ・ショット爆撃の報復として放火したのだろう。彼は私たちが同じチュニジア人だという事も私たちのここでの歴史は遥か昔まで遡れる事も知らずに、色々な出来事を混同させてしまっているのだ。この出来事は、彼女の中に何年も癒される事のない深い悲しみとして残り、そこから立ち上がるために夫とともに実家のあるジェルバ島に帰る事にした。

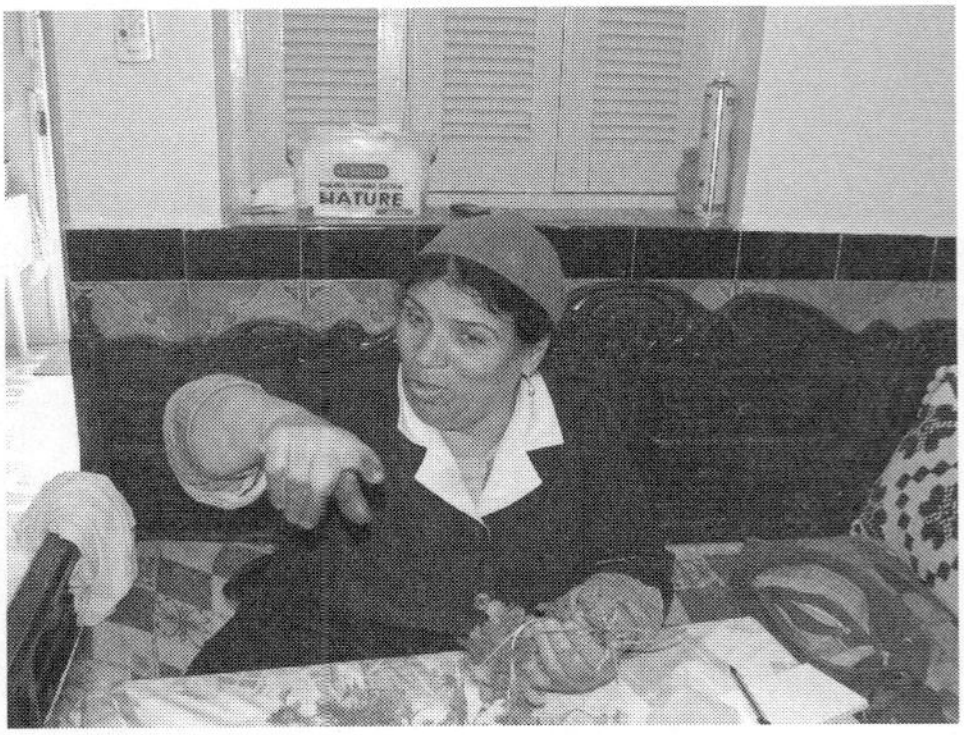

図10－5　インタヴューに答えて熱く語るリンゴさん

ハーラ・スィゲーラには、八家族、延べ一〇〇人ほどのユダヤ教徒が住んでいたが(31)、その後多くの人々が移民してしまった。当時ハーラ・ケビーラの方は、対岸のザルジス Zarzis を含めると延べ一〇〇〇人以上はいたが、移住により人口が減少している点ではハーラ・ケビーラでも状況は同じだ。移民の理由は、経済的理由が主だ。なにしろ、経済が発展しないので、学校を出ても職がみつからず、若い人はフランスやイタリアへと国

図10－6　ジェルバ島のハムサ護符　邪視を防ぐファーティマ／ミリアムの手形の中央に，ユダヤ教のシンボルのいわゆるダヴィデの星（六芒星），豊穣のシンボルの魚が彫られた銀細工。魚はキリスト教のシンボルでもある

を出て行くしかない。この状況は、教育程度や宗教に関係なく、全てのチュニジア人に影響を与えているとリンゴさんは言う。彼女の子供たちも高校を終えてからフランスへ移民し、娘は結婚のためにフランスからイスラエルに渡った。息子はパリのヘブライ学校の教師をしている。子供たちはパリへ来るように言って来るが移民するつもりはない。彼女にとっては、フランスもイスラエルも遠い異国と感じられる。娘が結婚する事になったので、式に出るためにイスラエルには行ったが、移民などはとんでもないと思う。ここは暮らしやすいし、隣近所のアラブとも良い付き合いがある。自分はどうしても自分の国の慣れ親しんだこの場所で暮らしたい。いままで不幸もあったけれど、それを上回る沢山の幸せな出来事があった。この今の自分の回りの環境や文化を失いたくないし、死んだら実家の裏手にあるユダヤ教徒の墓地に埋葬してもらいたいと思っているのだ。

　エルグリーバの祭りは、ユダヤ教徒がイスラームから盗んだなどと言う人もいるが、とんでもない。昔からのここのユダヤ教徒祭りで、ここばかりでなく、世界のユダヤ教徒にとっても大事な巡礼の場所なのだから。様ざまな奇跡があったし、今でも子供が産まれると銀製の手形のハムサ護符をシナゴーグに納める習慣は続いているし[32]、自分の子供たちにもそうしてきた。邪視から身を守ってくれる手形は、ユダヤ教徒にとっては預言者モシェ（モーセ）の姉ミリアムの手であり、ムスリムにとっては預言者ムハンマドの娘ファーティマの手なのだ。実際にイスラーム教徒とユダヤ教徒はほかにも様ざまな習慣をともにしている。結婚式の伝統的な服装や一連の式の最後に豊饒を願って花嫁が魚を跨ぐ習慣なども共通しているし、邪視を退けるための言葉や気分が悪い時には壺の中に

「アッラーフ アクバル」と言葉を吐くと治るとか枚挙にいとまがない（「アッラー」はアラビア語で唯一神の意味なので、ユダヤ教徒であろうがキリスト教徒であろうが、神を指してはこの言葉を用いるのは当然なのだが、ユダヤ教徒の口から出ると聞いている方は一瞬びっくりしてしまうのである）。いずれにしても、この島の人びとがユダヤ／イスラーム、アラブ／ベルベル（アマジグ）が混淆する共通の土着宗教的・文化的土壌の上にいるのは明白である。

もう一人、ホウム・スークで会ったハーラ・ケビーラに住んでいるラファエル・カーブラも同じような話をしてくれた(33)。ラファエルは、一五〇年ほど前の先祖がギリシアからジェルバに移住したユダヤ教徒で、八〇歳になるが何軒もの土産物屋のオーナーとして現役で仕事をしている。彼は、エルグリーバの民間説話などは信じていないと言うが、彼が生まれた時もハムサ護符が奉納されたし、今はパリで医者になっている自分の子供たちが生まれた時も奉納したという。ラファエルは、普段は植民地時代にイタリアのユダヤ教徒の援助で出来たという、彼が管理を任されているホウム・スークのシナゴーグの集会に出るが、エルグリーバの大祭はやはり特別のものである。彼も、ジェルバ島のユダヤ教徒が邪視から身を守る魚文様やハムサ護符信仰などアラブ＝ベルベル（アマジグ）と共有する伝統を持っていることを強調していた。ラファエルも、子供たちは毎年ここに帰ってくるし、今さらフランスに移住する気はないと話していた。

リンゴさんにしてもラファエルにしても、用心深くはあるが、同時に大変気さくで陽気であった。勿論インタヴューに答えてくれるような人だから内気ではないのは確かだが、とにかく口角泡を飛ばす勢いで自分の考えを喋り、笑い、お菓子やケーキを進めてくれるのだった。実は、筆者自身はもう少し警戒心を抱かれるだろうと予測していたので、この対応は正直意外であった。エルグリーバの祭礼の取材でも感じたことだが、ここには贖罪の子羊のイメージの強い被抑圧者のユダヤ教徒の姿は見当たらない。

恐らく、ジェルバ島に限らずチュニジア、あるいはイスラーム世界のユダヤ教徒の多くが、イスラーム教徒の隣人と多くの文化的土壌を共有しつつ、共生と迫害が交錯するリンゴさんのような体験をしているだろう。しかし、それらの個別体験をどのように経験として位置づけるのかによって、自他関係の認識は大きく変わってくる。アラブとユダヤの自他関係の表出に関しては、同じような体験をした当事者においても、両者を対立的に認識する者とそうでない者がいるのである。アラブ―ユダヤを対立的な他者関係として認識した当事者の代表としては、チュニス出身のユダヤ教徒でフランスにおいて活躍している作家アルベール・メンミがあげられる。人種差別を弾劾しイスラエルを擁護する彼の著作は日本でも数多く訳されており、チュニジアのユダヤ教徒の状況を考察する際に少なからぬ影響を与えていると思われる。次節では、メンミがなぜ対立的なユダヤ―アラブ関係を認識するようになったのか、彼の自伝的小説や自伝からその体験を追ってみたい(34)。

四　あるユダヤ人のアイデンティティ模索――「土着」から「ディアスポラ」へ

アルベール・メンミ Albert Memmi は、馬具職人の息子としてチュニスのユダヤ人街区《ハーラ》の近くに生まれた。幸せな幼年時代を除けば、彼にとってのハーラは常に緊張と恐怖の記憶に結びついていた。その不安な環境から抜け出すためには、フランスの教育を受けて自己をフランス文化に同一させて行くしかなかった。メンミは、「世界ユダヤ人同盟」が設立したフランス語学校で初等・中等教育を受けて、彼の言によれば、「ゲットー」を抜け出してフランス政府経営の名門リセ・カルノーに通う事になった。そこは、フランス人、イタリア人、チュニジア人、ロシア人、マルタ人、それにユダヤ人さえもいたが、彼以外の学生はエリート階級に属する人びとであったので、貧しいユダヤ人救済のために設けられた学校で習ったフランス語では充分ではなく、大きな疎外感を味わうことになった。こうした経験は彼に故国にいても常によそ者という感覚を与えた。彼は、チュニジア人であるが借り物のフランス文化の中に育ち、回りのムスリムとは共通点がなく、独特のアクセントのアラビア語を話すアウトカーストのユダヤ教徒と感じ、自己を肯定できなかった。ドイツ占領期には自由フランス軍に応募しようとしたが、ユダヤ人であるという理由で断られてもおり、自分は何者であるのかという疑問を常に持たざるを得なかった。奨学金を得て、哲学を学ぶために「自由・平等・博愛」を標榜する宗主国フランスに渡ったが、そこでもユダヤ人という境遇を逃れることはできなかった。彼は、ユダヤ人の歴史を「不幸の長い反芻」として捉え、最終的には、ユダヤ人がマイノリティとしての迫害を免れ、人としての尊厳を保つには、ユダヤ民族国家の保持しかないという認識を持つに至り、シオニズムとイスラエル国家の熱心な擁護者になっていく(35)。

自己否定と肯定の間を彷徨したメンミのアイデンティティ模索を例に、ユダヤ教徒のアイデンティティ変化を探ろうとした、エディス・H・シェケッド Edith Haddad Shaked は、チュニジアのユダヤ教徒のアイデンティティについて、以下のように述べている(36)。

チュニジアのユダヤ教徒は、貧困においても言語、センスや慣習においても、音楽や香り、料理においても回りのムスリムとなんら変わらない土着の人びとである。それもかかわらず、彼らはズィンミーとして二級市民であり、常に支配され辱めを受け脅され、時に虐殺される対象であった。それゆえに、ユダヤ教徒はフランス植民地化を歓迎し、ムスリムよりも一層懸命にフランス文化を取り入れ、言葉においても服装においても音楽や文学においてもフランス文化に同化しようとした。フランス植民地政府はこのようなユダヤ教徒を行政府の役人等に雇うようになった。その結果、ユダヤ教徒の一部は植民地政府側と被植民地側の仲介者となった。結果として、フランスがユダヤ教徒に市民権を認めた第一次大戦後から独立時までにユダヤ教徒人口の三分の一がフランスのパスポートをもつようになっていた。彼らはフランス人と全く同じ権利を有したわけではなかったし、フランス植民者はその経済的優越性を相変わらず保持していた。にもかかわらず、市民権の獲得は、ユダヤ教徒に脱被征服者の意識を与え、全チュニジアのユダヤ教徒はヨーロッパの保護国化でより安全になり、ズィンミー身分より解放されたと感じた(37)。

しかし、独立後、チュニジア政府は新生国家のアイデンティティをアラブ＝イスラーム諸国との連携に求め、ユダヤ教徒は再びよそ者となった。経済政策においてもユダヤ教徒に不利な政策が取り入れられ、彼らはチュニジアにとどまっても未来が開けない状況になり、差別が復活した。このような状況下、チュニジア共和国の独立後にフランスの植民地時代にもイスラエル建国時にも起きなかったような規模でのユダヤ教徒の大脱出（エクソダス）が起こったのである。

シェケッドは、メンミがシオニズムに賛同する理由として、「祖父や父親がいつなんどき侮蔑の印として頭を叩かれるような目に会わないとも限らなかった」というズィンミーであることの恐怖心をあげている。彼女の家族も一九六一年のビゼルト危機の時に、ラビであった父親が逮捕されるかもしれないという恐怖があり、フランス経由でイスラエルに移民したのであった。シェケッドは、従来のユダヤ史はヨーロッパ在住のユダヤ人の恐怖に偏重しており、ユダヤ－アラブ紛争の原因をヨーロッパの責任に転嫁しようとしている政治意図があり、アラブ諸国でのユダヤ教徒差別の恐怖の記憶を消し去ろうとしていると批判している。彼女はさらに、「アラブの人種主義はヨーロッパ輸入ではなく、フランスが一九世紀に近代的な人種主義者によるアンチセミティズムをチュニジアに持ち込んだ時に、すでにアラブ人は彼らなりのアンチセミティズムをもっていた」というメンミの論に賛同し、チュニジアのムスリムのアラブ人はフランスからの人種主義の犠牲者であったと同時にユダヤ人に対する加害者であったことに注意を喚起している(38)。

メンミやシェケッドによれば、チュニジアのアラブ人は元々アンチセミティズムの感情をもっており、その感情が独立後のナショナリズムで倍増してユダヤ人は迫害された(39)。そして、イスラエルの国家建設こそが彼らを人種差別から解放したのである。勿論、メンミやシェケッドもチュニジアのユダヤ教徒の土着的要素を無視していない、いないどころか謂われ無き差別の根拠としてそれを強調もしている。しかし、彼らのユダヤ⇕アラブ、オクシデント（フランス）⇕オリエント（アラブ）の十字交叉対立的なアイデンティティは、生き延びるために最終的にユダヤ＝オクシデントへと同化していかざるをえないものとして把握されている(40)。

差別の恐怖を体験した当事者としてのメンミやシェケッドの論理には、被差別者からの告発として有無をいわせない説得力がある。メンミの自伝は、まさにディアスポラという過酷な運命に曝され、どこにおいてもよそ者でしかない差別される「マイノリティ＝弱者」という自覚的なアイデンティティから書かれており、その人種差別への抵抗と人権回復の訴えは心を打つ。それでも、メンミやシェケッドの論理にはいくつかの飛躍と矛盾があるように思われる。それは、Jew, juif, yahūd という言葉の中身に関わるものである。英語、フランス語、アラビア語でもこの言葉にはユダヤ教徒とユダヤ民族＝人という両方の意味が込められている。ユダヤという言葉には、宗教的集団と民族的集団が重なっており、彼らが置かれた時代状況によりそのどちらかの面が強く出てくるのである。そして、近代ヨーロッパの歴史的文脈の中では、Jew は国家を形成する基盤となる「ネイション」としてのユダヤ民族を意味することになり、ユダヤ人への差別はまさにアンチセミティズムという人種差別の問題と重なってくる。

ユダヤ教徒／人を巡る問題について、文化人類学者の大塚和夫は、次のような示唆に富む論点を提示している。ローマ帝国によるエルサレム第二神殿破壊後のディアスポラの歴史舞台はヨーロッパが中心となった。ここで、ヨーロッパのキリスト教徒によりユダヤ教徒は、イエスの殺害者であり、悪徳金融業者という二重の負のスティグマを貼られた。また、近世以前のユダヤ社会は基本的にラビの指導によるユダヤ法《ハラーハー》 halakhah によって秩序づけられており、その意味では明確にユダヤ教を基礎とする信仰共同体であった。しかし、一八世紀に啓蒙思想《ハスカーラー》 haskalah が浸透し、帝国が解体し近代国民国家へと変貌して行くにつれ、これに伴う法整備がおこなわれるようになった。しかし、法的平等という国家理念は必ずしも実現されず、多数派キリスト教徒の法や慣習が浸透する国家規範への同化がユダヤ教徒にも求められることになった(41)。このような滞在国であるヨーロッパ側のナショナリズムの動きに対して、ユダヤをネイション＝民族として捉え、これを基盤とする国民国家建設を目指す運動、すなわちシオニズムが誕生したのである。創唱者ヘルツルのユダヤ民族観は、ユダヤ教が成立した時からネイションとしてユダヤ民族は存在し、それは不変の本質を持つとする民族原初説が基盤となっており、これが、今日の世界中に散らばったディアスポラのユダヤ人が唯一神ヤハウェの「約束の地」に帰還する権利を有するというイスラエル国家のイデオロギーに結実する。しかし、ネイションはヨーロッパ市民革命を契機として誕生し、それは歴史的・地域的諸条件に影響されながら、周辺の他者たちとの差異化を通して確立していったという構築主義的立場をとれば、アイデンティティの内実はそれを囲む他者との関係で変わりうるし、ユダヤ的特性なるものもそれを取り囲む他者の条件が異なれば変わってくる。大塚は、中東を例にこの仮説を検討することを提案したのである(42)。

オスマン帝国時代の中東でもその末期に至るまで民族という観念は一般的ではなく、ズィンミー制度を適用したミッレト制に基づき宗教こそが人間集団を区分けし認識する基本であった。ミッレト millet（宗教自治体）の共存は、イスラーム法の規程に基づいており、「今日の目から見れば不平等の下における共存」であったのも確かであるが(43)、ユダヤ yahūd はあくまで宗教コミュニティであり、民族的存在としてのユダヤ人は意識されず、ユダヤ教徒も沢山ある宗教共同体の一つであった。しかし、このような状況も帝国内部でネイションを土台としたナショナリズムが活発化したオスマン帝国解体期に入ると、事態は大きく変化して行く事になる。ギリシア人を始めとしてアルメニア人、クルド人など、今までそれぞれギリシア正教、アルメニア教会、スンニー派などの宗教共同体に帰属していた人びとが領土を伴う国民国家 Nation-states を希求し始め、この動きに帝国の解体後の利権を得ようと欧米各国が競って介入したからである。ヘルツルが創唱したシオニズムも、こうした動きの一つである。

このようなユダヤをめぐる近代史の文脈からメンミの文章を吟味してみると、彼のいう「ユダヤ」は信仰共同体ではなく、国家を支える主体としての国民になりうるネイション＝民族としての「ユダヤ」であることが明白である。メンミは、世界ユダヤ人同盟の援助するヘブライ語学校でシオニズムを解放の兆しとして知り、何よりも「ユダヤ人」として植民地国家内の民族的マイノリティたる自己を意識したことをその自伝的小説である『塩の柱』にも書いている。彼のアイデンティティを模索する苦悩の中心には、明らかにヨーロッパ近代ナショナリズム思想の影響を受けた民族観がある。その立場から見れば、領土を持たないディアスポラの民は、どこでもよそ者であるゆえに差別と迫害を受ける「不幸な存在」以外の何ものでもないことになるのである。彼が描いたのは、ネイションとして自立していない、常にマジョリティにより人権が侵害される運命にあるディアスポラ＝ユダヤ人の屈折した不幸な自画像なのである。したがって、メンミがその不幸から逃れる唯一の道としてユダヤ人がマジョリティであるイスラエル国家の建設を支持するのは当然の心情的かつ理論的帰結である。しかし、これは本当にユダヤ人の唯一の自画像なのだろうか？　そして、イスラエル国家の建設はユダヤ人を不幸から救い出したのであろうか？

五　果樹園から見るイスラエル国家——ミズラヒームとディアスポラ

イスラエルに帰還《アリアー》 aliyah（ヘブライ語で上るの意）したチュニジアのユダヤ教徒は、その後どうなったのであろうか？　帰るべき母国に迎えられて、国家の主権者である国民としての新しいアイデンティティを獲得したのであろうか？　まことに残念ながら今日、この問いに対する答えは否定的である。アラブ諸国から入ったユダヤ教徒達は、今日ミズラヒーム Mizrahim（ヘブライ語で東方の意）と呼ばれ、国家の中に充分統合されず、イスラエルという国家アイデンティティの核心に突き刺さった刺となっているのである。ミズラヒームの置かれた状況について、自身もイラク出身のユダヤ教徒であるエラ・ショハット Ella Shohat は次のように述べている(44)。

そもそも、ヨーロッパから発したシオニズム国家イスラエルにとってアラブ諸国のユダヤ教徒の存在は眼中に入っていなかった。彼らの帰還が積極的に推進されるようになったのは、国家建設の初期に労働力が足りなかったからである。ところが入ってきたアラブ諸国出身のユダヤ教徒は各地のアラブ文化そのものをイスラエルの中にもち込んできたのである。アラブ諸国との戦争により祖国を建設しようとしているイスラエルにとって、これは国家アイデンティティを揺さぶる危険性を伴うものであり、急いで洗い流さなければならないディアスポラ的汚染であった。シオニズムのユダヤ民族史観においては、ユダヤ＝イスラームの共生やユダヤ＝アラブ文化混合などはあってはならないものであり、アラブの中のユダヤ人の歴史はポグロムから次のポグロムへと常にイスラームから敵意をもたれるものとしてヨーロッパでのアシュケナジームの経験をなぞるものとして語られるべきであった。イスラエルの主要な文化はあくまで、アシュケナジームの歴史とアイデンティティであり、国内のアラブ人＝アラブ系ムスリム住民は無論のこと、アラブ系ユダヤ人の存在も認められず、かれらは一刻も早く普遍的なアシュケナジーム文化に同化させられるべき対象であった。これはまさにイスラエル国家の矛盾で、「ディアスポラの終了を目指してオリエントへの帰還運動を謳うシオニズムは、たどり着いた土地のオリエント性を拒絶する事により成り立っていた」のである。政府はアラブ系ユダヤ教徒移民の子供を取り上げアシュケナジームの家庭で育てさせたり、学校教育では子供たちをアシュケナジームのユダヤ教の礼拝儀礼や文化に馴染ませ、あの手この手で同化政策を促進させた。ところが、この同化政策は逆に失敗に終わった。事実上アラブからの移民は、今日に至るまで経済的にも社会的にもアシュケナジームの下に置かれ差別されているために、進学率が低く非行率が高いという結果が出ているのである。

一九九〇年代になると、遅れたアラブ＝イスラーム圏からきたユダヤ教徒移民をまとめるカテゴリーとしての

「ミズラヒーム」という言葉が、イスラエル内部で非アシュケナジーム、非サブラ（アラビア語でサボテンの意で、イスラエル生まれのユダヤ人）としてエスニック・マイノリティに区分される移民たちの集団アイデンティティを表すようになり、従来の東方系を示すスファラディームに変わり一般化してきた、とショハットは指摘する。スファラディームは、もともとスペインを指す言葉であるので、アラブ諸国のユダヤ教徒には馴染みのないカテゴリーなのである。その意味で、「ミズラヒーム」アイデンティティは、ユダヤ＝アラブ的文化を内包する「他者であるユダヤ人」を差別してきたシオニズムの発明品である。ミズラヒームに分類される人びとは、イスラエル国家が求める主要なユダヤ＝ヨーロッパ系アシュケナジーム文化との落差に悩み、自己否定と肯定の狭間で自己分裂的なアイデンティティ状態におかれてきた。アラブ系ユダヤ人は公私で文化を使い分け、外ではなるべくアシュケナジームの公式文化に溶け込むように努力し、家に帰ってはアラブ文化に浸るという二重性格的な生活を送らざるを得ないからである。筆者の知人にもバグダードのエリート層出身の移民を親に持つ女性がいるが、彼女もアラビア語しか話せない母を恥と感じ、彼女が通ったハイファのエリート進学校でのマジョリティであるアシュケナジーム文化になんとか馴染む努力をした結果、自己否定と肯定の間で精神的に不安定になったと自らの体験を話してくれた。結局、彼女の一家もアメリカに移住したのであった。

それにしても、以上のショハットや筆者の知人が示すミズラヒームのアイデンティティは、われわれにメンミが味わった体験をそっくりそのまま思い起こさせる。そう、メンミがチュニスの小学校でフランス式教育と自宅でのユダヤ文化との狭間で劣等感に苛まされながら、自己否定と肯定の間を揺れていた時の体験そのままなのである。メンミがマイノリティとして差別される状態からの救済を求めて支持したユダヤ人の国民国家イスラエルの中で、そのユダヤ人性を巡り差別が再生産されているのはなんとも皮肉でやり切れない現実である(45)。

しかし、ショハットはミズラヒームの状況を、メンミやシェケッドのようにマジョリティ文化への同化に解決を求めるのではなく、彼らの複合的なアイデンティティを武器に逆転させようと提案している。トルコやイラク、マグリブやエジプト、イランなど多様な国々から来た人びとが一つのユダヤ人という鋳型に嵌められる事なく、様ざまな地域の土着文化と結びついた「ハイブリッド・アイデンティティ」を育て連携させることにより、イスラエルとアラブ＝イスラーム圏との共通の文化的土台を作りあげ、平和を構築することが出来るのではないかと提案しているのである。アラブ＝ユダヤ共生と多元社会の実現とに対する厳しい現実があるなかで、このような提案は楽観的過ぎるだろうか。今一度、本稿の現場である果樹園に帰って、その可能性を考えてみたい。

　メンミやシェケッドと比較して、教育と言えば地元の初等教育しか受けず、フランス文化への同化とも無縁であったリンゴさんのアイデンティティ形成を考察してみよう。彼女は何よりも文化的には「緑の国チュニジアのジェルバ島人」である。それは、アラビア語（ジェルバ＝ユダヤ独特の方言ではあっても）ばかりでなく、ジェルバ式クスクスやブリークなどの食文化、護符やブフールなどの香りや様ざまな身の回りの習慣である。信仰は確かに重要であり、安息日《シャバット》 **shabbat** を始め宗教儀式はしっかりと守っている。子供が病気になってもシャバットであったために車の運転ができず、ムスリムの隣人に運転してもらって子供を病院に連れて行ってもらった事もある。信仰では少数派（マイノリティ）を意識することはあるが、文化的には島の他の人びとと価値観を共有する多数派（マジョリティ）であり、ムスリムの人びとと付き合ったり一緒に商売をしたりするにはなんの支障もない。リンゴさんは、近所のムスリムの女性から刺繍品などを買い付け、土産物店に卸したりもしている。ユダヤ教徒は、より劣った存在で貶められているとかいうような自意識とも無縁である。また、イスラエルに帰るのがユダヤ教徒の夢であり義務であるとも思っていない。その点では、第一神殿破壊時からの最古のディアスポラ共同体という伝承に誇りを持っているこの島のユダヤ教徒は、第二神殿破壊後の強制的離散を近代ユダヤ人のエスニック・アイデンティティティの始源として重要視するシオニズム的ディアスポラ神話とは距離があるのかもしれない(46)。少なくとも彼女らには、メンミや筆者の友人の陥った、自己否定はみられない。

ジェルバ島のユダヤ教は、ディアスポラ神話を中心として練り上げられたシオニズム的ユダヤ教とは明らかに異なっている。リンゴさんのアイデンティティは、土着ユダヤ教とアラブ＝ベルベル（アマジグ）の複合文化の中に保たれているといえよう。彼女がこのような複合アイデンティティを保てるのは、植民地時代に世界ユダヤ人同盟のフランス式学校がジェルバ島には導入されなかったことが一因としてあげられるかもしれない。南部の辺境地帯にあるジェルバ島にも植民地化政策はおよんだが、島のラビたちは、このフランス同化ユダヤ人組織の学校開設を拒否したのであった(47)。そのため、チュニスのようにシオニズム思想が早くから流入してきたわけではなかった。リンゴさんやラファエルなどのジェルバ島のユダヤ教徒には、自分たちがユダヤ人という民族であるという認識はどうにも希薄である。彼らは他者であるイスラーム教徒を「アラブ」という言葉で表しているので、ユダヤ教徒＝ユダヤ人と同じくかれらの中で信仰と民族は一致しているように見える。しかし、他者としてのアラブを認識する基準は宗教なのである。自分の母語がジェルバ方言アラビア語で、その身体に浸透しているのはアラブ

図10－7　ユダヤ教徒の玄関に描かれた護符模様　三つの宗教シンボルの混淆が見られる。メノラー（燭台）はユダヤ教，ハムサ（手形）はイスラーム教，魚はキリスト教でよく用いられるシンボルでもある。メノラーは普通７本であるが，ここでは聖なるハムサ（５本）になっている

図10－8　ハーラ・ケビーラのヘブライ学校前で　先生，生徒たちと筆者

＝ベルベル（アマジグ）混淆文化以外の何ものでもないという事をかれらは自覚しているし、何度も強調している。ユダヤ教徒もイスラーム教徒も同じ「アッラー」という言葉を使ってはいるが、その宗教的規範は異なっており、明らかに他者として意識している。しかし、他者としての「アラブ」は、また文化的には彼ら自身の一部でもあるのだ。その意味では、ジェルバ島のある年代以上のユダヤ教徒は、ユダヤ＝アラブ＝ベルベル（アマジグ）文化が渾然一体となった土着文化を基盤としたユダヤ＝イスラーム的宗教アイデンティティを共有していると考えられる。ある年代以上と書いたのは、今日のハーラ・ケビーラのヘブライ学校では、イスラエルやアメリカのユダヤ団体からの支援を受けて、小学生にヘブライ語ばかりでなくシオニズムの歴史教育をしているからであり(48)、今後シオニズム意識が彼らの中にしみ込んで行く可能性も高い。

　リンゴさんの家が焼き打ちにあったのは、一九八五年のハマーマ・ショット爆撃事件の直後であった。この年一〇月一日イスラエル空軍はチュニスから二五キロ離れたＰＬＯの本部を爆撃し壊滅的打撃を与えたが、民間人にも多数の犠牲者が出たためチュニジアではイスラエルに対する反感が増幅したのである。このように、イスラエル国家の行動は、紛れもなくチュニジアのユダヤ教徒に大きな影響を与えている。確かに、リンゴさんの中で焼き打ち事件は大きなトラウマであった。しかし、彼女は同時に隣近所の人達全てが敵対しているわけではないことも分かっていた。犯人は恐らく隣人の息子で、若者は簡単に政治に影響を受けやすく過激になりやすい、とも言っていた。恐怖の体験は今でも忘れられないものであるが、彼女がここを離れなければならない理由にはならない。なぜなら、何といっても彼女はジェルバ島に愛着をもっており、「ディアスポラ＝ユダヤ人としてイスラエルに帰還すべき」という概念がない。イスラエルには娘たち夫婦が暮しているし、自分も病気の手術の時などは娘の所で世話にもなった。だからといって移民したいとは思えないのである。

しかし、現実にチュニジア独立時に一〇万人はいたユダヤ教徒が今は二〇〇〇人足らずになってしまっているのは紛れもない事実である。この急激なエクソダスの原因について意見は二つに分かれる。一つはシェケッドのように、チュニジアの独立と共に共和国のシンボルが、アラブ＝イスラームになり、それが従来のアンチセミティズムと結びつき、ユダヤ教徒への迫害が増し、居場所が失われてイスラエルに脱出したという説である。しかし、だとしたらなぜユダヤ教徒の多くはフランスへの移民の方を好むのか？　イスラエルに行く移民は、フランスへ移民する階層よりも貧しいという実態はどう説明するのか。地元のユダヤ教徒にとって、移民先で最も望ましいのはフランスかイタリアで、資金が足りなかったり望ましい就職口が見つからなかった場合に、「ユダヤ機関」などの資金援助を得てイスラエルに行くことが多いのが実態なのだ(49)。

今一つは、アラブ側にではなく、イスラエル側に責任があるとする見方である。回りをアラブ諸国に囲まれたイスラエル国家にとっては、国家の内実である国民となる「ユダヤ民族」の数を増加させて行くことは国家存続の絶対条件であった。ショハットは、独立時のアラブ諸国でシナゴーグ爆破事件などが続き、ユダヤ教徒の大脱出の契機となったが、その一部は現地のユダヤ教徒の恐怖心をかきたててパニックを起こさせ移民を促進させるために、イスラエルの諜報機関がおこなった可能性もあることを指摘している(50)。このような話の真偽は証明が不可能かもしれないが、移民の多くは自発的に個々バラバラにというよりは、ユダヤ機関などの援助を得て組織的におこなわれたのは確かである。そして、イスラエルへの移民を促進する手段として活用されたのが、「ディアスポラ神話」である。これは、第一神殿と第二神殿破壊時に「故郷を離れなければならなかったにもかかわらず、ユダヤ人は、すべての離散体験を通じ、常にイスラエルの国に忠実であり続け、政治的自由を回復する希望を持ち、そこに戻るために絶えず祈った。この歴史的愛着を動機とし、ユダヤ人は何世紀にもわたり、父祖の国への帰還を目指して努力してきた」(51)とするもので、故郷喪失と追放、帰還がワンセットになった伝承であり、国家アイデンティティの公式宣言となっている。この伝承ゆえに、全ての世界中に散らばったユダヤ人は、長い間も一つの民族であり続け、シオンに帰る権利があるというのである。追放は、近代ユダヤ人の民族的アイデンティティの始源神話であり、この伝承の上に「ユダヤ帰還法」が制定され、世界中からのユダヤ人を集める法的根拠となった。この根拠に基づき、イスラエル国家は、東欧・ロシアのみならずエチオピアやイエメンのユダヤ人の「救出」作戦も実行したのである。

しかし、最近になって、イスラエルの研究者からこのディアスポラ神話を再検討する論考が続々と出て来ている。その代表者シュロモー・サンドは、以下のように述べている。新バビロニアによる第一神殿破壊時はもとより、ローマ帝国による第二神殿破壊時も力づくでの数万という単位の民衆の強制追放は技術的にも起こりえなかった。追放神話は、ユダヤ人はイエスを十字架に架け福音を拒否した事に対する罰として、追放されたとするキリスト教側の神話が成り立った四世紀以降に、ユダヤ教徒の間にも神から啓示された戒律として広まった。自らの行為のゆえに罰せられさまよう民という神話の起源は、キリスト教とユダヤ教の間の敵意の弁証法のなかに覆い隠され、この弁証法の周囲に、両宗教の境界線が全く同一のやり方で作り上げられて行き、そのなかで、追放概念が本質的に形而上学的な意味を獲得するようになった。そして彼は、ローマ時代の地中海地域に四〇〇万人いたと推定されるユダヤ教徒の実態は、第一神殿破壊時からフェニキア世界やギリシア世界、そしてヘレニズムの拡大に伴ってパレスチナから移住した者は数万人に止まり、残りのほとんどは現地の改宗者であったろうと示唆している(52)。

ユダヤ教のディアスポラ概念は、本来のヘブライ語では「ガルート galut」と呼ばれる。ガルートとは、地理的離散状況を意味するものではなく、神学的・終末論的概念で、神によって追放の罰を受け離散状況にあるユダヤ教徒は、最後の審判の日にメシアが到来し、神殿が建設されイスラエルが復活するまでは、救いがあるかどうかを確信する事なくただ律法を守って現世を過ごすべしとする考えである。つまり、ガルート状態は現世において人為的に終わらせる事はできないのである。したがって、地理的離散を表すギリシア語のディアスポラは、時間概念が強いガルートとは異なる意味であった。ディアスポラというギリシア語で離散を意味する用語がガルートを表す言葉として使われ、この両方の概念が混同され、翻訳＝誤訳されたのは、近代シオニズム思想の中においてであり、しかもそれは意図的な意味のすり替えであったといわれる。すなわち、「ユダヤ人ディアスポラ」という表象は、そのそもそもの初めから「シオニズム運動によって解消されるべき離散状態」として近代になってから生み出されたものなのである(53)。ジェルバ島のある年代以上のユダヤ教徒が今も複合的アイデンティティを保っている理由は、まさにシオニズム教育の洗礼を受けなかったからであろう。

いずれにしても、チュニジアばかりでなく、一九六〇年代に加速した全アラブ圏からのユダヤ人の帰還現象《アリアー》の原因は、イスラエル側、アラブ側のどちらか一方に責任があるのではなく、イスラエル建国が契機となり、その後のアラブ諸国の植民地からの独立という状況の中で、双方のナショナリズムが高まって起こった現象である。国民国家は、一つの民族アイデンティティしか受け付けないからである。イスラエルにとっては、アラブ的要素を排除する事が国家建設の基盤であったし、その結果、アラブ諸国もシオニズムに対抗せざるをえなくなった。「ユダヤとアラブは相反するアイデンティティ」だというシオニストの思考は、アラブ・ナショナリストにも浸透して行きアラブ側も、ユダヤ人とシオニストの差を見つける事ができなかった(54)。しかし、ユダヤ組織の援助を受けて移民しても、アラブ系ユダヤ人に与えられる居住地は、まさにパレスチナ＝アラブ人との接点となる前線が多い。そこで無事に生抜いても、サブラ（土地の子）としてアシュケナジーム文化の中で育っていく子供たちは親世代のアラブ的文化を軽蔑し全否定していくことになる。イスラエル国家の中には、二級市民として扱われているアラブ系ムスリムとの間ばかりでなく、同じユダヤ教徒の中でのユダヤ性を巡って、「他者」を創出し差別して行く境界が幾重にも張り巡らされているのである。

六　共生と自己統合型アイデンティティ

本稿においては、対立的に表象されるアラブ―ユダヤの集団アイデンティティについて考察してきた。しかし、土着ユダヤ教徒のアイデンティティからみれば、両者が相入れないアイデンティティであるというのは歴史的な事実ではなく、ナショナリズムによって醸成された概念である。特にシオニズムがこの二項対立に果たした役割は大きいといわざるをえない。シオニズム教育が行き届かなかったアラブ諸地域・年代では人びとは強い土着意識をもっており、ディアスポラの運命を嘆いているわけでもシオンに帰るべきだとも思っていない。彼らの今いる場所がかれらの故郷であり、これからも自分の文化の中でユダヤ教徒としての信仰を守りながら生きて行ける場所なのである。現在のチュニジアのユダヤ教徒にとって最大の問題は、シオニズムではなく、むしろアラブ諸国の経済低迷状態である。チュニジアでは、革命後も国内産業が一向に伸びない状況にあり、二〇一二年でチュニジアの失業率は一八・九％で、特に三〇歳以下の若者世代では、高等教育を受けた者でも三〇％を越えている(55)。リンゴさんも指摘していたように、これはユダヤ教徒であろうがムスリムであろうが、若者世代にのしかかっている現実である。国内事業を独占していたベン・アリ政権を倒した「アラブの春」以降、政治的混迷が増し、外国資本の投資も滞り、失業率は減るどころか伸びている。筆者が出会った若い世代の人びとの多くが、仕事を求めて海外に出稼ぎに行く機会を必死になって探していた。ユダヤ教徒のフリをして海外に出ようとした若者もいたという噂もある程である。

リンゴさんのような宗教・地域・民族・文化と多層かつ多重な核をもつ複合的アイデンティティは、ジェルバ島のユダヤ教徒に特異なものではない。ジェルバ島の他の集団をみても、宗教的にイスラームであってもイバード派のような少数派もいるし、同じ島のユダヤ教徒でも土着とされる人びとと一五世紀以降にスペインやポルトガルからやってきたユダヤ教徒では、法（ハラーハー）も習慣も異なり、集団は細分化されている。一番のマジョリティであると思われるアラブ＝ムスリムの村でも、水と気候のありかたで数キロ異なると採れる産物が異なるというこの島では、ユダヤ教徒、ムスリムに関係なく、集落の基盤はメンゼルなのである。日常の生活において各メンゼルの成員はその境界を越えることは今日でもめったにない。フランス植民地時代になって町が発展する前は、メンゼル間の境界を越えるのは、定期市へ行く折か、境界線上にある聖人廟への巡礼時のみであった。その意味で、各集団は互いに孤立しているマイノリティでもあるし、条件が変わればマジョリティにもなりうる。水資源が限られているというその自然条件から一定人口以上を養えなかったジェルバ島では、昔から出稼ぎ多かったが、島内の様ざまなメンゼル出身の人びとは、島外では「商売上手なジェルバ人」とみなされるし、自らもその意識をもっていると指摘されている。内部では互いに境界を作り区別しながら、外部に対してはその境界をたくみにずらしているのである。このようなアイデンティティ形成の仕方は、現在われわれが当たり前と思っている自己と国家を運命共同体とみなす同心円型アイデンティティとは全く異なる様態である。

ネイション・ステーツ型アイデンティティは、文化を核に個↓家族↓地域共同体↓国家と同心円でテリトリーとアイデンティティが拡がる構造を持つ。現在のイスラエル国家も個↓家族↓諸ディアスポラ共同体↓「帰還すべき

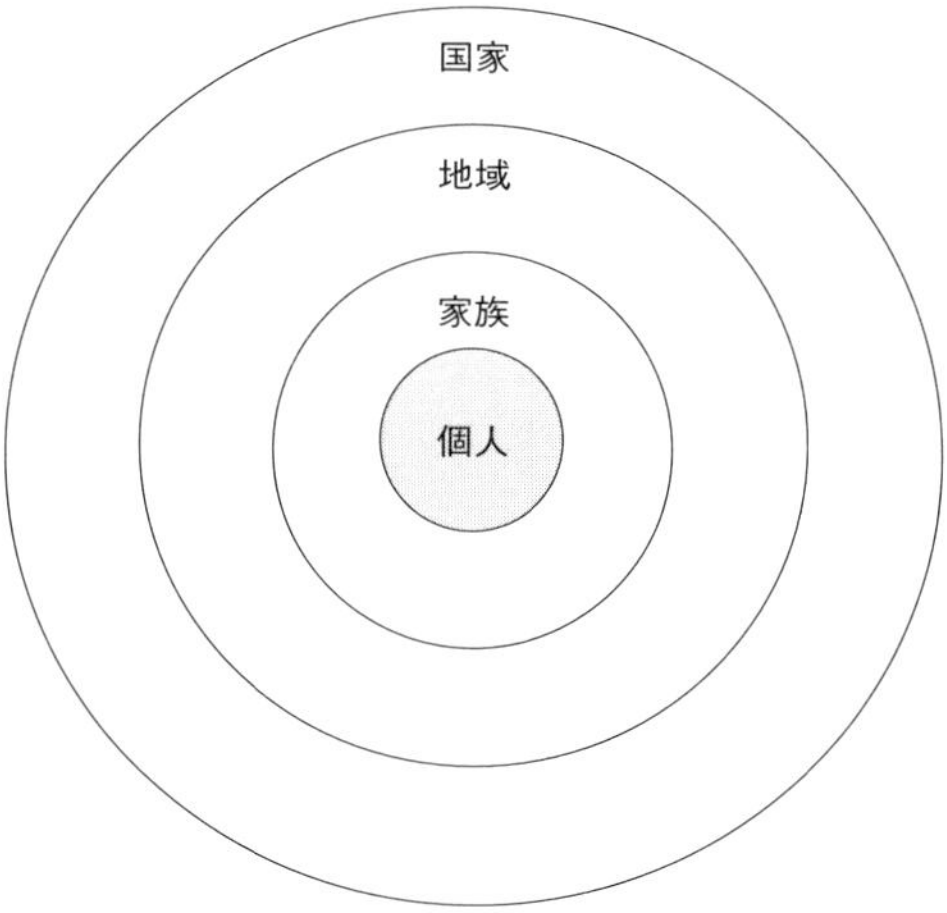

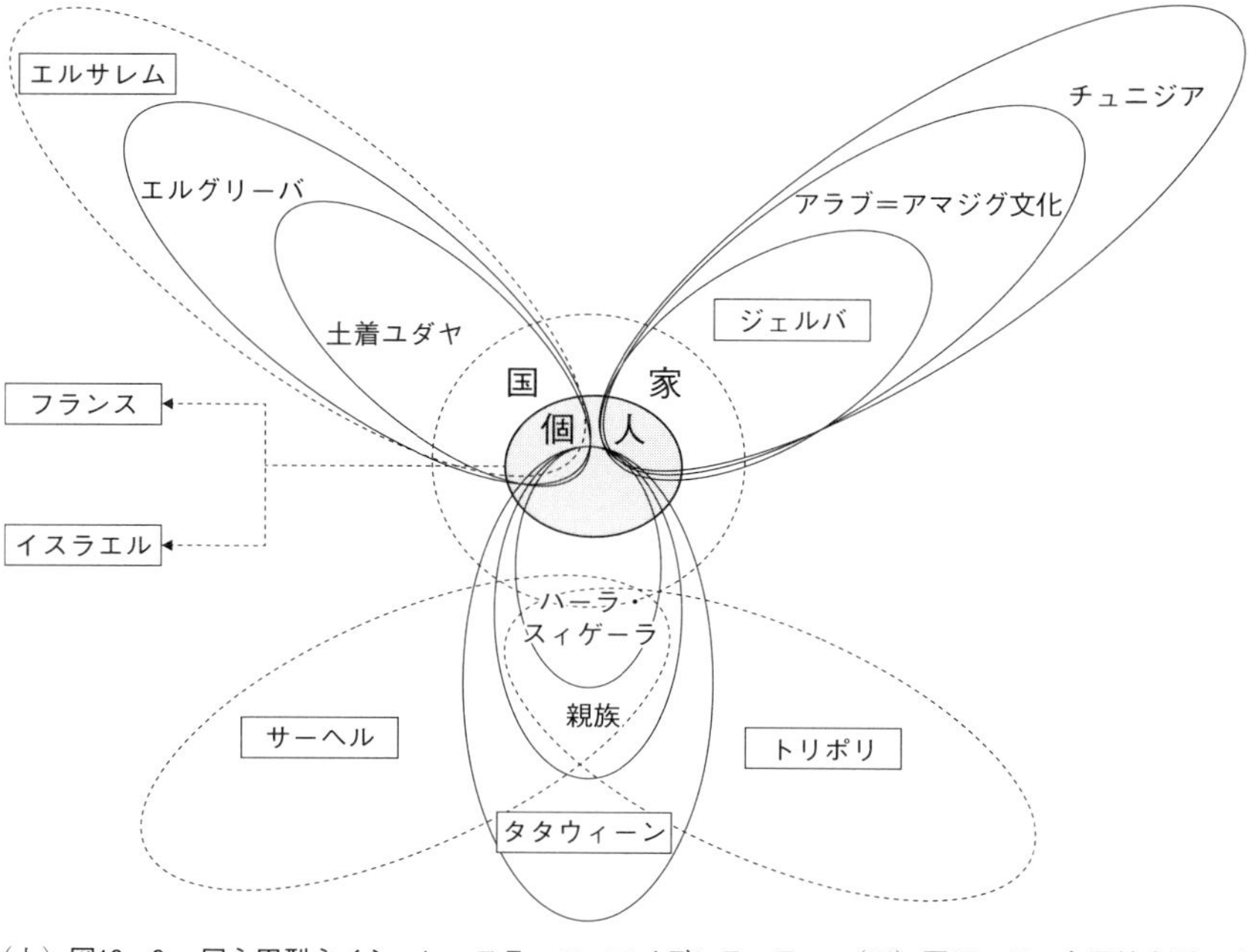

（上）図10－9　同心円型ネイション・ステーツ・アイデンティティ　（下）図10－10　自己統合型ハイブリッド・アイデンティティ

イスラエル国家」という同心円型に拡大していくネイション・ステーツ・アイデンティティを人びとに要求する構造となっている。（図10-9参照）この構造の核となるのが世界に離散したユダヤ教徒をユダヤ民族とする文化的紐帯としての「ディアスポラ神話」である。しかし、土着ユダヤ教徒のアイデンティティは、同心円構造を取らず、信仰や地域文化という複数の核があり、そこから多方面にネットワークが拡がりその結節点に自己があるという複合文化型多重ネットワーク構造となっている。（図10-10参照）自己がそれぞれのネットワークの結節点にあるこのアイデンティティ構造は、自己と他者との境界二分法により生まれるのではなく、他者との関係性を不断に繋ぐことにより再生産されていくものである。日本語でアイデンティティは一般的に「自己同一性」と訳されているが、この観点からすると、アイデンティティとは、自己を結節点として多重ネットワークを維持する「自己統合性」と訳した方がより実態に近いと思われる。アラブ世界の土着ユダヤ教徒のありかたは、まさにアイデンティティとは、「ルーツ（根源）の問題ではなく、ルート（経路）の問題」であることを明示しているのである(56)。

イスラエル国家は、ユダヤ教徒のもっている多様な文化的経路（ルート）を断ち切り、民族的根源（ルーツ）としてのイスラエル国家のみへの同心円型忠誠を要求しているのであるが、現実には人びとはその内面にいまだに多層多重なアイデンティティを抱えている。この複合的自己統合型アイデンティティを国民国家時代に時代遅れのものとして行くのか、あるいはアラブ諸国との諸ネットワークの一部として活用し、多文化共生社会を導くハイブリッド・アイデンティティとして容認し育てて行くのかは、これからの我々の社会がどこへ進もうとしているのかその方向性によるであろう。

現実のジェルバ島は、多文化共生社会が目指すべき理想のエルドラドでも過去を懐かしむための密閉されたテラリウム空間でもない。ここに住むユダヤ教徒の人びとも筆者の予想を裏切って、何世代も続いてそれぞれのハーラに住み続けているという訳ではなく、住民の出入りは激しい。リンゴさんの家族のように国内各地からも盛んに出入りしているし、ホウム・スークの土産物屋の所有者もユダヤ教徒、ムスリムに限らず頻繁に変わっている。海外移民として出て行く人が圧倒的に多いが、新しいビジネスチャンスを求めて帰って来る若いユダヤ教徒もいない訳ではない(57)。島の人びとは、そう簡単に「多文化共生の理想郷」になど客体化されえない日常を生きている。様ざまな自他関係を駆使するかれらのアイデンティティのありかたは、境界線の向こう側を全否定するような自他認識のありかたに再考を迫るものである。文化境界によって各集団を分断し棲み分けることは事実上不可能であるし、本来の人間文化を否定する愚行であろう。万人は万人にとってマイノリティであることを自覚し、多様な文化とそれらの相互関係性を保持しつつ暮らしていけるシステムを構築することこそが、我々の社会が求める方向なのではないだろうか。

［注］

(1) 白川俊介『ナショナリズムの力――多文化共生世界の構想』勁草書房、二〇一二年。
(2) 例えば、池内恵、『イスラム世界の論じ方』中央公論新社、二〇〇八年などの一連の著作。
(3) ズィンミーは、人頭税（ジズヤ）人頭税を払うという条件で安全を保障（ズィンマ）された人びとで、彼ら独自の宗教、法、生活習慣、言語等を保ち、同化を強制されず自治を許され、基本的に生業、移動、居住は自由であった。七世紀のムハンマドのメディナ憲章に由来する異教徒に対するこの取り扱いは、二〇世紀に至るまでイスラーム世界の異教徒集団にたいする取り扱いの基本であったとされている。井筒に代表されるこの解釈に対する批判に、田所光男「イスラム世界におけるユダヤ人の恐怖――共生言説を相対化する」『言語文化研究叢書6』名古屋大学大学院国際言語文化研究科、二〇〇七年。「エンリコ・マシアスの歌うアラブ＝ユダヤ共生」『20世紀ポピュラー音楽の言葉――その文学的および社会的文脈の解明』、平成16・17年度科学研究費補助金・基盤研究（C）研究成果報告書、二〇〇六年。
(4) この点に関しては、既に田村愛理『世界史の中のマイノリティ』世界史リブレット、山川出版社、一九九七年。「漂着聖女信仰とユダヤ教徒――チュニジア、ジェルバ島の事例から」深沢克己編『ユーラシア諸宗教の関係史論――他者の受容、他者の排除』（第七章）勉誠出版、二〇一〇年を参照されたい。

(5) 本稿におけるマイノリティ集団とは、K・W・ドイッチュのナショナリズムに関する定義を援用し、国民国家内の多数派とは異なる密なコミュニケーションネットワークを保持する人びととする。コミュニケーションネットワークの内実としては、状況に応じて、ネイション、エスニック、言語、宗教、慣習等が選択される。Deutsch, K. W. *Nationalism and Social Communication: An inquiry into the Foundation on Nationality*, MIT Press 1953.

(6) 社会経済状況の変化に伴い水平的に母国の場所が変化した事例としては、田村愛理「マラヤインド人におけるアイディンティ模索——一九二〇—三〇年代の初期ナショナリズムの分析」『学習院史学第二〇号』一九八二年。また、垂直階層的に変化する事例として Tamura, Airi, "Ethnic Consciousness and Its Transformation in the Course of Nation-Building: The Muslim and the Copt in Egypt, 1906–19" *The Muslim World* Vol. LXXV, 1985.

(7) 土着信仰におけるユダヤ教とイスラーム教の混淆性については、田村愛理、前掲論文「漂着聖女信仰とユダヤ教徒」を参照されたい。

(8) イフリーキーヤはローマ属州を引き継いだアラブの呼称で、マグリブ東部地域、チュニジアを中心としたリビア西部からアルジェリア東部を指す。カーヒナとは、ユダヤ姓のコーヘンから由来しているという説もある。イブン・ハルドゥーンは、カーヒナがユダヤ教徒化したジャラワ部族出身であったとしている。彼の記述によれば、一二七歳になる大女で呪術を使い予言ができ、アラブ軍をさんざん悩ませたが、戦闘の最中に討ち死にし、その首はカリフの元に送られたという。また、北アフリカのベルベル諸部族は、カナーン人起源で、言語もヘブライ語に近いと当のベルベル（アマジグ）諸部族にも信じられていたという説もある。ベルベルはギリシア語のバルバロス〈複数形はバルバロイ。訳の分からない言葉を話す野蛮な人の意〉に由来する。この呼称はアラブ諸王朝、フランス植民地時代にも使われてきたが、近年では蔑称であるとの意識が高まり、彼らの自称アマジグ〈自由な人の意〉が使われるようになってきている。しかし、まだ一般的ではないので本稿では併記する。*Encyclopedia of Judaica*, Berber の項参照。Ibn Khaldun, *Kitab al-Ibar* 仏訳 Cheddadi, Abdesselam, *Peuples et nations du monde: Extraits des Ibar*, Sindbad, Paris, 1986.

(9) 人頭税は、女性、未成年、奴隷は徴収対象外であり、また貧困者は減税された。アグラブ朝では、ユダヤ教徒やキリスト教徒の成人男子は年に金貨四ディナール（あるいは、銀貨で四〇枚）という人頭税を払わされたが、ムスリムも十分の一税を払わねばならなかった。十分の一税は、イスラーム教の信仰の証としての五行の一つで、収入の十分の一を寄付する行為を指す。なお、他の四つは、信仰告白、礼拝、断食、巡礼である。

(10) Sebag, Paul, *Histoire des juifs de Tunisie: Des origines a nos jours*, Histoire perspectives méditerranéennes, Édition L'Har-

mattan, Paris, 1985. また、一〇～一三世紀の地中海ユダヤ教徒の活発な活動については、一九世紀の後半にカイロのシナゴーグで発見されたゲニザ大文書を研究した、Goitein, S. D. *A Mediterranean Society*, University of CaliforniaPress. 6Vol. 1967がある。なお、ゲニザは文書の保管箱を意味する。

(11) 特に、一三一〇年のアラゴン王による侵入の際には、全人口の四分の三が虐殺あるいは奴隷にされたという。

(12) レコンキスタ以降、イタリアの諸都市はスペインを追われたユダヤ教徒やマラーノを受け入れるようになり、かれらは、イタリアからチュニスまでの交易ネットワークを形成し、チュニスにも居住するようになった。これらスペインやポルトガル出身のスファラディームを主体とするグラーナ（イタリアのレジョルノのアラブ名、現リヴォルノ）系と、トゥアンサ（チュニス）と呼ばれる在地ユダヤ教徒は、教義の違いから摩擦を深めた。両グループは、教義や文化の違いから次第に摩擦を増し、一七世紀から二〇世紀半ばまで三〇〇年以上にわたって確執を繰り広げたのである *The Encyclopedia of Judaica*, Tunisia の項目。また Sebag, Paul, *op. cit*, Chapitre V. このような分裂は、チュニスのユダヤ教徒に限った話ではなく、ジェルバ島のユダヤ教徒共同体も同様であり、レコンキスタの時に移住してきたアンダルシア系と在地ユダヤ教徒共同体は、今も別個の共同体として意識されている。

(13) ハーラは居住区と訳されることもあるが、ハーラをゲットーと誤認する危険を避けるために本稿では単に街区と訳す。イスラーム世界のユダヤ教徒は、実態的には日常生活の都合上同じ居住地区（ハーラ）に集住する傾向が強いが、ヨーロッパにおけるゲットーのように、特定の地区への居住を強制された訳ではないし、都市内に住むための特権もいらない。ハーラは職種や同郷、宗派等に基づく地縁共同体であり、どのハーラに住むかは、ムスリムであれ非ムスリムであれ居住の折にどのアイデンティティを重視するかの個人的都合で決められてきた。ただし、チュニジアではまとまった数のキリスト教徒がいないため、ユダヤ教徒が事実上唯一のズィンミーであり、かれらの集住地区は単にハーラと呼ばれてきた経緯がある。

(14) 特に音楽の分野でその存在は大きく、著名な音楽家を輩出し、楽器作成でも活躍した。フランス時代以降もチュニジアの著名な音楽家にはユダヤ教徒が多い。ハビーバ・メシーカ Habiba Messika（1893～1930）は国民的歌手として有名である。

(15) Alliance israelite universelle（世界ユダヤ人同盟）は、中東・北アフリカのユダヤ教徒の保護や啓蒙を目的として一八六〇年にパリで設立されたフランスのユダヤ教徒慈善団体。

(16) 臼杵陽『イスラームはなぜ敵とされたのか』「第3章オリエントの文明化」青土社、二〇〇九年。

(17) Shaked, Edith Haddad, “On the State of Being (Jewish) between ‘Orient’ and ‘Occident’” p. 191. Tessman, Lisa & Bar On,

Bat-Ami (eds.) *Jewish Locations:Traversing Racialized Landscapes* (chap. 11), Rowman & Littelfield, 2001.

(18)　この間アラブの隣人が匿ってくれたような事実も多々あった。

(19)　Sebag, Paul, *La hara de Tunis:L'évolution d'un getto Nord-Africain*, Publications de L'institut des hautes études de Tunis, Memoires du centre de sciences humanes Vol. V, Presses Universitaires de France, 1959.

(20)　チュニジア政府は一九六一年に、独立後もフランスの軍港として残されていたビゼルト Bizerte を武力で奪還した。この危機において、三〇人のユダヤ商人がイスラエルのスパイとして逮捕された。

(21)　一九四八年のイスラエル建国以前には、同島には五〇〇〇人以上在住していたとされている。

(22)　二〇一一年のいわゆるジャスミン革命（現地では自由と尊厳のための革命と呼ばれる）以降、観光客数は減少し、その数はまだ回復していない。

(23)　ジェルバ島では、小麦やオリーブやイチジクの他、ナツメ椰子、バナナ、またナシ、リンゴも採れる。また、各メンゼル居住形態は今日でも住所表記や住民の所属意識の基準となっており、人びとは普段は殆ど他のメンゼル内には立ち入らない。

(24)　ジェルバ島のユダヤ教徒については、一九七八年と九年にかけての調査に基づくモノグラフがある。Udvitch, Abraham & Valensi, Lucette, *The Last Arab Jews : The Communities of Jerba, Tunisia*, Harwood Academic Publisher, 1984. 独立後にハーラ・ケビーラは e-Ssawani, ハーラ・スィゲーラは e-Riadh と行政上の地名を持つが、今でも旧名が一般的に使われている。

(25)　エルグリーバ El Ghriba とは「遠く離れた—gha/ra/ba」という語源から派生した「驚異、奇跡」あるいは「見知らぬ人、客人、外国人等（女性形）」を意味するアラビア語である。筆者が調査を始めた一九九〇年代は、このシナゴーグに至る道も舗装はされておらず、門前に警官の姿はあるものの外国人も出入り自由であった。しかし、二〇〇四年三月にアルカイダのメンバーがシナゴーグにタンクローリー車で突っ込み、ドイツ人観光客が二〇人近くも犠牲になった。現在では、エルグリーバに入るすべての人は、非常に厳しいセキュリティチェックを受けなければならないし、道路にはコンクリート製の遮蔽物が置かれている。また、ハーラ・ケビーラの入口も警察の厳戒体制下におかれている。

(26)　注目すべきなのは、これらの漂着聖人廟やモスクは、メンゼル共同体間の境界線上あるいは丘の上や海辺に展開され、そこは様ざまな人が出入りでき、普段はよそ者の出入りに厳しい各共同体間を不断に接触させる機会と場所を提供していることである。

(27)　エルグリーバの祭礼については、田村愛理　前掲『世界史の中のマイノリティ』、また「エル・グリーバ――ジェルバ島の漂着聖女信仰にみる共生構造」鈴木健夫編『地域間の歴史世界――移動・衝突・融合』早稲田大学現代政治経済研究所研究叢書29、早稲田大学出版部、二〇〇八年、「漂着聖女信仰とユダヤ教徒――チュニジア、ジェルバ島の事例から」深沢克己編『ユーラシア諸宗教の関係史論――他者の受容、他者の排除』（第七章）勉誠出版、二〇一〇年を参照されたい。

(28) ブリークは、中に卵・香草を入れて揚げた半円形の揚げ春巻きのようなもので、庶民に人気のある食べ物。

(29) ハーラ・スィゲーラとケビーラはそれぞれ別個に本土のユダヤ教徒コミュニティとの繋がりをもっている。タタウィーンはハーラ・スィゲーラの、またザルジスはハーラ・ケビーラ出身者との関係が深い。また、エルグリーバの祭礼は、頻繁に合う機会のない、これらの地域間の男女の出会いの場所でもある。

(30) ハマーマ・ショットはチュニスの近郊で、PLO（パレスチナ解放戦線）の基地があった場所。一九八五年一〇月一日イスラエル空軍の急襲により、PLOメンバーのみならず近在のチュニジア人も多数死亡した。イスラエルが狙ったアラファトは外出していて無事であった。

(31) 八家族の名前は、Beerez（Perez）Trabelsi, Nassīm Trabelsi, Braham Hanīnī, Houtani Hanīnī, Hadhir Hanīnī, Beeriz（Perez）Cohen, Yacoub Cohen, Michel Azria である。

(32) ハムサはアラビア語でもヘブライ語でも「五」の意味で、五はユダヤ教では律法の基本であるモーセ五書、イスラーム教では信仰の要である六信五行を表す特別な意味を持つ神聖な数字とされており、手形はそのシンボルとなっている。おそらく古代カルタゴに起源を発するハムサ（手形）護符信仰については、田村愛理「チュニジアの聖女信仰に見る自己発現」片岡幸彦等編『グローバル世紀への挑戦――文明再生への知恵』（第4章）文理閣、二〇一〇年を参照されたい。

(33) 二〇〇九年三月一五日のホームスークにおけるインタヴュー。kaabla は助産婦の意味。他にも Ben Attar（スパイス商）などチュニジアのユダヤ教徒の名前には職業を表すものが多い。Sebag, Paul, *Les noms des juifs de Tunisie*, L'Harmattan, 2002.

(34) アルベール・メンミ『塩の柱――あるユダヤ人の青春』（前田総助訳）草思社、一九七八年。『あるユダヤ人の肖像』（菊池昌實・白井成推訳）法政大学出版（叢書ウニベルシタス）、一九八〇年。

(35) アルベール・メンミ『イスラエルの神話――ユダヤ人問題に出口はあるか』（菊池昌實訳）新評論社、一九八三年。

(36) シェケッド自身もチュニジア出身の在米ユダヤ人である。

(37) Shaked, *op. cit.*, p. 193.

(38) Shaked, *ibid.*, p. 194.

(39) アンチセミティズムという語をシェケッドは、反ユダヤ主義の意味で使っているが、セム系のアラブによるアンチセミティズムという用語方は、明らかに語義矛盾である。

(40) メンミは、同化はマイノリティが生き延びて行く上での方策の一つであると述べている。

(41) 例えば、安息日として日曜休日制がとられたが、それに従えばユダヤ教徒は土曜日の安息日を遵守できなくなる。このような近代国家の制度と妥協しようと生まれたのが、ユダヤ教改革派である。

(42) 大塚和夫「ユダヤ教徒と「ユダヤ人」の差異をめぐって」市川裕・臼杵陽・大塚和夫・手島勲矢編『ユダヤ人と国民国家——政教分離を再考する』(エピローグ)岩波書店、二〇〇八年。本稿は、故大塚のこの提案への一つの回答事例でもある。

(43) 鈴木董、『オスマン帝国——イスラム世界の「柔らかい専制」』講談社現代新書、一九九二年。九二頁。

(44) Shohat, Ella, "The Invention of the Mizrahim", *Journal of Palestine Studies*, Vol. 29, No1, 1999, p. 5–20. University of California Press on behalf of the Institute for Palestine Studies.

(45) アモス・ギタイの映画、『エステル記』においてもアラブ系ユダヤ人のこのような状態が語られている。映画の最後に出演した俳優がそれぞれの生い立ちを語るなかで、アラブ諸国出身の俳優が、出身国では「汚いユダヤ人」と言われ、移民した先では「汚いアラブ人」と言われる体験を語っている。Gitai, Amos　*Esther* 1985.

(46) 第一神殿時のユダヤ・イスラエルの人びとと、ペルシア帝国の誕生により再びエルサレムに帰還した第二神殿時の人びとは果たして一つの連続した歴史的な存在として扱えるかという議論もある。手島勲矢「ユダヤ教と政治アイデンティティ——「第二神殿時代」研究の基礎的問題群から」『ユダヤ人とユダヤ国家』(第二章)岩波書店、二〇〇八年。また、第二神殿破壊以前のローマ帝国版図に移住や改宗により四〇〇万人程のユダヤ教徒がいた可能性が指摘されている。Sand, Shlomo, *The Invention of the Jewish People* (trans. Yael Lotan), Verso, 2009. p. 145–6. 原著は二〇〇八年にヘブライ語で出版された。邦訳は同年のフランス語版からされている。シュロモー・サンド『ユダヤ人の起源——歴史はどのように創作されたのか』(高橋武智監訳、佐々木康之・木村高子訳)浩気社/ランダムハウス講談社、二〇一〇年。

(47) Sebag, Paul, *op. cit., Histoire des juifs de Tunisie* p. 141.

(48) 二〇一二年三月二三日。ハーラ・ケビーラのヘブライ学校前で子供たちからの聞き取り。今日のハーラ・ケビーラのヘブライ学校では、イスラエルやアメリカのユダヤ団体からの支援を受けて、小学生にヘブライ語ばかりでなくシオニズムの歴史教育をしている。また現在では、ハーラ・スィゲーラのヘブライ学校は児童数減少のために閉鎖され、子供たちは通学バスでハーラ・ケビーラの学校に行っている。

(49)　ユダヤ機関 Jewish Agency は、イスラエルへの移民を促進するために世界シオニスト機構ＷＺＯから拡大して作られた機関。今日では、フランス在住ヴィザ獲得は非常に困難であるという現実があり、イスラエル移住が増える原因となっている。

(50)　Shohat, *op. cit.*, p. 12.

(51)　Sand, *op.cit.*, p. 129. 前掲邦訳書、第三章冒頭「イスラエル建国宣言」、二〇三頁。

(52)　Sand, *op.cit.*, p. 143-154. 同邦訳書、二二三～二三八頁。

(53)　早尾貴紀「ユダヤ・ディアスポラとイスラエル国家、そして難民的存在としてのパレスチナ人」『アジア太平洋研究センター年報』二〇〇三―二〇〇四年号

(54)　Shohat, *op. cit.*, p. 12.

(55)　ＮＨＫ解説アーカイブスＨＰ『世界の扉　チュニジア、エジプト首相に聞く』、『マグリブ三カ国の経済・貿易・投資（チュニジア）』日本貿易振興機構パリ・センター、二〇一一年三月。

(56)　McCrone, David, *The Sociology of Nationalizm: Tomorrow's Ancestors*, London Routledge, 1998, p. 34.

(57)　二〇一四年三月の調査時には、有機栽培綿や地元の伝統的材料を売りにしたお洒落な土産物店などを、イタリアから数年前に里帰りし開店したというユダヤ教徒女性の例もあった。

＊　本稿は、『東京国際大学商学部論叢八九号』、二〇一四年三月二〇日、所収の拙稿「ジェルバ島のユダヤ教徒／人アイデンティティをめぐる一考察――「土着」と「ディアスポラ」の間」を加筆・修正したものである。

あとがき

本書の編者たちが、人間諸集団の柔軟で多元的な共生空間のありかたを、時空を超えた視座に立って比較研究し、国民国家概念の脱構築を図ろうとする試みを立ち上げたのは一二年前に遡る。この試みは、「「近代国家」のフロンティア」という二〇〇三年の研究会結成となり、東京国際大学の同年度研究助成を受けてスタートした。これを契機に、研究会は同様な研究関心をもつ本書の執筆者らの連携を得て、二〇〇五〜六年度に科学研究費（基盤研究C）「近代国家のフロンティアとインターフェイス――辺境における商品・人・知の回路」、さらに二〇〇八〜一〇年度の（基盤研究B）「近代国家の周縁の持つ多義性の研究」へと発展し、二〇一二年度に、再び東京国際大学の研究助成を受け、「多元的共生構造と集団形成の比較史的研究――特権とネットワークを軸として」という研究会に結実した。

これらの研究活動期間中におこなわれた研究会やシンポジウムにおける学際的な討議を通して、執筆者たちの研究関心は、既存国家の「辺境」あるいは「周縁」的存在がもつ「多義性」の単なる個別比較から一歩進んで、それらに共通する多元的共生空間を創出するポジティヴな「意義」へと集約されていき、その存在意義の核心をなす「特権」と「ネットワーク」に収斂していくことになったのである。このような共通認識を得たわれわれは、上記一連の研究助成を得て醸成されてきた研究活動の成果を世に問いたいと考え、本書の刊行を企画した次第である。

社会を包む時代環境には特有の空気の質感と匂いがあり、文字や図版資料を通しても人はそれを感じることができる。その観点から本書では多くの図版を入れたので、読者には諸地域・時代の周縁の空気にいくばくかでも触れて頂くことができよう。翻って今という時代の空気には、嵐が襲う前の重い埃っぽい空気が垂れ込め、表面を漂うグローバル化進展とは逆に異文明間の不寛容と相互不信を増幅させる冷たさが社会の底に溜まってきているようだ。この空気はわれわれが研究会を立ち上げた一二年前よりも一層重くなってきており、当面は底の冷たさが増すことはあっても減じることはないだろう。このような時代に周縁をポジティヴに捉えようとする本書の刊行企画はあまりに楽観的と思われるのではないか。編集作業をしながらそのような懸念が頭に浮かんだこともあった。しかし、すべての作業を終えて改めて本書の頁をめくると、各論考の資料や調査からは様ざまな社会状況のなかでもしたたかに生きてきた人びとの姿が立ち現れてくることに気づかされる。われわれが日々を送る身の回りの世界は差異に満ちており、これらの様ざまな特徴をもつ個体／集団が作る多様な人びとをつなぐインターフェイス的なネットワークこそが社会の本質なのである。その意味で本書のテーマそのものも、多様な研究領域、手法にわたる研究者たちが、異なる存在に好奇心を抱き、互いの共通理解を深めようとする試みがあってこそ生まれ出たのであり、同質で固定的な研究環境からは決して生じえなかった。本書の刊行も、異質な者たちによる多元的共生の産物なのである。周縁に生きてきた人びとのダイナミックな歴史の諸相を明らかにすることにより、本書が、厄災に満ちたパンドラの箱の底にまだ残っている希望を取り戻す一篇となれば幸いである。

本書の意義を高く評価し、図版の選定などの校正作業にも積極的なご意見を下さり多大なご尽力を頂いた刀水書房の中村文江さんには、執筆者一同とともに心より感謝申し上げたい。中村さんの刊行への熱意と丁寧な校正・編集作業なくして、本書の刊行はできなかった。われわれはまた、中村さんの出版人としての意気と誇りを目の当たりにして、日本の出版界の希望も見ることができたのである。

二〇一五年三月七日

田村愛理

＊なお、本書の刊行に際しては、編者の川名と田村の勤務先である東京国際大学の二〇一四年度図書出版補助金の助成を受けた。記して謝意を表するものである。

《編者略歴》 （名前の後は執筆の章）

田村愛理（たむら　あいり）（第10章）
1949年，東京生まれ（土佐と会津のハイブリッド）。学習院大学大学院人文科学研究科博士課程単位取得退学，現在：東京国際大学商学部教授
主著・論文：『世界史の中のマイノリティ』山川出版社世界史リブレット，1997年；「中東におけるユダヤ教徒／人」松井鍵・堀内正樹編『講座　世界の先住民族　中東』明石書店，2006年；「漂着聖女信仰とユダヤ教徒」深沢克己編『ユーラシア諸宗教の関係史論』勉誠出版，2010年

川名隆史（かわな　たかし）（第１章）
1953年，安房の生まれ。一橋大学大学院社会学研究科博士課程単位取得退学，現在：東京国際大学経済学部教授
主著・論文：「王権とユダヤ人特権 ── ポーランド・ユダヤ人の「一般特権」成立の経緯」川越修也編『思想史と社会史の弁証法』御茶の水書房，2007年；「ジェチポスポリタのタタール人」『東京国際大学論叢経済学部編』第42号，2010年；「越境するムスリム ── リトアニア・タタールの系譜とその世界」鈴木健夫編『「越境」世界の諸相 ── 歴史と現在』早稲田大学出版部，2013年

内田日出海（うちだ　ひでみ）（第２章）
1953年，熊本（肥後三山）生まれ。早稲田大学大学院経済学研究科博士課程単位取得退学，博士（ストラスブール大学，歴史学），現在：成蹊大学経済学部教授
主著・論文：*Le tabac en Alsace aux XVIIe et XVIIIe siècles. Essai sur l'histoire d'une économie régionale frontalière*, Presses Universitaires de Strasbourg, 1997；『物語 ストラスブールの歴史 ── 国家の辺境，ヨーロッパの中核』中公新書，2009年；「一九世紀の『密輸資本主義』 ── 上ライン地方を中心に」内田日出海・谷澤毅・松村岳志編『地域と越境 ── 「共生」の社会経済史』春風社，2014年

《執筆者略歴》 ── 音順

阿南重幸（あなん　しげゆき）（第５章）
1954年，大分県生まれ。法政大学文学部史学科卒，現在：特定非営利活動法人長崎人権研究所，長崎大学教育学部非常勤講師
主著・論文：『被差別民の長崎・学』特定非営利活動法人長崎人権研究所，2009年；「皮革の流通 ── 摂津渡辺村と長崎」寺木伸明・中尾健次編『部落史研究からの発信　第１巻 前近代編』解放出版社，2009年；「長崎の被差別部落」高橋眞司・舟越耿一編『ナガサキから平和学する！』法律文化社，2009年

泉　淳（いずみ　あつし）（第９章）
1967年，三重県生まれ。上智大学外国語学研究科博士課程修了，博士（国際関係論），現在：東京国際大学経済学部教授
主著・論文：『アイゼンハワー政権の中東政策』国際書院，2001年；「米国主導の中東民主化構想」中村覚・吉川元編『中東の予防外交』信山社，2012年；「中東」竹内俊隆編『現代国際関係入門』ミネルヴァ書房，2012年

大熊哲雄（おおくま　てつお）（第３章）
1942年，東京生まれ。東京教育大学文学部史学科卒，現在：群馬県部落史研究会会長・元群馬県公立高校社会科教諭
主著・論文：『部落の生活史』（共著）部落問題研究所，1988年；『東日本の近世部落の生業と役割』（共著）明石書店，1994年；『旦那場 ── 近世被差別民の活動領域』（共著）現代書館，2011年

尾崎麻弥子（おざき　まやこ）（第６章）
1974年，東京生まれ。早稲田大学大学院経済学研究科博士課程単位取得退学，現在：國學院大学経済学部准教授
主著・論文：「スイス・フランス国境地域と第一次大戦」『國學院大學紀要』第49巻，2011年；「近代スイスの時計産業と部品製造業 ── 一八・一九世紀のジュネーヴと周辺地域の事例」踊共二・岩井隆夫編『スイス史研究の新地平 ── 都市・農村・国家』昭和堂，2011年；「一九世紀におけるスイス ── フランス国境地域のナショナル・アイデンティティと経済的実態」内田日出海・谷澤毅・松村岳志編『地域と越境 ──「共生」の社会経済史』春風社，2014年

川﨑亜紀子（かわさき　あきこ）（第４章）
1971年，福井県生まれ。早稲田大学大学院経済学研究科博士課程単位取得退学，博士（経済学），現在：東海大学文学部准教授
主著・論文：「19世紀アルザス・ユダヤ人の国内・国外移住（1808～1872年）鈴木健夫編『地域間の歴史世界 ── 移動・衝突・融合』早稲田大学出版部，2008年；「スイスのユダヤ人解放をめぐって ── アルザスユダヤ人との関係を中心に」黒澤隆文編訳『中立国スイスとナチズム ── 第二次大戦と歴史認識』京都大学学術出版会，2010年；「アルザスユダヤ人再考 ── セール・ベールの活動を中心に」内田日出海・谷澤毅・松村岳志編『地域と越境 ──「共生」の社会経済史』春風社，2014年

小林信也（こばやし　しんや）（第７章）
1964年，広島県福山市生まれ。東京大学大学院人文社会系研究科博士課程単位取得退学，博士（文学），現在：東京国際大学非常勤講師
主著・論文：『江戸の民衆世界と近代化』山川出版社，2002年；「江戸の格差社会と現代東京」岡村宗二編『信頼と安心の日本経済』勁草書房，2008年；『江戸の都市プランナー』柏書房，2013年

斎藤洋一（さいとう　よういち）（第８章）
1950年，千葉県生まれ。学習院大学大学院人文科学研究科修士課程修了，現在：一般財団法人信州農村開発史研究所所長
主著・論文：『五郎兵衛新田と被差別部落』三一書房，1987年；『身分差別社会の真実』（大石慎三郎との共著）講談社現代新書，1995年；『被差別部落の生活』同成社，2005年

杉浦未樹（すぎうら　みき）（第７章）
1971年，ブラジリア生まれ。東京大学経済学研究科博士課程修了，博士（経済学），現在：法政大学経済学部教授
主著・論文：「近世オランダの流通構造」東京大学博士論文，2005年；“Das Heiratsmuster der *Wijnkopers* in Amsterdam 1660–1710.（The marriage patterns of wine- merchants in Amsterdam)”, in Mark Häberlein und Christof Jeggle（eds.）, *Praktiken des Handels, Geschäfte und Soziale Beziehungen Europäischer Kaufleute in Mittelalter und Früher Neuzeit,* Irseer Schriften Neuer Folge Band 6, UVK Verlagsgesellschaft mbH, 2010.；「近世ケープタウン女性の家財運用 ── 財産目録とオークションの分析から」水井万里子他編『包摂と越境の世界史研究』（仮題）勁草書房，2015年（刊行予定）

国家の周縁—特権・ネットワーク・共生の比較社会史

2015年３月19日　初版１刷印刷
2015年３月26日　初版１刷発行

編　者　田村愛理
川名隆史
内田日出海

発行者　中村文江

発行所　株式会社　刀水書房
〒101-0065　東京都千代田区西神田2-4-1　東方学会本館
電話03-3261-6190　FAX3261-2234　振替00110-9-75805

印刷　亜細亜印刷株式会社
製本　株式会社ブロケード

　ISBN 978-4-88708-421-6　C1020